キッチンの歴史

料理道具が変えた
人類の食文化

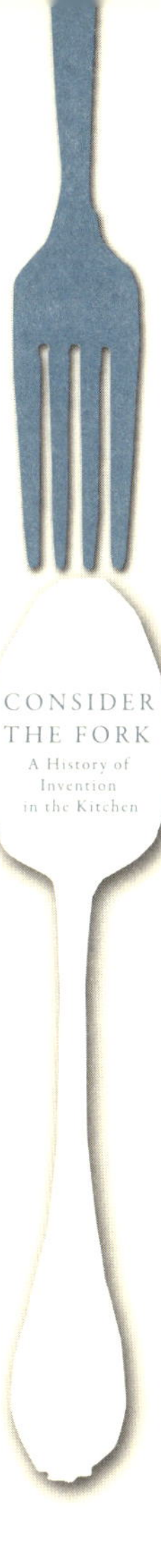

ビー・ウィルソン 著
Bee Wilson
真田由美子 訳

河出書房新社

キッチンの歴史——目　次

キッチンの歴史

――料理道具が変えた人類の食文化

母へ捧ぐ

はじめに

木製のスプーン――それは料理道具の中でもとりわけ頼もしく愛着の湧く存在である。その姿形からは一見すると「テクノロジー」という言葉とは程遠いように思える。スイッチもなければ変な音もしない。特許もなければ保証書も付いていない。銀色に輝く、未来を先取りした優れ物という風でもない。

その木製のスプーンを手に取って（私の台所にはいつも必ずあったので、一本くらいはあなたも持っていると思うのだが）今度はよく調べてみよう。木目《きめ》はどうか。熟練工が工場で作ったブナ材のスプーン、それとも職人が丹精込めて作ったカエデ材かオリーブ材の木目の細かいスプーンだろうか。形はどうだろう。楕円それとも円型？　穴あきスプーン？　すくう部分は深いか浅いか。もしかしたら鍋の隅っこの塊を掻き取るために、すくう部分の先の片方が尖っているかもしれない。柄の部分は子供が使いやすいように短めに作ってあるか、熱いフライパンでもやけどしないように長めに作ってあるかもしれない。デザインや応用工学だけでなく価格や使いやすさといったあらゆる角度から考えて取捨選択した結果、この一つの形にできあがったというわけだ。裏を返せば、こうした取捨選択がこの料理道具の使い勝手を左右することになる。木製のスプーンはあまりにも多くの食事で活躍する万能選手なので、ごく当たり前の存在になっている。このスプーンだったからおいしいスクランブルエッグができたとか、チョコレートがうまく

溶かせたとか、すばやく掻き回してもタマネギが絡みつかなかったとは思わない。

　木製のスプーンは特別高性能には見えないが（昔からコンテストで最下位の人に贈られるブービー賞〔英語ではビリから二番目の意味はない〕はスプーンと相場が決まっている）、それなりに科学的な特徴を持っている。木はやわらかいので鍋肌にやさしい。だから金属の表面を傷つけずに、こそげ取ることができる。化学反応を起こさないので、金属の味がしたり、酸味の強い柑橘系の果物やトマトで表面が劣化したりする心配もない。しかも熱が伝わりにくいので、木製のスプーンで掻き回せば、熱いスープでもやけどしない。だが、こうした機能よりも何よりも、木製のスプーンを使って料理するのはそれがいつも身近にあるからだ。木製のスプーンは私たちの生活の一部になっている。最初に道具が使われだすのは、必要に迫られ問題を解決するためなのだが、時が経つにつれて、愛着の持てる道具かどうかは主に文化が決めていく。ステンレス鍋が普及している今日、金属製のスプーンで掻き回しても鍋は少しも傷つかないが、何かしら違和感がある。硬い金属の角がせっかく賽の目に切った野菜を潰してしまったり、掻き回すうちに柄の部分が手にしっくり馴染まなかったりする。木のぬくもりのあるやさしい音とは似ても似つかない、ガチャガチャという耳障りな音を立てる。

　プラスチック製品があふれる現代なら、合成樹脂のへらで掻き回すようになってもおかしくないはずだ。なにしろ木製のスプーンは食器洗い機には向かないのだから（何度も洗浄していると木製のスプーンはふやけて割れてしまう）。それでも、身の回りでそうはなっていない。先日、キッチン用品売場で奇妙な商品を見つけた。「木製風シリコンスプーン」と称する代物で、従来のブナ材スプーンの八倍もの高値で売っていた。どぎつい彩色で木製のスプーンの形をしているが、れっきとした合成樹脂製のキッチンスプーンで、木製とは名ばかりだ。それでもキッチン用品として受け入れられるためには木製という名称をつける必要があると、このスプーン業者は考えた。

料理をする時、私たちが当たり前に思っていることはたくさんある。例えば、掻き回すのは木製のスプーンだが、食べる時は金属製のスプーンを使う（かつては食べる時も木製のスプーンだった）。温めて出すか生のままかは、料理によってきちんと決まっている。ゆでる食材もあれば、凍らせるもの、揚げるもの、粉に挽いて食べるものもある。食材をどう扱うかはたいてい直感に従うか、レシピに従うまでだ。イタリア料理を作る場合、リゾットなら少しずつスープを加えて作り、パスタならたっぷりのお湯で一気にゆでるというのは分かり切ったことだが、なぜそうするのか。* 調理法が誕生した頃に比べ、今ではいろいろ分からない点は多い。たいてい別のやり方でもできるのだが、どういうわけかその道具は普及しなかった——水力卵泡立て器しかり、磁石式焼き串回転装置しかり。ピンからキリまで数え切れないほどの発明

＊リゾットはデンプン質を残してクリーミーに仕上げる必要があるが、パスタはお湯の中でデンプン質を取り去ったほうがつるつるした食感を楽しめる、という反論があるかもしれない。だが、これでは答えとして不十分だ。パスタはリゾットとしてもおいしくいただける。コメ形のパスタ、オルゾーの場合、ワインとスープストックを徐々に加えながら調理する。同様にリゾットタイプのコメが、パエリアのように初めに一度スープを注ぐだけでとてもおいしくなる場合がある。

品が登場した末に行き着いたのが、道具のそろった今日のキッチンの姿だ。ローテクの古株である木製のスプーンの仲間に、ミキサーやフリーザー、電子レンジが加わっている。だが、その歴史はあまりにも顧みられず、謳われてもいない。

これまでテクノロジーの歴史は食物にあまり着目してこなかった。自動車、船舶、飛行機、兵器、電信、無線といった、重厚長大な工業・軍事分野の発達ばかりを取り上げる傾向があった。食物が話題に上るのはたいてい耕作技術、灌漑技術のような農業分野であって、台所の家事と絡めて語られることはまずない。だが、銃弾と同じくらいクルミ割り器にもたくさんの発明の才が詰まっている。もともと軍事目的で開発に取り組んできたその成果が、キッチンでいかんなく発揮されることになったという事例は多々ある。英国シェフィールドのハリー・ブレアリーが一九一三年にステンレス鋼を発明したのは、銃身を進化させるためだったが、図らずも世界のカトラリーを進化させる結果となった。電子レンジの生みの親、アメリカ人のパーシー・スペンサーは海軍のレーダーシステムの開発に取り組んでいたところ、偶然まったく新しい調理法を発見した。私たちの台所は輝かしい科学的発見の功績の上に築かれている。レンジ台で食品を混ぜ合わせ試行錯誤を重ねる料理人の姿は、実験室で薬品を調合する化学者とたいして違わない。赤キャベツの色を定着させるためには酢を加えるし、レモンの酸性を中和させるためにケーキには重曹を加える。だが、テクノロジーがたんなる科学的思考の応用と考えるのは早合点というものだ。テクノロジーは科学よりもっと基礎的でもっと歴史が古い。科学が、紀元前四世紀のアリストテレスに始まる宇宙に関する知識体系である以上、必ずしもすべての文化できちんとした形の科学が存在したわけではなかった。観察、予測、仮説という一連の科学的手法に実験が組み込まれた、近代科学が誕生したのはたかだか一七世紀のことである。必要に迫られて発明された料理テクノロジーの起源は数千年前にさかのぼる。石器時代の最初の人類でさえフリントの先端を尖らせ、それで生の食物を刻んでいたのであり、私たちはつねにもっといい食べ方はないかと工夫を重ねてきた。

「テクノロジー」（technology）という言葉の語源はギリシャ語である。techneとは技術、技、巧みの意味で、logiaは学問を意味する。テクノロジーとはロボット工学の一端ではなく、もっと人間臭いもの、暮らしの中で用途に応じた道具や技術を生み出すことだ。テクノロジーが道具そのものを意味することもあれば、道具を作るためのノウハウや、人々がある特定の道具を使っている事実を指すこともある。科学の発見は利用されてもされなくても発見そのものに価値があるが、テクノロジーの価値はテクノロジーが使われるかどうかにかかっている。道具が使われなくなった時、テクノロジーは廃れる。どんなに工夫を凝らしたデザインでも、誰かが手に取って卵を泡立てなければ、泡立て器としての本領は発揮されない。

本書では、キッチンで使う料理道具が、私たちの食の中身や食のあり様《よう》、食に対する考え方にどのような変化をもたらしたかを探っていく。食は人類普遍のものである。「この世で確実なものは死と税金だけ」という格言があるが、本当のところは「死と食だけ」というべきだろう。税金逃れをしている人はたくさんいる（収入がないというのも一理だが、他にも理由はあるはずだ）。セックス抜きで生きる人もいる。だが、食を避けて通ることはできない。エネルギー源であり、習慣であり、高尚な愉しみであり、基本的な欲求である。食は日々の生活にめりはりを与えるし、食物にありつけなければ苦しくてたまらない。拒食症は食を避けているかもしれないが、生きている限り飢えから逃れることはできない。私たちはみな食べる。ところが、この人間の基本的な欲求を満足させる方法は、時代により地域によって千差万別。大きな違いをもたらすものこそ、私たちが使う道具なのだ。

私の朝食の献立はほとんど毎日、コーヒーに、バターとマーマレードのトースト、子供たちに飲み干されていなければ、それにオレンジジュースが加わる。こんな風に食材だけを並べてみると、三五〇年昔から続いてきた献立と代わり映えしない。コーヒーがイギリスで飲まれるようになったのは一七世紀半ばであり、オレンジジュースやマーマレードが登場するのは一二九〇年からである。バターを塗ったトーストは大昔から存在する。だが、ここで重要となるのはもっと細かな違いだ。

コーヒーを淹《い》れるために、一八一〇年ならともかく私は二〇分間煮立たせてから、アイシングラス（魚の浮き袋から抽出したコラーゲンの一種）で濾《こ》したりしないし、ランフォード伯爵として知られるベンジャミン・トンプソンが発明した、一九五〇年当時としては「科学的な」濾過《ろか》装置付きコーヒー沸かし、パーコレーターを使ったりもしない。木製のスプーンと水差しを使って、熱いコーヒーの挽豆に冷水を注ぎ、その粉を水差しの底に沈めるエドワード七世時代〔一九〇一～一〇年〕の製法も使わなければ、アメリカに住んでいた頃のように電動コーヒーメーカーも使わない。学生時代のようにスプーン一杯の苦いインスタントコーヒーにお湯を注いだりもしなければ、一九九〇年代にやっていたフレンチプレスのコーヒーポットを使うこともない。二一世紀初頭のコーヒー通として（と豪語したものの、最先端の日本製サイフォン式コーヒーメーカーにお金を注《つ》ぎ込むほどのコーヒー通ではない）私は、バーグラインダーを使って（フェアトレードの）コーヒー豆を極細挽きにしてから、カプチーノマシンと一連の台所道具（コーヒースクープ、コーヒータンパー、ステンレスミルクピッチャー）を駆使して蒸気処理したミルクを注いだエスプレッソ、フラットホワイトを作る。気持ちのいい朝は、一〇分かそこら神経を集中して作業に励むとテクノロジーが功を奏して、コーヒーとミルクがふんわり混ざり合った、おいしい飲み物が誕生する。調子の悪い朝は、コーヒーとミルクが爆発し床じゅうが汚れてしまう。

トースト、バター、マーマレードはエリザベス朝時代の人々が大好きなお馴染みの食品だった。だが、

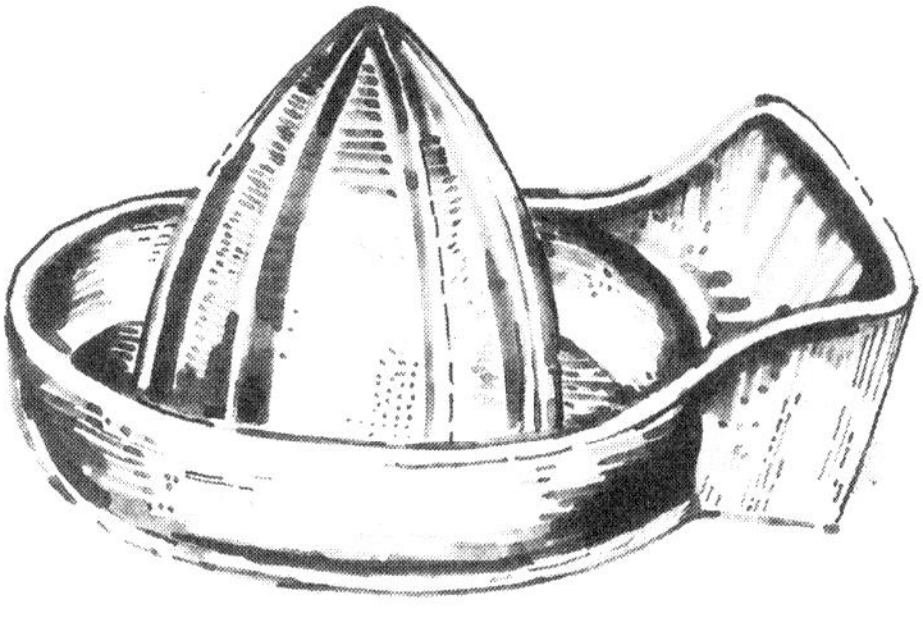

当時シェイクスピアは私が食べるようなトーストは口にしていない。家庭用自動パン焼き器で作った全粒粉のパン一斤をスライスして、ポップアップトースターでこんがり焼き、食器洗い機に耐えうる磁器の皿にのせて食べるということはしなかった。楽に塗れる軟らかいバターも果肉のたっぷり入ったマーマレードも味わったことがない。どちらもわが家に大型で高性能の冷蔵庫があればこそ味わえる食品だ。おまけに、シェイクスピアの時代のマーマレードはおそらくオレンジではなくマルメロの実で作られていた。私がパンに塗るバターは油の嫌な臭いもしなければ、硬くもない——子供の頃の私が覚えている一九七〇年代、八〇年代当時のバターとは大違いだ。バターをのばしたステンレス製バターナイフの金属の味が残ることもないし、ナイフがマーマレードの果糖に化学反応を起こすこともない。

　オレンジジュースのテクノロジーがすべての食材の中で一番単純（オレンジを収穫して、果汁を搾るだけ）のように思えるが、じつはおそらく一番複雑なのだろう。エドワード七世時代の主婦なら、円錐形のガラス製搾り器に半分に切ったオレンジを押し当ててぐいぐい搾らなければならなかったけれど、私はいつもテトラパックのカートンからジュースを注ぐ（テトラ・ブリック容器が最初に発売されたのは一九六三年）。ジュースの原料はオレンジだけだが、ジュースができるまでには気の遠くなるような数々の生産技術工程を経たはずだ。さまざまな酵素の働きで果物がぐちゃぐちゃにされ、さまざまな濾過工程を経て不純物が取り除かれて、低温殺菌され冷蔵保存されて各地へ輸送され、ようやく私のもとに届いたジュースを朝食で飲んでいる。ジュースを飲んでも苦さに顔をしかめずに済むのは、リンダ・C・ブルースターのおかげでもある。この女性発明家は一九七〇年代に、柑橘類の苦味成分リモニンの量を減らし、オレンジジュースの「苦味を除去する」研究で特許を四つ取得している。

このようにして特定の食物が特定の食べ方で消費されるのは、歴史的に見ればほんの一時期にすぎないのだろう。私たちが口にする食物は私たちがいつの時代を生き、どんな場所に住むかを物語る。だが、もっと雄弁に語ってくれる存在は、私たちが料理を作り料理を消費するのに使う道具である。私たちは「テクノロジーの時代」に生きているとよく言われるが、たいていその言葉の意味は、コンピュータに囲まれて生きているということだ。が、それぞれの時代にはそれぞれのテクノロジーがある。そのテクノロジーは必ずしも未来志向的である必要はない。フォークも鍋も簡単な計量カップも立派なテクノロジーだ。

料理道具は食べる楽しさを倍増させる手段にすぎない場合もあるが、時として生き延びるためになくてはならない道具としてその存在感を発揮する。まだ調理用鍋がなかったおよそ一万年前の人類の骨格を調べれば、歯をすべて失くした成人は生きられなかったことが分かる。生きるためには食物を噛み砕く必要があった。咀嚼することができなければ飢え死にしてしまう。鍋のおかげで私たちの祖先は、流動食を作ることができるようになった。粥やどろどろになるまで煮込んだごった煮は、噛まずに飲み込むことができる。この時代に入ってようやく歯の一本もない成人の人骨が発見されている。こうした人々の命を救ったのは調理用鍋だった。

何にでも使える万能テクノロジーがもっとも基本となるテクノロジーという場合は多い。数万年前に発明されたすりこぎとすり鉢のような技術はいまだに色褪せない。すりこぎは太古、穀物を加工する道具として登場し、フランス料理のピストゥからタイ料理のカレーペーストまであらゆる食材をすり潰すのに重宝されるようになった。そうかと思えば、結局はあまり使い勝手のよくなかった道具もある。一九七〇年代に登場したチキンブリックは一世を風靡したものの、人々がチキンの丸焼きを作ることに飽きてしまえば、ただのがらくたにすぎない。スプーンや電子レンジのような今日世界中で使われている料理道具がある一方で、特定の地域でしか使われない石焼鍋のような道具もある。韓国人はこのジュージューと熱い石製の鍋でビビンバを作る。ご飯にナムルと生卵を載せて焼くと、鍋底のご飯は石焼鍋の熱で香ばしくなる。

本書はハイテク料理道具だけでなく、普段何げなく使っている道具やテクノロジーも取り上げる。その存在にすら気づかなくても、食のテクノロジーは重要な役割を果たしている。気づこうが気づくまいが、すべての食物は火の発見以来テクノロジーに支えられている。パン作りを支えるのはオーブンだ。一杯のスープを作るにも鍋と木製スプーンの存在がある（缶詰でスープを作る場合は、缶詰のテクノロジーも関わっている）。シェフが作るムースには、亜酸化窒素を充てんしたキャニスターが必要だろう。スペインの料理人フェラン・アドリアのエル・ブリは、閉店する二〇一一年まで世界でもっとも有名なレストランだったが、真空調理法、遠心分離機、食物乾燥機、冷凍粉砕調理機パコジェットがなければ、このレストランの名を高らしめた新メニューは開発されなかったはずだ。多くの人がこの最新鋭の料理機器に驚きの声を上げたが、新しいキッチンテクノロジーが登場する一方で、従来の調理法が一番だという声もつねに聞かれる。

料理人は保守的な人間であり、ほとんど変わらぬ行為を年々歳々、黙々と繰り返す達人である。そのため料理を取り巻く食文化が確立されるのは必然といえる。例えば、本場中華の炒め物料理には食材をみじん切りにする広刃の包丁、刀（トウ）と中華鍋の存在が欠かせない。手早く炒める調理に必要だから中華鍋が発明されたのか、調理鍋が発明されたから手早く炒める調理法が開発されたのか。答えはどちらでもない。中国料理の成り立ちを理解するには、料理に使う燃料についても考える必要がある。中華鍋で手早く炒めて料理しなければならなかったのは、そもそも燃料の薪が不足していたからである。ところが、長い年月が経つうちに料理道具と食物が密接に絡み合い、道具が先か調理法が先か、もはや分からなくなってしまった。

台所に新風を吹き込もうものなら、料理人がそれを脅威と見なすのは当然だ。「これまで慣れ親しんできた食を新たな調理法でぶち壊すつもりなのか」。料理人の言い分はいつも決まっている。一九世紀後半、業務用冷蔵設備が実用可能になると、消費者も製造業者も大きな恩恵を被った。これまで世界の大都市で年間数千人の死者を出していた、牛乳のような腐りやすい食品の保存に冷蔵庫は大いに役立った。冷蔵設備は販売業者にも恩恵を与え、おかげで食品の陳列窓を大きくすることができた。その一方で、売り手、買い手双方の間で新たなテクノロジーに対する不安も広がった。消費者は冷やして保存された食物の品質に疑問を抱いた。市場の商人もこの新技術を持て余した。一八九〇年代、パリ第一区のレ・アールの売り手たちは冷蔵すると商品が傷む気がした。ある意味彼らの感覚は正しかった。常温のトマトと冷蔵庫のトマトを食べ比べたことのある人なら分かることだが、前者は甘い香りがして汁けがたっぷりでおいしいのに、後者はごわごわで金属の味がしておいしくない。新しいテクノロジーはすべて二面性を持っている。新技術によって得るものがあれば、失うものもある。

そして、失われるものは知識であることが多い。一度フードプロセッサーを使い出すと、包丁の腕が悪くても困らない。ガスオーブン、電気オーブン、電子レンジがあれば、火の熾《おこ》し方や燃やし方の知識は必要でなくなる。およそ一〇〇年前まで火の管理は人間にとって重要な仕事だったのに、それが廃れてしまった（一日中火の番をして他に何もできずに退屈な時間を過ごすことを考えれば、これは喜ぶべきことでもある)。だが、突き詰めると、調理テクノロジーが最低限のことしかできない人間を作り出してしまい、ついには調理技術そのものが消えてしまうのではないか。一八歳から二五歳のイギリス人二〇〇〇人を対象に行なった二〇一一年の調査によると、ミートソーススパゲティのような簡単な料理の作り方すら身につけず、実家を離れて独立してしまう若者が全体の半数以上いたことが分かった。電子レンジとインスタント食品の普及で人々は料理から解放され、ボタン操作だけで食事が作れるご時世だ。だが、自力で食事を用意することがいかに重要な意味を持つか分からなくなってしまったとしたら、それは進歩とはいえない。かと思えば、新しいテクノロジーのおかげで、従来のテクノロジーを再発見することもある。ブレンダーを使えば三〇秒でオランデーズソースが作れると知ってから、二重鍋と木製スプーンを使って、バターを少しずつ卵黄に加えていく従来の作り方で腕によりをかけることが、私は楽しくてたまらない。

台所用品は食物の歴史に比べると、あまり重要視されていないようだ。テーブルセッティングやゼリー型の素晴らしさにさんざんこだわっても、パンに飢えた人間を前にしたら、そんなこだわりにどれだけ価値があるだろう。こうした空騒ぎが起こるのは、台所用品が食の歴史の中でずっとなおざりにされてきた何よりの証拠といえる。料理の歴史はここ二〇年ホットな話題であり続けている。だが、数少ない優れた例外はあるものの、歴史の注目する分野は圧倒的にテクノロジーではなく食材なのだ。どのようにして料理したかではなく、何を料理したか。トマトの本、タラの本、チョコレートの本、料理書の歴史、レストランの歴史、料理人の歴史――こうしたものは続々書かれてきたが、台所や料理道具の歴史となるとほぼ皆無。その結果、料理の世界は一面的に語られているにすぎない。食材を調理するのに今までとは違った道具やテクノロジーを使うと、私たちの食感や味覚、栄養素、食材の文化的イメージまで変化してしまうことを見逃してはならない。

さらに言えば、私たち人類はキッチンテクノロジーに影響されて、食の中身だけでなく食のあり様も変化させてきた。大きな社会変化と共に料理道具が変化してきたのは事実だが、「夢のキッチンが人生を変えた」という類の話ではなく、私が意味するのは、テクノロジーの発明によって使用人の過酷な台所労働が軽減されたということだ。何世紀もの間、金持ちは大勢の人を雇って台所で重労働に従事させていたが、その間、骨の折れる料理労働の軽減にほとんど関心が払われなかった。人々を苦役から解放したのは、電動式のフードプロセッサーでありブレンダーである。レバノン料理のキッビやインド料理のジンジャーピューレ、ガーリックピューレを作っても、もう腕は痛くならない。かつて苦しみの味がした多くの料理が、今では難なく作れる。

料理道具は私たちの身体をも変化させた。「何を食べたか」ではなく（もちろん食事内容も重要なのだが）、「どの程度加工して食べたか」が現代の深刻な肥満の一因となっている。この現象はカロリー・デリュージョン（Calorie Delusion）〔カロリーの錯覚〕と呼ばれることがある。その証拠を示す優れた実験が二〇〇三年に、日本の九州大学で行なわれた。ラットを二つの集団に分け、一方には硬い飼料を、他方には軟らかい飼料を与えた。栄養素、カロリーといったそれ以外の条件は同一とする。二二週間後、軟らかい飼料を与えられたラットが肥満になっていたことから、歯ごたえが体重増加の重要な要因になっていることが立証できた。さらにニシキヘビなどを使って実験（肉粉と生のままの肉片を食べさせた二グループによる比較実験）を進めた結果、次のことが分かった。加工されていない食物をよく噛んで食べると、消化に多くのエネルギーが使われるので、食物の摂取カロリーは少なくなる。たとえ名目上のカロリーが同じでも、生のリンゴをかじるよりことこと煮込んだリンゴピューレを食べる方が多くのエネルギーを摂取することになる。現在の食品のカロリー表示（一九世紀後半に開発されたアトウォーター法による栄養表示）

はこの事実にまだ追いついていないのだが、料理テクノロジーがいかに重大な影響を及ぼすかを示す好例といえる。

多くの意味で、食の歴史はテクノロジーの歴史である。火がなければ料理はできない。火の利用法を発見した結果、料理法を発見し、私たちは類人猿からホモ・エレクトスへ進化した。狩猟採集生活をしていた最初の人類は、調理器具もホットプレートも持っていなかった。それでも食材を砕くための石、食材を切るための鋭く研いだ石といった自分たちなりのキッチンテクノロジーを持っていた。手先が器用だったし、チクチクしない毒のない食べられる木の実や果実の集め方も知っていただろう。高い岩の割れ目にミツバチの巣を見つけ、二枚貝の殻を使ってアザラシの肉の炙り焼きからしたたる脂を集めた。何か一つ欠けていても、テクノロジーの発明には至らなかった。

食物を口に運ぶために、私たちは火や氷をどのように使いこなし、泡立て器やスプーン、おろし器やマッシャー、すりこぎやすり鉢をどのように操り、手や歯をどんな風に使ってきたか、これから語っていこう。キッチンには人知れず情報が詰まっていて、それが私たちの料理法や食べ方を左右する。本書は、農業技術についての本ではないし（それは別の研究書に譲るとして）、独自の料理規則を持っているレストランの料理技術についてもあまり触れていない。本書が取り上げるのは、日々の家庭料理の食物であり、私たちの料理にさまざまな道具がもたらした功罪である。

ともすれば、台所で使われるテクノロジーが今日でも生死に関わる問題であることを、私たちは忘れがちだ。この主な二つの料理行為、切ることと加熱することは危険な行為だ。人類史の上で料理はずっと過酷な労働だった。狭い場所で汗と煙にまみれながら危険を覚悟で従事する仕事であって、世界の多くの地域でまだこうした労働環境が続いている。世界保健機関によると、室内で燃やす料理の火から出る煙で、毎年発展途上国では一五〇〇万人もの人が亡くなっている。ヨーロッパでも何世紀もの間、覆いのない直火の調理暖炉で多くの死者を出してきた。とくに女性の場合、煮えたぎる大鍋の上に無防備に身をかがめると、直火が風をはらんだスカートや垂れ下がる袖に引火してしまう危険があった。一七世紀まで、裕福な家庭で働くプロの料理人はたいてい男たちと決まっていて、焼けつくような熱い台所で下着一枚か裸になって料理を作った。女たちはもっぱら乳製品の加工と食器洗い専門で、これならスカートをはいていてもさして支障がなかった。

一六世紀から一七世紀にかけてイギリス史上最大級のキッチン革命が起こった。煙を外に出すレンガの煙突と鋳鉄製火格子の登場である。熱源のこの新たな制御システムと合わせて、一連の新しい台所用品がお目見えし、突如、台所は脂ぎった汚い場所ではなくなった。黒く煤けた鋳鉄の鍋が姿を消し、光り輝く真鍮と白目〔錫と鉛の合金〕製の鍋がその後釜に座った。社会に及ぼした影響も絶大だった。ついに女性が自分で火を熾《おこ》さずとも料理できるようになった。覆いの付いたレンジが当たり前の世の中になって三〇年ほど経った頃、女性が執筆した女性向けの最初の料理書がイギリスで出版されたのは偶然ではない。

料理道具が世に出回る時は単独ではなく、一挙にどっと登場する。道具が一つ発明されると、その道具を補助するために次々と新たな道具が必要になる。電子レンジが発明されると電子レンジでも使える食器やラップが誕生した。冷凍庫ができるとたちまち製氷器が必要になった。焦げ付かないフライパンには傷をつけないフライ返しが必要だ。覆いのない暖炉による昔の料理法には、一連の料理テクノロジーが付随していた――薪が手前に転げ落ちるのを防ぐ薪載せ台、パンを焼くための焼き網、火の前に置いて料理時間を短縮させるための金属製の覆い、炙り焼きにした肉を回転させる焼き串回転装置、ものすごく柄の長い鉄製お玉、穴あきスプーンにフォーク。暖炉による料理法が終わりを告げた時、関連のある料理道具もすべて姿を消した。

すり鉢やすりこぎのように脈々と使い続けられるキッチンテクノロジーがある一方で、消えてしまったものも無数にある。ヴィクトリア時代〔一八三七〜一九〇一年のヴィクトリア女王の治世〕に使われていた肉を吊るす焼き串、肉用フォーク、調理鍋、自在鉤、粉振りかけ容器、といったものをもはや私たちは必要と感じない。もっともこうした料理道具は、現在のオイルディスペンサー、電動ハーブチョッパー、アイスクリームスプーンと同程度にしか当時も出回っていなかったようだ。調理器具から当時の人々の好みがうかがえるのは興味深い。ジョージ王朝時代〔ジョージ一世即位の一七一四年からジョージ四世没年の一八三〇年まで〕の人々は骨髄のローストが好物だったため、特製の銀製スプーンを使って食べた。ひょうたんからチョコレートを飲んでいたマヤ人はひょうたんの器に意匠を凝らした。キッチン用品売場を見て回れば、現代西洋人が夢中になっている食物は、エスプレッソであり、イタリア風サンドイッチ、パニーノであり、カップケーキであることが分かるだろう。

テクノロジーは可能性を模索する技術だが、その技術を突き動かすのは、おいしいカップケーキを作りたいという願望、生き延びたいという生存欲求であって、いずれにせよ人間の欲望であり、技術の方向性を決めるのはその当時の原材料と知識である。缶詰食品が発明されてからずっと長い間、缶詰が手軽に消費されることはなかった。ニコラ・アペールが画期的な缶詰の製造法を出版したのは一八一〇年、ロンドン、バーモンジーに世界初の缶詰工場が開設したのは一八一三年のことだが、缶切りが発明されたのはそれから五〇年も経ってのことだ。

新しい料理道具が登場すると、その目新しさが色褪せるまでつい夢中になってしまう。二〇世紀の人間性心理学の祖アブラハム・マズローは、金槌しか持っていない人間には、世の中のものすべてが釘に見えると言った。これと同じことがキッチンでも起こる。電動式ブレンダーを買ったばかりの人にとって世の中のものすべてがスープに見える。

新しい料理道具が従来のものより進歩しているとは限らない。私の台所の棚にはしぼんだ情熱の残骸がごろごろしている——電動式ジューサーが私の生活を一変させると喜んだのもつかの間、掃除が面倒なことに気づいた。電気炊飯器は最初申し分なく働いてくれたが、一年経つと急に焦げ付くようになった。ガスバーナーを使って、ディナーパーティーで素敵なクレームブリュレが作れると想像を膨らませたが、まだ一度も実行に移していない。多少なりとも無用の長物となった料理道具なら誰しも心当たりがあるだろう——スイカくり抜きスプーン、アボカドスライサー、ガーリックピーラー。そんな道具を使わなくても、スプーンやナイフや指を使えば済むではないか。料理は無数の工学の恩恵を受けているが、問題を解決するより問題を増やしてしまう道具も生み出されている。それに、機能は申し分ないが手間のかかる道具もある。

テクノロジーの歴史研究家がよく引用するのは（一九八六年の論文でメルヴィン・クランツベルクが公式化した）クランツベルクの第一法則——「テクノロジーに良し悪しはなく、さりとて中立もない」。このことはキッチンテクノロジーにもぴたり当てはまる。道具は中立的な存在ではなく、進化する社会状況に合わせて変化する。すりこぎとすり鉢は、ローマ時代の奴隷にとっては主人を喜ばせるために混ぜ合わせた食材を何時間もすり潰さなければならない道具だったが、私にとっては気が向いた時に面白がってペーストを作るための楽しい道具だ。

絶対的な意味において私たちの食を向上させ、生活を楽にする道具がどんな時にも手に入るとは限らない。手に入れられるもの、社会が受け入れるものを私たちは手にするだけだ。一九二〇年代半ば以降四〇年の間で、市場での技術革新は進んだにもかかわらず、料理も含めてアメリカ人女性が家事労働に費やす時間数は変化していないと、一九六〇年代からこの方、歴史研究家はずっと指摘してきた。食器洗い機、電動式ミキサー、自動生ごみ処理機があっても、女性の家事労働の大変さは変わらない。なぜだろう。ルース・シュウォーツ・コーワンが『お母さんは忙しくなるばかり――家事労働とテクノロジーの社会史』の中で指摘するように、技術的な問題からいえば、アメリカ人が共同で調理場を利用して、複数の世帯で料理作業を分担してはいけない理由はない。それでも、このテクノロジーが普及しなかったのは、パブリックキッチンという思想が社会で受け入れられないためだ。たとえ合理的でなくても、イギリス人同様アメリカ人も一般に家族単位で暮らすのが好きなのだ。

台所道具、とくにテレビショッピングで販売している値の張るおしゃれな道具類は、いかにもあなたの生活を一変させるように宣伝される。ところが、あなたの生活を予期せぬ事態に変えてしまう場合が多い。信じられないほど手早く簡単にケーキが作れる電動式ミキサーを買えば、ケーキ作りを義務のように感じてしまう。ミキサーを買う前はケーキ作りが大変なのでケーキを買うのが嬉しかった。そうなると電動式ミキサーで時間の節約はできず、むしろ時間を食われるはめになる。ただでさえ狭い調理台の貴重なスペースをミキサーが塞いでしまうし、ボウルや調理器具を洗ったり、あたりに飛び散った粉を掃除するのにますます時間を取られてしまう。

テクノロジーがあるからといって、それを使わなければならない理由はない。基本的な道具なら、「使うのが面倒だ」と言って使わない人はまずいない。それでも、私たちのキッチンには必要以上に多くのものが鎮座している。麺棒、おろし器、フライ返しがごちゃごちゃで引き出しが開かないのなら、テクノロジーをいくつか捨てる潮時だ。いざとなれば、よく切れる包丁、木製のまな板、フライパン、スプーン、

コンロだけでも腕前さえよければ立派に料理できる。
　それでも欲しいと思ってしまうのは、食物を口へ運ぶという連綿たる営みが一〇年も経てば微妙に変化して、それが料理を刺激的で楽しいものにしてくれるからだ。相も変わらずコーヒーに、バターとマーマレードを塗ったトースト、ジュースという献立でも、一〇年、二〇年先には私の朝食も様変わりしているだろう。過去は過ぎ去っていくものなら、以前は完璧に思えたテクノロジーが急に不便に感じられるのも致し方ないだろう。早くも私は家庭用自動パン焼き器を後悔している——まったくひどい代物で、生地をこねるパドルのせいでパンの中央部分に決まって穴が開いてしまうのだ。そこで、パン店からこねた生地を買ってくるか、自分の手で生地をこねるか、私はローテクに回帰しつつある。エスプレッソマシンも、この本を執筆している間にとうとう壊れてしまった。さっそくエアロプレスコーヒーメーカーを見つけてきたのだが、安価なのに大した優れ物で、空気圧を使って手で押すと濃いコーヒーが抽出できる。そういう私も今度はマーマレード作りを電動にして、ジャムメーカーを手に入れたい誘惑に駆られている。
　それに、今食べているおいしい朝食が数年先も続くと誰が断言できるだろう。果樹園がエネルギー需要の高まりで風力発電地帯に姿を変えて、フロリダ産オレンジが手に入らなくなるかもしれない。酪農場がもっと効率的な植物性食品の生産に転換してしまい（そうならないことを祈るばかりだが）、バターも同じ運命をたどるかもしれない。未来の最先端キッチンでは、ひょっとしたら「カフェイン入りベーコン」

や「ベーコン入りグレープフルーツ」を朝食にしているかもしれない。マット・グレイニングがアニメ番組《フューチャラマ》で思い描いた世界のように。

ただ一つだけ確かなことがある。料理というテクノロジー抜きに私たちは生きられない。先割れスプーンは一時の流行かもしれないし、電子レンジにも流行り廃りがあるかもしれない。それでも人類はつねに料理道具を手にしているはずだ。火と手とナイフ。これだけはいつも欠かせない。

第1章　鍋釜類

「お鍋よ、煮えろ」
——グリム兄弟、「おいしいおかゆ」、一八一九年

「煮込み料理は生、炙り焼きは死」
——クロード・レヴィ＝ストロース、*The Origin of Table Manners*
（『テーブルマナーの起源』）、一九七八年

私が一番よく使う調理用鍋は何の変哲もない鍋だ。新婚当時、新聞の日曜版に載っていた特別価格の通信販売一〇点セットを注文して、手に入れた。学生時代の寄せ集めの欠けたホーロー鍋や容器とは違い、すべておそろいの光り輝く鍋セットを持てば、なぜか大人になった気がした。ステンレス鋼の鍋一式。「今ご注文すれば、こんなにお得なうえ、ミルクパンを無料進呈！」。広告の謳い文句に乗せられて私は注文した。これまでずっと私たち家族の役に立ってくれた鍋たちだ。無料進呈のミルクパンも長い間使い続け、娘の朝食のシリアルのミルクを温めるのに活躍した。困ったことに注ぎ口が付いていなかったので、時々調理台にミルクをこぼしてしまうことはあったけれど。それが、ある朝、柄の部分がすぽんと取れてしまった。とはいえ総じて頼もしい鍋たちである。一三年経った今でも、すっかりだめにしてしまった鍋は一つもない。リゾットを焦げ付かせても、うっかりシチューを煮込み過ぎても、ねばねばのカラメルを

作っても鍋たちはよく耐えた。ステンレス鋼の鍋は銅製ほど熱が早く伝わることはなく、鋳鉄製や土鍋ほど保温性がいいわけでもなく、鉄ホーローほど美しくもないが、ごしごし洗えば、元通りの姿になる。

とりわけいつも頼りにしているのは、中型の蓋付き両手鍋だ。正式名称はソースポットだと思うが、どんな料理もこなせるのでフランス語の fait-tout〔万能の意〕という呼び名の方が似つかわしい。朝にはポリッジ〔オートミールの粥〕を作るためにコンロ台の上に載せ、夕方のご飯を炊くのにまたコンロに据える。この鍋はカスタードクリームやライスプディングの軟らかさも、カレーの香辛料の辛さも知っている。スープの味は数知れず、緑のクレソンを色鮮やかにゆでることもあれば、胡椒のきいたミネストローネも作ってきた。毎日せっせと働いてくれる。パスタをゆでたりスープストックを作るには小さ過ぎるが、食物を煮炊きするには打ってつけだ。やかんを火にかけ、この鍋に湯を注ぐ。塩を少々加えて、小房に分けたブロッコリー、サヤインゲン、トウモロコシをゆでる。気分次第で蓋をしたりしなかったり。ゆでること数分、ざるにさっと空けて、はいできあがり。途中難しいことも特別なことも何もない。フランス人はこうした調理法をいかにも「à l'anglaise」〔英国風の意〕だというが、フランス人がイギリス料理をその程度のものと揶揄しているのは、私たちにも分かっている。フランス人科学者エルヴェ・ティスはこうした調理法を「知的貧困」とまで言い放った。イギリス人とは違い、フランス人はニンジンのような野菜もバターを加え少量の水で蒸し煮にしたり、ラタトゥイユのように煮てみたり、スープストックやクリームソースと一緒にグラタンにして焼き、ニンジンの甘みを濃縮してみたりするのが好きだ。ゆでるだけでは、とんでもなくまずいと思っているのも無理はない。

ところが、ゆでるという調理法をテクノロジーとして考えると、じつに複雑な作業といえる。鍋は料理の可能性を一変させた。味つけをしていてもしていなくても液体の中で何かをゆでるという行為は、火だけを使っていた調理からの大きな進歩だった。鍋のない台所を想像することは難しい。この基本的な料理道具からどれほど多くの料理が生み出されることか。鍋のおかげで食べられる食物が一挙に増えた。それまで毒があったり、消化できなかったりした多くの植物が、何時間もゆでることで食べられるようになった。ただ加熱するだけの行為から、人間の手で作った器の中に考え抜いた食材を混ぜ合わせていく料理という行為へと、橋渡ししたのは鍋である。人類最初の調理法は炙り焼きだった。炙り焼きの起源は数十万年前にさかのぼることが実証されている。それに対して土器の調理用鍋の歴史はわずか九〇〇〇年から一万年前に始まる。中米テワカン谷から出土された石製の調理用鍋も、紀元前七〇〇〇年以降のものである。

炙り焼きは直接的で単純明快な調理法だ。生の食材を炎で炙り、変質させる。ゆでたり揚げたりするのは間接的な調理法で、火の他に、水にも火にも耐えられる器が必要になる。食材はゆで湯か揚げ油を介して火の熱に接する。とくに卵のように壊れやすくてやわらかい食材を火で調理するのに、大変便利な調理法だ。ゆで卵を作る場合、火の猛攻から卵は殻と鍋の金属と熱湯の三層で守られる。ところが、自然界で熱湯はなかなか見つかるものではない。

アイスランド、日本、ニュージーランドには地熱による温泉がある。とはいえ温泉の湧く地域はごく稀で、自然の驚異は羨望の的だ。産業革命前に温泉の近くに住んでいた人は裏庭に湖規模の湯沸かし器《サモワール》を持っているも同然で、とんでもなく贅沢なことだったに違いない。ニュージーランドのワケアウェアワの温泉近くに住んでいたマオリ族は、昔から料理に温泉を使っていた。根菜、肉などさまざまな食物を亜麻袋に入れて湯の中に浸して調理した。同様の調理法はアイスランドの地熱地域でも数百年の歴史がある。アイスランドでは、今日でもライ麦の黒パンはブリキ製容器の中にパン生地を入れて、温泉近くの熱い地面に埋めて蒸して作る（通常は二四時間ほどでできあがる）。

考古学的証拠ははっきりしないが、理屈からいえば、間欠泉の近くに住んでいた大昔の人々も、生の食材を、ゆで上がった時に首尾よく引き上げられるよう紐か棒に結びつけて、沸き上がる湯気の中に浸していたと考えられる。現代人よりはるかに器用でなければ、おいしくゆで上がった食べ物も、フォンデュ鍋の中にパンの欠片が落っこちてしまうように、温泉の中で行方不明になってしまったことだろう。

それでも、温泉調理法は火を使うだけの調理法より好都合な点が多い。熱源を作り出す手間が省けるので、それだけ労力が少なくて済む。ゆっくり食材を加熱するので、直接火で調理する時のように外側ばかりが黒焦げで、中は生焼けという困ったことにもならないし、多少ゆで時間を間違えてもおいしく食べられる。

とはいえ、みんなが温泉近くに住んでいるわけではない。温泉を見たこともない人間がどうやって湯による加熱調理を思いつくだろう。火と水は性格が正反対だ。火打ち石を打ち合わせ、集めた柴を積み重ねて、何時間もかけてせっかく火を熾《おこ》したのに、大切な炉の近くにわざわざ水を用意するだろうか。簡単に何度でも点火できるコンロ台や電気ポットを持っている現代人ならゆでるなど朝飯前で、鍋があるのも当たり前だ。だが、熱湯で調理したことのない人間にとって、それは大きな飛躍だったに違いない。

意識的にゆでる作業を行なうには創意工夫が必要だった。何もないところから調理用の容器を作り出すのは並大抵の創造力ではない。地熱調理で袋や紐を使ったにしろ、それは本質的な創造ではない。煮えたぎる湯を沸かす大地自体が調理用鍋だったのだから。温泉がなければ、ゆでる器が必要になる。熱に耐え、

食物が漏れ出さない丈夫な入れ物が必要だった。

人類が初めて陶器を作り出す以前でも、食材に器になるものが付随していればそれを利用して料理ができた。貝類、甲殻類、あるいはカメなどは陶器の代わりとなる殻や甲羅を持っている。貝殻は器や料理道具としても使えた。湯気の上がったムール貝の白ワイン煮を食べる時、私たちは貝を一つトング代わりにして、他のムール貝から身を取り出す。同じようにしてティエラ・デル・フエゴに先住していたヤーガン族は、ムール貝を受け皿にして、アザラシの炙り焼きからしたたり落ちる脂を集めた。そんなふうにムール貝を使ううち、器にして調理するようになったのではないかと考える考古学者もいる。貝殻は、手作りの鍋に至るまでの通過点として考えられてきた。はたして、そうなのか。

ムール貝の中で食材をゆでたり揚げたりするには、貝殻が小さ過ぎる。したたる油脂を集めるのは、鍋というよりスプーンの役目だ。二枚貝をスプーン代わりに使い、ムール貝をナイフのように鋭く研いで魚を切り分けた人々に、アメリカ先住民がいた。だが、私たちの知る限り、貝殻を鍋として使ってはいない。真珠のような光沢を放つムール貝の鍋。想像するだけでもうっとりするが、せいぜいネズミ一匹分の食事しか作れない。では、もっと大型の甲殻類やカメならどうか。アマゾン川流域各地で暮らす部族のカメ料理は、鍋が発明されるずっと前からゆでる調理が「実際に行なわれた」実証例だといわれてきた。カメの甲羅で料理するとはいかにも夢があるが、カメをゆでる以外、他の食材を料理できたかははなはだ疑問だ。

貝殻よりも、最初の調理容器として考えられるもっと有力な候補がある。ひょうたんのような堅い外皮を持った植物は、有史以前からボウルや瓶や鍋として使われた。アジア各地では中が空洞になっている竹がある。しかし、世界的に見ると、竹やひょうたんは特定の地域にしか自生していない。肉が料理できることに気がつくと、動物の胃袋がもっと一般的な調理容器になった。水が漏れず、ある程度までは熱にも耐えられる出来合いの容器である。ヒツジの胃袋に食材を詰めて煮込んだスコットランド人の好物料理ハギスは、動物の内臓を胃袋に詰めて煮る、古くからの伝統に回帰した料理だ。紀元前五世紀の歴史家ヘロドトスは、遊牧騎馬民族スキタイ人がこの調理法を使って動物の胃袋に肉を詰めて煮た様子を詳しく記している。「このようにしてウシや屠《ほふ》った獣を肉もろとも巧みに煮込んでしまう」。「巧みに」とはよく言ったものだ。鍋釜がなくても、テフロン加工の焦げ付かない鉄板焼きプレートや光り輝く銅製の料理道具一式が厨房に整然と並んでいなくても、人間が機転をきかせればいかにうまい料理法を編み出せるか、この胃袋を使った調理法の伝統が如実に示している。

世界中でみられる石焼料理はこれまでにない独創的なテクノロジーだった。その起源は今から少なくとも三万年前にさかのぼる。直接火で炙る料理から数千年経って、人々は蒸気や湯で間接的に食材を加熱調理する方法を考え出した。この料理法の大変革は近代までの料理における最大の技術革新といわれている。

ピットオーブンの作り方は次の通り。まず、地面に大きな穴（ピット）を掘り、穴の内側に小石を敷き詰め、水が地面にしみ込まないようにする。次に、穴を水で満たす。地下水面より下にピットを掘れば、自然に水が溜まるので、手間を省くことができる（アイルランドの水の多いピートの沼沢地には、何千も

のピットオーブンのくぼみの痕跡がある。

今度は、別に集めてきた石（できれば河原の大きな丸石）を火で高温になるまで焼く。料理に使う焼き石は五〇〇度になるまで熱したが、その温度はピザ窯より高温だ。手をやけどしないために木製のトングのような道具を使って焼き石をピットへ運び、穴に張った水の中へ落とす。焼き石を沈めて水が沸き出し熱湯になれば、食材を入れる。最後に、柴や葉、動物の皮、土を被せて蓋をする。湯の温度が下がればさらに焼き石を加えて、料理ができるまで一定の温度でゆでられるようにする。

石焼料理にはバリエーションがある。火の場所をピットの中にして、石を焼く方法。この場合隣同士に二つの穴を掘り、一方の穴には水を満たし、もう一方には火を熾《おこ》して石を焼く。あるいはゆでるのではなく、蒸し焼きにする方法。葉で巻いた野菜や肉と焼き石をピットの中に交互に重ねて入れ、水は注がない。この場合ピットはゆで釜というよりオーブンの役目をする。

石焼料理はニューイングランドの海浜パーティーで今でも作られる。浜で獲ったばかりのおいしいハマグリをその場で料理する。ピットの中に焼き石、流木、海藻を重ねて入れ、ハマグリの汁が失われないようにする。この料理法はハワイの宴会ルアウにも登場する。豚一匹を丸ごとバナナかタロイモの葉で包み、熱したピット（イム）の中でほぼ半日かけて蒸し焼きにし、伝統の儀式に則ってほら貝を吹いて掘り起こす。だが、ヨーロッパでは陶器が登場するとまもなく、焼き石で食材をゆでる料理法は廃れてしまった。

そのため、石焼料理は鍋を使った煮込み料理に比べると技術的に劣っていると考えられがちだ。温かい食事を作るには不便で迂遠な方法であることは確かだ。私たちが普段行なっているゆで方に比べるとどうしようもない料理法といえるかもしれない。パスタや賽の目に切ったトマトやコメ粒なら泥の中で行方不明になってしまうし、卵やアスパラガスをわずか数分でゆで上げるためにはばかばかしいほど能率が悪い。

それでも石焼料理は素晴らしいテクノロジーだった。実際にそれで昔の人が多くの料理を作ったのだ。ルアウでの伝統儀式、豚の丸焼きがその好例だが、大量の食材を料理するには打ってつけ。これまで食用に向かなかった数多くの野生植物を食べられるようにしたのも、石焼料理の特筆すべき功績である。昔からピットオーブンでじっくり蒸し焼きにされてきた食材は主に球根や塊根の類で、イヌリンという人間の胃袋では消化できない炭水化物を多く含んでいた（キクイモはイヌリンを含み、それが不快な膨満感を引き起こす）。こうした植物も石焼料理にすれば、この炭水化物を加水分解して消化可能な果糖にすることができる。場合により、こうした植物は加水分解を起こすまでに六時間も調理する必要があった。長時間蒸し焼きにすれば、手に余る野生の球根も驚くほど甘くておいしい食物に変身するという嬉しいおまけがついた。

地中のオーブンや石焼料理にすっかり惚れ込んでしまい、鍋の方が優れていると思えず必要を感じなかった人々もいた。西暦元年から一〇〇〇年にかけて、サモアやトンガから東太平洋の島々のハワイ、ニュージーランド、イースター島へ移り住んだポリネシア人たちは、それまで一〇〇〇年間親しんできた鍋をあっさり捨ててしまった人々だ。紀元前八〇〇年頃から低温で焼いた土器を中心に、貝殻や砂を混ぜてさまざまな陶器を作っていたが、紀元後一〇〇年頃にマルキーズ諸島へ移り住むと、陶器作りを突然止めて、鍋を使わずに料理するようになった。

これまでの仮説では、ポリネシア人が陶器を作らなくなったのは新天地に粘土がなかったからということになっていたが、実際にはそうではなく、マルキーズ諸島にも、遠く離れた高地には粘土が存在した。今から三〇年前にニュージーランド人考古学者ヘレン・M・リーチがこのポリネシア人の謎に迫り、陶器を使わず料理したのは、陶器の必要を感じなかったからという新説を示した。主食がコメならそうはいかなかっただろうが、ポリネシア人の食事はヤムイモ、タロイモ、サツマイモ、パンノキといったデンプン質の野菜が中心で、鍋よりも焼き石の方がうまく料理できた。

確かに鍋がなくても煮ることはできる。鍋を使わなかったポリネシア人の事例は、絶対必要と思えるキッチンテクノロジーさえもすべての人に受け入れられるわけではないことを物語っている。家庭でフライパンを使わずに調理する人もいる（フライパンで調理すれば油を取り過ぎると言わんばかりに）。生ものを食べる人は火を使わない。包丁を使わないで料理する人もたぶんどこかにいるだろう。代わりにハサミを使うよう勧めている子供向けの料理の本がある。私自身はポリネシア人とは反対で、鍋釜はなくてはならない料理道具であり、奥ゆかしい家の守り神だ。コンロに鍋をかけ、家中においしい匂いが立ち込めて、もうすぐ夕飯ができあがると思う時間は、一日のうちでも至福の時。鍋のない生活など想像できない。

陶器が一旦料理テクノロジーの仲間入りをすると、私たちは特別な感情を抱くようになった。陶器はどこか人間に似ている。現代人でさえ陶器には人間のような性格があって、唇、口、首、肩、お腹、お尻があるような気がしてしまう。アフリカ、カメルーンのドワヨ族は使う人によって陶器の形が違っている（子供の使う器と寡婦の器では外見が違う）し、他の人の器で食べてはいけない決まりがある。

あの皿でなければいや、このマグカップでなければだめと、私たちは特定の器に執着する。他の人が使った後のフォークでない限り、（清潔であれば）私はどのフォークでも拘らない。が、陶器となると話は別だ。ワシントンを旅行したお土産に夫が買って来てくれた、歴代のアメリカ大統領が描かれている大振りのマグカップ。これを朝の紅茶を飲むカップに使っていた。他のマグカップとは違う格別な味がして、このカップで飲むことが毎朝繰り返される大切な決まりとなった。第二一代大統領チェスター・アーサーか第二二代大統領グローヴァー・クリーヴランドか見分けもつかぬほど、大統領の顔もだんだん薄くなって、なおいっそうの愛着が湧いた。誰かがそのカップで飲んでいると、内心自分の墓石を踏まれているような気分になった。とうとう食器洗い機の中で割れてしまったが、ある意味私はほっとした。そして、代わりとなる自分用のマグカップを買うことはしなかった。

陶磁器の欠片「土器片」は文明が残した半永久的な痕跡となる場合が多く、土器を使っていた人々の価値観を垣間見る絶好の資料となっている。そのため、よく考古学者は当時の人々に土器に因んだ名をつける。紀元前三〇〇〇年から二〇〇〇年の間ヨーロッパを移動し、イベリア半島、ドイツ中央部から紀元前二〇〇〇年頃にイギリスへ渡ったビーカー族。鐘状ビーカー文化に因んで名づけられた「縄模様土器」人だ。ビーカー族の移り住んだ地域には赤茶色の鐘状土器の杯の破片が残されていた。（フリントのナイフや石槌も使用していたのだから）フリントナイフ人とも石槌人とも名づけられたはずなのだが、どういうわけか土器の方が文化全体をありありと連想させる。ビーカー族は足元にビーカーを置いて埋葬されることを好んだ。ビーカーは死後の世界でも飲食する時、必要になるだろうからと。物があふれる現代文明では、大昔ほど陶器は重要ではなくなっているが、それでも数少ない普遍的な持ち物の一つであることに変わりはない。何か破滅的な出来事が起きて私たちの文化が滅び、数百年後に発掘されたとしたら、考古学者は遺物を掘り起こしてマグ族と名づけるだろう。おいしいカフェイン入りの飲み物がたくさん飲めるよう大振りで、食器洗い機にも耐えられる彩色鮮やかな陶磁器を好む人々だから。

陶器の誕生は、人類が文化史上きわめて重要なテクノロジーの発達段階に達したことを示している。陶器を作る場合、粘土を採取し、水を加えてこね、形を作り、火で焼いて、永遠の形を与える。その工程は石や木や骨を削って作るのとは違う。土器は人間の手の跡が残る。陶器作りには魔法をかけるようなところがあり、実際、初期の陶器は共同体のシャーマンとしての役割も担っていた。考古学者キャスリーン・ケニヨンはエリコで紀元前八〇〇〇年の土器片を発掘し、土器作りの始まりを一つの「産業革命」と捉えた。

天然の材料に手を加えて物を作るのではなく、人類は天然の材料を変質させることを発見した。粘土、砂、藁をこね合わせ、高温にさらすことで、原料の性質を変えて、新たな特性を与えた。

使える器を作るには、泥団子のように一塊の粘土をこねて適当な形にすればいいという単純な話ではなく、粘土そのものを注意深く選ぶ必要があった（砂の成分が多過ぎるとうまく形にできないが、砂の成分が少な過ぎると火に耐えられない）。粘土をすべすべにするためには十分な水が必要だが、水が多過ぎると手に粘土が馴染まなかったり、火に入れると割れてしまったりすることを、紀元前八〇〇〇年の陶工（陶工には女性もいただろう）は知っていたはずだ。火は九〇〇度から一〇〇〇度の高温に違いなく、こうした温度は特別にあつらえた窯でしか達することができない。料理用の陶器となると、水が漏れず、火にかけても大丈夫なようにもっと硬く作らなければならない。熱を加えると、混ぜ合わせた原料がそれぞれ違う膨張率で膨れるので、うまく作らないと割れてしまう。

加熱したら割れてしまったという経験のある料理人は多いはずだ。高温のオーブンでラザニア皿にぱりんとひびが入って、ディナーの献立が台無しになったり、「耐熱性」のはずの土鍋がコンロにかけたら割れてしまい、中の具を床にぶちまけるはめになったり。フードライターのナイジェル・スレイターによれば、陶器は「大きなひびが一つ入るよりむしろ粉々に割れてしまう」方が好ましいという。「ひびが入っただけの方がいいように思えるかもしれないが、オーブンの扉を開けたら、皿が真っ二つに割れていて、オーブン中がマカロニ・アンド・チーズ〔英米の定番グラタン料理〕だらけになる日が来るとも思わずに、使い続ける危険をはらむことになる」

初めての陶器がどのように作られたか、その製法を私たちが正確に知ることはないだろう。陶器の製造は、世界各地のさまざまな民族の間で同時に勃興した素晴らしいテクノロジーである。紀元前一万年頃、南アメリカ、北アフリカ、日本の縄文人の間でにわかに広まった。「縄文」とは「縄模様」という意味だ。縄文土器は、元始から陶磁器には芸術性が備わっていたことを物語っている。陶器として優れているだけでなく、美しくなければならなかった。縄文人の陶工は土器を作る時、縄や縄目、竹の棒、貝殻を湿った粘土に押しつけて装飾を施した。初期の縄文土器は、その多くが料理に使われていたようだ。発見された土器片からは、シチューを作るのに打ってつけの深い丸底の植木鉢型をしていたことが分かる。

不思議なことに、縄文人のようにどの地域でも土器が料理に使われていたわけではなかった。土器作りは料理のために始まったとかつては考えられていたが、今では異論が出ている。人々が土器で料理したかを知る手がかりはいろいろある。料理用土器の破片なら火で炙った焦げ跡がついているはずだ。食物の痕跡も残っているかもしれない。料理用の土器は砂の成分の多い粘土を原料とし、熱の衝撃の少ない低温で焼かれる場合が多い。

ギリシャのペロポネソス半島には、一〇〇万点以上の土器片が発見されたフランキティ洞窟がある。紀元前六〇〇〇年から三〇〇〇年のもので、ギリシャ最古の農耕社会の遺跡の一つだ。レンズ豆、アーモンド、ピスタチオ、カラスムギ、オオムギを栽培し、魚も食べていた。そうなると、実際に料理用土器を使っていた人々ということになる。こうした土器片は料理用や食物貯蔵用に使われていたと考えられていたが、考古学者はフランキティ洞窟の土器片を調べても、火にかけた痕跡がまったくないことに気がついていた。煤もなければ焦げ跡もない。磨き込まれてつやのある美しい土器で、底が尖って火にかけるには座りが悪い。こうした特徴が示すのは、土器が料理ではなく、宗教儀式に使われていたということだ。では、なぜこのギリシャ人たちは自在に料理用土器を作るテクノロジーを持ちながら、土器を神事に使ったのか。おそらく、これまで土器を料理に使ったことがなかったので、そんな用途は思いつかなかったのだろう。

土器を料理に使うのは画期的な発想だ。装飾を施す象徴的な存在として土器を長年使い続けた末に、フランキティ洞窟のギリシャ人は料理に使うことを思いついた。紀元前三〇〇〇年頃から、ようやく料理用の土器片が当たり前になっていく。土器の形が丸みを帯び、肌理《きめ》が粗くなり、用途に応じた使いやすい形になる――いろいろな大きさのシチュー鍋、チーズ入れ、粘土製のざる、オーブンのような形をした大型土器。ついに古代ギリシャ人は鍋で料理する楽しさを発見した。

おそらく古代ギリシャ人は陶器でもっとも有名な民族だろう。戦闘場面や神話、騎手、踊り子、祝宴の場面を描いた赤像式、黒像式陶器が私たちの目を引く。だが、もっと素朴な料理用陶器からも多くを知ることができる。やや地味ながらも興味を掻き立てることに変わりはない。ギリシャの台所用陶器からは、当時の人が何をどのように調理して食べたか、どんな食物を珍重したかが分かる。ギリシャ人は多くの貯蔵用の壺を残している。チーズやオリーブ、ワイン、油を入れる壺。オオムギのような穀物を入れるための、虫が入らないよう蓋の付いた頑丈なテラコッタの大型容器。ギリシャの陶工は砂の混ざった肌理の粗い粘土で、フライパンやソースパン、キャセロールも作った。基本となる形は、アンフォラ〔両取っ手の付いた大きな卵型の壺）に似た丸みを帯びた料理用土器キトラ（chytra）だった。それに、小さな三脚鍋や、器にも火鉢にもなる便利なキャセロールと焼肉コンロ一体型の料理道具を作った。古代ギリシャ人は複数の調理法を知っていた人々だった。

陶器が作れるようになると、料理の性格はがらりと変わった。これまで使っていたかご、ひょうたん、ココナツの外皮といった食物入れとは違い、粘土なら大きさも形も思いのままなので、食べられる食物の範囲がぐんと広がった――粥が作れるようになったのだ。農業という新たなテクノロジー（今から一万年前頃に始まる）と陶器の登場で、私たちの食事は一変した。土器があれば、ムギ、トウモロコシ、コメといった小粒の穀物を簡単に煮ることができた。こうしたデンプン質の食物がやがて世界中の人々の主食となっていく。肉、木の実、種を食べていた狩猟採集時代から、軟らかく煮た穀物とおかずが食べられる農耕時代に入ったのだ。これは食の革命であり、今日の私たちもその恩恵を受けている。大鍋でスパゲティをつるつるにゆで上げたり、ポンと炊飯器のスイッチを入れたり、バターとパルメザンチーズを入れて掻き混ぜて口当たりのいいポレンタ〔イタリア料理のトウモロコシ粥〕を作ったりする私たちは、畑で丹精込めて育て上げ、鍋で料理した軟らかいデンプン質の食物で腹を満たす方法を知った、人類最初の農耕民から連綿と続く系譜に生きている。

土器のおかげで、これまで毒を含んで食べられなかった多くの植物が食べられるようになった。例えば、キャッサバ（別名マニオク）は南アメリカ原産のデンプン質の塊茎で、今では世界で食される有数の炭水化物だ。野生のキャッサバはわずかにシアン化物を含んでいる。調理が不十分だったり生のまま食べたりすると、コンゾという麻痺疾患にかかることがある。キャッサバは鍋で煮ると、毒性がなくなるだけでなく、（タンパク質はほとんどないが）カルシウム、リン、ビタミンC源としておいしい主要作物に変身した。ゆでたキャッサバはナイジェリア、シエラレオネ、ガーナなど多くの国の主要なエネルギー源であり、ゆでた根（芋）をつぶしてペースト状にして香辛料を加えるだけで食べられる。心も体も温かくなる鍋料理の定番だ。

キャセロールはハーブやワイン、スープストックも入れて、肉汁や野菜の汁気を楽しむ料理だ。火で蒸発してしまう肉汁や野菜の汁気を、鍋なら最初から閉じ込めて料理することができる。貝類を多く食べる人々に鍋は重宝されたに違いない。土鍋は貝のおいしい汁を閉じ込めてくれるから。鍋にはもう一つ画期的な長所がある。直火で料理するより食物を焦がしにくい（私たちの多くが経験済みだ）。鍋の水分がなくならない限り、食物が黒焦げになることはない。

記録に残る最古のレシピはメソポタミア（現代のイラク、イラン、シリア）にある。三枚の粘土板に楔《くさび》形文字で書かれており、今からおよそ四〇〇〇年前のメソポタミア人の料理法を垣間見ることができる。レシピの大半は鍋料理で、そのほとんどがブロス〔肉のだし汁〕やクールブイヨン〔魚を煮るためのストック〕である。作り方はたいてい「すべての食材を鍋に入れる」というもの。鍋の登場で初めて料理が洗練され、料理らしくなった。それだけでなく鍋料理は直火の炙り焼きよりも手軽だ。マトンと水と叩き潰したネギ、ニンニク、ハーブを入れて沸騰させ、あとは煮えるのを待てばいい。メソポタミアのレシピの基本は、鍋の中に水を入れ、油と塩で味つけをして、肉、ネギ、ニンニクを入れて煮て、もしかしたらコリアンダーやミントも加えて、はいできあがり。

陶器の登場で料理テクニックは一挙に広がった。もっとも重要なテクニックはゆでることだが、陶器の焼き板を使えば、トウモロコシのお焼きやキャッサバ団子、フラットブレッド〔パン種を使わない円形の薄いパン〕も作ることができた。大型の陶器ではアルコール飲料を醸造・蒸留することもできたし、蓋付きの

陶器で穀物を焼けばポップコーンができた（もっとも有名なのはメソアメリカの炒りトウモロコシ）。

土器の人気の理由はもう一つ、土器が食物に味をつけたことだ。現代人は容器の表面が浸み出して中の食品と混ざることを嫌い、できるだけ中身と化学反応を起こさない容器を求める。ステンレス鋼が優れているゆえんもここにある。一九七〇年代のチキンブリック、タイ料理の土鍋といった例外はあるものの、普通は料理道具の表面が食物と化学反応を起こすことが好ましいとは考えない。ところが、多孔質土鍋で料理をする文化では伝統的に、鍋から料理に味が移ることを好む。これは土鍋から溶解性塩類が浸み出すためで、ヒマラヤ山脈にあるカトマンズ盆地で、土鍋はピクルス作りに欠かせない。マンゴー、レモン、キュウリのピクルスを一味違ったおいしさにしてくれる。

土鍋にはいろいろすぐれた特性があったので、土鍋から金属鍋へなかなか移行しなかったのかもしれない。金属の大釜《コルドロン》は青銅器時代（およそ紀元前三〇〇〇年以降）の産物だ。この時代には人類のテクノロジーが急速に変化した。ほぼ同時期に発明されたものとして、文字（ヒエログリフ、楔形文字）、パピルス、配管、ガラスの製法、車輪がある。少なくとも紀元前二〇〇〇年からはエジプト、メソポタミア、中国で大釜《コルドロン》が使われ出した。大釜《コルドロン》を製造するには多大な労力がかかったので、当初その用途は特別なごちそう、宗教儀式、死者に持たせるあの世の料理に限られていた。

金属の大釜《コルドロン》は陶器よりはるかに実用的な長所を多く備えていた。砂や灰でこすれば清潔に保つことができた。釉薬《うわぐすり》をかけていない素焼きの鍋ではこうはいかず、料理の残りかすが土器の小さな孔に入り込んでしまう。金属の大釜《コルドロン》は土器よりも熱がよく伝わるので、料理時間が短縮できた。なかでも一番の利点は直接火にかけても、高温で割れたり欠けたりする心配がないことだ。落としても壊れない。土器の場合、欠片で発見されることが多いのに引き換え、大釜《コルドロン》は土の中から完全な形で発掘されることがある。大英博物館所蔵のバタシーの大釜《コルドロン》は、紀元前八〇〇年から七〇〇年の鉄器時代を代表する出土品で、一九世紀にテムズ川から引き上げられた。カボチャ形の堂々たる姿は、七層の青銅板が盾のように鋲《びょう》で留められた構造になっており、今日でもその美しさには目を見張る。畏怖の念を起こさせる料理道具の逸品だ。見つめていると、大釜《コルドロン》の相続が遺言に示されることがあったという理由も頷《うなず》ける。工学技術の一級品である。

金属製の料理道具が作れるようになるとまもなく、鍋釜の大まかなデザインが確立した。古代ローマにはパテッラ（patella）があった。魚を揚げる浅めの金属鍋で、スペイン語のパエリア（paella）、イタリア語のパデッラ（padella）〔フライパン〕の語源となったが、イギリスのフライパンとほとんど変わらない。油で食物をゆでることが可能になると（フライにするということだが）、台所仕事は新たな段階に入った。油は水よりずっと高温なため、食物は素早く調理され、表面においしい焦げ色が付いた。これはメイラード反応が起こったためで、高熱でタンパク質と糖が反応し、それが食欲をそそるおいしい味を作り出す。こんがり揚がった黄金色のフレンチフライしかり、濃い琥珀色に輝くメープルシロップしかり。フライパンは手元に置いておきたい重宝な料理道具だ。

他にもローマ人は美しい料理道具を作った。金属製のコランダー〔穴のあいたボウル形の水切り〕、青銅製のコンロ付き卓上鍋チェーフィングディッシュ、平たい金属皿パティナ（patina）、真鍮や青銅の大釜、意匠を凝らしたペストリー型、魚の丸煮用大鍋、ソースの注ぎ口と折り畳み式の両取っ手の付いたフライパン。その多くが現代の料理道具と見紛うばかりだ。多種多様な古代ローマの金属製料理道具は、一八五三年、フランスの料理人アレクシー・ソアイエをも唸らせた。とくにソアイエが感心したのは、アウテプサ（authepsa）（「自らをゆでる」の意）と呼ばれるいかにもハイテクの二段構造の鍋。現代の二層式蒸し器によく似ていて、コリント真鍮でできていた。上段部分は、「デザートに向く軽いごちそう」をやさしく料理するのに使われたのかもしれないと、ソアイエは述べている。きわめて価値の高い料理道具で、競りに出された一個の値段があまりに高いので、見物人は農場一軒を競っているものと思い込んだと、キケロが記している。

テクノロジーという観点からいうと、金属の多層鍋が登場する二〇世紀後半まで、古代ローマの料理道具は他の追随を許さなかった。ソースパンの設計で悩みの種となる熱むらの問題にも取り組み、鍋底に同心円をつけた金属鍋は、古代ローマ帝国がブリテン島を支配していたローマン・ブリテンの時代から存在する。鍋底の同心円は、熱がゆっくりとむらなく分布するためのものだったらしい。鍋底に同心円の溝のある鍋とつるつるの鍋底の鍋との比較実験で、鍋底のざらざらした表面が熱応力を弱めることが分かった（同心円が熱むらの影響を受けにくくする）。その結果、料理がしやすくなる。ざらざらした鍋底の鍋だと熱伝達がゆっくり進むので、煮えこぼしが減る。同じような同心円は、一九八五年に発売されたサーキュロン加工の鍋の底の内側に登場する。「独特の凸凹の」溝筋が表面の摩擦を大きくして、鍋が焦げ付かず長持ちすると宣伝されたが、鍋のテクノロジーの端緒を開いたのはローマ人だった。水道橋、直線道路、アーチ橋、本においてと同様である。

ローマ人の創意工夫にもかかわらず、青銅器時代から一八世紀までの間、ほとんどの家庭で料理に使っていたのは大きな鍋一つ、大釜《コルドロン》（別名「ケトル」）だった。北ヨーロッパの台所で使われていた大釜《コルドロン》はとびきり大型で、その釜を囲むようにして台所仕事が行なわれた。ローマ帝国が滅ぶと、料理道具の種類は激減し、基本的なものに回帰した。そして手軽な鍋一つでできる食事が再び料理の主流となった。大釜《コルドロン》でできる調理法は、ゆでる、煮込む、蒸し煮する（もっとも、鍋に蓋をすれば、焼いたり蒸したりしてパンを作ることもできた）。大釜《コルドロン》の中身は代わり映えしなかった――温かい豆がゆ／冷めた豆がゆ／鍋に入ったまま／九日たった豆がゆ、とマザーグースにも歌われている。中世のつましい家庭の台所用品の代表格はナイフと、ひしゃく、土鍋、それにおそらく焼き串と大釜《コルドロン》もあっただろう。ナイフで食材を刻んで、水と一緒に大釜《コルドロン》に入れる。数時間煮てから、できあがったスープか「ポタージュ」をひしゃくで皿に注《つ》ぐ。補助的な容器として安物の土鍋が二、三個、ことによるとフライパンや大釜《コルドロン》よりずっと小振りの長柄の片手鍋があって、片手鍋はミルクやクリームを温めるのに使われたかもしれない。

他にも料理道具があったとすれば、おおかたは大釜《コルドロン》の補助器具だった。料理の入った重い鍋を火にかけたり外したりするために設計された鉄製の自在鉤（中には美しい装飾を施したものもあった）は、多少危険だが、おかげでスイッチをひねるのと同じくらい素早く温度調節ができた。自在鉤のような凝った道具をそろえられない家庭にも鼎《かなえ》はあっただろう。鼎は小さな三脚台で、大釜《コルドロン》を火にかけるために載せる台だ。肉用フックや肉用フォークも、煮えたぎる大釜《コルドロン》の上に肉を吊るしたり、釜の底から食物を引き上げたりするのに使われた。

大釜《コルドロン》は形や大きさもさまざまなものが登場した。イギリスでは、（だるまのように腹の膨らんだ形ではなく）丸みを帯びた底のものが一般的で、火の熱に耐えられるよう青銅か鉄でできていた。三脚が付いていれば、薪の熾《おき》の上に据えて使った。鉄製の料理鍋は小振りのものが多く、腹の膨らんだ形をして、火の上に吊るすための両取っ手が付いていた。取っ手はものすごく熱くなるので、棒かトングを使って取っ手を操作したのだろう。鍋一つで料理するうちに、食材の取り合わせも珍妙な、何でもぶち込むごたまぜ料理が作られるようになった。水道も食器洗い洗剤もない時代、どれくらいの頻度で大釜《コルドロン》の中身を空にして釜を洗っていたのかは分からない。たいていは底にたまった料理の残りかすが次の料理の味つけに利用された。

ヨーロッパ民話は空っぽの大釜《コルドロン》の亡霊に取り憑かれている。空っぽの冷蔵庫の昔版であり、飢餓の象徴。ケルト神話で、大釜《コルドロン》は永遠の豊かさと完璧な知識を呼び覚ますことができる存在だ。鍋があるのに中身がないのは窮乏の極みなのだ。（バリエーションはいろいろあるが）「石のスープ」という話がある。旅人が空っぽの料理鍋を携えて村へやって来て、食物を恵んでくれるよう懇願するが、村人に拒まれる。すると、旅人は石ころ一つと水を鍋に入れ、今「石のスープ」を作っているところだと言い出す。不思議な料理に魅せられた村人たちは、鍋の中に食材を少しずつ、野菜、調味料と加えていき、とうとう「石のスープ」はおいしいカスレ〔フランスの肉と白インゲンの煮込み料理〕風ホットポット〔イギリスの煮込み料理〕へと変貌し、みんなのお腹をいっぱいにする。

大釜《コルドロン》を手に入れることは相当な出費だった。一四一二年、ロンドン在住のジョン・コールとジュリアナ・コール夫妻の主だった財産といえるものは重さ七キロの大釜《コルドロン》で、四シリングの値打ちがした（当時の土鍋の値段は一ペニーほど。一二ペニーが一シリングに相当）。買うか物々交換で手に入れた金属製鍋は、何度も修理を重ねて長持ちさせた。穴があけば鋳掛屋に金を払って修繕してもらった。一八五七年に北アイルランド、ダウン州の沼沢地で発掘された青銅製の大釜《コルドロン》には、修理の跡が六か所あった。小さな穴はリベットで塞がれ、大きな穴は溶かした青銅を埋め込んで補修されていた。

大釜《コルドロン》は何でも作れる理想の料理道具というわけではなかった。それでも、一度台所に据えると、毎日の炊事の中心的存在となった（小さな土鍋は補助的に使われた）。それぞれの民族には料理に使う鍋がそれぞれ独自にあるように、独自の鍋料理がある――フランスのポトフ、アイリッシュシチュー、ポルトガルのドブラーダ、スペインのコシード。鍋の一品料理は欠乏の料理だ。少ない燃料、少ない料理道具、少ない食材でも作れる。無駄にするものは一切ない。貧困救済食がほとんどいつもスープ料理になるのは決して偶然ではない。手元に食材が十分なくても、水を足して煮立たせれば、また食べられる。

一つの鍋で作る制約を受けながら、人々は創意と工夫で料理の幅を広げた。綿モスリンの袋に野菜、ジャガイモ、プディングを別々に入れ、鍋の湯でゆでれば、一つの鍋で一度に複数の料理ができた。プディングはキャベツの味がして、キャベツはプディングの味がしたかもしれないが、それでもスープ一辺倒の食事から脱却できた。フローラ・トンプソンは小説『ラークライズ』の中で野良仕事から帰った男たちのためにどのように「お茶」が用意されたかを記している。

一つの料理道具ですべてのものが料理された。だからベーコンも、少しだけ他の味が混ざってしまう。キャベツなどの野菜は一つの袋に、ジャガイモは別の袋に、ローリーポーリー〔プディングの一種〕は布にくるんで鍋の中に入れる。ガスや電化製品のある現代から見ると、でたらめな調理法に思えるが、じつにうまくできていた。それぞれの食物を鍋に入れるタイミングは絶妙で、ぐつぐつ煮える鍋の火加減もきちんと管理されていたから、どの料理も完璧で、おいしい食事が用意できた。

一九三〇年代、ナチスは鍋の一品料理のつましいイメージを政治思想に利用した。一九三三年にヒトラー政権は、ドイツ人は一〇月から三月までの月に一度の日曜日に鍋料理のアイントプフを食べなければいけないと発表した。そうしてお金を節約すれば貧しい者へ寄付できるという発想だ。新政策に配慮して急遽、料理書が書き直された。六九種類ものアイントプフを掲載したレシピ集も登場した――マカロニ、グラーシュ、アイリッシュシチュー、セルビア料理ライススープ、さらには数々のキャベツスープのオンパレード、そしてオールドジャーマンポテトスープ。

ナチスのアイントプフ・キャンペーンは巧妙なプロパガンダだった。多くのドイツ人はすでにアイントプフをつましい食事の最たるものと見なしていた。犠牲と耐乏の食事。ドイツが一八七一年にフランスを打ち負かしたのは、ドイツ軍兵士が豆料理と牛脂を鍋で煮込んだエンドウ豆プディングの一種、エルプスヴルストで腹を満たすことができたからだといわれていた。アイントプフは懐かしい記憶を呼び覚まし、懐旧の念をあふれさせる装置だった。

アイントプフを称《たた》えるナチスの政策はその実、他の国と同様にドイツの多くの家庭が鍋の一品料理を食べなくなったことを示していた。ファシストが用いる多くのシンボルと同じく、アイントプフは古臭い懐古趣味だった。アイントプフは、鍋料理の他にも複数の料理が食卓に並んでいた時代の人には、倹約のための料理としか映らない。農家の台所に大釜《コルドロン》が一つ自在鉤に吊るされているおとぎ話を復活させることで、ナチスは図らずも大釜《コルドロン》の時代が終わったことを世に示した。一九三〇年代は厳しい時代だったが、それでも多くのドイツ家庭の主婦たちは、鍋一つではなく何種類もの鍋釜で料理できる未来を期待していた。

ウェスト・サセックス州にあるペットワース・ハウスはイングランドでも屈指の大邸宅である。一二世紀半ばから、ノーサンバーランド伯パーシー家が所有し、一八世紀半ばからは、エグルモント伯ウィンダム家が受け継いだ。ただし、現在の建物は一七世紀に建てられたものだ。二八〇ヘクタールの鹿公園の中にあるこの豪邸は現在ナショナルトラストが管理している。厨房を訪れた人は、ずらりと並んだ一〇〇〇点を超える銅製の光り輝くバトリ・ド・キュイジーヌ（batterie de cuisine）〔フランス語で「調理道具一式」の意〕の展示に息を吞む。ソースパン、シチュー鍋に、多種多様な鍋蓋が曇り一つなく清潔に保たれ、大きいものから小さいものまで巨大な陳列戸棚に整然と並べられている。ペットワースの厨房を見れば、「すべてのものにふさわしい場所があり、すべてのものがその場所に納まるべし」と言ったビートン夫人〔一九世紀の料理書の著者〕の言葉の意味が理解できる。ペットワースの料理人はそれぞれの料理にふさわしい鍋を持っていたことだろう。

ペットワースの料理道具の中には、（蛇口付きの紅茶沸かしのように）底に熱湯を捨てる蛇口の付いたストックポット〔スープストックを作るための深鍋〕があり、お好みのサイズすべてがそろうシチュー鍋、ソースパン、オムレツパン各種、それに上からと下から同時に食物を調理できる、薪の熾《おき》を載せるへこんだ蓋の付いた大型のブレージングパンがある。魚料理専用鍋はそれだけで独自の世界を作っている。古き良き時代、サセックスの海岸からの海の幸に恵まれたペットワースの料理人たちは魚料理に腕を振るった。厨房には、フィッシュケトル（鍋の中に穴のあいた板が敷いてあるので、魚の身を崩さずに煮汁から魚を取り出せる）やフィッシュフライヤー（金網の油切りの付いた丸い揚げ物用鍋）だけでなく、ヒラメ用鍋（魚の形を模した菱形の鍋）やサバ料理専用の小型鍋もある。

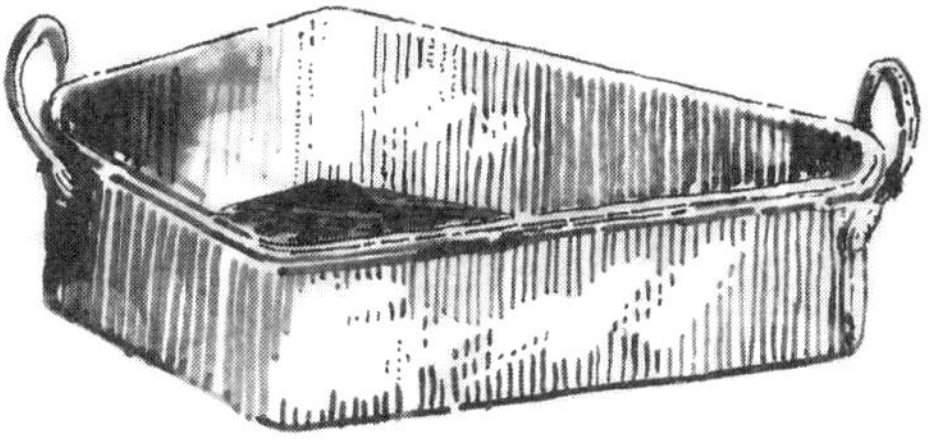

　ペットワースの厨房はいつの時代もこんなに料理道具がそろっていたわけではなかった。食物史研究家ピーター・ブリアズはペットワース厨房の在庫目録を研究した。在庫目録は、料理人が使った「持ち運びできるすべての料理道具」（そこにはすべての鍋釜類が含まれている）の証拠書類である。最初の目録作成は一六三二年、二度目は一七六四年、三度目は一八六九年で、こうした証拠資料は、贅を尽くしたイギリスの厨房でどんな料理道具が使われていたか、世紀を超えてその変遷を伝えてくれる。往時をもっとも雄弁に語る項目に着目すると——一六三二年、スチュアート朝の時代、ペットワースは裕福だったにもかかわらず、シチュー鍋一つ、ソースパン一つ持っていなかった。当時、煮炊きのための料理道具は大型の固定式の「銅釜」（湯を沸かす巨大な桶で、料理だけでなく屋敷中に湯を供給するために使われた）一個、ストックポット（大釜《コルドロン》）九個、鉄製のコンロ用鍋一個、フィッシュケトル数個、真鍮製の（火の中に据える三脚の付いた）小型スキレット五個だった。これではオランデーズソースやエスパニョールソースは作れない。煮炊きはできるが、あまり繊細な料理はできない。ここでの台所仕事の中心は煮るのではなく、炙り焼きだった。焼き串が二一本、ロースト用肉汁受けが六個、肉にたれをかけるひしゃくが三本、焼き網が五枚。

それが一七六四年の目録になるとすっかり様変わりしていた。焼き串が減り（わずか九本）、新たに大振りのシチュー鍋二四個、小振りのシチュー鍋一二個、湯煎用二重鍋《バンマリー》とソースパンが九個お目見えした。鍋の数も種類もこれほど豊富になったのは、料理法が新しくなったためだ。中世の香辛料と重労働による古臭い調理法が姿を消し、斬新でバターを多く使ったスタイルが登場した。一七六四年の貴族たちは、一六三二年の祖先が知らない数々の食べ物に囲まれていた――泡立つココア、サクサクのビスケット、柑橘系の酸味のきいたシトラスソース、フランスの新しい料理《ヌーヴェル・キュイジーヌ》であるトリュフ風味のラグー（肉魚の煮込み）。新しい料理には新しい料理道具が必要だ。一八世紀の著名な料理ライター、ハンナ・グラスは、バターを溶かすにはそれにふさわしい鍋が必要だと感じ（溶かしバターは当時、肉や魚の万能ソースとして使われ始めていた）、銀製の鍋が最適と助言している。

一八六九年には、ペットワースの厨房の鍋はますます増えていた。ヴィクトリア朝の料理人は一七六四年の豊富な料理道具でも「ぜんぜん足りない」と思っていたのだろう、とピーター・ブリアズは述べている。台所仕事の中心はようやく焼き串を使ったローストではなくなり、今度の主役は銅製の鍋である。蒸気で熱した温かい料理が中心になった。新たに蒸し器も三台登場し、ゆでるよりも水蒸気を使った料理法が向いている繊細な食材に使われた。シチュー鍋やソースパンの数も四五個から九六個に増え、このことはヴィクトリア朝料理に必要なソース、グレーズ、つけ合わせの種類と数が増えたことを物語っている。

因みに、シチュー鍋とソースパンの違いは何かと聞かれれば、たいした答えはない。一八世紀のソースパンはもっと小振りで、エマルションやグレーズを作るための素早い攪拌に向いていた。シチュー鍋で作ってざるで濾したソースやグレービーソースを温めるだけに使うことが多かったので、必ずしも蓋は必要ではなかった。シチュー鍋の方はソースパンより大きくて、蓋が付いていた。赤ワインとニンジンとウズラ肉か牛頬肉を入れて煮込んだかもしれないし、鶏のフリカッセ〔肉のホワイトソース煮込み〕あるいはラムの胸腺（または膵臓）のアスパラガス添えも作ったかもしれない。シチュー鍋は食卓でごちそうになる料理を作った。だが、時が経つうちにソースパンの地位が上がり、一八四四年、トマス・ウェブスターは著書 *An Encyclopaedia of Domestic Economy*（『家政学事典』）に、ソースパンは「煮込みに使う小振りの丸い片手鍋」、一方シチュー鍋は蓋と鍋から成る両手鍋と記している。シチュー鍋の方が厚手の金属でできていて、底は丸みを帯びて洗いやすくなっているとも付言している。もはや私たちはシチュー鍋とは言わず、蓋があってもなくても日常使うすべての鍋に「ソースパン」という立派な名称を使う。たとえ豆の缶詰を温めることにしか使わなくても。

今日でも多くのキッチンは、ささやかながらもバトリ・ド・キュイジーヌの面影を残している――収納戸棚に重ねられたホーロー鍋三点セット。小さいものから大きいものまで順序良く並べられたル・クルーゼ。バトリ・ド・キュイジーヌ（batterie de cuisine）は、一八世紀フランスの啓蒙主義と革命の時代から生まれた新思想の一環だった。batterie〔一式〕という言葉に込められた思想とは、一つの鍋で作る制約の多い料理と正反対のものだ。高級料理を手がける料理人の間で今なお根強く信奉されているその思想とは、食事の要素一つひとつに、それにふさわしい鍋が必要だということ。側面が傾斜しているフライパンでソテーは作れないし、側面が垂直のソテーパンではフライは作れない。ヒラメ用鍋ターボットケトルがなければヒラメの煮つけは作れない。仕事にはそれ相応の道具が必要だ。ここには一八世紀に芽生えた料理に対する新しいプロ意識とフランスの影響が見て取れる。

パリでもっとも歴史の古い台所用品の老舗E・ドゥイルランを訪れる人は、銅製料理道具の殿堂に賛嘆の声を上げる。緑色の外装の店舗には、何に使うのか思わず首をかしげたくなる鍋や器が所狭しと並んでいる。エスカルゴを料理するためのエスカルゴ・ディッシュ。絢爛たるペストリー型。ソース作り専用の極小ソースパン。カモをプレスして肉汁を搾り出し、プレストダックを作るためのプレス機。蓋付きのラグー鍋。ストックパン、それにペットワースで見かけたようなヒラメ用鍋。この店にはジュリア・チャイルドの精神が吹き込まれているようだ。著書 *Mastering the Art of French Cooking*（『フランス料理の技をマスターする』）（一九六一年）でチャイルドは、鍋を使い惜しみしてはいけないと厳しく指摘する。「鍋を使い惜しみする人は自分で自分の首を絞めている。必要な鍋、ボウル、調理器具はすべて使うことだ」

一八世紀、サセックス州ルイースで宿屋ホワイト・ハート・インを営んでいたシェフのウィリアム・ヴェロールは、一七五九年に一冊の料理書を出版した。「ぽつんと一つしかない哀れなシチュー鍋」や「私の帽子のように真っ黒な」フライパンたった一つで間に合わせようとする当時の台所を嫌い、「手入れの行き届いたさまざまな大きさのシチュー鍋」や、オムレツパン、スープ鍋「といった調理に最適な道具がそろわなければ、晩餐の料理をきちんと見栄えよく作ることができない」のはヴェロールにとって自明の理だった。「たった一つのシチュー鍋の使い方を間違えて、大晩餐会の料理の半分が」台無しになった話を伝えている。

一八世紀から始まった鍋をめぐるこうした百花斉放の動きが、イギリスの銅産業を蘇らせた。それまで銅はスウェーデンからの輸入に頼っていたが、一六八九年にはスウェーデンの独占状態が終わりを告げ、イギリス産の銅が生産されるようになった。ブリストルを中心に、大量かつ安価に生産された。こうした産業界の流れが素地となって、銅製鍋でひしめく食器棚の時代が到来した。フランス語の batterie de cuisine（バトリ・ド・キュイジーヌ）は、一九世紀初めから料理道具を指す言葉として流布していたが、この言葉には銅製鍋を思い起こさせる響きがある。batterie〔英語だと battery。「一式」と「叩くこと」の両義がある〕とは文字通り叩いて〔「叩く」は英語でbatter〕形に仕上げていく銅のことだ。

ヴィクトリア朝の銅製鍋一式の位置づけは、鍋釜類の長い歴史の中でも栄光の時代といえる。鍋職人の技、金属の質、料理の用途に応じた道具ぞろえ、さまざまな鍋釜を管理する料理人を大勢雇うだけの台所の経済力。こうした条件を当時と同レベルに満たせるのは、二〇世紀の高級フランス料理を手がける厨房くらいだろう。素晴らしく道具の整った台所だったにもかかわらず、ヴィクトリア朝の人々がイギリス料理をだめにしたと酷評されているのは面白い。何でもかんでも茶色いウィンザースープにしてしまったというのだ。この世評を不当だと主張する歴史家もいるが、野菜の扱いに問題があったことは否めない。ヴィクトリア朝〔一八三七～一九〇一年〕およびジョージ三世の摂政時代〔一八一一～一八二〇年〕のレシピは首尾一貫して、私たちから見れば必要以上に長時間野菜をゆでるよう教えている。ブロッコリーなら二〇分、アスパラガスなら一五～一八分、ニンジンなら四五分～一時間（これはもう犯罪行為だ）。野菜の基本的なゆで方が分からなければ、最新式の鍋を持っていても何の役に立つだろう。

とはいえ、ヴィクトリア朝の人々は私たちが思うほど野菜を台無しにしていなかったのかもしれない。当時は野菜のゆで時間にあまり頓着していなかったから、ゆで過ぎていたと一般には思われているが、ひょっとするとその反対で、考え抜いた挙句こうなったのかもしれない。一九世紀のフードライターは、料理の食感にも（私たちのように当時も「軟らかく」なるまで野菜を調理しようとした）、ゆでる火加減にも敏感だった。野菜の調理が不十分で消化不良を起こすことを心配していたのは事実だ。古代ギリシャの医術、体液病理説以来、生野菜は体に悪いと考えられ、料理人たちは消化不良を恐れていたが、それに比べてゆで過ぎは心配していなかった。ウィリアム・キッチナーは著書*The Cook's Oracle*（『料理人の託宣』）の中でこう記している――アスパラガスを調理する時、「よく注意して、軟らかくなるタイミングを見計らう必要がある。軟らかくなった瞬間湯から取り出せば、アスパラガス本来の味と色が楽しめる。一、二分ゆで過ぎただけで、味も色も台無しになる」。これは野菜を煮崩してしまうつもりの人の言葉ではない。アスパラガスを二〇〜三〇分ゆでるようキッチナーが勧めているのなら、奇妙な話だ。と思ってよく読むと、一束まとめてゆでている。これでは、一本ずつばらばらにしてゆでるよりずっと時間がかかる。

長いゆで時間は考えもなしに設定されたものではなかった。最高の料理法は考え抜かれた末にできあがってきたことを私たちは忘れがちだ。一九世紀にレシピを書いた人々は、「科学的な」少なくとも「合理的な」証拠に基づいて助言することに熱心だった。自分たちの知る限りゆでる際に一番大切なこと、それは、水が沸騰する温度は一〇〇度以上にはならないので、水蒸気が上がるようになればそれ以上湯は熱くならないという事実だった。ランフォード伯爵で知られるベンジャミン・トンプソンのような科学者は、勢いよく沸騰させて料理する燃料効率の悪さを嘆いた。湯の温度がそれ以上高くならないのなら、エネルギーの無駄ではないかというわけだ。一八一五年、燃料の経済性を研究していたロバートソン・ブキャナンは、一度沸点に達すると、「どんなに勢いよく沸騰しても、湯は同じ温度のままである」と述べている。料理書の著者たちはブキャナンのこの見解をよく引用した。ウィリアム・キッチナーは、「いわゆることこと煮ている穏やかな状態の」湯の中に温度計を入れて実験したが、「温度は一〇〇度で、ぐらぐら沸騰している湯の温度と変わらない」と述べている。この理屈からいうと、ゆっくりことことゆでるのが一番いいことになる。

一八六八年、ニューヨーク・クッキングアカデミーのガストロノミー（美食術）の教授ピエール・ブロットは、「ゆっくりではなく急速に」ゆでるという「間違った」ゆで方をする人々を（主婦であれプロの料理人であれ）強く非難した。「勢いよく燃やした火で水を温め、できるだけ早く沸騰させても、湯気はさかんに上がるが、料理時間を早めることはない。ゆっくりゆでるのと温度は同じなのだから」。勢いよくゆでるより穏やかにゆでるべきだというこの助言は、肉料理には最適だ（キッチナーは、「穏やかにゆでるほど、肉は軟らかく、ぷるぷるになって、白くなる」と書いている）。だが、ジャガイモは別として野菜をゆっくりゆでても、あまりいいことはなかった。立派な調理道具一式バトリ・ド・キュイジーヌを持っている料理人は、食物をゆでるのにできるだけ小振りの鍋を使うことが多かったので、なおさら料理時間は長くなった。ここでまたキッチナーの言葉を引用しよう。

鍋に入れる中身に応じて、ゆでる鍋の大きさを決めるべきだ。大きなソースパンほど、火にかけるには大量の水が必要になり、それに応じて火力も大きくしなければならない。

小鍋だとすぐに温まる。

確かにそうだ。だが、小鍋で穏やかにゆでると、大きめの鍋を使いぐらぐら煮立った湯でゆでるより、ニンジンを煮るのにずっと時間がかかる。さまざまな大きさの鍋一式持っているより一つか二つの大鍋しか持っていない方が、食物に合わせて鍋を選択する余地がない分かえって都合がいい。鍋一式は場所ふさぎだ。最悪の台所は鍋の数が少ないうえに、小さい鍋ばかりという台所。鍋に食物を入れると、再度沸点に達するまでにものすごく時間がかかる。

料理時間だけを見て想像するほど、一九世紀の野菜は煮過ぎていなかったのかもしれない。考えてみれば、野菜そのものが現代とは違っていた。現代は軟らかい品種が多いうえ、育成方法でも野菜を軟らかくしている。ヴィクトリア朝のアスパラガスはもっと茎の部分が多く、一般に青野菜もニンジンももっと硬かったに違いない。それに現代の軟らかい野菜でも、ヴィクトリア朝のゆで方でぐじゃぐじゃになるわけではない。小鍋にニンジンの薄切りを敷き詰めて、四五分間ゆっくりゆでたことがあるのだが、驚いたことにまだ歯ごたえが残っていた。もっとも、大型のステンレス鋼の鍋にニンジンを放り込んで、ぐらぐら五分間煮立たせたほど歯ごたえはなかったけれど。因みに、もっといい調理法は蒸し器で蒸すことだ。

それでもやはり、ヴィクトリア朝のゆで方には欠陥があった。常圧の場合、水は一〇〇度以上にならないという主張はまったく正しい（圧力を高めると、水はもっと高温になる。だから圧力鍋はきわめて短時間で調理できる）。しかし、このことが食物のゆで時間を決める唯一の要因ではない。どの程度湯が煮立っているか、沸騰状態も同じように重要なのだ。基本条件として、料理における熱伝達は食物と熱源の温度差で決まる。したがって、理論上ヴィクトリア朝の考え方は正しいように思える。一度一〇〇度に達すれば、湯がぐらぐら沸騰していてもことこと沸いていても実際には大差ないはずだ。ところが、私たちの目と味覚にはその違いが分かる。理由は、きちんと沸騰させている湯は鍋の中で水の粒子が激しく動き回っていて、静かに沸いているより何倍も速く食物に熱を伝達させているからだ。食物に比例して鍋の水を多くしても、熱伝達は速くなる。大鍋に大量の水を入れ少しの野菜をゆでれば、銅の小鍋にいっぱいの野菜を入れてゆでるより、ずっと速くゆで上がる。このため、ビートン夫人も言っているように、ヴィクトリア朝の料理研究家は野菜を「てきぱきと」ゆでるようアドバイスしていたが、それでも料理時間は長いということになる。

パスタ世代の私たちはこのことを直感的に知っている。肉のグレーズやシャルロット・リュス〔ロシア風シャルロットケーキ〕をささっと仕上げることはできないだろうし、銅製のヒラメ用鍋をもらっても、どう使えばいいのか分からないが、普段食べている魚の切り身なら普通の鍋でもおいしく料理できるので、それでも別に困らない。だが、私たちはヴィクトリア朝の人よりも手早くゆでることにかけては、はるかによく知っている。フジッリ〔らせん状のマカロニ〕一袋には一番大きな鍋を用意して、たっぷりの水を入れできるだけ勢いよく沸騰させて一〇分間、アルデンテになるまでパスタをゆでる。ざるに上げてバターかトマト風味のソースであえる。パスタをゆでる際に注意することはただ一つ、大きな鍋を選ぶこと。この技術を私たちは野菜にも応用している。ブロッコリーは四分間、サヤインゲンなら二分間。ゆで上がったら、海塩とレモンを振って召し上がれ。ヴィクトリア朝の料理人はあっと驚くようなごちそうの数々を作った。城のような偉容のゼリー、建築物さながらのパイ。だが、野菜をゆでるという単純なことが、うまくできなかった。

ヴィクトリア朝のゆで方にはもう一つ困ったことがあった。鍋そのものの問題だ。銅は熱伝導がきわめて高く、銅より熱伝導の高い金属は銀しかない。だが、純銅は酸性の食物に触れると、有毒になる。銅製の鍋は中性錫《すず》メッキの加工が薄く施されているが、長年使っているうちに錫の表面が剝離《はくり》して、下の銅が露出する。「鍋は時々錫メッキ加工するように」というのが一八～一九世紀の料理書でよくいわれたアドバイスだ。当時の人々も現代人と似たようなものなら、料理人は錫メッキ加工を先延ばしにして、料理に毒を盛る結果になってしまったに違いない。銅の有害性に無知な料理人は実際、緑に変色する効果を使って、メッキ加工していない銅鍋でクルミやキュウリの緑色のピクルスを作っていた。要するに、銅製の鍋は見た目に美しかったものの、食物の味を悪くし、体に害を与える可能性がある。そう思うと、燦然と輝くヴィクトリア朝のバトリ・ド・キュイジーヌも、なんだか急に色褪せて見えてくる。

理想の鍋を追求するのは並大抵なことではない。あちらを立てればこちらが立たぬ、という状況にいつも陥ってしまう。著名なアメリカのフードライター、ジェームズ・ビアードはかつてこう言った。「あらゆる可能世界で最高のものの中にも、鍋に申し分のない金属は存在しない」

私たちは優れた鍋に多くのことを期待するが、すべての長所を一種類の金属が備えることはできない。まずもって熱の伝わりが速くなければいけない。速ければ、すぐに料理を加熱でき、鍋底に均等に熱が分布する（熱むらがない！）。手で持ちやすく、軽くてコンロの上で扱いやすく、取っ手を持ってもやけどしない。それでいて、高熱にも耐え、歪んだり欠けたり割れたりしないだけの堅さと密度が欲しい。理想の鍋の表面は化学反応を起こさず、焦げ付かず、腐食せず、洗うのが簡単で、長持ちすべきだ。形がきれいで、コンロ台に据えても座りがよく、さりとてあまり値が張っては困る。そして何よりも優れた鍋は（定量化することは不可能だが）ある特徴を持っている——機能面だけでなく、愛着を抱かせる特徴を。戸棚から引っ張り出すたびに、やあ、君とも長い付き合いだね、と思わせる何かだ。

昔から、料理書の冒頭のページを飾るのは必要な料理道具リストと決まっている。鍋に使われる一連の素材を説明するうちに、解説文は「いいのですが、でも」といった矛盾だらけの表現のオンパレードとなる。セラミックの鍋は素晴らしいのですが、でも割れてしまいます、という具合に。オーブン用ガラス耐熱食器パイレックスも、オーブンには申し分ないが、直火では割れやすい。アルミニウム鍋はオムレツを作るにはいいが、酸性の食物を入れることはできない。銀製品は結構だが、結構な値段だ（失くしたり盗まれたりしたら痛手が大きい）。銀製の鍋はつねに几帳面に磨いていないと、料理は銀の曇りの味がしてしまう。黒くて重い鋳鉄製の鍋は多くの料理人に愛されている。鋳鉄製鍋は何百年も前から使われ続け、今日でもフランスのタルト・タタンやアメリカのコーンブレッドのような家庭料理を作るには打ってつけだ。「フライパンの上に載せ、コンロの上に載せ、ママが作ってくれる、小さなショートニング・ブレッド」とポール・ロブソンも歌っている。油を引いて馴染ませれば、鋳鉄製のフライパンは焦げ付かない素晴らしい特徴を発揮する。厚手なので、焼くのに必要な高熱にも耐えられる。難点といえば、使った後、乾かして油を引かないとすぐ錆びてしまうし、鉄分がわずかに食物に浸み出すことだ（貧血症の人には朗報といえる）。

こうした難点の多くを克服したのが、鋳鉄製のホーロー鍋である。鋳鉄をホーローで加工したものだ。もっとも有名なものにル・クルーゼのホーロー鍋がある。ホーロー細工の原理は古代にさかのぼる。エジプト人とギリシャ人はホーローを施した宝飾品を作っていた。七五〇〜八五〇度もの高温で焼いて、陶器の玉に粉末状のガラスを溶かし込む。ホーローの加工技術は一八五〇年頃、鉄や鋼鉄に応用されるようになり、やがて一九二五年、フランス北部で働く二人のベルギー人製造業者が、鋳鉄製の鍋にホーロー加工を応用することを思いつく。フランスのおばあちゃんの台所にある鍋だ。アルマン・ドゥザゲールは鋳物の専門家であり、オクタヴ・オーベックはホーロー細工を熟知していた。二人は力を合わせて、二〇世紀の料理道具で確固たる地位を築くホーロー製品を誕生させた。丸型のココット（キャセロールとも呼ぶ）を手始めに、何年もかけて幅を広げ、ラムカンやオーブン皿、フレンチオーブンやタジン鍋、ロースターや中華鍋、フランディッシュやグリルパンを続々登場させた。ル・クルーゼの魅力は彩色の鮮やかさにある。それがキッチンに流行色を生み出した。一九三〇年代は燃えるようなオレンジ、一九五〇年代にはエリゼ・イエロー、一九六〇年代はブルー（ゴロワーズのタバコの箱の色に想を得た、エリザベス・デイヴィド〔料理書の著者〕が提案した）。現代はカリビアンブルー、チェリーレッド、グラナイト。私はアーモンド色（クリーム色にぴったりの素敵な命名）を二つ持っている。時間をかけてゆっくり調理するキャセロールには最高だ。鋳鉄は均等に温まるうえ保温性に富み、ホーローは料理に金属の味が移るのを防いでくれる。おおむね愛着が持てる点でもハイスコアだ。コンロに色鮮やかなホーロー鍋がかけてあると、心が躍る。

私の知っている料理名人（私の義母）は、料理道具をル・クルーゼのブルーで統一している。義母は名門料理学校ル・コルドン・ブルーで料理修業してから結婚し、その料理にはアングロ・フレンチの風格がある。手入れの行き届いた鍋を使って、とろけるようなベシャメルソース〔いわゆるホワイトソース〕、エンドウ豆のバター炒め、深紅のなめらかなボルシチをあっという間に作り上げる。こんなクッキングスタイルに鍋はぴったり息が合っている。義母はできあがった料理を冷たい皿に盛りつけようとは夢にも思わないし、ちぐはぐなカトラリーを出すことも決してない。鋳鉄製のホーローはそんな義母によく役立っている。きちんと料理修業していない者がこうした台所に立っても、失敗するのがおちだ。なにしろ、この手の鍋は重たくて、私はいつも手首が萎えて鍋を落としそうになる。パスタをゆでるのに十分な大きな鍋がないという事情もある。だが、一番の問題は鍋の表面だ。寛大なステンレス鋼で料理するのに慣れている者は、高温だとすぐに鍋底が焦げ付いてしまうル・クルーゼの鍋にショックを受ける。コンロの上に鍋をかける時間がほんのちょっと長過ぎたせいで、私は義母の鍋をあやうく台無しにしそうになったことが何度もある（そんな時、義母はさっと駆けつけて、漂白剤を使ってその場を収拾する）〔ホーロー鍋に水を張り、漂白剤を少量入れてしばらく置くと、焦げが取れる〕。

焦げ付かない鍋が初めて登場した時（一九五六年、ティファール社がフランスで最初に発売）、魔法の鍋のようだった。「ティファールの鍋――本当に焦げ付かない鍋」というのが発売当初の宣伝文句だった。鍋に食物が焦げ付く理由は、表面の金属イオンとタンパク質が化学反応を起こすからで、焦げ付きを防ぐには、タンパク質分子と表面の反応を妨げる必要がある――焦げ付かないように掻き回すか、食物と鍋の間に保護層を作ればいい。従来は鍋に「油を引いて馴染ませる」ことでこの保護膜が作られていた。ホーロー加工されていない鋳鉄製の鍋（中華鍋やアメリカの鋳鉄製フライパン）の場合、油を引いて馴染ませることがきわめて重要だ（さぼっても、料理は何とかできるが、鍋が錆びてしまう）。まず、鍋を熱湯の洗剤液に浸け、すすいでから乾かす。それから鍋の表面に油かラードを塗って、何時間もかけてゆっくり温める。脂肪分子が多数結合して高分子となる「重合」反応が起こり、表面がつるつるになる。脂肪の重合体（ポリマー）の層は、調理するたびに積み重なっていく。よく手入れされた真っ黒な中華鍋では、食材が滑って跳ね上がる。よく使い込んだフライパンで焼き上がったコーンブレッドは、袋から錠剤が出て来るように、するりと飛び出る。だが、鍋をよく馴染んだ状態に保つには腕がいる。擦って磨いてはいけない。トマトやビネガーのような酸性の食材でも鋳鉄の表面は侵食される。馴染ませていた油がとれてしまったら、また一から手入れをしなければいけない。

一九五四年、フランス人技術者マルク・グレゴワールは新たな方法を開発した。ポリテトラフルオロエチレン（ＰＴＦＥ）は一九三八年から化学者の間でよく知られたポリマーだった。このすべすべしたなめらかな物質は、工業用管のコーティングや釣り道具に使われていた。釣り道具に塗布していたＰＴＦＥを、鍋の焦げ付き解消に使ってみたらどうかと最初に提案したのは、きっとマルク・グレゴワールの妻なのだろう。マルク・グレゴワールはアルミニウム鍋にＰＴＦＥを混合させる方法を発見した。

その仕組みを説明すると、焦げ付きは食物が鍋の表面と結合することで起こるが、ＰＴＦＥ分子は他の分子とは結合しない。顕微鏡で見ると、ＰＴＦＥはフッ素原子四個と炭素原子二個から構成されており、その単位がたくさん集まって大きな分子になっている。フッ素は一度炭素と結合すると、スクランブルエッグやステーキのようなこびりつきの常習犯とも、他のどんな物質とも結合したがらない。科学者ロバート・Ｌ・ウォルクの言葉を借りれば、顕微鏡で見るＰＴＦＥ分子はまるで毛虫のような姿をしており、この「毛虫の鎧《よろい》」のおかげで炭素が食物分子にくっ付くのを防いでいる。そのため、買ったばかりの焦げ付かないフライパンに油を一滴垂らすと、油のしずくをフライパンがはじくという驚くべき現象が起こるのだ。

世界中がテフロンに熱狂した。一九六一年、デュポン社は米国で最初の焦げ付きにくい調理器具を発売し、「ハッピーパン」という呼び名で、発売初年に全米で月間一〇〇万個を売り上げた。毛生え薬のように、食物が焦げ付かない鍋はいつの世でも人気の品だ。二〇〇六年現在、米国で販売される調理器具の約七割に焦げ付かない加工が施されている。こうした加工はもはや例外ではなく当たり前となってしまった。

ところが、時が経つにつれ、焦げ付き防止加工にも欠点がないわけではないことが分かった。シチューやソテーは焦げ付き防止加工鍋では料理できない。わざと焦がしてからブラウンソースを作ったり、おいしい焦げ目をつけたりできないからだ。けれども、ずっと使っているとそれとは逆の問題が生じてくる。驚異の焦げ付かない特性は長続きしない。どんなに気をつけて使っていても（金属のへらは使わないとか、強火にしないとか）、やがてＰＴＦＥ加工の表面がすり減って、下の金属が露出すると焦げ付き防止効果はなくなる。焦げ付き防止加工の鍋はどれもこれも短命だったので、私はもう見限ることにした。アルミニウム、鋼鉄、鋳鉄のような従来の金属鍋を買って油を引いて使い込んだ方がずっとましだ。そうすれば、鍋は使い込むほどに劣化するのではなく、よくなっていく。鋳鉄の鍋は油を塗って調理するたびに風格が生まれるが、焦げ付き防止加工の鍋は使うほどにすべすべしたなめらかさが失われていく。

焦げ付き防止加工鍋に飛び付く前に、一考する理由は他にもある。PTFEは無害の物質だが、セ氏二六〇度を超えると劣化し始め、やがて人体に有害な分解ガスを発生し、インフルエンザに似た症状（「ポリマーヒューム熱」）を発症させる。焦げ付き防止加工鍋の安全性に初めて疑問が投げかけられた時、鍋を普通に使っていれば、これほど高温で熱せられることはないと、企業側は回答した。しかし、実際には油を引かずにフライパンを予熱すると、この温度に達することは十分ありえる。さらに、二〇〇五年、米国の連邦環境保護庁は、PTFEの製造に使われる物質PFOAに発がん性がないか詳しく調査した。米国大手企業デュポン社は、完成した鍋に残留するPFOAは問題視するほどの量ではないと指摘した。だが残留量の多少にかかわらず、多くの人は焦げ付かない魔法に対し心安からぬ思いを抱いている。

これほどいろいろ問題があると、どうやっていい鍋を選んだらいいのか頭を抱えてしまう。一九八八年、チャック・レミというアメリカ人技師がこの問題に系統だったアプローチを試みた。この人物は水力学から触媒コンバーター〔自動車の排ガスの有害成分を無害化する装置〕まで多岐にわたる二七件の特許を取得したとされている。レミは手当たり次第に金属を調べ、九つのカテゴリー評価で採点した。

1. 温度の均一性［私なりに解釈すると、熱むらがないか］
2. 化学反応と毒性［人体に有害か］
3. 硬さ［へこみやすいか］
4. 強度［落としても壊れないか］

5. 低い粘着度［料理がくっ付かないか］
6. 手入れの手軽さ［洗ってすぐきれいになるか］
7. 効率性［鍋底から全体に熱がよく伝わるか］
8. 重さ［持ち上げられるか］
9. 価格［買える値段か］

一つのカテゴリーにつき一〇点満点で、金属を評価した。「理想の鍋」を一〇〇〇点満点として、発見した内容をまとめた。

レミの発見は、完璧な料理道具を作る難しさを裏づける結果となった。純アルミニウムは温度の均一性に大変優れており（一〇点満点中八・九点）、オムレツの焦げ目を均等につけるには打ってつけだが、硬さの点できわめて劣る（一〇点満点中二点）。使っているうち多くのアルミニウム鍋は歪んでしまう。銅は効率性に優れるが（一〇点満点中一〇点）、手入れが大変だ（一〇点満点中一点）。結局、「一種類の金属製の鍋」で五〇〇点を超えるものはないことを、レミは発見した。理想の半分にも到達しない。最高得点は純鋳鉄（五四四・四点）。私たちが鋳鉄製鍋を使い続けているのも頷ける。それにしても五四四点とは低いスコアだ。

理想の一〇〇〇点に近づく唯一の方法は、金属を層状に組み合わせることだった。レミが調査した当時、手元に置く価値のある銅製鍋は分厚い銅でできたものだけというのが、高級調理器具の専門家の間で共通した意見だった。ところが、「装飾のために鍋底に電気メッキした」ごく薄い銅でさえ鍋の熱伝導性を劇的に高めることを、レミは発見した。厚さ一・四ミリのステンレス鋼の鍋に厚さ〇・一ミリの銅メッキを施した場合、熱むらをなくす性能が一・六倍アップする。自分の鍋の熱むらをチェックするには簡単な方法がある。鍋の表面に混じりけのない小麦粉をまき散らし、中火にかける。小麦粉が焦げるにつれて、茶色い部分ができあがっていく。鍋の表面全体に茶色い部分が広がれば、その鍋は熱の均一性に優れているということになる。たいていは、鍋の中心に向かって小さな茶色い点ができる。熱むらだ。この鍋いっぱいにトマトを入れて炒めようとする場合、時々トマトを動かさないと、外側のトマトはまだ生なのに、真ん中のトマトが熱むらのせいで焦げてしまう。いい鍋を使うと、皿に盛る料理もぐっとよくなる。

レミ自身が提案する「理想に近い」鍋とは合金の鍋だ。鍋の内部はニッケル合金のステンレス鋼。鍋の内側はニッケル溶射により、焦げ付かず長持ちする表面に加工してある。外側の鍋底は純アルミニウムの薄層で覆われている。鍋底は厚さ四ミリ、周囲は厚さ二ミリ。レミが執筆していた当時、こうした鍋は実在していなかった。いわばSFの世界の話だ。レミは理想の鍋を作ろうとも市場に売り込もうともしなかった。頭の中だけに存在し、思い描いたまま、他の研究へ戻ってしまった。レミの想像上の理想に近い鍋でさえ評価は七三四点だった。

私たちが鍋に求める多くの性能の中には矛盾する特性もある。例えば、鍋底は薄いほど鍋のエネルギー効率が高まり、コンロの火力を変えるたびに即座に反応してくれる。このため、ソース作りや手早く強火で焼くパンケーキ作りには最適だ。ガス代も低く抑えられる。ところが、熱むらをなくそうとすると、厚手の金属の鍋底の方が優れている。厚みがあると鍋底の温度を均一なものにし、熱の保温性を高める。厚手の鋳鉄は厚みゆえに温まるのに時間がかかるが、一旦温まってしまうと冷めにくく、ポークチョップのような厚切り肉を焼くには打ってつけだ。冷たい肉片を鍋に入れても鍋の熱はほとんど変わらない。こうして見ると、薄手の鍋、厚手の鍋、共に好ましい特性があるものの、物理法則を破らない限り、薄くてしかも厚い鍋は作れない。レミの研究から分かるのは、さまざまな要因をどんなにつじつま合わせしようとしても、あちらを立てればこちらが立たぬ状況に陥ってしまうということだ。レミの基準で一〇〇〇点満点に近いスコアに達する鍋はおそらく存在しないだろう。

とはいうものの、二〇年やそこら経つうちに、料理道具のテクノロジーは一段階向上した。レミの予言した通り、すべては複数の素材を層状に組み合わせることにかかっている。アメリカ有数の調理器具ブランド、オールクラッドは、さまざまな金属の五層から成る鍋の新製法を開発した。熱伝導性の高い金属と低い金属の層を交互に重ね合わせ、当社ホームページの言葉を借りれば「調理エネルギーの側方流動を促進させ、熱むらをなくし」、ステンレス鋼が主体なので安定性にも優れている。こうした鍋は「選り抜きの最新テクノロジーを導入した調理器具」と合わせて使われるよう特別に設計されたものだ。オールクラッドの鍋ならレミのすべての評価基準で高得点を取ることだろう。ただし一項目だけ問題がある。コストだ。鍋一つで何万円もするのが玉に瑕《きず》である。

ネイサン・ミアボルド博士によると、高級鍋に金をつぎ込む価値はないという。マイクロソフト社の最高技術責任者だったミアボルドは、その後料理畑へ転身し、*Modernist Cuisine*（『モダニスト・キュイジーヌ』）（二〇一一年）をものした（共著者にクリス・ヤング、マキシム・ビレト）。全六巻に及ぶ大著で、「料理を再創造する」との大志のもとに執筆されている。同氏のインテレクチュアル・ベンチャーズ社（特許と発明を扱う会社）の、シアトル近郊にある最先端料理研究所で研究を続けるミアボルドとチームのメンバーは、これまで当たり前とされてきた数々の料理技術を裏づける考え方に疑問を持った。圧力鍋や中華鍋で実際どのように調理されているか見たいと思ったミアボルドは、調理中の食材の断面を写真に撮った。驚くべき発見の数々には、ベリーとレタスはあらかじめ湯に浸けてから冷蔵庫に入れた方が鮮度が長持ちする、カモはこれまでのようにカモの脂肪で料理する必要はない（真空調理法の水槽で十分）というものがあった。ミアボルドは理想の鍋の問題にも取り組んだ。

多角的な実験の末に、*Modernist Cuisine*（『モダニスト・キュイジーヌ』）の著者がたどり着いた結論は、「鍋の熱を完全に均一にすることはできない」というものだった。多くの（裕福な）人々が「トロフィーのように台所に飾ってある」高級銅製鍋に着目したが、これほど熱伝導性に優れた鍋でも熱を均一にすることはできなかった。鍋にばかり気を取られていた人々は、調理工程におけるもう一つの大切な要素を忘れていた。コンロの火口だ。実験の結果、直径六センチしかない一般家庭用の小さなガスバーナーでは、どんなに鍋の性能が良くても「鍋の隅々まで」熱を均等に行き渡らせることができないことが判明した。そこでミアボルドが考えついたことは――「鍋に大枚をはたくことはない。それよりガスバーナーを注意深く選ぶことだ」。かなり大口のガスバーナーなら（鍋と同じ大きさの火口が理想的）、安価なアルミニウム・ステンレス鋼合金の鍋でも「銅製の鍋に遜色なく」調理できるという。確かに朗報だが、標準サイズのガスバーナーしかない一般の台所で料理する者にとって、これは絵に描いた餅も同然の話だ。

技術的な問題もある。ミアボルドの推奨する火口にはかなり劣る自宅のガスバーナー（とはいえ、昔の台所のコンロに比べれば少なくともスイッチ操作は簡単だが）で、私は同氏の説を確かめることにした。一番小振りのスキレットを取り出すと、一番大口のガスバーナーへ据えて、ズッキーニの薄切りを炒めてみた。さすがに熱の伝わり方がよく、熱むらが少ない。だが炒めるうちにズッキーニが一つ、二つと鍋から飛び出し、なんと炎上。そこで私は以前のスタイルに喜んで回帰した――大き過ぎる鍋に小さ過ぎるガスバーナーという、ちぐはぐな取り合わせに。眉毛を焦がす思いをするより、熱むらの問題を我慢する方がまだましだ。

理想の鍋。それは理想の家庭に似ていて、この世には存在しない。でも気にすることはない。これまでの鍋は決して完璧ではなかったが、完璧である必要もない。鍋はゆでたり、炒めたり、揚げたり、煮込んだりするためだけの道具ではない。家族の一員だ。鍋には弱点もあれば、調子のいい時も悪い時もあることを私たちは知るようになる。いい鍋とそうでもない鍋を取り合わせ、やり繰りしながら、何とか料理を作り上げる。そうして結局は夕飯の料理が食卓に並び、私たちの胃袋に納まる。

炊飯器

一九六〇年代、日本や韓国の家庭に電気炊飯器がお目見えし、生活が一変した。それまで夕飯の支度はご飯を炊くことに終始していた。ご飯は朝昼晩の食事の主役。コメは水に浸けて研ぎ、釜で炊く時も焦がさないようずっと見張っていなければならなかった。

釜の下に発熱体とサーモスタットを備えた炊飯器の登場で、こうした手間をかけなくても済むようになった。今では、コメを研いで水を入れ、スイッチをポンと押すだけでいい。水が吸収された時間をタイマーが炊飯器に知らせ、サーモスタットによって高温から中温へと炊飯器の温度が切り替わる。もっと高性能の炊飯器になると、長時間ご飯を保温する機能や、出勤前にセットしておけば予約炊飯できる機能が付いている。

炊飯器は文化とテクノロジーが融合した理想の形といえる。これまで釜でやっていた日本のご飯炊きの「初めちょろちょろ、中ぱっぱ」の火加減を、炊飯器がやってくれる。家族の食事のあり方をすっかり変えてしまった電子レンジと違い、炊飯器はアジアの家庭の伝統的な食事はそのままに、ものすごく楽に食べられるようにしてくれた。

Where There are Asians, There are Rice Cookers(『アジア人のいるところ、炊飯器あり』)は中野嘉子による二〇〇

九年の研究論文のタイトルだ。炊飯器は日本の家庭でテレビに次ぐもっとも重要な家電製品だが、その地位を獲得したのはまたたく間だった。電気炊飯器は、一九五〇年代の電気製品の「メイドインジャパン」ブームの申し子である。最初の自動炊飯器は一九五五年に東芝が発売。一九六四年には、日本の家庭の八八パーセントが炊飯器を持っていた。日本で生まれた炊飯器はその後香港、中国本土、韓国へと普及した（新型の炊飯器は韓国人の好みに合わせ、ご飯がもっと軟らかく炊ける圧力炊飯器である）。中国の片田舎の台所では、炊飯器が唯一の煮炊き道具で、ご飯だけでなく軟らかいコメ粥を作るのにも使われているかもしれない。

これまでのところ、インドやパキスタンで主食の長粒米には炊飯器はあまり向かない。インディカ米はぱらぱらしていなくてはいけないからだ。炊飯器でゆっくり蒸すと、長粒米は粘りが出て、まずくなってしまう。そういうわけで、インド人は中国人のように炊飯器を愛用しないのだろう。

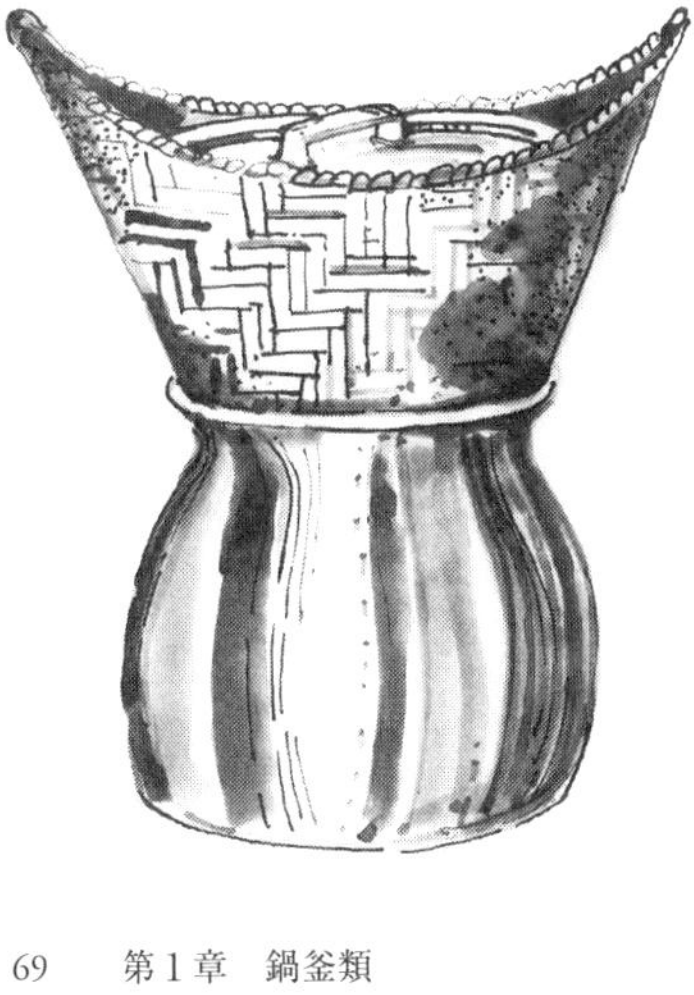

第2章　ナイフ

「詩人にはペンを、画家には絵筆を、料理人には小間切包丁を」
――F・T・チェン、*Musings of a Chinese Gourmet*（『中国料理に想うこと』）、一九五四年

ある日のこと、キュウリのサンドイッチを山のように作っていた私は、キュウリではなく自分の指をスライスしてしまった。（買ったばかりの）日本製マンドリンカッターにうつつを抜かした挙句の負傷。救急外来に到着した私は、「マンドリンカッターのご婦人、ご到着」という人の気も知らぬ陽気な声に迎えられた。この何の変哲もない調理器具でけがをする粗忽者《そこつもの》は私が最初ではなかったのだ。調理に夢中になった挙句、血しぶきがこびりついたマンドリンカッターを永遠にお蔵入りさせてしまった人は多い。「指に気をつけてお使いください」と使用上の注意にも書いてあった。そこでピンと来ればよかったものを、向こうが透けて見えるほど薄く切れたキュウリの山にわくわくしてしまい、気もそぞろ。気がついた時には、ブレードの危険な位置にあてがった指がキュウリと一緒にスライスされていた。だがこれも不幸中の幸い。診察を待つ間、カットの厚さ調節を一番薄い設定にしていたことを思い出し、私は思わず冷や汗をかいた。

台所は危険がいっぱいだ。やけどして跡が残ったり、凍傷にかかったり、そして何よりも切り傷を負っ

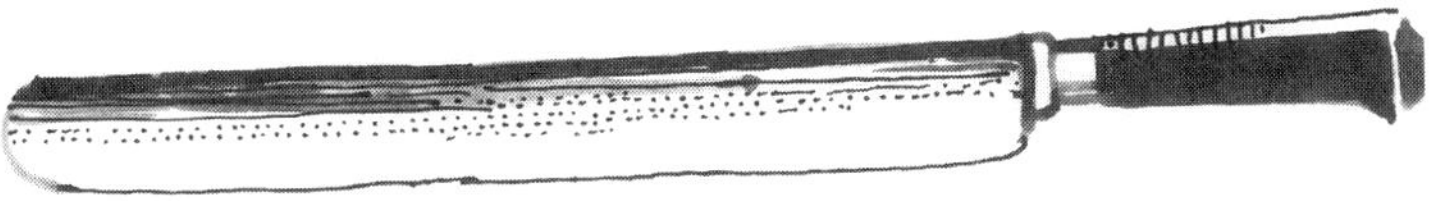

たりする。マンドリンカッターの一件後、私は町はずれにある開校したての料理学校の包丁の使い方講座に申し込んだ。受講者の多くは男性で、妻やガールフレンドから小刀や包丁をプレゼントされていた。電車の模型やドリルのように、刃物は男性の遊び道具と思われている向きがある。男性受講者は意気揚々とまな板に近づいた。女性の方は初めは臆したように佇《たたず》んでいた。みな自分から講座を申し込んだ人ばかりだ。（ヨガのように）愉しむために、あるいは（護身術のように）刃物に対する恐怖心や不安を克服するために。講座では、サムライのように鮮やかな手並みで賽の目切り、精肉店のように叩き切り、テレビに出演するシェフのようにタマネギ一個を瞬時にみじん切りにする方法を教えてくれるものと思っていた。が、実際の指導は、包丁の安全な使い方に終始していた——野菜を押さえる手は親指を下にしてネコの手のように丸くして、指の関節がつねに包丁の刃に当たるようにする。こうするとうっかりニンジンと一緒に親指を切ることはない。まな板の下に濡れ布巾を敷く。こうするとまな板が滑らない。包丁の収納はマグネットナイフラックかプラスチック製の鞘にする。どうやら刃物への恐怖心は正当なものだったようだ。スウェーデン人の有能な女性講師は警告を込めて、背筋も凍る事故の話を披露してくれた。洗剤の泡だらけの水の中によく切れる包丁をうっかり入れっぱなしにして、包丁があるのも忘れて水の中に手を突っ込んだら——水が一面真っ赤に染まり、映画《ジョーズ》の一シーンのようになってしまう。

　調理用ナイフ（包丁）はつねに武器と紙一重だ。長ネギを切っていても、原形を留めないほど潰したり切り刻んだりする道具となる。私たちはライオンのように歯をむき出しにして、死骸から肉を切り裂くことができないので、その代わりとなる切る道具を発明した。ナイフは料理武器庫の中で一番の古株だ。火の使用よりも古い。考古学者により見解は分かれるが、火の使用が始まったのは一〇〇万年前とも二〇〇万年前ともいわれている。あれこれ道具を使って切り分ける作業は、調理でもっとも基本的な工程だ。ナイフは人間の脆弱な歯にはできない仕事を一部肩代わりしてくれる。刃物として使われた最古の石器は二六〇万年前にさかのぼる。エチオピアで発掘されたその鋭利な石と骨には、叩き切って生肉を骨から剝がした痕跡が見られた。刃物作りにはすでに洗練された技術を見て取ることができる。石器時代の人々は用途に応じ、さまざまな種類の切る道具を作り出した。ものを叩き切る鋭利なチョッパー、ものを切ったり削ったりするスクレーパー（頑丈なものと薄刃のもの）、石槌、食物を叩くための楕円球。原始時代でも食物をでたらめにめった切りしていたわけではなく、切り方を考えて道具を使い分けていた。

料理をするのは人間だけだが、道具を作るのは人間だけではない。チンパンジーやボノボ（類人猿の仲間）も石を石塊に叩きつけ、鋭利な道具を作ることができる。チンパンジーは石を使って木の実を割ったり、枝を使って皮から実を取り出したりする。類人猿は石塊を叩いて石片を作るが、ヒトのように道具作りの技術を仲間同士で伝達した証拠はない。それに霊長類の動物は人間ほど原材料を厳選しないようだ。ヒトは原始時代から道具作りにかけては熱心で、ただ手近にある岩石を使うのではなく、材料に最適な岩石を求めて移動した。一番鋭利な剝片《はくへん》石器が作れる岩石は何だろう。石器時代の人々は花崗岩、石英、黒曜石、フリントといろいろな材料で作った。今日のナイフ製造業者も、切れ味のいい刃を作るのに申し分ない原材料を探し求めることに変わりない。違う点といえば、青銅器時代以降、冶金《やきん》の発達で原材料の幅が格段に広がったことだ。青銅から鉄へ、鉄から鋼鉄へ、鋼鉄から炭素鋼、高炭素鋼、ステンレス鋼へ、さらにはチタンやラミネートへと、夢のような素材も登場した。大金を出せば、名匠手作りのモリブデンバナジウム鋼和包丁を手に入れることもできる。石器時代の人々が見たら仰天するほど見事な切れ味だ。硬いカボチャの皮もまるで軟らかい洋ナシのようにすっと刃が入る。

一番愛着のある料理道具は何かと料理人に尋ねれば、私の経験では一〇人中九人がナイフと答える。分かり切ったことと言わんばかりの物言いで。本格的な食事の基本は正確に切ることだ。包丁を持っていない料理人はハサミを持っていない美容師も同然。火加減以上に包丁さばきは料理人の本分だ。切れ味のいい包丁で料理に合わせて食材を切って下ごしらえをする。使う包丁も料理人によって千差万別――新月形の湾曲したシミタール、馬肉を扱う精肉店のために考案された真っ直ぐなフランスの「血塗りの」ナイフ、先の尖ったドイツのスライサー、手斧のような大包丁。何を切るにもノコギリ歯の大きなパン切りナイフを使う料理人に私は出会ったことがある。愛用の理由は研ぐ必要がないからだという。一分の狂いもなく正確に食材をばらばらにできる小さな果物ナイフがお気に入りという料理人もいる。たいていの料理人は二三センチか二五センチの定番のシェフナイフ〔日本では牛刀と呼ばれる〕を愛用する。肉を関節で切り分けるのに十分な長さがありながら、切り身にも使いやすい小回りのきく、何でもこなせるちょうどいいサイズだ。腕のいい料理人は一仕事終わるたびに包丁の鋼を研ぐ。刃の角度を砥石から二〇度傾けて、前後に素早く刃を滑らせ、つねにいい切れ味が保てるようにする。

だが、ナイフと食物をめぐる話では、刃物がより鋭くより強くなることを論じるだけでは事足りず、この危険な道具をいかにうまく使いこなすかという問題も扱わねばなるまい。石器時代の祖先は原材料を自在に調達して、（推測の域にすぎないが）できるだけ刃を研ぎ澄ました。ナイフ作りのテクノロジーが石から鋼へと発展を遂げると、切れ味のいいナイフが図らずも死を招く結果となる。「手元が狂った!」。ナイフの役目は切ることだが、こうしたナイフをどう安全に使いこなすかが今度は大きな問題になった。ヨーロッパでは、当初テーブルでのナイフの使い方を定めた詳細な規則を作り上げたが（暗にテーブルマナーは隣席の人からナイフを突きつけられる危険防止策だった）、後年、人を切ろうにもなまくらで切れない「テーブルナイフ」が発明された。

手にしっくり馴染む包丁を手にする喜びは格別なものだ。自分の手の一部のように造作なくタマネギのみじん切りが作れる。包丁の使い方講座で、講師は鶏を関節で切り分ける方法を教えてくれた。腿から脚を切り離し、小さな山の頂のような部分を二つ見つける。右の頂に刃を当てると、（初めからよく切れるなら）刃がすっと入っていく。

よく切れる包丁ほど安全というのが料理人の口癖だ（実際に手元が狂ったらこの限りではない）。ところが、家庭で使う包丁の研ぎ方は誰もが知っているわけではなく、研ぎたい人だけが研ぐのに熱心というのが現状だ。ヴィクトリア時代、刃物研ぎ職人は数分程度で刃物一式を研いだものだが（客は代金数ペニーを払うか、エールを一杯おごってもよかった）、その行商もずっと昔に廃れてしまった*。それに代わって目立ってきたのが、研ぐ必要すらないのに、まったくの趣味できわめて熱心に刃物を研ぐ人たちで、オンラインのナイフフォーラムでさかんに情報交換している。日本の水砥石、西洋の油砥石、アルカンサス砥石、酸化アルミニウムを主原料にした人造砥石。どの砥石が一番いいか意見はさまざまだ（電動研ぎ器を愛用するナイフ好きな人に、私はお目にかかったことがない。一般に電動研ぎ器は研ぎ過ぎて、いいナイフをだめにするといわれている）。

どの砥石を使っても、基本原理はみな同じ。金属を研磨することでナイフは鋭くなる。最初は粗砥、次にもっと肌理《きめ》の細かい砥石を使って研ぐ。さらにいい切れ味をつねに保つためには、使うたびに刃の鋼を研ぐ。鋼の層に沿って刃を砥石の上で数回前後させるだけでいい。鋼を研ぐと、よく切れるナイフはその切れ味を保つことができる。ただし、最初から切れ味のよくないナイフは研いでもよく切れるようにはならない。

なぜナイフはよく切れるようになるのだろう。重要なのは角度である。刃の表裏両面の間に鋼が入っている三層構造では、鋼がV字の薄い鋭角を作っている。包丁の横断面を見れば、典型的な洋包丁ならその角度は約二〇度（円の一八分の一の角度）になっている。洋包丁は一般的に両刃である。つまり、刃の表裏両側が研いであるので、合わせて四〇度の角度になる。包丁を使うたびに刃の鋭さは失われ丸くなる。砥石で研げば、V字の両面から鋼を削って元の角度に修復し、切れ味が保てる。包丁を酷使したり研ぎ過ぎたりすると、刃がすり減っていく。

理想の世界では包丁を無限に研ぎ澄ませば、その角度はゼロに達する。だが、現実世界ではそうもいかない。包丁の刃はカミソリのように薄い角度であるほどよく切れる。だが薄過ぎると刃が脆くなり、叩き切ると刃が欠けて切れなくなる。洋包丁は約二〇度の角度で研ぐが、和包丁はもっと薄く、約一五度の角度で研ぐ。多くのシェフが日本の包丁を好む理由の一つがここにある。

ナイフ愛好者の間で意見の分かれる点は多い。大きいナイフが一番いい、ナイフには重みがあった方が

＊それでも、インターネットを見ると、今でも刃物研ぎ師は存在する。狩猟用ナイフからピザカッター、フードプロセッサーの刃に至るまで何でも研いでくれる。

使いやすいからという説。一方、小さい方がいいという意見もある。重いナイフは腕を痛めるというのだ。刃は湾曲したものと真っ直ぐなものとどちらがいいか。研げたかどうか、刃の切れ味を調べる方法についても意見が分かれる。親指に刃を当ててみて鋼の感触を確かめるか、野菜を乱切りや千切りしてみるのがいいか。切れ味を舌で調べた男のジョークがある。切れ味のいい刃は金属に似た味がするという――血の味がするからだ。

ナイフ愛好者に共通する意見もある。手に入れた切れ味のいいナイフを使いこなせば、台所で全能感が味わえるというものだ。ほとんどの料理人が料理道具で包丁だけは絶対に手放せないと考える理由を、私は自分の料理人生で遅蒔きながら理解した。エシャロットであろうがベーグルであろうが思い悩む必要はない。目の前の食物を思いのままの大きさに切ることができる。すると料理が新たな洗練さを帯びる。正確に刻んだタマネギのみじん切り（そこには切り損ないの大きな塊が一つもない）。それがリゾットを上品で贅沢なごちそうに変身させる――等しい大きさで渾然一体となったタマネギとコメ粒の絶妙なハーモニー。よく切れるパン切りナイフがあれば、エレガントな薄いトーストなど朝飯前だ。切れ味のいい包丁を制する者は台所すべてを制する者だ。

意外な話というわけでもないが、包丁の腕前を上げることに熱心なのは今や一部の人に限られている。包丁さばきもそこそこに料理熱心な多くの人は、台所に切れない包丁を山ほど抱えている。かくいう私もかつてはその一人だったからよく分かる。最新のキッチンでは、生き残るためのナイフ技術を身につけていなくても、サバイバルにはまったく困らない。食材を細かくみじん切りにしたいと思ったら、フードプロセッサーが仕事を引き受けてくれる。私たちは石器時代に生きているわけではない（ナイフ愛好者がそうあれかしと願っていても）。自分が使うナイフを作る能力はおろか、もっとも初歩的な切る能力に欠けていても、現代の食生活では食べることに事欠かない。パンはすでにスライスされ、野菜はカットされて売っている。それでもかつて、ナイフを使いこなす能力が読み書きよりも大切で必要な技術の時代があった。

中世やルネサンスの時代、ヨーロッパ人はどこへ行くにも自分専用のナイフを携帯し、必要となる食事時には取り出した。食事用ナイフはほとんどの人がベルトの鞘に入れていた。男性のベルトのナイフは食物を切る時にも、敵から自分の身を守るためにも使われた可能性が高い。ナイフは（現代の腕時計のように）道具でありながら、装いでもあった。ナイフは万民の持ち物であり、本人の一番の宝物である場合が多い。『ハリー・ポッター』シリーズに登場する魔法使いの杖のように、ナイフはあつらえ物だった。ナイフのハンドル（柄《つか》）は真鍮、牙、水晶、ガラス、貝でできているものもあれば、琥珀、瑪瑙《めのう》、真珠貝の内側の真珠層、べっ甲でできているものもあった。柄の彫り込みには赤ん坊や十二使徒、花、農夫、羽根、ハトの図柄が施されることもあっただろう。現代人が他人のハブラシで歯を磨かないように、当時の人が他人のナイフを使って食事をすることはなかった。（腕時計のように）ナイフを身につけることは習慣になっていたので、自分の体の一部となりその存在すら忘れてしまう。六世紀の文献（『聖ベネディクトの戒律』）は、床に入る前にベルトからナイフを外して、就寝中に自分の身を傷つけないよう注意している。

これほどの危険があったのは、当時のナイフの切っ先が短剣のように鋭かったからだ。ゴムのように弾力のあるチーズから硬くて分厚いパンの塊まで、何でも切り分ける必要があったのだから、鋭利なのも当然である。衣服同様、ナイフはすべての成人に必要な所持品だった。武器としても使えるので、ナイフは男性だけが所持していたと誤解されてきた節があるものの、当時は女性も携帯していた。一六四〇年、H・H・クリューバー作の油彩画には、裕福なスイス人一家が肉、パン、リンゴといった食事の準備をする様子が描かれている。赤いドレス姿の令嬢たちは髪に花飾りをつけ、腰に結わえた紐からは銀色のナイフをぶら下げている。こんな風につねに身につけていたナイフだから、その構造については熟知していたに違いない。

よく切れるナイフにはある決まった構造がある。刃の先端部分（ナイフの一番尖った部分）は切っ先と呼ばれ、刺したり突き刺したりするためのものだ。切っ先を使ってペストリーに切り込みを入れたり、半分に切ったレモンから種をほじくり出したり、ジャガイモに突き刺して煮えたかどうか確かめることができる。刃身の切る部分は刃先といい、ナイフで一番よく使われる部分だ。野菜を細かく切ったり肉や魚を薄切りにしたりできる。刃身を寝かせればニンニクだって潰せるし、このペーストに粗挽き胡椒を振りかければ、ガーリックプレスなんて必要ない。刃身の背の部分は峰といい、厚みがあって切れないが、ナイフ全体に重みとバランスを与える。ハンドルに近い、刃身で厚みのある部分はあごといい、ナッツやキャベツの芯のような堅いものを叩き切るのに向いている。ハンドル内部に隠れて見えない金属部は中子《なかご》といい、ナイフとハンドルを一体化させる。中子はハンドルの途中までしか通っていないものもあれば、ハンドルの末端まで通っているものもある。多くの高級和包丁には中子がない。ハンドルも含め包丁全体がたった一枚の鋼鉄でできている。ハンドルが刃身と出会う場所は口金（つば）と呼ばれる。ハンドルの末端は柄尻《つかじり》という。

ナイフを愛好するようになると、ハンドルの鋲《びょう》の質からあごのラインまであらゆる部位を評価できるようになる。そのぞくぞくする感覚は今日では得も言われぬものだが、かつては誰もが持っていた感覚である。上等のナイフは自慢の品だ。腰からナイフを取り出して、パンを切り、肉を突き刺し、リンゴの皮をむくたびに、使い込まれ磨き込まれたハンドルは自分の手によく馴染んだことだろう。よく切れるナイフの価値を知っていたのは、それがなければ食卓に並んだ物を食べるのに難渋したからだ。そして、鋼鉄がよく切れることも当時の人は知っていた。鋼鉄は、すでに一六世紀のナイフ職人からもっとも価値ある金属と目されていた。

人類初の金属製ナイフは青銅器時代（およそ紀元前三〇〇〇〜七〇〇〇年）に青銅で作られた。見た目も現代のナイフそっくりに、刃先をはじめ、中子や、ハンドルと刃身を接合させる口金（つば）もあったのだが、刃先はあまり役に立たなかった。青銅は刃身には向かない金属で、軟らか過ぎてすぐに刃先が丸くなってしまう。青銅でいいナイフが作れないことは、青銅器時代になっても依然切る道具は岩石で作られていた事実が雄弁に物語っている。岩石の方が新しく登場した金属より多くの点で優れていた。

鉄は青銅よりナイフの原料に向いていた。鉄器時代に人類は最初のナイフ隆盛期を迎える。この時期にようやく、二六〇万年前のオルドヴァイ文化からずっと使われてきたフリントの刃身が姿を消した。硬い鉄は青銅よりずっと鋭く刃先を研ぐことができたうえ、大きくて重い道具を鍛造《たんぞう》するには手頃な金属だった。鉄器時代の鍛冶屋はなかなか立派な斧を作った。だが、鉄はナイフ作りに理想的とはいえなかった。青銅より硬くても、鉄はすぐに錆びるので食物をまずくする。それに鉄のナイフですら刃先を鋭く保つことはできなかった。

そこから大きく進歩したのが鋼鉄である。今日でもよく切れるナイフのほとんどが何らかの形で鋼鉄を原料としている。例外は新しく生まれたセラミックナイフだ。三〇〇〇年の刃物の歴史で刃身の素材に最大のイノベーションを起こしたといわれている。セラミックナイフは軟らかい魚の切り身もトマトもするりと切れるが、刃が脆いので叩き切ることには向かない。切れ味もよく硬さもあり、頑丈な刃身となると、鋼鉄の右に出るものはない。鋼鉄は他の金属より鍛えやすく、いい切れ味を保ちやすい。

鋼鉄は鉄にわずかな割合（重量で約〇・二～二パーセント）の炭素を加えた金属にすぎないが、わずかな違いが大きな違いを生む。鋼鉄に含まれる炭素は、刃先を薄い角度にできるほど鋼鉄を硬くするが、その硬さは研げないほどの硬さではない。炭素を加え過ぎると、鋼鉄は圧力に脆くなり折れてしまう。料理包丁に適しているのは〇・七五パーセントの炭素を含む鋼鉄だ。こうしてできた「純然たる鋼鉄」を鍛えれば、何でも切れる小間切包丁を作ることができる。頑丈で切れ味のいい刃先は研ぎやすいが欠けにくい。

一八世紀になると炭素鋼は工業生産され、この驚異の物質から多種多様な用途専用の道具が製造された。カトラリー業界は、もはや個人相手に短剣を注文で作るような商売ではなくなった。用途もさまざまなナイフ――フィレナイフ、パーリングナイフ、ペストリーナイフはすべて鋼鉄製である。

ナイフのこうした専門化がヨーロッパの食事のあり様《よう》の原因となり、結果となった。一八世紀からヨーロッパの富裕層の食卓を席巻していた高級フランス料理は、ソースの料理だといわれてきた――ベシャメルソース、ヴルーテソース、エスパニョールソース、アルマンドソース（フランスのシェフ、マリー・アントワーヌ・カレームが分類した四つの基本ソース。後年オーギュスト・エスコフィエがアルマンドソースを外し、オランデーズソースとトマトソースを加えて五つの基本ソースとした）。なるほどその通りだが、高級フランス料理は専門のナイフと正確なカッティングの料理でもある。作業ごとにナイフを使い分けるようになったのはフランス人が最初ではなく、多くのフランス料理同様、多くのナイフの生地《せいち》は一六世紀イタリアだ。一五七〇年、ローマ教皇の料理人だったイタリア人バルトロメオ・スカッピは、思いのままに使える料理用ナイフを無数に持っていた――ばらばらに切断するシミタール、叩いて平らにする分厚いナイフ、刃先が鋭くないパスタナイフやケーキナイフ、細長い薄刃のスクレーパー。だが、スカッピはこうした刃物の使用法について厳密な決まりを定めずに、「次にナイフで叩く」とか「薄切りにする」といった調子で、カットのテクニックを体系化しなかった。ナイフの使い方を体系化しルールブックを作り思想や信仰にまで高めたのは、デカルト的正確さを追求するフランス人だった。最初のカトラリー会社サバティエが、フランスはティエールの町で炭素鋼ナイフの生産を始めたのは一八〇〇年代初頭のことであり、ちょうどその頃、カレームの料理書やグリモ・ドゥ・ラ・レニエールやジョゼフ・ベルシュウの著作を通じて、ガストロノミー（美食術）という思想が芽生える。ナイフは料理と手に手を取って進歩した。フランスのシェフは行く先々で、ミンチ、シフォナード〔千切り〕、ジュリエンヌ〔細切り〕といった厳格に定められたカットの手法と、それぞれのカットに使うナイフを広めた。

どんなにシンプルな一品でも、フランス料理にはこだわりのナイフの技が隠れている。パリのレストランで出される殻に載った生ガキの大皿も一見すると調理したように思えないが、鮮度は別として客が楽しく食事ができるよう、人の手が入っている。ナイフの刃が入らなければ殻を閉ざしてしまう閉殻筋をカットして、貝殻から身がむき出しの状態にしてある。カキにかけるエシャロットビネガーにしても、エシャロットをブリュノワーズ（一～二ミリ角の賽の目切り）に切るという気の遠くなるような作業の手が入っている。ほんのり塩気のする生ガキにエシャロットが主張し過ぎないのは、こうした下ごしらえのおかげ

だ。

食卓に運ばれたフランス料理のいい匂いに思わず食指が動く。そんなビーフステーキ（スカート〔横隔膜〕、分厚い塊のパヴェ、リブロースであろうが）も、フランスの精肉店が特殊な料理道具を使った結果の料理である。肉を骨ごと叩き切る手荒な作業には大包丁を、微妙なカットで浅い切れ目を入れるには繊細な肉用ナイフを、調理前に肉を平らにするには肉叩きを使う。正統派フランス料理の厨房には、ハムナイフ、チーズナイフ、ジュリエンヌ用ナイフ、くちばし形のクルミ用ナイフもそろっている。

プロの高級料理は作業の専門化の上に成り立っていた。シェフの巨匠エスコフィエは現代のフレンチレストランの料理法の基礎を築いた人物で、厨房をソース部門、肉部門、ペストリー部門に分業化したが、それぞれの部門には専門のナイフがあった。エスコフィエ主義に基づく厨房には、ジャガイモの皮をむき、完璧なフットボールの形にする専門の人が、一人割り当てられているかもしれない。この作業にはペアリングナイフを使う。鳥のくちばしのような刃の小型皮むき包丁で、こうした湾曲した刃はまな板の上で切る時は（角度がついているので）うまく使えないが、手に納まる球形の食材の皮をむくには申し分ない。食材の輪郭に沿って美しい球形に仕上がる。料理皿の周囲にあしらう野菜類は目に美しく気まぐれで、いかにもフランス的だが、こうしたつけ合わせ野菜は、食とはいかにあるべきかという哲学に則った方法論でナイフを使い分けた結果に他ならない。

西洋の食を形作るのはナイフであり、ナイフを形作るのはその土地の資源と技術革新と文化的嗜好の絶妙な組み合わせだ。この三要素が一体となってその国の料理ができあがる。ナイフの使い方にはフランスとは違う使い方もある。中国の場合、食べること、調理することそのすべてが一本の刀（トウ）の存在の上に成り立っていた。この中華包丁は発明された包丁の中でおそらく一番の万能包丁だろう。

切る道具は二種類に分けられる。一つの機能しかないもの（例えばゴルゴンゾーラナイフ、弓形のカニナイフ、パイナップルくり抜き器。この道具は旋回させながらパイナップルの実の中心部の芯をくり抜き、パイナップルの輪切りができるようにする）と、何でもこなせる万能カッターである。

料理文化が違えば、生み出される万能ナイフもさまざまだ。例えば、イヌイットのナイフ、ウルは扇形の刃（イタリアのメッツァルーナに似ている）をした道具で、昔からイヌイットの女性はウルで何でも切ってきた――魚も切れば氷の塊も削るし、子供の散髪まで済ませてしまう。日本の三徳も万能包丁だ。一般家庭の台所で何でも用を足せる便利な包丁として現在も使われ、ヨーロッパのシェフナイフよりずっと軽い。シェフナイフより先端が丸みを帯び、刃身に沿ってディンプル（楕円のくぼみ）加工が施されているものも多い。三徳とは「三つの用途」の意味で、肉も野菜も魚も切れる。

だが、これほど多機能でこれほど食文化に根ざしたナイフは、中華包丁、刀（トウ）をおいて他にはないだろう。その驚くべき刀身は「精肉店の大包丁」のように形容される。長方形の斧のような形の刀身が、精肉店が骨ごと肉を叩き切るのに使う大包丁にそっくりだからだ。実のところ、刀（トウ）は万能料理包丁である（「万能」という枕詞は決して大げさではない）。中国文化人類学者E・N・アンダーソンによる

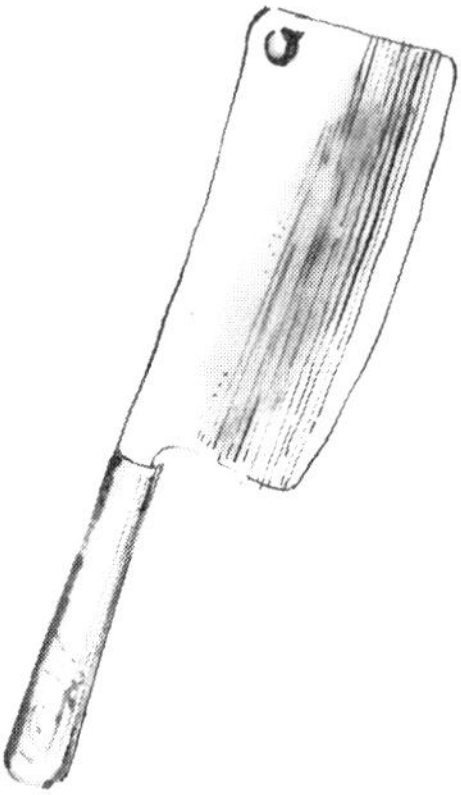

と、刀（トウ）は「ミニマックス」（最小限の労力と損失で最大限の価値を生み出す）の原理を体現したものだという。ここで重要となるのは節約の精神だ。中国で最高の台所といえば、最小限の料理道具から最大限の価値ある料理を生み出せる台所だろう。その条件を満たすのが刀（トウ）である。アンダーソンはこの大刃の包丁の用途について、次のように述べている。

　薪を割り、魚のはらわたを出して鱗を取り、野菜をスライスし、肉をミンチにし、（刀身の刃先でない部分を使って）ニンニクを潰し、自分の爪を切り、鉛筆を削り、新しい箸を削って作り、豚を殺し、髭を剃り（おそらくそれほどに切れ味がいい）、そして敵に恨みを晴らす。

（イヌイットのナイフ、ウルとは違い）それ以上に刀（トウ）を万能と言わしめるのは、この中華包丁がフランス料理と共に世界二大料理と称される中国料理を誕生させたからである。太古から中国料理の大きな特徴は、細かく切って食材の味を混ぜ合わせることだった。刀（トウ）だからこれができた。中国で鉄の使用が始まった周の時代（紀元前一〇五〇頃～二五六年）、ガストロノミー（美食術）の極意とは「割《かつ》烹《ぽう》」（「割」は刀で割《さ》く、「烹」は火で煮るの意）、つまり「切って調理する」ことを指した。哲学者の孔子（紀元前五五一～四七九年）は、きちんと切れていない肉を決して食べようとしなかったといわれている。紀元前二〇〇年頃の料理書では、切ったり細かく刻んだりする技術を数多くの異なる単語で表現しており、包丁の技術（刀工《ダオゴオン》）の高さがうかがえる。

代表的な刀（トウ）の刃渡りは一八〜二八センチほどで、ヨーロッパのシェフナイフと同じだ。決定的に違うのは刀身の幅である。約一〇センチもあって、シェフナイフの一番幅広の箇所と比べてもほぼ二倍だ。しかも刀（トウ）は刀身の幅がずっと同じである。切っ先もなければ刀身が先細りすることもカーブを描くこともない。相当大きな矩形《くけい》なのに、握ってみると驚くほど薄くて軽い。フランスの精肉店の大包丁とは雲泥の差。当然、包丁の使い方もシェフナイフとは違ってくる。たいていヨーロッパでは流線を描くように引いて切る。先細りする刀身に沿って刃先を揺り動かして切るからだ。刀（トウ）の場合は刀先がずっと真っ直ぐなので、上下に動かして叩き切るようにする。フランス料理の厨房に比べ、中国料理の厨房から聞こえる包丁さばきは、トン、トン、トンと大きな音で威勢がいい。だが、大きな音はテクニックの未熟さを示すものではない。賽の目切りやジュリエンヌ、それにフランス料理のおびただしい数のナイフから生まれる数々のカットよりも、はるかに多種多様な切り方を、中華の料理人は一本の包丁でやってのける——その刃先から生まれる切り方には粗絲（ツウスー）〔長さ八センチの千切り〕、細絲（シイスー）〔千切りより細い〕、馬耳（マーアル）〔三センチ角の乱切り〕、丁（ディン）〔賽の目切り〕、條（ティアオ）〔拍子木切り〕、片（ピェン）〔薄切り〕と枚挙にいとまがない。

　この素晴らしい包丁は誰かが発明しようとして誕生したものではない（もっとも発明者がいたところで、今や誰だか分からない）。包丁もその包丁が生み出す料理もすべて環境の産物だった。鋳鉄の製法が中国で発見されたのは紀元前五〇〇年頃。青銅より安価に製造できたので、木製の柄をつけた鋳鉄製の大型包丁を作ることができた。何よりも刀（トウ）は質素な農民文化の産物といえる。この包丁を使えば、食材全部の味を全体に混ぜ合わせられるほど小さく切ることができたし、小さく切った食材はおそらく持ち運びできるコンロの上で、短時間のうちに手早く調理されただろう。コンロはわずかな燃料を最大限に利用できる倹約の道具だ。何でも小さく切って、素早く料理して、無駄なものは一切ない。その実テクノロジーの点からも、ずっと賢い調理法だ。中華鍋と一緒に使えば、ほぼ最低限の料理エネルギーから最高の味を引き出す道具となる。細かく刻んだ食材を強火で素早く炒めれば、油に接する食材の表面積が大きくなり、ぱりっとした食感のおいしい焦げ目がつく。

テクノロジーには二律背反の特徴がある。食材の下ごしらえに労力と技術をたっぷりかける代わりに、調理はあっという間だ。カットしていないチキンを丸ごと調理する場合、オーブンで一時間以上かかるのに、胸肉一枚なら二〇分。中華包丁、刀（トウ）で小さく切った鶏肉なら五分もかからない。調理にかかるのは切る時間だ（これも腕がよければあっという間に終わる。中国料理のシェフ、マーティン・ヤンが鶏一羽を一八秒でさばく様子がユーチューブで見られる）。中国料理は地域によって変化に富む。四川料理は火のように辛く、広東料理は豆鼓《とうち》と海産物が中心である。地域の異なる中国料理人に共通する特徴は、包丁さばきのいい腕と包丁への愛着だ。

中華包丁、刀（トウ）は古典的な中国料理の中核をなす存在で、その位置づけは現在も変わらない。すべての食事は、「飯」（ファン）〔普通コメを意味するが、他の穀類や麺類を指すこともある〕と菜（ツァイ）〔野菜と肉の料理〕のバランスが取れていなければいけない。菜（ツァイ）を切り分けさまざまな形にしていく中華包丁、刀（トウ）は、食事のどんな食材よりも重要だ。切り方は細分化され、それぞれに名称が付いている。例えばニンジンを切る場合、垂直に包丁を入れるか（直切［ヅチエ］）、包丁の刃を横にして水平に切るか（平刀［ピンダオ］）、あるいは叩き切るか（砍［カン］）。今度はどんな形に切るか。繊維に沿って千切りにするか（絲［スー］）、賽の目切りにするか（丁［ディン］）、乱切りにするか（塊［コアイ］）。どの形にするにせよ、厳密にその形に切らなければいけない。包丁さばきの正確さで料理人の評価は決まる。明帝に投獄された陸続《りくしょく》の有名な話がある。獄中、肉の煮込みの差し入れを受けた陸続はすぐに、母が届けてくれたことに気づいた。肉をこれほど真四角に切れる人物は母しかいないからだ。

刀（トウ）は見るからに恐ろしい形状をしているが、腕のいい人の手にかかれば、繊細な道具へと変貌し、フランスのシェフが専用ナイフ一式を総動員して切り分けるカットを、この刀（トウ）は一本で正確に切り分ける。ショウガも羊皮紙のように薄く切れるし、野菜のみじん切りもイクラのように美しくできる。刀（トウ）一本で、宴会料理を一手に取り仕切れる。ホタテガイやサヤインゲンを糸のように細く切ったり、キュウリに刻みを入れて、ハスの花に見立てたりという具合だ。

刀（トウ）はごちそうを作るためだけの道具ではない。貧しくても、包丁の腕と味つけさえよければ、高級食材などなくても困らない。刀（トウ）のおかげで、中国ではどの社会階級にも共通する料理が生まれた。これと対照的なのがイギリスで、貧富の差が食卓の明暗を分けた（金持ちはテーブルクロスの上でローストビーフを食べ、貧しい者は手づかみでパンとチーズを食べた）。中国の貧しい家庭では、豊かな家庭に比べれば扱う菜（ツァイ）〔野菜や肉〕はずっと乏しかったかもしれないが、食材が何であろうと調理法は同じだった。中国料理の中国料理たるゆえんはその技術にある。中国の料理人はさまざまな形の魚、鶏、野菜、肉を、幾何学的正確さで一口サイズに刻んでいく。

刀（トウ）のものすごいところは、ナイフを使わないで食事ができるようにしてしまうことだ。中国でテーブルナイフは不要なもの、むしろ嫌われる存在である。テーブルで食物を切り分けるとは、まるで精肉店のようだというわけだ。刀（トウ）が一旦料理を仕上げてしまえば、あとは整然と料理された食物を箸が口へと運ぶだけ。刀（トウ）と箸の連携プレーだ。一方が切り刻んで、もう一方が運ぶ。由緒正しいフランス料理の厨房でナイフ各種を総動員してどんなにカットに励んだところで、食事の際には結局ナイフが必要になる。ナイフの労力においても中国料理はフランス料理より節約的だ。

こうした刀（トウ）の使い方から見えてくるのは、中国の食文化がヨーロッパ（そして米国）のナイフ文化とはいかに異質なものであるかということだ。中国料理のシェフが包丁を一本使うところを、フランス料理のシェフは機能の異なる多数のナイフを使う――肉切り包丁、骨すきナイフ、フルーツナイフ、フィッシュナイフ。これは単なる道具の問題に留まらない。刀（トウ）に象徴されるのは料理のあり様、食事のあり様であり、ヨーロッパの宮廷風の食事とはひどくかけ離れたものなのだ。牛肉ならセロリやショウガと一緒に細切りにし、油炒めして豆板醤で味つけすれば四川風。紹興酒は風味の絶妙なバランスがいい。片や、フランスのビーフステーキは血のしたたる大きな肉の塊であり、切り分ける鋭いナイフと、食べる人の気分に合わせて風味を添えるマスタードと一緒にテーブルへ運ばれる。二つの食文化は異なる世界観を象徴する。切り刻む文化と切り分ける文化には大きな隔たりがある。

ヨーロッパにナイフがもっとも活躍する時代をもたらしたのは料理人ではなく、切り分け侍従だった。その職務は、宮廷で君主夫妻のために食卓の肉を切り分けることである。中華包丁、刀（トウ）が生の食材を扱い、できるだけ同じ大きさに切っていたのに対し、中世ヨーロッパの切り分け侍従は調理済みの食物を扱った。しかも、丸焼きにされたどんな動物の肉でも、専用のナイフを使って専用の切り方で、専用のソースをかけて給仕する知識が求められた。

「どうか私に肉の切り分け方を教えてください。ナイフの取り扱い方、それに鳥や魚や動物の切り分け方を教えてください」と、ある中世の礼儀作法書は懇願の言葉を記している。一五〇八年にウィンキン・ド・ウォードが出版した本によると、英語の「切り分けの専門用語」は以下の通りだ。

シカを切り分ける　break that deer
豚を薄切りにする　slice that brawn
ガチョウを切り分ける　rear that goose
ハクチョウを切り分ける　lift that swan
（中略）
サギを切り分ける　dismember that heron

切り分けのルールは象徴の世界に則っていた。動物の肉にはそれぞれ意味があり、意味に従って切り分けねばならない。切り分けるナイフは狩の道具を連想させた。狩の獲物をヒエラルキーによって峻別し、動物が仕留められた土地の領主の権威を高らしめることが重要だった。切り分け用ナイフは獲物の筋や筋肉に沿って、領主の意向に沿って使わねばならない。中華包丁、刀（トウ）のようにみずからの意思で切るわけにはいかなかった。雌鶏の手羽先はミンチにするが、脚はそのままの形にしておくと心得るべし。整然と肉を切り分けることは名誉だった。宮廷では肉料理の切り分けを重視するあまり、専門の部署まで誕生した。「切り分け所《どころ》」を運営する職員は任命によって選ばれ、貴族の子弟が登用されることもあった。

現代の感謝祭の七面鳥やサンデーロースト〔英国の家庭で日曜日に食べるローストビーフ〕を切り分ける人は、均等に分配するのが仕事だが、中世ヨーロッパの切り分け侍従が仕える相手は食卓の全員ではなく領主のみ。ごちそうを公平に分けるのではなく、食卓で一番いいものをご主人様にお出しする。すべてのソースを少量ずつすくい取り、パンの欠片に浸み込ませ、給仕たちの口に次々に放り込んで毒見をさせた。仕事の大半は軟骨や皮、羽根といった消化不良を起こすものを領主の口に入れさせないことだった。実のところ、切り分け侍従たちはナイフを使ってたいした作業はしなかった。結局のところ領主みずからが切れ味のいいナイフを持っていて、食事の時は肉と格闘する仕儀となった。

中世の切り分け（カーヴィング）の大きな特徴は、ナイフの刃をあまり入れないことだ。切り分ける作業を表現する言葉は野蛮なものばかり――dismember〔四肢を切り取る〕、spoil〔ばらす〕、break〔解体する〕、unjoint〔切り離す〕。包丁一本の中国料理のシェフとは対照的に、切り分け侍従が操るナイフは数が多かった。重い大型ナイフでシカや牛などの大きなロースト肉を切り分け、小型ナイフで鳥を切り分け、幅広のへら状の給仕用ナイフで木皿から肉をすくい、切れない薄刃のナイフでテーブルクロスからパンくずを払った。だが、実際にロースト肉にナイフの刃が入ることは稀で、「dismember a heron〔サギの四肢を切り取る〕」という言葉の響きにはぞっとするが、その意味するところはばらばらに切り刻むのではなく、木皿に載せた料理の見栄えが良くなるように獲物にポーズを取らせることだった。「サギの場合は脚と手羽先をツルのように持ち上げ、ソースをかける」とウィンキン・ド・ウォードの本は教えている。時には大きな骨をばらばらにしたり、肉を細長く切り刻んだり（例えばカポン〔食用雄鶏〕の手羽先の場合、ミンチにしてワインやエールと混ぜ合わせる）することもあったが、切り分け侍従の主な仕事は切るよりむしろ給仕することだった。切り分けナイフで食物を一口サイズにする必要はなかった。領主のナイフの仕事を侵してはならなかったのだろう。

切れ味のいい自分のナイフを携帯する習慣はキリスト教、ラテン語、法律と同様に、西洋文化の根幹だった。それが突如そうではなくなった。道具のどこに価値を認めるかは文化が決めていく。その文化の価値観も不変ではなく、変転していく。ヨーロッパでは一七世紀以降、人々のナイフに対する考え方に大変革が起こった。最初の変革は、新参の道具であるフォークと共にナイフがテーブルの上に並べられるようになったことだ。こうしてナイフが帯びていた魔力は失われ、かつては個人あつらえだったナイフも今や十把一絡げに売買され、席に着いた見ず知らずの客に出される代物と成り下がった。次の変革は、テーブルナイフの切れ味を悪くしたことで、さらにナイフは威力も失った。ナイフの存在理由は切ることにある。礼儀正しさ（抑制された攻撃性というべきか）が高度に発達した文明でなければ、切れないナイフをわざわざ発明したりはしない。いろいろな意味で、今日の私たちもこの大変革の結果を踏襲している。

一六三七年、フランス国王ルイ一三世の宰相リシュリュー枢機卿は、晩餐の席上で賓客が両刃ナイフの尖った切っ先を使って食後の歯の掃除をしている姿を目撃したといわれている。この行為に肝を潰した枢機卿は（その理由が、危険だからか野卑だからかは定かではない）、屋敷中のナイフの切っ先をすべて丸くするよう命じた。この時まで食事用ナイフは短剣のように切れ味鋭い両刃のものが多かった。それももはやこれまで。リシュリューの先例に倣い、一六六九年にルイ一四世はフランス全土のカトラリー業者に対し、切っ先の尖ったディナーナイフの製造を禁じた。

両刃ナイフに対するこのフランスの通達に合わせて、テーブルマナーとカトラリーが様変わりした。食卓での行動パターンが一変したのである。高名な社会学者ノルベルト・エリアスが「文明化の過程」と呼んだ状況をヨーロッパ社会は経験した。これまで確信していたことが揺らぎ始め、カトリック教会はその統一性を失い、騎士道的な行動規範がとうに廃れてしまった社会状況の中で、かつて受け入れられていた食べ方に、人々はふいに顔をそむけたくなった。大皿から各自が手づかみで肉を取り、直接ボウルに口をつけてスープを飲み、一本のよく切れるナイフで何でもかんでも切って食べる。こうした食べ方は、宮廷の礼儀作法に従っていたものだが、今ではすっかり野蛮に思えた。ヨーロッパ人も中国人と同じく、テーブルによく切れるナイフを置くことに慎重になり始めた。中国人と違うところは、ナイフを使って食べることはそのままに、ナイフをさまざまな形で無力化させたことだ。

フランスでは、ナイフは食卓から遠ざけられることが多かった。ただし、果物を切ったり皮をむいたりする時だけは昔のように個人用ナイフが使われた。イギリスでは、ナイフは食卓に出されたが、切れ味は相当悪くなった。一六〜一七世紀のイギリスのテーブルナイフは、台所包丁のミニチュアのような形をしている。刀身は短剣形、ペンナイフのような直線形、シミタールのような湾曲形とさまざまで、片刃もあれば両刃もあったが、すべてに共通する点は刃先がよく切れたことである（新品で錆びていなければ少なくともよく切れたはずだ）。

ところが一八世紀になるとテーブルナイフは前世紀のものとは似ても似つかないものとなる。突如まったくといっていいほど切れない代物に変貌したのだ。刀身は緩やかなカーブを描き、切っ先だった所は完全に丸まってしまう。その形はバターナイフを思わせる。テーブルナイフは優れ物の切る道具であることをやめてしまい、役立たずの道具となり、バターを塗ったり、フォークの上に食物を載せたり、軟らかく調理された食物を小さく切り分けたりすることしかできないものとなった。

力をそぎ落とされた新しいテーブルナイフは、ナイフの持ち方まで変えた。これまでのナイフなら突き刺すような具合に手全体で握りしめたはずだ。今度は人差し指をそっとナイフの（丸みを帯びた）峰にあてがい、ナイフのハンドルを手のひらで包むようにして持つ。これはテーブルナイフを握るには洗練された持ち方だが、その影響で包丁の使い方の下手な人がかなりいる。テーブルナイフと同じ持ち方で、よく切れる包丁を握ってしまうのだ。非常に危ない。包丁を握る場合、絶対に人差し指を刃物の峰に載せてはいけない。親指と人差し指両方の指を使ってハンドルをぎゅっと握るより、けがをする危険がずっと大きくなる。鋭さを敬遠するテーブルマナーの教えは、食卓の作法としては優れているが、台所の作法としては困りものだ。

一八世紀になると、洗練されたヨーロッパ人はテーブルに着くと可愛らしい小さなテーブルナイフを優雅に握り、極力脅威や暴力とは無縁の仕草をしようと努めた。切るというテクノロジーからいえば、テーブルナイフは無用の長物である。一八世紀後半には（いまだに一流の鋼鉄製だったが）シェフィールド・テーブルナイフは切る道具というより装飾品の色合いが強くなった。ロンドンの上流社会では、テーブルナイフが美的観賞の対象となり、ホストの趣味の良さや富を誇る象徴として食卓を飾った。現代ではテーブルナイフを時代遅れなテクノロジーとして片づけることもできる。ノコギリ歯のよく切れるステーキナイフの出現は（南フランスのラギオールが先駆け）、テーブルナイフの無用ぶりを如実に物語っている。ステーキナイフの存在そのものがテーブルナイフに対する一種の非難になっている――テーブルで実際に何かを切ろうとしても、どっちみちテーブルナイフには切れっこないさ。

こうしてテーブルナイフは、武器としてのナイフとはかけ離れた存在となった。ナイフを携帯する必要はない。実際そんなことをすれば、少なくともイギリスでは浅ましい行為と見なされてしまう。一七六九年のロンドンで、イタリア人の文筆家ジョゼフ・バレッティは折り畳み式の小型果物ナイフで、正当防衛のため男を刺したとされた。ヨーロッパ大陸ではリンゴやナシ、肉を切るために鋭いナイフを持ち歩くのは常識だ、というのがバレッティの弁明だった。法廷で詳しく説明しなければならなかった背景には、イギリスでは一七六九年の時点でナイフの性格がすでに変わっていた事情があった。もはや鋭いテーブルナイフは必要でもなければ望ましくもない。この点にかけてイギリスは先進的だった。

だが、テーブルナイフには切れ味以上に大切なことがある。おいしく食べられるかどうかという問題だ。この点についてはステンレス鋼の登場する二〇世紀になってようやく、テーブルナイフの真価が認められるようになった。前にも述べた通り、シェフィールドのカトラリー業者が好んだ炭素鋼は、従来の金属に比べると刀身としてずっと優れていたが、じつは炭素鋼にも欠点があった。鉄同様に食物をまずくしてしまうことだ。ステンレス加工されていない鋼鉄に酸が触れるとどうしようもない。「ビネガーにほんの少し触れた途端」鋼鉄のナイフの刀身は「インクのように真っ黒」になってしまうと、アメリカの著名な礼儀作法の大家エミリー・ポストは述べている。ビネグレットソース〔フレンチドレッシング〕と鋼鉄のナイフの取り合わせは最悪で、フランス人はいまだにサラダの葉物をナイフで切るのはよくないという偏見を持っている。

さらに魚料理でも困ったことになった。昔から魚とレモンの相性は抜群と考えられてきたが、一九二〇年代にステンレス鋼が発明されるまで、レモンをかけた魚の味はナイフの金属に蝕《むしば》まれ、台無しになった。レモンの酸が鋼鉄と化学反応を起こし、魚の味よりもひどい金属の後味が強く残った。一九世紀に銀製のフィッシュナイフが製造されたのも頷ける。こうした銀製品も、今日では意味のないただの気取りに思えてしまう。実際にフィッシュナイフは実用から発明されたものだが、銀製では金持ちしか使えない。通常の鋼鉄製ナイフと違い、銀製ナイフは腐食せず、料理のレモン汁とも化学変化を起こさない。形が扇形をしているのは、もともと引き出しの中で他のナイフと区別するためだった（肉と違い魚の身は軟らかいので、ノコギリのように切る必要のないことをこの形は暗示している）。だが、銀製のフィッシュナイフを持っていなければ、腐食する鋼鉄の味を我慢するしかない。

そのため、二〇世紀に発売されたステンレス鋼は、おいしく食べる喜びを食卓にもたらした立役者といえる。第二次世界大戦後、ステンレス鋼は安価な大量生産の流れに乗るや、誰もが買える光り輝く流行のカトラリーの地位へと上り詰め、ナイフのせいで料理が変な味になる心配を払拭した。タラの切り身にレモンを搾ろうか、ドレッシングをかけたサラダをナイフで食べようか、と思い悩む必要は一切なくなった。

ステンレス鋼（別名イノックス鋼、不銹鋼《ふしゅうこう》）はクロムを多く含んだ合金である。クロムという金属は、空気に触れると目に見えない酸化クロムの層を形成する。それがステンレス鋼を腐食から守り、素晴らしい光沢を保たせる。腐食せず強度や引張にも富むステンレス鋼がようやく製造されるようになったのは、二〇世紀初頭だ。一九〇八年にフリードリヒ・クルップ・ゲルマニアヴェルフト社が、クロム鋼の船体のクルーザー、ゲルマニア号を造船。同じ頃、シェフィールドでは銃の製造会社トマス・ファース・アンド・サンズ社のハリー・ブレアリーが銃身に使う腐食しない金属を探していたところ、ステンレス鋼を発見した。全面戦争へと突き進むイギリスとドイツが武器の開発競争にしのぎを削っていた時代の、嬉しい落とし子が腐食しないカトラリーだった。最初のうちこの新金属では、きわめてシンプルな形のカトラリーしか作れなかったが、第二次世界大戦の数々の産業技術革新を経て、人々の好むデザインを安価に効率よく製造できるようになった。ステンレス鋼はナイフが新たな段階に入ったことを物語る。昔の人がナイフを身につけて持ち歩いた頃よりもナイフは安くて使いやすく、危なくないものになった。

西洋のテーブルナイフはすっかり人畜無害のように見える（それでも、九・一一の後、飛行機への持ち込み禁止になる程度には脅威と見なされた）が、二〇〇年来続く、なまくらな刃物を好む傾向は、じつは人知れず重大な結果をもたらしていた。ナイフは食物に痕跡を残さないだけで、人間には痕跡を残す。どのシェフにも傷跡があり、中には誇らしげに傷にまつわる武勇伝を披露する者もいる――野菜をむいて親指にできた切り傷。ヒラメの歯に持っていかれた指の先。私の指はマンドリンカッターで切ったところがまだ膨らんでいる。事故や過失でない場合でも包丁仕事をしているだけで、まめやたこができる。まめや深い切り傷はキッチンナイフが残したもっとも目に見える形の痕跡だ。だが、私たちの体に残したナイフの痕跡はその域に留まらない。食卓で食物を切るという基本的なテクノロジーが、じつは生理機能、とくに歯並びに大きな影響を及ぼしていた。

現代の歯科矯正が目指すのは、ワイヤーやブレース、ゴムを使って、完璧な「被蓋咬合《ひがいこうごう》」を形成させることである。被蓋咬合とは、ちょうど箱に蓋が被さるように、下の切歯〔別名門歯、前歯〕に上の切歯が被さる状態をいう。これが人間の理想的な噛み合わせだ。被蓋咬合の反対は切端咬合《せつたんこうごう》で、チンパンジーのような霊長類に見られる。上の切歯が下の切歯とぶつかり合い、ギロチンの刃のような格好になる。

矯正歯科医師が教えてくれないことは、人類がこの被蓋咬合になったのはごく最近で、おそらくテーブルナイフを使ったせいだということだ。発見された昔の人骨から、西洋世界では被蓋咬合が人間の「標準的な」歯並びになってからまだ二〇〇～二五〇年しか経っていないことが分かった。それ以前の人類は切端咬合で、類人猿と似ていた。被蓋咬合は進化の結果ではない――進化するにはあまりに時間が短すぎる。

むしろ、歯の発育期の食物の切り方に影響されたものと思われる。この研究に取り組んだのがチャールズ・ローリング・ブレイス教授（一九三〇年生まれ）である。アメリカの著名な人類学者で、ネアンデルタール人を主な研究対象にしている。数十年かけてブレイスは、ヒト科の歯の進化に関する世界最大のデータベースを作り上げた。二〇世紀の誰よりも多く大昔の人のあごの骨を集めた人物だろう。

　早くも一九六〇年代に、被蓋咬合になるには何か理由があるはずだとブレイスは考え始めた。研究当初は、数千年前に起こった「農耕」が原因かもしれないと推測した。狩猟採集時代に食べていたざらざらした肉や繊維の多い根菜、塊茎よりも、穀類の方がずっと楽に噛めるので、被蓋咬合は穀類を食べるようになった影響だと直感したのは当然だろう。ところが、歯のデータベースが増えるにつれて、切端咬合は予想以上に長い時代続くことに気づく。ヨーロッパでは一八世紀後半になってようやく被蓋咬合への移行が始まり、その変化は「社会的地位の高い人」から起こっていた。

　なぜだろう。当時、高位の人の食事で栄養面に目立った変化はなかった。富裕層は相変わらずタンパク質豊富な肉と魚をたくさん食べ、ペストリーをどっさり、ミルクをほんの少し、野菜をまあまあ、パンは貧困層と同量摂っていた。ただし、一八〇〇年の富裕層が、一五〇〇年とは違う香辛料やソースのかかった肉料理を欲しがっていたのは明らかだ。アカスグリ、スパイス、砂糖は少なめに、バター、ハーブ、レモンは多めに。だが、料理のこうした変化は被蓋咬合になるずっと前から始まっていた。ルネサンス期にヨーロッパの食卓にお目見えした斬新で軽い新しい料理《ヌーヴェル・キュイジーヌ》の起源は少なくとも一六五一年のフランス人ラ・ヴァレンヌの著書 *Le Cuisinier français*（『フランスの料理人』）にさかのぼるし、さらにその起源をたどるとイタリア人のマエストロ・マルティーノへと行き着くのはほぼ間違いない。マルティーノのレシピにはハーブのフリッター、シカ肉のパイ、パルメザン・カスタード、それにシタビラメのフライ、パセリとオレンジソースがけといったものがあり、三〇〇年後の富裕層の食卓に並んでも違和感のない料理ばかりだった。貴族の歯が変化の兆しを見せた時点の上流階級の食事内容は、数百年前と大して代わり映えしていなかった。

実質的な最大の変化は食事の内容ではなく、食事の方法にあった。この時期の大きな特徴は、上流階級と中流階級で食事にナイフやフォークが使われ出し、小さく切って食物を口に運ぶという食べ方が標準になったことだ。テクノロジーの変化というより習慣の問題に思えるし、事実そういう側面もある。なにしろナイフそのものの構造はほとんど手を加えられていなかったのだから。一〇〇〇年かけて人間は切る道具を数え切れないほど発明してきた。歯を使って食べる時、食べやすくなるように——叩き切る、ノコギリのように切る、切り分ける、ミンチにする、叩いて軟らかくする、賽の目に切る、みじん切りにする。石器時代に切る道具を手にした時から、ヒト科の祖先と比べてもっとも小さなあごと歯を持つ現代人への道のりが始まったように思えるが、被蓋咬合が始まったのは食卓でナイフとフォークが使われ出したつい二〇〇〜二五〇年前のことである。

ブレイスは推論を組み立てた——近代以前の食事の仕方はみずからが命名した「スタッフ・アンド・カット」〔「口に詰め込んで切る」の意〕方式を取っていたのだろう。その名が示す通り、決してお上品な食べ方ではない。まずは食物を手でつかみ、次に上下の歯でくわえる。それから口の中の食物と口からはみ出た部分を切り離すのだが、食物を手で引っ張って食いちぎることもあれば、自分の唇を傷つけないよう気をつけながら道具を使って切ることもある。こんな風にして肉のようによく嚙んで食べる必要のある食物を、祖先たちはよく切れるフリントやナイフだけを使って食べた。「スタッフ・アンド・カット」流の食事作法は太古から連綿と続き、ナイフの刀身が石器から鋼鉄へ、木製の柄から陶器の柄へと移り変わっても、食事作法は相も変わらなかった。

一八世紀後半にナイフとフォークの食事作法が普及するようになって、「スタッフ・アンド・カット」は姿を消した。この話は第6章のフォーク（と箸とスプーン）の話で再度取り上げることになるが、その時何が起こったか。フォークは中世では風変わりで、もったいぶった滑稽な道具だったが、近代になると文明化した食事作法に欠かせない役割を担った。口に詰め込んで切る代わりに、人々は食物をフォークで突き刺し、テーブルナイフで切り分けて、ほとんど嚙む必要がないほど小さなサイズにして口に入れた。ナイフが切れなくなるにつれ、口に運ぶ料理はますます軟らかく作られ、嚙む必要もますます減った。

ブレイスのデータベースは、テーブルマナーのこうした変革が歯の構造に即座に大きな影響を及ぼしたことを示している。切歯〔英語では incisor〕はラテン語で「切る」の意の incido に由来するが、誤解を招く名称だとブレイスは主張する。この前歯の働きは切ることではなく、「スタッフ・アンド・カット」流食事作法の場合、口で食物をくわえることだ。「歯が生えた時から一日に何度もこんな使い方をしていたら、切歯は通常切端咬合になってしまうのではないだろうか」とブレイスは述べている。ナイフとフォークを使って食物を小さくして口に入れるようになった途端、切歯の挟む機能は消滅し、上下の歯がぶつかり合うように成長しなくなった。被蓋咬合の発現である。

私たちの身体機能は本質的なもので変化せず、テーブルマナーのようなものは表面的で時代ごとに変化するので、テーブルマナーに影響されて私たちが変化するはずはないと考えるのが一般的だ。この考えをブレイスは見事にひっくり返した。現代人の基本的な骨格構造かに見えた、被蓋咬合という自然で標準的な嚙み合わせがじつは食卓での振る舞いの結果、形成されたものだったとは。

歯の構造にこうした変化をもたらしたのがカトラリーだったというブレイスの説に、どれくらい信憑性があるかは分からない。いろいろ疑問も湧いてくる。食べ方にはブレイスが考える以外にもっと多くの種類があった。食物を口に詰め込んで切るだけが、産業革命以前のヨーロッパ人の食べ方ではないし、切歯でくわえる必要のある食物ばかりではない——人々はスープやポタージュをすすって飲んだり、サクサクのパイをかじったり、オートミールの粥やポレンタ〔トウモロコシの粉の粥〕もスプーンですくって食べていた。こうした軟らかい食物があるのに、なぜもっと早く嚙み合わせが変化しなかったのか。ブレイスはネアンデルタール人に恋するあまり目が曇って、ナイフとフォークがない時代の人も食物を口に詰め込む大食漢で、顰蹙《ひんしゅく》を買うほどひどいテーブルマナーだったと思い込んだのかもしれない。ギリシャの歴史家ポシドニウス（紀元前一三五年頃生まれ）は「大きな肉の塊を鷲づかみにして食いちぎる」と、ケルト人の無作法を嘆いている。このことからギリシャ人の食事の作法はもっと上品だったことがうかがえる。さらにいえば、ナイフとフォークが使われ始めると同時に被蓋咬合が発現するからといって、因果関係になっているとは言えず、相関関係は原因とはいえない。

だが、集められたデータに一番しっくりくる解釈はやはりブレイスの仮説といえそうだ。一九七七年、被蓋咬合に関する最初の論文を書いた時、これまで整理してきた証拠は「体系化されておらず、裏づけに乏しいもの」とブレイス自身も認めざるを得なかった。以来三〇年を費やして、証拠固めにさらなる研究標本を探し求めることになった。そんな中、もし仮説が正しいのなら、アメリカ人はヨーロッパ人よりずっと長く切端咬合が続いたはずだと考えるようになる。ナイフとフォークの食事作法がアメリカで受け入れられたのは、ヨーロッパに遅れること数十年。ブレイスは歯の標本を探し回った挙句、ニューヨーク州ロチェスターで、人の手の入っていない一九世紀の共同墓地の発掘に成功した。埋葬されていた遺体は精神科病院、矯正院、刑務所で亡くなった人のものだった。ブレイスは大きな手ごたえを感じた——歯とあごが完全な形で残っていた一五体のうち、その三分の二、一〇体が切端咬合だったのだ。

では、中国ではどうか。口に物を詰め込んで切る食べ方は、中国の食事作法とは相容れない。刀（トウ）で細かく切り、箸を使って食べるというスタイルはヨーロッパでナイフとフォークが普及する約一〇〇〇年前、宋代（九六〇～一二七九年）ですでに当たり前となっていた。貴族階級から始まった食事作法は徐々に他の階級へと波及していく。ブレイスの考えが正しければ、刀（トウ）と箸の使用は、ヨーロッパ人のテーブルナイフよりずっと早い時代に中国人の歯にその痕跡を残したはずだ。

やがてそれを支持する証拠が眼前に現れた。歯の研究標本を求めて果てしない旅を続けたブレイスは、上海自然博物館に来ていた。目の前にはホルマリン漬けの宋代の受験生の遺体があった。宋はまさに、箸が食物を皿から口へ運ぶ一般的な道具となった時代である。

この人物は貴族の青年で官吏だった。ラベルの解説によると、国家試験「科挙」を受験した頃に亡くなったという。眼前の水槽に浮かぶ大きく口を開けたその形相にはぞっとするが、確かにあった！ 現代中国人と同じ被蓋咬合が。

その後も研究を続けたブレイスは数多くの中国人の歯を分析し、ヨーロッパ人よりも八〇〇～一〇〇〇年早く被蓋咬合が発現したことを見出した（ただし農民階級は例外で、二〇世紀に入っても切端咬合のままという歯も多々あった）。東洋と西洋のナイフに対する考え方の違いが人間の歯並びに与えた影響は一目瞭然だ。

要するに、ナイフの使い方はナイフの切れ味と同じくらい重要なのだ。一〇〇〇年前にこの中国人貴族の食物を切った刀（トウ）は切れ味にせよ強度にせよ、ヨーロッパ貴族の肉を切り分けたナイフとたいして違わなかっただろう。一番大きな違いはナイフを使って何をしたかなのだ。調理済みのごちそうを大きく切り分けるのではなく、生の食材を細かく切り刻む。この違いを生んだのは文化であり、その拠り所となったのは食卓でどんな道具を使うべきか方向づけた慣習である。とはいえ、結論はじつに即物的だった。刀（トウ）が中国人受験生の歯にその痕跡を残し、それをブレイスがこの目で見た。

メッツァルーナ

二つのずんぐりした木製の取っ手、弓なりに反った刃。その姿形はさながら何世紀も前に使われなくなった道具のよう。こうした湾曲したみじん切りナイフは、じつは少なくともイタリア、ルネサンス期からずっと台所で使われ続けている。メッツァルーナが発明される前、イタリアの料理人は取っ手の一つ付いた湾曲したナイフを数多く使っていた。取っ手の二つ付いたナイフもあったが、テーブルを磨いてきれいにするのに使われ、食材を切るための道具ではなかった。そのうち発明好きな宮廷お抱えの鍛冶屋が、湾曲した刃と二つの取っ手を組み合わせ、みじん切りに打ってつけの道具を考案したに違いない。メッツァルーナは今日まで生き続け、ハーブを切ったり、その愛らしい名前（イタリア語で「半月」の意）を数多くの高級レストランに「名義貸し」したりしている。

メッツァルーナが存在するだけで、キッチンいっぱいに広がるロマンチックな雰囲気を甘く見ない方がいい。この道具は使うとぞくぞくしてくる。まるでいにしえのイタリアの水の都のゴンドラに手をかけているような気持ちにさせる——高く低く、高く低く。オッソブーコ〔仔牛肉の白ワイン煮〕にかけるグレモラータ〔薬味〕を作るにも、手元で刻まれていくパセリ、レモンの皮、ニンニクが放つ芳《かぐわ》しい香りにくらくらしてしまう。

フードプロセッサーを使えば瞬時に作れるし、普通のシェフナイフでみじん切りにすることもできる。だが、メッツァルーナの方がうまくいく。ロマンチックな風貌の陰には効率性が秘められている。例えばアーモンドをみじん切りにする場合、プロセッサーなら細かくし過ぎてしまうことがある。ボタンを長押ししたあまり、気がついた時にはすっかりすり潰されていた――あと一分早ければよかったものを。シェフナイフで切ろうとするとナッツがまな板の上で逃げ回る。メッツァルーナだと刃が上下に動きながらつねにナッツを捉え、あっという間にきれいな細かい乱切りができあがる。

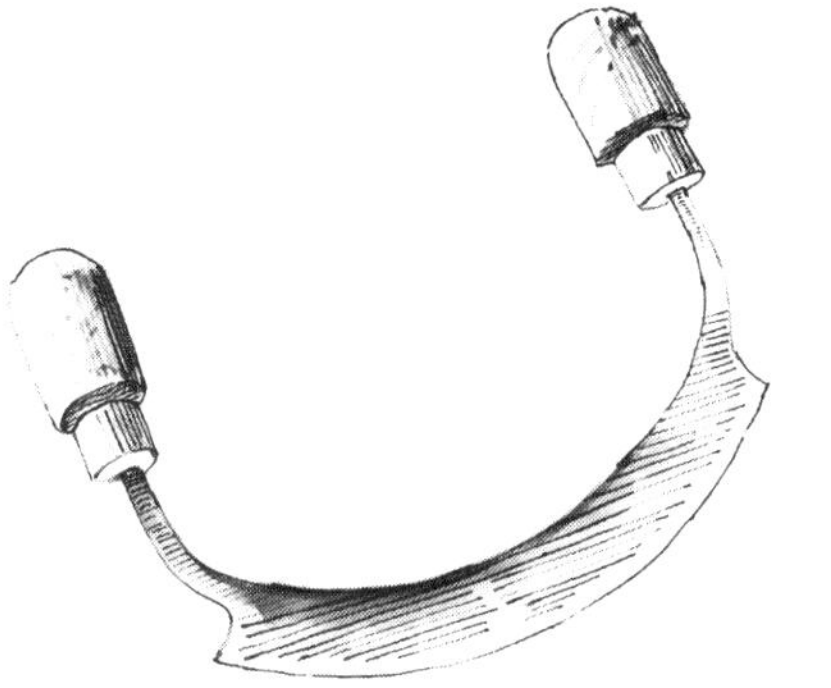

一枚刃のメッツァルーナが一番使いやすい。二枚刃だと、二枚の平行刃の間にある切れていない食材の部分を、いちいちずらして切らなければいけない。包丁の刃にくっ付いてしまう干しアンズの欠片も、一枚刃のメッツァルーナなら、いともたやすく刻むことができる。揺れ動く刃の動きはグリーンハーブを刻むにも最適だ。細かく切れるが潰すことはない。

メッツァルーナにはナイフよりも格段に優れた特徴がもう一つある、と料理研究家ナイジェラ・ローソンは指摘する。メッツァルーナなら、「両手で握るので、手を切ることがない」

第3章　火

「言語に次ぐ、人間のおそらくもっとも偉大な［発見］」
——料理についてのチャールズ・ダーウィンの言葉、『人間の進化と性淘汰』、一八七一年

「お父さん、豚だよ、豚。さあ、焼けた豚がどんなにおいしいか味わってください」
——チャールズ・ラム、「豚のロースト談義」、一八二三年

「明かりもない台所でこんなことをしていたなんて想像できますか——ものすごく危険ですよ！」。黒いTシャツに白いシェフエプロンを着けた男性が真っ赤に燃える火の前に立ち、セージの葉を詰めた仔牛肉を一切れ、拷問器具のようなものに突き刺している。その道具は五本の鉄製の槍でできていて、槍の長さはそれぞれ一メートルほど、五本の槍は根元で一本にまとまっている。五本に枝分かれした槍のような形のこの道具、じつはスピエード・ドッピオ（spiedo doppio）と呼ばれる珍しいタイプの焼き串で、一六世紀からイタリアで肉の炙り焼きに使われていた。焼き串を手にしている人物はアイヴァン・デイ。今でもこの器具で料理するのは彼が世界でただ一人かもしれない。

永遠の少年のような六〇代前半のデイは、英国における食物史の第一人者だ。湖水地方の住まいは、時

代物の料理道具や料理の古書がいっぱいで傾きそうな一七世紀の農家である。人の住む博物館ともいえるこの建物で、デイは歴史的に有名な調理法の講座を開いている。素人向けにも教えるが、プロの料理人や学者、博物館のキュレーターにも教授する。講座で学べる料理にはルネサンス期のマルメロのパイや骨髄料理、一七世紀のローズウォーター風味ウエハース、ヴィクトリア朝のゼリー、中世のジンジャーブレッドといったものがあるだろう。どれも当時の調理器具を使って調理する。だが、デイがもっとも情熱を注いでいる料理は串焼きローストだ。肉の調理法で最高のテクニックと自負している。「私のローストビーフが今まで食べたうちで一番おいしいと、みんな言ってくれます」と、講座でデイは語る。デイの炉と焼き串を使えば、一度に八キロ近い肉の塊を焼くことだってできる。

デイの厨房のでこぼこした石の床に立つ私は、調理暖炉を中心にした家造りが今日ではきわめて珍しいものになってしまったと改めて思う。かつてはこんな風にしてみんな暮らしていた。一つの火で家を暖め、体を洗う湯を沸かし、料理を作ったのだ。一〇〇〇年もの間、料理といえば多少の違いはあれ結局ローストしかなかった。今日でも発展途上国では、焚火が貧しい人の料理の熱源になっている。

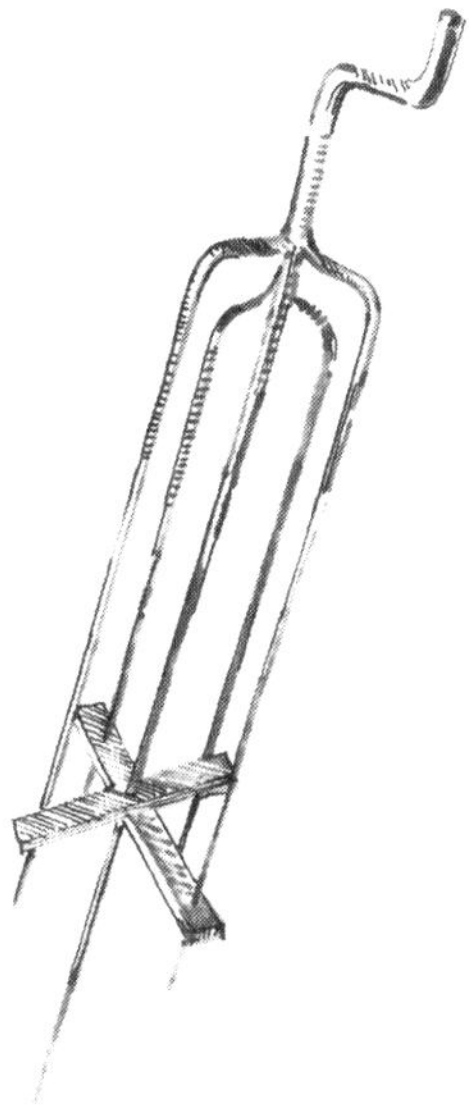

だが、私たちの社会では、時代が進歩するにつれ火は閉じ込められていった。バーベキューやキャンプファイアの時だけ、炎を囲んでマシュマロを炙ったり、手をかざして温めたり、直火で料理する機会が訪れる。私たちの多くはローストビーフが大好きだと語る。現にアイヴァン・デイが作ったローストビーフは私が今まで食べたうちで一番おいしかった。

だが、暖炉で調理できる家を建てようとは思わないし、そんな建材もない。ローストビーフを作る以外にもやらなければいけないことはたくさんあるし、何より料理は今の私たちの生活に合ったものでなければいけない。デイの場合、この厨房を維持するために多大な努力を払っている。ヨーロッパの古物市場を渉猟し、焼き串などロースト用料理道具を買い求める。こうした道具が廃れてから何十年か後、台所は覆いのない開放式調理暖炉から覆いの付いた閉鎖式コンロやレンジ台へと移行した。

料理は火だけの問題に留まらない。覆いのない暖炉調理には、それに付随する道具が山ほど必要だ。薪載せ台（火の左右両側に置いて薪を載せ、薪が手前に転がり落ちないストッパーの役目をする）、金属製の大型フード（火の手前に置いて、早く焼けるようにしたり、料理から熱を遠ざけたりする）、焼き串各種（小型の一本のものから巨大な五本組みのものまで多種多様）、焼き串回転装置、薪はさみ、ふいご（火力を調節する道具）、自在鉤（火の上に鍋を吊り下げる道具）、脂受け皿（火の下に持っていき、ロースト肉からしたたる脂を受ける皿）、五徳、三脚台（調理鍋を載せる台）、肉用フォーク（鍋の中から肉片を引き上げるフォーク）。こうした道具はすべて重い金属（たいてい鉄）でできていて、焼けつくように熱い火から離れて調理できるよう、長い柄が付いていた。今日のキッチン用品売場では見かけないものばかり。調理暖炉と運命を共にして消えていった品々だ。

柄の短いステンレス製トングと焦げ付かないシリコン製へらを手に、デイの厨房へ入ろうものなら、ま

るで歯が立たない。料理道具は溶け、私は焼け焦げてしまう。子供は泣き叫び、料理は黒焦げになるだろう。暖炉での調理を支えてきた暮らし方はもうすっかり廃れている。キッチンテクノロジーはテクノロジーとしてうまく機能（つまり、一番おいしく調理）できればいいだけでなく、そのテクノロジーを取り巻く諸々の事情と絡んでいる――台所の構造、危険に対する考え方、環境汚染、女性や使用人の境遇、牛肉や肉全般への好嫌、社会構造と家族構成、冶金の発達程度といったものだ。火の前で肉を炙り焼きにする調理法は、すでに消えてしまった一つの文化と運命を共にする存在だった。だから、英国で焚火を囲む生活を営む覚悟を決めた最後の人間の一人、アイヴァン・デイの厨房へ足を踏み入れると、こんなにも困惑してしまうのだ。

ローストは調理法の中でもっとも歴史が古い。とどのつまりは生の食材を直接、火の中に置くことに他ならない。アフリカの狩猟採集民族サン人の北部住民クンはいまだにこうした調理法を続け、モラマビーン〔豆の一種〕を熱い灰の中へ入れて調理する。食物が火の作用でおいしく消化のいいものに性質を変えることを、偶然か意図によるものか最初に発見した幸運な人間が誰だか、今となっては分からない。チャールズ・ラムはローストが中国で誕生したと想像し、「豚のロースト談義」を書いた。豚飼いの怠け者の息子ボー・ボーは家を火事にして、仔豚たちを焼死させてしまう。ラムの童話では、ボー・ボーは手を伸ばして焼け焦げた豚の皮に触れ、手に付いた皮を「生まれて初めて（今まで誰も知らなかったので、人類で初めて）味わいました――カリカリだ！」

じつに面白い話だが、ローストがこのようにして発見された可能性はない。理由は明白。ローストの起源は家や豚飼いよりずっと昔にさかのぼるからだ。そのテクノロジーは建築よりはるかに古く、農業よりもなおいっそうはるかに古い。ローストの誕生は、陶器でゆでる、かまどで焼くといった調理法の誕生よりずっと前の今から一八〇万〜一九〇万年前頃である一方、今日知られている最古の建築は今から五〇万年前のものである。その頃、人類初の狩猟採集生活者ホモ・エレクトスの時代が終焉へと向かう。だが、こうした家に住むようになった原人が農業を始めるまでにはそれから何千年もかかることになる。農作物栽培の始まりは紀元前九〇〇〇年頃で、現生人類、ホモ・サピエンスの時代に入ってからだ。動物を飼い慣らすのはもっと時代が新しく、豚の家畜化は中国でも紀元前八〇〇〇年になってからである。この時すでに、人類がロースト肉の味わいに舌鼓を打つようになってから数十万年もの歳月が流れていた。

実際に、焚火の上で炙り焼きにする発見こそが、私たちを初めて人間という存在にしたのかもしれない。人類学者リチャード・ランガムの見解が正しいのなら、初めての料理つまり炙り焼きは、人類史上の決定的瞬間だった。それは取りも直さず、私たちが直立猿人であることをやめ、より完全な人間になった瞬間である。調理すれば、食物はずっと消化しやすくなるうえ、栄養価も高まる。料理の発見で私たちの脳の成長に十分なエネルギーがもたらされた。ランガムは述べている。「料理が偉大な発見であるゆえんは、私たちにすぐれた食物を提供するだけでなく、私たちを身体的にも立派な人間にしてくれたことにある。これはきわめて重要な点だ。頭脳がいくら優秀でも肉体が貧弱なら、人間の脳は異常に大きなものになってしまう」

熱源にも光源にもなる火を手に入れた人間は、火の近くに家を建て、やがて火を取り巻くように家を建てていった。食事を作るのに必要な炉はいつも家の中心だった。現にラテン語の focus〔英語では焦点、中心の意〕は「暖炉」の意味だ。火は管理する必要がある――火を熾《おこ》し、適切な温度に保ち、昼間十分な燃料をくべて、夜間は家が火事にならないように火力を落とす。こうした一連の作業が家事で大きな比重を占める生活は、ガスオーブンが登場する今から一五〇年前まで続く。英語の curfew は今日、一〇代の若者が帰宅しなければいけない門限を意味する言葉だが、もともとこの言葉は台所道具を指した――家人が寝ている夜間、火を封じ込めるため熾《おき》の上にかぶせた金属製の大きな覆いである。料理とは主に火の管理技術のことだった。

近代的なキッチンで火は扱いやすくなっただけでなく、その存在すら忘れてしまうほど隔離されている。すぐ横の調理台はひんやりと冷たく、コンロのスイッチをひねるとすぐに熱くもなれば一瞬で消えもする。だが、一旦火が点くと、現代でも台所はやけどする場所であることに変わりない。ギリシャで二三九件の子供のやけどを調査した結果、全体の六五パーセントが台所でやけどを負い、台所が家の中で群を抜いて危険な場所であることが判明した。台所で一番やけどしやすいのは一歳児で、よく動き回るが、コンロが熱いという認識が足りない年齢だ。

昔は台所へ入れば、まず火の様子を見ることになっていた。今では火が燃えていたら、大変なことになる。今日のイギリスで家庭における出火の第一原因は料理である。料理中に鍋をかけっ放しにしたり、もっと多いのはチップ・パンをかけっ放しにしたというものだ。チップ・パンとは、ポテトをかごに入れたまま揚げる底の深い鍋のことだが、この揚げ物鍋は、命取りとなる危険で能率の悪いキッチンテクノロジーと分かってからも、ついつい人はその料理道具を使ってしまうという習性を示す好例といえる。毎年イギリスではチップ・パンによる火災が一万二〇〇〇件発生し、その結果四六〇〇人がやけどを負い、五〇人が亡くなっている。消防サービスは定期的に国民に対し、チップ・パンでの調理をやめるよう勧告している。揚げ物専用の蓋の閉まるディープ・ファット・フライヤーを買うか、フライドポテトではなく何か別のものを、とくに酒を飲んでいる時には何でもいいから他のものを食べて欲しいと訴えている。それでもチップ・パンによる火災は後を絶たない。

英国のチップ・パン火災の事例は人々がいかに忘れっぽいかを象徴するものだ。狭い空間で深夜にアルコールを片手に、たまたま油を熱していた愚かな行為と片づけることはできない。管理責任のある当人が料理と火の危険な関係をすっかり忘れてしまったかのような自覚のなさが、チップ・パン火災の背景にある。こうした態度は、焚火で料理を始めた時代には決して看過できないものだった。

フランスの著名な美食家ブリア・サヴァランは一八二五年、「料理は教えられても、ローストの能力は天性のものだ」と述べた。台所に立ち始めた学生時代、初めてこの言葉に触れて私は首をひねった。ローストなんて難しそうに思えない——分離しないマヨネーズ、ばらばらに砕けないペストリー皮を作る方がよほど難しい。一キロ半ほどのチキンにバター、塩、レモンを塗って、ロースト皿に載せ、熱した電気オーブンに入れて、待つこと一時間一〇分、取り出せばできあがり。放し飼いの上質の鶏を買いさえすれば、「ローストチキン」は毎回申し分ない出来栄えだった。ローストは牛のすね肉を蒸し煮するより、ポークチョップをソテーするよりずっと簡単である。牛のすね肉もポークチョップも、肉が硬くならないように細心の注意を払う必要があるからだ。

こうした初級の作り方はブリア・サヴァランの念頭になかった。一九世紀に入るまで、西洋料理では直火（ローストのような炙り焼き）とオーブン（パン焼きなど）の概念ははっきり分かれていた。ブリア・サヴァランから見ると、私のチキン料理などローストとはいえない代物だ。前世紀までの料理人にいわせれば、現代人が作る「ロースト」はローストではなく、鉄板焼きと肉の脂肪煮込みを組み合わせた、奇妙なオーブン焼き肉の一種ということになる。元祖ローストの条件は二つ。暖炉の火で調理すること、焼き串で回転させて焼くことだ（「ロースト」roast の語源は「回転させる」の rotate の語源と同じである）。

そもそもの始まりとなった直火焼きロースト（燃え盛る火の中へ食材を突っ込む）は、大ざっぱで短時間な調理法のため、肉は脂ぎって硬くなった。筋タンパク質は焼き過ぎてよく嚙まなければ食べられないし、結合組織のコラーゲンは軟らかくなる時間がない。本物のローストはこれとは対照的な、おだやかな料理工程をたどる。燠《おき》から十分距離をおき、肉をずっと回転させながら調理する。回転させると熱が一か所に蓄積せず、焦げることがない。ゆっくり徐々に回転させると焼き串の肉は軟らかいままだが、料理する者は、火が熱過ぎないか、焼き串をもっと火に近づけた方がいいか、肉の様子を見ながら絶えず判断しなければならない。ロースト作りの才は教え込むのではなく、天性のものといわれるゆえんもここにある。肉が焦げそうか、焼き串をずっと回転させるつらい仕事に加え、肉には第六感を働かせなければならない。肉が焦げそうか、火を突《つつ》いて強める必要があるかを事前に察知する直感が必要なのだ。

暖炉を使った串焼きローストは数百年の間、ヨーロッパで栄《は》えある一流の調理法だった。その調理法を原始的で汚いという人々の心ない言葉に、アイヴァン・デイは憤慨する。「原始的どころか、高度なテクノロジーで素晴らしい料理を作る、制御の行き届いた洗練された作り方だったのです」。時として、串焼きローストはネアンデルタール人と同一視されることがあるが、デイはある時その言葉を受けて、「電子レンジ」で調理したビーフより「ネアンデルタール人のように調理したビーフの方が好きだ」と語った。

アイヴァン・デイが一七世紀の暖炉と料理道具を使って作った「由緒ある」串焼きロースト肉を、私は何度か食べたことがある。風味といい食感といい、この世のものとは思えないほどおいしかった。直火調理のテクノロジーの威力なのか、デイの美食家ならではの技術の賜物なのか、その辺のところは私に分かる術もない。デイの料理の腕前は平均的な家庭料理の域をはるかに超えている。柑橘類の皮で砂糖漬けを作り、抽出して自家製エキスを作り、香辛料に神経を尖らせる。厨房から出て来るごちそうはまるで芸品のようだ。

デイが作る串焼きローストはいつも軟らかくて、肉汁がたっぷり。オーブンのロースト肉にはなかなかない味だ。焼き串回転機で調理されたマトンの脚が、食べやすい大きさの風味豊かな料理となって皿に載せられて現れる。仔牛肉のローストはグリーンハーブで香り高く、イタリアルネサンス風である。中でも絶品はヴィクトリア風サーロインのローストだ。ヴィクトリア女王の料理長だったフランカテリのレシピに従ったもので、アイヴァンの料理教室で私も作り方を伝授された。まず生のサーロインにラードを塗り込む。巨大な「ラード注射針」ラーディング・ニードルを使って、豚の脂肪の細切りを肉の内部に注入し、内側からおいしくなるよう下ごしらえをする。次にオリーブオイル、エシャロット、レモン、ハーブのマリネ（驚くほどさわやかなイタリアン風味）に肉を漬ける。最後に大きな焼き串に刺して、「ホールドファスト」と呼ばれるやっとこを使って火の前に置く。食卓に出されたローストビーフは高貴なヴィクトリア風で、トリュフとエビを頭に刺した飾り串が刺してある。ビーフはアイヴァンがせっせとタレをかけたおかげで、外側はキャラメル色でカリカリ、内側はフォークで刺すとバターのようにとろりとしている。私たち受講者はテーブル越しに目を合わせる。これだから英国のローストビーフは騒がれるのだ。この極上の味わいは何世紀もかけて洗練を重ねてきた道具と、驚くほど骨の折れる重労働の結晶なのだ。

事の始まりは火があったことだ。意図して黄鉄鉱とフリントを叩き合わせたのか、偶然の山火事から火を持ち帰ったのか、最初の火がどのようにして生みだされたかは分からない。だが、火を使いこなすまでには最初大変な苦労があったに違いない。火を熾《おこ》し、火を燃やし続け、火力を落とす。すべてにおいて厄介なことになりかねない。旧石器時代の炉は、焚火の周りを円陣に囲むように石が並べられたものだった。南アフリカのクラシーズ河口洞窟には、一三万年前に洞窟に住んでいた人間がアンテロープや甲殻類、アザラシ、ペンギンを石造りの炉で炙り焼きにして食べたと思しき痕跡がある。

火は一旦熾すと、燃料を補充し続ける必要がある。薪の乏しい地域では、泥炭、ピート、動物の糞、骨など、何でも火にくべたのだろう。狩猟採集民の中には火を持ち運ぶ人々もいたが、それは一旦火が消えると再び熾せる保証がなかったからである。ギリシャ人やローマ人は火を絶やさない公共の炉を造り、炉の女神ヘスティア（ウェスタ）を祀った。家庭においても炉の種火を軽々しく消すことはなかった。

「永遠の炎」と聞くと、思い浮かべるのは手から手へと受け渡されていくオリンピックのトーチのような、美しいオレンジ色の火だろう。だが、ローマ人であろうとアイルランド人、メソポタミア人、アングロサクソン人であろうと、前近代的な粗末な家では、永遠の炉を守るため、家人は煙と煤《すす》にまみれなければならなかった。近代的なプロの厨房の熱さにしても相当なものだ。ロンドンのさまざまなレストランの厨房を訪れたことがあるが、何分かいるだけで、汗だくになってしまう。こんな環境の中、一〇時間交代で仕事をするシェフ見習いの苦労はいかばかりか。それでもこうしたぴかぴかの近代的なキッチンには「健康と安全」に必要な換気扇と集煙機は完備されている。換気扇もない昔の狭苦しい台所の環境はどれほど劣悪だったことか。耐えがたいものがある。

二〇世紀半ば、古典学者ルイザ・レイナーは旧ユーゴスラビアの泥壁と土間でできたコテージでしばらく暮らした。換気孔も電灯も上下水道もない時代、多くの人間がこうした住宅に住んでいた。この住宅はホメロス時代のギリシャの住まいに似ていなくもないと、レイナーは言う。家族の集まる部屋には窓もなければ煙突もない。煙を逃がす穴が一つ屋根に開いているだけだ。四方の壁は煤で真っ黒で、室内の梁も柱も煙で燻されたようになっている。

こうした通気性の悪い場所で調理するのは、今日の私たちにとって楽しい作業とは言い難い。燃えの悪い火を突《つつ》いたり、生焼けの肉を刺したりするたびに煙はひどくなる一方だが、肉を焼いている間は炎が安定することも、ドアを開けることも諦めなければいけない。多くの古代ギリシャ人がポータブル火鉢を好んで用いたというのも頷ける。円筒形をした土製の火鉢は家中を持ち運びできたうえ、取り扱いが楽だった。

中世イギリスの富裕層の台所はもう少し環境がよかった。少なくとも床は土間ではなく石の床で、大きな高い天井は煙を散らすことができた。それでも、領主がお望みの肉のローストを大量生産する間、たびたび屋敷の大広間は煤煙で窒息しそうな状況に陥った。ローストの他にも料理を作らなければならない場合、台所のあちこちで火が焚かれた――煮込み料理の火、ゆでるための火、ローストの火。燃え盛って火の粉を散らし、煤を上げた。こうした屋敷の料理人は一度に五〇食分の肉のローストを作ることもざらだった。調理暖炉がいかに制御しにくく危険だったかは、イギリスの厨房が別棟で建てられ、屋根のある渡り廊下で本館とつながっていたことからも分かる。仮に厨房が焼け落ちても、本館の邸宅さえ無事ならば、厨房は建て直せばいいというわけだ。

かといって、炉のない生活など論外だった。炉がなければ、冬場に暖も取れないし肉をローストすることもできない。火の前でじっくりローストされたシカの後脚の肉、ビーフのサーロインを思い浮かべるだけで、イギリス人の血は騒ぎ、居ても立ってもいられなくなる。「肉のローストにかけては、イギリスの料理人の右に出る者はいない」というエリザベス一世の時代の記録が残っている。イギリス人は赤い血のしたたる味を誇りに思っていた。「ビーフをそして自由を！」が一八世紀のスローガンだった。「イギリスがローストビーフを捨て去る時、この国が男性的で愛国的な性格を変える時期に来たと考えていいだろう」と、一八〇六年にヨークのハンター博士は記している。フランス人にとってイギリス人はいまだに「ロスビフ」〔フランス語で「ローストビーフ」の意。英国人の蔑称〕なのだ。

だが、イギリス人がローストビーフをこよなく愛する（とはいってもおおむね富裕層に限られていたが）わけは、元はといえば好みというより資源の問題だった。イギリスの料理人が火をぼうぼう燃やして動物の大きな肉の塊をローストにするのには、他の国とは違い国土が豊富な薪に恵まれていたという事情がある。中世から一九世紀にかけてロンドンはパリよりもはるかに燃料が豊かだった。そのためイギリスの方が食料供給も潤沢だった。フランス人も内心は「ロスビフ」になりたいと思ったかもしれない。パン、ビール、肉のローストは大量に薪を食う食品だ。一三〇〇年当時、ロンドン市民の食欲を満たすパンとビールを供給するため、およそ三万トンの薪が必要だったと推計されている。それでも困らなかったのは、ロンドンは周辺各州に伐採しても再生できる豊かな森林地帯を抱えていたからだ。さらに薪燃料は各家庭の暖房や肉のロースト作りにも必要だった。黒死病の後、イギリスの薪の値段は高騰したが、代わりに安価な石炭が使われるようになり、肉のローストの火を燃やし続けた。

中国との違いは歴然だ。確かに中国にも肉のローストの伝統がある。チャイナタウンのレストランの店先には、てらてら光るローストダックやローストポークリブが並んでいる。それでも中華鍋での炒め物が中国料理のテクニックの基本であることに変わりはない。それは乏しい燃料から生まれた料理で、すべての料理が、最小限のエネルギーからいかにおいしい味を最大限に引き出すかに心を砕く節約の原理に基づいていたはずだ。「ロスビフ」はそんなことに心を悩ませない。イギリスのローストビーフは深い森の風景の反映であり、家畜の餌となる牧草が豊富なことの表れである。肉が好みの焼き加減になるまで、火に必要なだけの薪をくべながら、燃え盛る火の熱で動物を丸ごと料理することができた。短期的に見れば贅沢な食べ方であり、アイヴァン・デイの再現料理から判断するにおいしい食べ方だが、長期的に見ればイギリスの料理技術を狭めてしまったことも確かだろう。必要は発明の母である。薪の量がもっと限られていたら、もっと創意工夫してさまざまな料理法を編み出すよう知恵を絞ったかもしれない。

薪が豊富だったからといって、伝統的なイギリスのローストが勝手気ままのいい加減な料理ということにはならない。それどころか、上手にローストするには、弱火でじっくり焼くのはどの肉か、思い切り強火で豪快に焼くのはどの肉か（例えばハクチョウ）、心得る必要がある。彩色写本から判断すると、串焼きローストの調理法の起源は、少なくともアングロサクソン七王国時代にさかのぼる。バターと油を肉にかけ、外側をカリカリにするためにマファニア（muffineer）で小麦粉、パン粉を振りかける。マファニアとは、今日コーヒーショップで見かけるナツメグシェーカー、チョコレートシェーカーによく似た小さな金属製の粉振りかけ容器のことだ。一八世紀にイギリスを訪れたスウェーデン人の記録には「大きな肉をローストする技術にかけては、どの国民にも負けないほどイギリス人は造詣が深い」とある。だがこのテクノロジーが一旦不動の地位を築くと、イギリスの料理人は技術の蘊蓄を深めるばかりで、おいそれと技術を改良しようとはしなかった。

イギリスの料理人に必須の技術とは、燃え盛る火をコントロールして、料理に応じて火を大きくしたり小さくしたりすることに尽きる。腕のいい料理人は炎の表情から火の温度を読み取った。火をコントロールするにはふいごを使う。火に空気を送り、温度を高める。デイは温度を上げたい時、火掻き棒で火を激しく掻き回し、「今に炎が大きくなる!」と大声を出す。その言葉通り、一〇分後には炉の傍にいると痛くてたまらなくなる。数秒もすると頬が焼けつくように熱くなる。

やさしいガスの炎で夕飯の支度をする時は、料理に近づいて掻き回したり突いたりすることができる。鍋の前に立っていると、ソースの中のガーリックやタイムの香りが私の鼻孔をくすぐって、幸せな気分になる。直火でローストする場合、肉からもっと離れて調理しなければならない。肉に近づくのは必要な時だけだ——肉にバターをかけたり、小麦粉を振りかけたり、火加減に応じて肉の位置を変えたり。直火料理の道具はものすごく柄の長い物が多い。バターをかけるスプーンと肉用フォーク、穴あきスプーンとひしゃく。どれも炎から離れて調理できるよう一〇センチ前後長めに作ってある。こうした柄の長い料理道具の一つにサラマンダーがある。その名は伝説上のドラゴンに因む。サラマンダーは灼熱にも耐えられる生き物と考えられている。料理道具のサラマンダーには長い柄が付いていて、その先には櫂のような形をした鋳鉄製の頭がある。その頭を火の中に突っ込み、鉄が真っ赤に焼けたところで取り出して、ペストリー、甘いクリーム菓子、チーズを載せたグラタンなど料理の仕上げに焦げ目をつける。一九世紀には、クレームブリュレの表面に焼き色をつけた(ガスバーナーは不要)。アイヴァン・デイはサラマンダーを使って、パン粉を詰めたトマト料理の表面をカリカリにさせる。サラマンダーをトマトに近づけると、トマトはたちまちジュージューと泡を噴き茶色くなる。ガスオーブンではできない業だ。

直火ローストでもう一つ大切なのは、食物の位置をきちんと管理することだ。串焼きローストは火の上で肉を炙ることだと多くの人は思っているが、肉は火の横に置く。火からちょうどいい距離を保てば、肉は最後に茶色のいい焼き色に仕上がる。この作り方は現代のアルゼンチン料理アサードに似ている。屋外の石で作った炉で動物を丸ごと炭火焼きにするのだが、火から一メートル前後離しじっくり焼いてローストにする。肉は肉汁たっぷりで燻製のようになる。ローストの達人は、肉の表面に熱が適度に蓄積するには、火との距離の取り方がいかに重要か知っていた。現代科学がこれを裏づけている。最近の実験で、ローストの火の熱の強さはローストされる肉との距離に反比例することが分かった。ビーフの肉片を火に二、三センチ近づけるだけで、少しどころかものすごく熱くなってしまう。大きな肉の塊の場合、ローストで黒焦げにならない最適条件、つまり一番いい距離は、火から一メートル離すことだろう。

　複雑な火の管理の他にも、串焼きローストには難しい問題がある――どうやって肉を焼き串にしっかり固定させるか。焼き串を刺して回したら、串だけ回って、肉が回らないということになりかねない。いろいろな方法が考案された。ロースト用焼き串に数か所穴をあけ、垂直方向から平串を肉に刺して焼き串の穴に通し、肉を固定する方法。肉を鷲づかみにするフックのような留め具「ホールドファスト」を使う方法。こうして肉はしっかり固定されたが、またもや問題が浮上した。これは最大の難問だ。ローストが完成するまで延々何時間も、どうやって肉塊を回転させればいいのだろう。

　中世イギリスの金持ちの台所には、皿洗い、衣服の煮沸、その他諸々、誰にも感謝されず心が擦り切れてしまいそうな仕事があったが、焼き串を回す仕事ほど劣悪なものは少なかったに違いない。串焼きローストを回転させる仕事を担当する者（たいていは少年）はターンスピットと呼ばれた。伝記作家ジョン・オーブリーは「昔は、貧しい少年が焼き串を回し、脂受け皿の脂を舐めた」と記している。

ヘンリー八世の治世、王家は大勢のターンスピットを召し抱えていた。王家の食欲を満たすため、ターンスピットたちは顔を焦がし、腕をくたくたにさせながら、カポン〔食用雄鶏〕、カモ、シカ、ビーフのロースト作りに精を出した。暖炉の横の狭苦しい火よけ穴に身を隠し、肉を回す重労働で、少年たちはさながら人間のローストになっていたに違いない。一五三〇年まで、ハンプトン・コートの厨房で働く使用人は裸同然か、煤で汚れた服をまとっていた。これに対しヘンリー八世はターンスピットを苦役から解放するのではなく、料理長に洋服代を支給した。きちんとした身なりをさせられた下働きの使用人はますます熱くなるばかりだった。もっと下級の家庭でもターンスピットは雇われていた。一六六六年、ロンドンのミドル・テンプルの弁護士宅には皿洗い二名、料理長一名、下働きの料理人一名の他に「ターンスピット」一名がいた。一八世紀になっても焼き串を回す仕事は子供にふさわしい仕事と見なされていた。スコットランド高地出身のジョン・マクドナルド（一七四一～九六年）は名の知れた召し使いで、人に雇われた経験を回想録に綴っている。赤ん坊のゆりかごを揺する仕事を首になった孤児マクドナルドは、次に紳士の家で焼き串を回す仕事を見つけた。わずか五歳の時だった。

この時代のターンスピットの少年はいわば歴史の退歩といえる。一六～一七世紀にかけてイギリスでは焼き串を回すのは動物の仕事になっていた。一五七六年出版のイギリスの犬に関する本には、「ターンスピット」とは「台所仕事に従事する犬」と定義されている。こうした犬は短い脚と長い胴に改良された品種で、暖炉近くの壁の高い所から吊るされた直径七〇センチあまりの車輪の中に閉じ込められ、車輪をぐるぐる回転させなければならなかった。この回転ドラムの運動は滑車を通じて焼き串に伝えられた。

犬の代わりにガチョウを使う料理人もいた。一六九〇年代の記録には、犬よりガチョウの方がターンスピットには向いていると書かれている。ガチョウは回転ドラムを犬より長時間、時には一二時間も回し続けるというのだ。こうした仕事をさせるには犬は知能が高過ぎることを示す手がかりは他にもあった。一八世紀、スコットランドでトマス・サマヴィルは子供時代に、犬が回転ドラムを回すところを見ている。その記憶によれば、犬は「よくディナーのローストの時間が来た気配を察知して、逃げ出すかどこかへ隠れてしまった」

ターンスピットの品種は今日存在しない。犬種が絶滅したのは飼い主が良心の呵責に苛まれて、と考えたいところだが、歴史はいつもそんな風には動かない。アメリカのレストランの厨房では一九世紀に入っても、犬が回転ドラムを回していた。米国動物愛護協会の創設者ヘンリー・バーグは（クマいじめのような動物虐待と同じく）肉のローストに犬の回転ドラムを使わないよう、反対運動を展開した。ターンスピットをめぐるバーグの異議は一部の人に自責の念を起こさせたが、意図した結果には至らなかった。犬の回転ドラムの抜き打ち検査にバーグが厨房を訪れると、犬の代わりに火の傍で働いていたのは黒人の子供だったということが何度もあった。

結局、ターンスピットの犬の時代を終わらせたのは善意ではなく、機械化だった。一六世紀以降、少年も犬もガチョウも誰の力も借りずに焼き串を回転させる、焼き串回転機が発明家の手で数多く生み出された。一七四八年には、イギリスを訪れたスウェーデンの博物学者ペイター・カールンが、ネジ巻き式の鉄製「肉回転機」を「よく肉を食べる国民の間で労働を軽減する、とても役立つ発明品」と称賛している。旅の見聞をもとにカールンは、重りを動力にした「単純な仕組みの」ロースト回転機が「イギリスの各家庭で」見受けられると主張した。これは言い過ぎだが、検認済遺言書（死亡時の所有物リスト）から判断すると、裕福な家庭に限らず全世帯の約半数がネジ巻き式ロースト回転機を所有していた。きわめて高い所有率である。

現代人から見れば古めかしい道具に思えても、当時としては人気の高い台所用品である。機械で回転させる仕組みは画期的なもので、串焼きローストの労働の大半を肩代わりしてくれる料理ロボットだった。基本的な仕組みを説明すると――シリンダーに巻かれた紐から重りがぶら下がっている。重りが重力でゆっくりと下がっていき（この小型回転機の別名は「重力回転機」）、その力が一連の歯車と滑車を通して、焼き串に伝わる。重りが落ちる作用で、焼き串が回転するというわけだ。焼き串の回転が止まるとベルが鳴る回転機もあった。

重り動力の回転機の他にも自動回転機はあった。一七世紀になると煙回転機が登場した。風向計に似ていて、火の熱で暖められた空気が上昇し、翼板を回す仕組みだ。煙回転機を好む人は、安価なうえに紐を巻く必要がないというのがその理由だったが、安価というのは燃料代を考慮に入れなければの話で、煙で翼板をずっと回転させるには大量の薪や石炭をくべて炉を燃やし続けなければならなかった。一八〇〇年当時、煙回転機一台を動かすのに必要な燃料の一〇〇〇分の一の燃料で、小さな蒸気エンジン一台を動かすことができた計算になる。

串焼きローストがイギリス料理の主流となったため、焼き串回転装置の改良に多くの英知が投入された。水力、蒸気力、ぜんまい仕掛けなど、さほど長続きしなくても連続的に焼き串を回し続けるあらゆる方法が試された。当時の機械仕掛けの焼き串は、さしずめ現代の光り輝くエスプレッソマシンだ。機械工学の粋を集めた唯一の台所用品だった。一七世紀の農家の台所にあるスプーンと大釜《コルドロン》はローマ時代からのものであり、焼き串とサラマンダーは中世からのもので、肉と火は大昔からのものである。だが、重りを動力にした焼き串回転機はハイテク製品だ。アイヴァン・デイは機械仕掛けの焼き串回転装置の一大コレクションを持っている。台所用品史上一番のお気に入りは何かと尋ねれば、アイヴァン・デイは小さな砲丸の重りで動く一七世紀の重り回転機を迷わず挙げる。そしてその効率のよさに感嘆する。「電子レンジや警報ブザーが発明される四〇〇年前に作られたこの機械は、私に「ローストができあがったことを」ベルで知らせてくれるんです」。デイはＢＢＣラジオ４の《フードプログラム》でこう語る。「これがあれば他に何も要りません。今でも三〇〇年前と同じようによく働いてくれます」

　確かに機械仕掛けの回転装置はそれなりに驚異的な発明だった。少年や犬を苦役から救ったし、連続して安定的に回転するおかげで、（腕ききの料理人の手にかかれば）焼きむらのない飛びきりおいしいローストができあがる。見ているだけで楽しくなる。古今の台所用品の数多しといえど、重り回転機の仕事ぶりほど見飽きないものも少ないだろう。弾み車がうなりを上げてブンブン回り、歯車が噛み合って、焼き串がきちんきちんと回っていく。機械一流のやり方で、じつによく機能する。だが、テクノロジーはそれ一流のやり方だけでは生き残れない。一九世紀中葉、機械仕掛けの回転装置は徐々に廃れていく。機械そのものの欠点というよりも、暖炉調理の食文化自体が時代遅れになったからだ。火は封じ込まれる時代へと移り、台所も姿を変えようとしていた。

「炊事かまどでは、うまくすれば優に五〇人分以上の夕食が作れるほどの燃料を使って、やかんの湯を沸かすことがよくある」。この言葉を記したのはランフォード伯爵で知られるベンジャミン・トンプソン。料理の問題に取り組んだ、史上もっとも優秀な科学者の一人だ。多くの実験を重ねて、ランフォード伯爵はアップルパイの中身がなぜ食べたらやけどするほど熱くなるのか、その理由を探ろうとした*。立派な社会活動家でもあった伯爵は、貧しい人々のために最小限のお金で最大限の栄養をつけるスープを開発することが、世界の飢餓の解決になると気づいた。関心事は他にもあり、その一つがロースト用に火が浪費されていることだった。一九世紀後半、伯爵はイギリスの直火調理法に愕然とした。「こうした台所では信じられないほど大量の熱が失われ、燃料が浪費されている」。焼き串調理についてもさほど高く評価していなかった。ローストにばかり心血を注ぎ、イギリスの料理人は「栄養価の高いスープやブロス〔肉のだし汁〕」の調理法を軽んじてきた。

ランフォード伯爵のイギリスの炉に関する問題点を一言でまとめると「炉が閉じていない」ということになる。炉が開けっ放しという誤った構造から「次々に悪いこと」が起こる。台所は作業に不快な環境となる。「蒸し暑さで汗だくになった料理人に会った」ことのある人なら分かることだ。煙突から冷たい空気は入って来たが、なにしろ熱気が猛烈で、最悪なのは木炭から出る「有毒ガス」だった。室内は煙がずっと充満している。ひどい煙は、一八〇〇年頃のイギリスの台所の構造に特有のものだった。調理に使う鍋全部を火にかけるため、炊事かまどは細長い造りになっていた。そのため、「巨大で」高い煙突が必要になり、燃料をたくさん食い、煙をたくさん出した。ランフォード伯爵の提示した解決策は、みずから特別注文した閉鎖式かまどである。これで燃料の消費が大幅に削減できた。ミュンヘンの勤労の家〔貧民収容施設〕の台所に設置して、その威力を証明したのである。

＊ランフォード伯爵の答えは「リンゴの甘煮内部の熱は純水よりもずっと伝わりにくい、つまり遅く伝わる」というものだった。リンゴの甘煮の熱伝導が遅いので、熱湯よりも冷めるのに時間がかかった。そのためアップルパイを食べると口の中をやけどする。

ランフォード伯爵の炊事かまどは大きな火を一つ熾すのではなく、それぞれ閉じ込めた小さな火が数か所で燃える構造だったので、煙も燃料の消費も最小限に留めることができた。湯を沸かす釜、やかん、シチュー鍋を、それぞれ使う時に「閉鎖式の独立した個々の炊事炉」の上にかければよく、閉鎖式炊事炉は断熱性を高めるためレンガでできており、扉を閉めて使った。個々の炊事炉から別々に排気管が伸び、「煙を煙突へと逃がす」ことができた。台所は煙のない作業効率のいい場所となったことだろう。ランフォード伯爵は、調理された食物の味もおいしくなったと主張している。友人を招いて、串焼きのロースト に対抗して、自分のかまどで炙り焼きにしたローストマトンの脚を試食してもらった。みんな閉鎖式かまどの炙り焼きの方を好み、赤フサスグリのゼリーと一緒に出された「最高においしい」極上の品に舌鼓を打ち、口々においしいと言った。

だが、友人や知人を納得させるのと世間を納得させるのは別問題だった。ランフォード伯爵のアイデアは時代の先を行っていた。創意に富む設計のコンロは広く世間の目に触れることはなかった(後年さまざまな販売業者が「ランフォードのコンロ」と銘打ち市場に売り出したが、それは元祖伯爵のコンロとは無関係の製品だった)。鉄をほとんど使用せず、レンガ製だったことがランフォード伯爵の発明品に不利に働いた。当時、台所用品の主な取扱業者だった金物商はこの設計のコンロを製造しようとは考えなかった。

そのうえ、料理人のこだわりもあった。どんなに煙たくて浪費的でも肉のローストは直火に限ると考えたのだ。今日、発展途上国でも煙の出ないコンロの導入を推進しようとすると、同じ問題にぶつかる。第三世界での焚火調理は石炭、動物の糞、薪が燃料となるが、車一台分の二酸化炭素を排出する。世界の人口の半分、およそ三〇億人がこうした形態で料理をするので、地球温暖化、個人の健康被害の両面で深刻な事態を引き起こしている。焚火調理は急性気管支炎、心臓疾患、がんの原因となる。世界保健機関(W

HO）の統計では、主に室内の直火調理による煙で毎年一五〇万人が亡くなっている。それでも救援隊がアフリカや南米の村へ入り、空気を汚染しない調理用コンロを勧めると、受け入れてもらえないことがよくある。長年続けてきた煙の出る直火調理を頑なに守ろうとするのだ。

ランフォード伯爵が直火の調理暖炉の危険に警告を発してから数十年後、メアリー・ランドルフ〔アメリカの料理書の著者〕は「安定したきれいな火の前で、焼き串回転装置を使って炙り焼きにしなければ、おいしい肉のローストは作れない――それ以外の調理法はオーブン焼きにすぎない」と主張した。過去の遺物と思いきや、焼き串回転装置の発明はこうして長く続くこととなった。一八四五年には、ノートンなる人物が二つの磁石の力を使って、電動式焼き串回転装置で特許を取得。新旧テクノロジーの奇妙な融合から生まれた発明品だ。イギリスはヴィクトリア朝になると、ガス灯、高速鉄道、水洗トイレ、電話の時代を迎えたが、それでも多くの人は燃え盛る火の前で肉を焼いて調理することを好んだ。一九〇七年になっても、ロンドンのスキナーズ・カンパニー〔中世の毛皮貿易ギルドから発展した同業組合〕は幅三メートル以上もあるロースト用コンロをギルドホールの厨房に据えつけた。

閉鎖式調理かまどに対する偏見は、形がパン焼きかまどにとてもよく似ていたことに起因していた。直火でしかローストはできないと人々は信じ切っていた。かまど（オーブン）はパンを焼く〔bake〕ためのものであり、ヨーロッパの台所では、ローストの火とパンを焼く火は頑なに区別されていた。

東洋では、これほど厳格な区別は存在しなかった。「パン」を意味するアラビア語はkhubz〔ホブズ〕。この名詞から派生した動詞khabazaはbakeつまり「khubz〔ホブズ〕を作る」ことを意味したが、khabazaには「網や鉄板で焼く」（grill）や「炙り焼きにする」（roast）の意味もあった。英語では別々の三つの調理テクノロジーと見なされていることが、たった一つの動詞になっている。三つのテクノロジーすべてをこなす土製かまどがタンドゥールである。

基本的な土製パンかまどの起源は少なくとも紀元前三〇〇〇年、インダス川流域、メソポタミア（現在のパキスタン、イラク、シリア、イラン）にさかのぼる。このパンかまどは昔から円筒形の土製で、今でもアフリカの田舎のほとんどでこの形のかまどが使われている。円筒形のかまどの底には火が燃えていて、かまどの上の穴からパン生地をかまどの内側側面にぴしゃぴしゃと叩きつけて張りつける。数分後にかまどから取り出せばフラットブレッド〔薄いパン〕のできあがり。この土製かまどは植木鉢を伏せたような形をしている。今でも中東、中央アジア、東南アジア全域で使われているテクノロジーだ。

過去五〇〇〇年の間に洗練を重ねたが、タンドゥールの果たす役割はいつも変わらない――パンなどを焼くための強烈で乾燥した熱を供給することだ。タンドゥールがあれば、たとえ貧しい世帯でも一家が自給自足するに十分なパンが焼ける。紀元前一三五〇年の古代エジプト、アマルナ時代の村の労働者住宅群の遺跡が発掘されたが、小さな住宅も含め全体の半数に、円筒形の土製かまどの跡が見られた。ヨーロッパでは本物のパンはプロのパン焼き職人が焼くものという考えが根強かったが、中世イラクではタンドゥールで焼いた自家製パンが好まれた。中世バグダッドの市場を視察した人物が「ほとんどの人は市場で焼いているパンは食べない」と記している。

家庭料理でタンドゥールは直火にはないさまざまな能力を発揮した。安価で持ち運びに便利なだけでなく、この土製かまどはある程度熱のコントロールができた。下の方にある「穴」を開閉して温度を調節する。ゴマ油を塗ったイラクの丸い「ウォーターブレッド」など、パンの種類によっては中火で焼いたが、必要に応じてこのかまどは猛烈な高温にもなる。料理をしながら、タンドゥールの下から薪や木炭を直接焚きつけるので、温度は現代のタンドゥールで四八〇度にも達する（ほとんどの家庭用電気オーブンの最高温度は二二〇度）。こうした灼熱を持ち味にして、かまどは頼もしい多芸多才ぶりを発揮する。

タンドゥールの用途はパンを焼くことに留まらなかった。こうした理由もあって、中東や東洋の料理では、ロースト〔roast〕とパン焼き〔bake〕のはっきりした区別がない。パン、クッキー、クラッカーが焼けるタンドゥールはシチューやキャセロール、肉のローストにも使える。今日タンドゥールを料理道具として一番有名にしたのは、ヨーグルトとレッドスパイスに漬け込んだチキン料理、タンドリーチキンだろう。一〇世紀のバグダッドでは、タンドゥールで「詰め物をした仔ヒツジや仔ヤギの丸焼き、（中略）魚肉、家禽、獣肉の大きな塊」のローストを作った。火の上に平たいレンガタイルを据えて、その上に肉を並べた。あるいは肉を串刺しにしてタンドゥールの底の方へ並べ、肉汁たっぷりの炙り焼きにした。こうなると、かまど（オーブン）で肉の「ロースト」は作れないという理屈は成り立たない。実のところタンドゥールの熱は、西洋のパンかまどとは違う働きをして料理を作っている。

料理の熱の伝わり方には三種類ある。すべての料理は熱力学の第二法則に従う。熱は熱いものから冷たいものへと流れるという法則だ。複数の伝わり方が作用して熱エネルギーの伝達が起こることもある。三種類のうちの一つが放射熱である。イタリアのオムレツ料理フリッタータをグリルの下に置くと急に膨らんで茶色くなる。グリルそのものはオムレツに触れていないが、それでも料理が作れる。これは熱放射によるもので、太陽光の電磁波のように、放射は接触しなくても作用する。熱せられるものと熱するものが接触する必要はない。赤々と燃える熱い火は炎と熾《おき》から大量の放射熱を出す。アイヴァン・デイが厨房の火を掻き回すと、今まで耐えられた熱が急に耐えがたい熱さへと跳ね上がった。その瞬間、放射熱の量がどっと増え、大きなビーフの表面がジュージューいい始めたのだった。

第二の熱の伝わり方に熱伝導がある。熱放射とは違い、物質と物質の接触によって作用する。熱伝導性に優れた物質（金属がその代表）もあれば、熱伝導性に劣る物質（土、レンガ、木など）もある。物質が温まる時、分子が激しく振動し、この振動が物質から物質へと伝わって熱伝導が起こる。金属製ソテーパンからステーキへ、金属製ソースパンの柄から人間の手へと熱が伝わる。

第三の熱の伝わり方として対流がある。空気、水、スープストック、油など流体の分子が熱を拡散させることで、対流が起こる。水と水蒸気をイメージすれば分かりやすいが、液体や気体の温かい部分は冷たい部分より分子密度が低い。温められた流体は徐々に冷たい流体へと熱エネルギーを伝え、ついに両者は同じ温度になる。鍋の中でぐつぐつ煮える粥や余熱したオーブンの中の熱い空気は対流によるものだ。

どんな料理法もこの熱の三つの作用を組み合わせているが、たいていはどれか一つの作用が大きく働く。タンドゥールの稀有なところは、熱の伝わり方の三作用すべてを一つにまとめ上げてしまったことだ。底で燃える火から大量の放射熱が放出され、さらに土製の内壁で保たれた熱からも熱は放射される。かまどの内側側面に張りつけられたパン生地、串刺しにした肉は、かまどの土や焼き串の金属から熱伝導の作用を受けて熱くなる。さらに、かまど内部を循環する高温の空気が熱を対流させる。こんなに強烈で効率のいい熱ならどんな調理にも使えるだろう。

西洋料理のかまどは一般に箱型のブロック製だ。この種のかまどの典型的な熱の伝わり方は対流が八〇パーセント、放射はわずか二〇パーセント。強烈な熱を持続するタンドゥールとは違い、西洋のかまどの熱は最初だけ激しくて徐々に温度が下がってしまう。加熱調理が仕上がらないうちに、もう火が小さくなってしまうのが実情だ。この冷めやすいかまどの性格に見合う料理法が何世紀もかけて発達した。時間の経過によるかまどの温度差を最大限に利用して全部の料理を作ったのだ。料理は切れ目なく行なわれ、かまどが一番高温の時にパンを焼き、次にシチュー、ペストリー、プディングを調理し、かまどがかろうじて熱を持つ頃には、ハーブを一晩干して乾燥させた。

西洋でも、ローマ人が考え出した「ビーハイブ式オーブン」〔「ミツバチの巣箱形かまど」の意〕はタンドゥールに相当するものだが、この東洋の土製かまどのようにはいかず、西洋の食文化全体に浸透することはなかった。古代および中世のヨーロッパでは、パン焼きかまどは大型共同施設としてコミュニティー全員のパンを焼くことが多かった。荘園や修道院の厨房で使われるパン焼き設備は大規模で、オールほどもある木製スプーンでパン生地を掻き混ぜ、大型のトレッスル・テーブル〔架脚式テーブル〕の上で生地をこねた。共同パン焼きかまどは屋外の火焚き小屋から火を焚いた。薪や木炭といった燃料をかまどの裏手から投入し、燃え上がらせる。かまどが高温になると灰は掻き出され火焚き小屋の中へと運ばれ、今度はパン生地がピールと呼ばれる長柄の大きな木べらを使ってかまどの中へ押し込まれる。ターンピットの少年のように、パン焼き職人は熱さのあまり裸同然の格好で仕事をした。

東西の食文化の似ているところはここまでだ。西洋において、パンなどを焼く〔bake〕のと炙り焼きにする〔roast〕のとでは、料理道具も料理法もレシピも全く違う別々の焼き方だった。一八世紀のパン・焼き菓子用料理道具といえば、生地をこねる木桶、ペストリーカッター、タルト型やパイ型各種、長柄の木べら（ピール）、ケーキカップ、鉄製ウエハース型、陶器の皿である。パン焼き職人にとって、焼き網、焼き串、焼き串回転機、回転ドラムを回す犬は無縁の存在だった。ジョージ三世の治下のセント・ジェームズ宮殿の厨房を描いた版画からは、当時の火を使った三種類の調理法が見て取れる。覆いのない炉の火格子でローストを作り、閉鎖式かまどでパンを焼き、レンガの炊事炉でシチューやソースを作る。調理作業はそれぞれに独立していた。

ランフォード伯爵の閉鎖式レンジが考案された当初、嘲笑と愚弄で迎えられたのも不思議ではない。パンを焼くbakeと炙り焼きにするroast、この二つの料理技術を伯爵のテクノロジーは合体させてしまう恐れがあった。西洋世界全体とまでいわなくても、イギリス国民のほぼ全員がそんなことはできるはずがないと考えていた。あたかも揚げ物専用のディープ・ファット・フライヤーを蒸し器に使え、ゆで卵にはトースターを使えと言われたようなものだった。

オーブンの閉じ込められた熱に、家庭の団欒に温かみを醸し出す直火の代わりが務まるか疑問視する声も数多く挙がった――炎の見えないストーブごときが、はたして暖炉のように家庭の中心になり得るのか。火は私たちの心に必ずしも合理的でない方法で語りかける。ローストの火は煙たくて危険であるにもかかわらず、こうした炎は家庭的と見なされた。一八三〇年代、米国に初めてストーブが紹介された時、ストーブは憎悪の感情を呼び起こすといわれた。酒場や裁判所のような公共の場の暖房には受け入れられても、家庭では受け入れられないというわけだ。

やがてこうした反感を多くの人々は乗り越えた。産業革命期には「料理用レンジモデル」が消費者のステータスを象徴する製品の一つとなり、新たに家庭の中心の座に就いた。典型的なヴィクトリア時代の料理用レンジは、湯を沸かすタンクと鍋釜をかける鉄板を組み合わせた鋳鉄製の「怪物《モンスター》」で、鉄の扉の奥には石炭が燃えるオーブンがあり、レンジ全体は「複雑な排煙管の配列」が張り巡らされ、「温度は通気調節装置で制御されていた」。一九世紀中葉の英米両国の中産階級は、閉鎖式レンジ「キッチナー」を台所で唯一必須の設備として据えつけた。台所は火ではなく、一つの台所設備を中心に設計されることを人々は知った。今日の金持ちの台所が、カラフルなキッチンエイド〔アメリカのキッチン用品ブランド〕のミキサーやブレンダー、銀色に輝くバイキング〔アメリカのガスレンジのブランド〕のレンジを中心に設計されるように。

一八五一年の第一回ロンドン万博で、イギリスは世界に対し工業製品の豊かさを見せつけ、料理用レンジ「キッチナー」も数多く展示した。一等賞はキッチナーのレミントン・レンジ。ビートン夫人が「キッチナーの改良型レミントン」と称賛する意匠を凝らした構造だった。レミントンは一つの火でローストとパン焼きの二つの機能をこなす。レンジの内側に造られた肉の脂受け皿付きの鉄製ロースターは、奥の調節弁を閉めれば熱をこもらせてオーブンに早変わり。レミントンは大量の湯を沸かすこともできた。レンジは料理が作れればいいというわけではなく、家中で使う湯を供給し、鉄を熱し、手を温めるのに欠かせない設備だった。「レミントン」はイギリス人なら誰もが知っている台所設備の先駆けで、やがて閉鎖式レンジの代名詞となった。競合するレンジモデルも続々と現れ、その多くは特許付きの製品で、魅力的な商品名（コースタル・グラン

ド・パシフィック、プラントレス）に、レンジ正面には流れるような飾り書きが施されていた。こうしたレンジはファッションとしての料理設備だった。

閉鎖式レンジがにわかに人気を博したのはたんなる流行でなく、産業革命の産物（主に石炭、鉄）が追い風となっていた。料理用レンジの一大ブームは、人々がランフォード伯爵の意図を理解して覆いのない暖炉調理に背を向けた結果ではなく、急に安価な鋳鉄が市場に流れ込んだからだった。登録商標の付いた台所レンジは、鉄を商う業者にとってまさに夢の商品。レンジ回りの小型道具も鉄製にして、大量の鉄を売りさばく絶好のチャンスだったのである。矢継ぎ早に新モデルが登場して、さらに拍車がかかった。二、三年も経てば手持ちのレンジは旧式となり、新型モデルへの買い替えが進むので、業者の利潤はさらに膨らんだ。

一八世紀半ばには鋳鉄の製造法は進歩していた。木炭ではなく石炭を使う新製法が発見されたのだ。新製法の草分けジョン・ウィルキンソン（一七二八〜一八〇八年）は「アイアン・マッド」〔製鉄王〕の異名を持つ人物で、蒸気エンジンシリンダーを開発し、鋳鉄の生産が加速した。三〇年も経つうちに世の中は鋳鉄製品であふれ返った。ヴィクトリア朝の人々は鋳鉄製の門扉を閉め、鋳鉄製の橋を渡り、鋳鉄製の暖炉の傍に座り、鋳鉄製の建物を建て、鋳鉄製のキッチナーで料理をした。スミス・ウェルストッドのカタログを眺めながら、今度はどのコンロにしようかと商品を選ぶ奥様と家政婦は、自分たちの気まぐれな購買意欲を満足させているだけと思っていたかもしれないが、どの新製品を選ぼうと、すべては製鉄関連企業の繁栄に貢献する格好となった。近代的な新型キッチナーは薪、泥炭、ピートではなく石炭を燃料としていたので、結果として石炭産業に肩入れしていたことになる。

当時のイギリスの台所で、石炭燃料は別段目新しい存在ではなく、すでに一六世紀に最初の石炭革命が起こっていた。当時の薪不足が台所の姿を変えた。エリザベス朝は工業が急成長した時代で、鉄、ガラス、鉛の製造に膨大な量の木材が消費されたが、スペインと戦闘状態にあったイギリスは軍艦の建造にも木材を必要とした。その結果、家庭用暖炉は薪不足に陥り、都市部を中心に多くの台所では、仕方なく「海の石炭」を使うようになった。この呼び名は石炭が海上輸送されていたことに由来する。

燃料が木材から石炭へと転換すると、その変化は他の分野にも波及した。中世の薪の火は事実上室内で焚火するに等しく、焼けた丸太が床に転がり落ちるのを防ぐ道具は薪載せ台だけだった。こうした炉での料理には危険が伴う。七世紀にカンタベリー大司教テオドルスは「女が炉の傍に幼子を置いて、夫が大釜《コルドロン》に水を入れ、煮えたぎった湯で子供がやけどを負い亡くなった場合、女はその怠惰を贖罪しなければならないが、夫は責めを免れる」と宣言した。判断の不公平さはさておき、この言説は二、三歳児が燃え盛る火や大釜《コルドロン》に近寄るといかに危険かを世に知らしめた。危険といえば、裾を引きずる長いドレスを着た女性も危険で、中世の検死官の事故死一覧によれば、女性の事故死は家庭でもっとも頻繁に起こっている。幼い女の子も母親のまねをして鍋釜を弄《もてあそ》び暖炉で亡くなった。

木造住宅で暖炉を使うため、台所からの出火は日常茶飯だった。イギリス史上もっとも有名な台所火災は、一六六六年九月二日、プディング・レーンにある国王御用達のパン店が火元となったロンドン大火である。大火後ロンドンはレンガ造りに再建され、新しい住宅には石炭を燃やす火格子があった。

石炭へ転換した結果、多少なりとも火を閉じ込めることができるようになった。石炭には入れ物が必要で、金属製火格子の入れ物は「チェインバー・グレート」(chamber grate)、「コール・バスケット」(cole baskett) と呼ばれた。炉床に置かれた薪の火から、火格子の入れ物に入った石炭の火へ転換すると、一連の暖炉用品も様変わりした。新しい火の必需品には、高温の熱から壁を守るための鋳鉄製の炉の背壁、鍋を火にかけたり外したりするための複雑な仕組みの自在鉤があったが、中でも根本的に変化したのは煙突だった。エリザベス一世の時代に数多くの煙突が建てられるようになったが、その理由は石炭の使用が高まった結果、石炭の燃焼で発生する有毒ガスを追い出すためにもっと大きな排煙管が必要となったためだ。ランフォード伯爵が指摘した通り、大きな煙突とローストの燃え盛る炎の取り合わせは致命的だった。一八世紀にスウェーデンからロンドンへやって来たペイター・カールンは料理で発生する「石炭の煙」に「息苦しさ」を覚え、イギリス人に肺病患者が多いのはこれが原因ではないかと考えた。ロンドンを離れてようやくカールンのひどい咳は和らいだ。

だが、みながみな石炭へ転換したわけではなかった。田舎や北部の州の住民の多くは昔ながらの炉床で焚く薪の火を使い続けた。他方、都市部でも地方でも貧困家庭は、乾燥させたヒースや生垣などの粗朶《そだ》から家畜の糞まで、手に入る燃料なら何でも最大限利用した。こうした人々にとって登録商標の付いた新型レンジは無縁だった。

石炭燃料の料理用レンジ「キッチナー」が買えないことで、大きな不利益を被ったかどうかははなはだ疑問である。このタイプの閉鎖式レンジは多くの欠点を抱えており、実際に直火を凌ぐ利点は少なかった。ランフォード伯爵の理想的なレンガ製閉鎖式レンジとは違い、初期のレンジの多くはコークスの煙を大量に吐き出すという構造的欠陥があった。一八五三年の《イクスポジター》紙への投稿は、レンジの煙を吸い込んで最近三人が死亡したことを取り上げ、こうしたレンジを「毒ガス製造マシン」と呼んでいる。実際に死者を出さなくても、レンジの多くは効率が悪かった。アメリカの料理用レンジの宣伝には、覆いのない調理暖炉に比べ燃料が五〇〜九〇パーセント節約できると謳われていたが、無駄にされる熱は考慮に入れていない。優れたレンジは熱伝導性と断熱性を兼ね備えるが、このレンジの根本的な問題はすべてが鉄でできていることにあった。鉄は熱伝導性がきわめて高く、大量の熱を吸収してその熱を今度は料理ではなく台所へ放射する。そのため熱と煤と灰の舞うかまどの中にいるような環境で、人は料理しなければならなかった。

鋳鉄製料理用レンジは以前のものと比べ、たいした改善もないままに消費者の購買意欲をそそるという奇妙なテクノロジーだった。家事労働は軽減されるどころか、かえって大変になった。火を熾《おこ》すのは炉よりコンロの方が難しかったし、レンジを磨いて掃除するのは、使用人であれ主婦であれ一日がかりだった。一九一二年になっても、ある警官の妻が書き出したレンジ回りの日課はこんな具合だった。

1. レンジ囲いを外し、鉄製のレンジ道具を取り除く。
2. 灰と燃えかすを掻き出す。あらかじめ茶殻を撒いて、埃が立たないようにする。
3. 燃えかすをふるいにかける。
4. 煙突の排煙管を掃除する。
5. 新聞紙でレンジの油汚れを拭き取る。
6. 軽石とパラフィンワックスで鋼鉄部分を磨く。
7. 鉄の部分に石墨を塗って磨く。
8. 灰受け石を洗って磨く。

この仕事を全部済ませなければ、一品の料理すら作ることができなかった。薄切りベーコン一枚焼けないし、ジャガイモ一つゆでられない。気の毒な主婦。もう数年遅く生まれていたら、こんなことは一切やらなくて済んだかもしれない。きっとガスレンジを買っていただろうから。

細々《こまごま》した数多くの仕事が毎日繰り返されるのが家事というものである。その中でも一番手間がかかるのが台所仕事だ。本当の意味での画期的な創意とは、（ドライフルーツマシンでドライイチゴを作ったり、真空調理法でシカ肉ステーキのレアを作ったりするような）まったく新しいことができるようになることではなく、今までやっていたことがもっと簡単にもっと楽しくできるようになって、その結果いいものができることをいう。例えば、家族の朝食がお金をかけずにもっと早くずっと楽に作れるようになるといったことだ。そういう意味でガスレンジは類い稀なる大発明だった。台所に真の進歩をもたらした料理道具なのである。

石炭レンジと比べ、ガスレンジは空気を汚さず快適で安上がりだった。中流家庭での調理にかかるガス代は一日約二・五ペンス。石炭だと七ペンスから一シリングかかっていた。とりわけガスの一番嬉しいところは手入れが簡単だったことで、一八八〇年代にガス調理を始めた人々は、あまりの楽な生活に有頂天になった。朝食の用意といった簡単な調理だと、従来のレンジに比べて「時間も労力も」格段に少なくなった。料理書の著者H・M・ヤング夫人は本の中で初めてガス調理に言及した人物の一人だ。「中人数の家庭の朝食にコーヒー、ポークチョップ、ステーキ、ベーコン、卵、トーストといった料理を用意する場合、一五分あれば簡単にできる」と記している。

革新的なことが当初、疑念を持たれ抵抗を受けるのは世の常だ。ガス調理が最初の試練をくぐり抜け一般大衆に受け入れられるようになるまで、一世紀近くかかった。石炭火力レンジの灼熱と汚染に苦しんだ人は、今度はガスが食物の味や匂いを台無しにしてしまうのではないかと心配した。ロンドンは一八一四年に世界で初めてガス灯が灯った都市で、石炭ガスで明かりを灯す家庭が増えていたにもかかわらず、ガスを料理に使えばガス中毒になるか爆発で死んでしまうと人々は考えた。使用人たちはガスレンジをむやみに怖がったといわれている。

どうやら偏見には一部正しいところもあったようだ。ガスレンジの初期モデルはガスの循環が悪く、ガスバーナーから出るガスが必ずしも均一とはいかず、料理は実際少々ガス臭くなった。ガス調理が安全で信頼できるものになってからも偏見はしばらく続いた。ノーザンプトン出身の労働者階級の主婦エレン・ユールがガスレンジを使うようになったのは一九世紀の末だが、エレンの夫の反応は恐怖に満ちたものだった。

夫はガスには毒が含まれると考え、ガスで調理されたものは一切口にしなかった。だが、エレンは手間のかからない新しいレンジ調理を諦めたくなかった。毎日ガスレンジで夕食を作り、夫が仕事から帰るちょっと前に料理を直火に移した。

ごく初期のガス調理製品は斬新さを強調するかのように、科学的見世物の要素を持っていた。イギリスで初めて市販されたガス調理器具は一八二四年にエトナ製鉄所が製造したもので、ぺちゃんこのラケットのような形をしていた。ガンメタル〔銅と錫の合金〕にいくつも穴を開けた造りで、そこからガスが噴出し、コンロは囲いがなくむき出しだった。このガス器具を調理する食材の下に据えて、熱源として使った。ヴィクトリア朝の有名シェフ、アレクシー・ソアイエは「爆発の起こらない」性能を誇る飛びきり高価な高級ガス調理器具を市場に売り出したが、ガス調理が一般に広まるのはそれから半世紀後のことだった。爆発が起こらないといわれても人々はどこか安心できなかった。ガス調理とは「通常の料理手段」の代わりとはならず、それに添え物として加える「優雅な台所玩具」にすぎないという、一八四四年のトマス・ウェブスター（*An Encyclopaedia of Domestic Economy*〔『家政学事典』〕の著者）の見解に当時の人は頷いたに違いない。

筋金入りの石炭レンジ愛用者でも欲しくなるガス調理器具の製造がついに始まったのは、一八八〇年代に入ってからのことだった。サグ（製造業者の中でもウィリアム・サグは有名で、サグ一族が一時はガス調理器具の市場を独占した）のガスレンジは形が驚くほど石炭レンジに似ていたうえに、石炭レンジのように美しい名前がつけられていた――ウェストミンスター、コルドン・ブルー〔フランス語で「〈聖霊騎士団の〉青綬」の意〕、パリジェンヌ。昔ながらの英国式ロースト愛好家のために、レンジで調理する肉は脂受け皿の上に吊るされる構造になっていて、直火焼きを彷彿とさせた。サグ・カンパニーは爆発の心配を打ち消す妙案を思いつき、マッチを使わずにつまみをひねれば、火花でガスバーナーに点火できる構造にした。

一八八〇年代にはコインを入れて作動するガスメーターが普及し、貧民街以外のガスが供給されている全地域でガス調理が可能となった。ガス会社は無料でガスメーターを設置し、ガスコンロを四分の一の低価格でレンタルした。手ごたえはすぐにあった。ニューカッスル・アポン・タイン・アンド・ゲーツヘッド・ガス・カンパニーのガスコンロの貸し出し台数は一八八四年の時点ではわずか九五台だったのが、一九二〇年には一万六一一〇台に膨れ上がった。そしてイギリス世帯のガスコンロ普及率は一九〇一年には三軒に一軒だったのが、第二次世界大戦前夜の一九三九年には四軒に三軒となった。この数値は、これまで実生活の活動の制約となっていた火を熾し維持するという仕事から、大多数の人間がようやく解放されたことを意味する。

この時すでにガスコンロは電気からの挑戦を受けていた。一八七九年にトマス・エジソンが世界初の白熱電球の製造に成功したが、電気調理が人気製品になるのはずっと後のことである。初期の電気調理器具は価格が高かったうえ、電気供給地域が限られていたことがボトルネックとなった。ロンドン科学博物館の収蔵品に、現存する最古の電気オーブンがある。ブリキのビスケットの箱と大きな白熱電球が導線でつながっている。あまり発展性があるようには見えない。一八九〇年にゼネラルエレクトリック社が電気調理器具の販売を開始し、約〇・五リットルの水を一二分で沸かせるという触れ込みだったが、石炭火力しかなかった時代には、調理にいかに時間がかかったかを思い起こす材料にしかならなかった。

英米でようやく電気を使った調理が普及したのは一九二〇年代のことである。この時期、電気調理器具の価格が下がり、性能が上がった。初期の電気オーブンは予熱におそろしく時間がかかり（一九一四年で三五分）、発熱体が焼き切れることもたびたびだった。電気オーブンは購入するにも使い続けるにもお金がかかった。平均的な家庭では電気ポット、電気トースターは買いそろえても、ガスレンジを電気オーブンに買い替える気にはあまりなれなかった。電気冷蔵庫は今までになかったまったく新しい性能を発揮したが、それに比べ電気オーブンはさほど革新的とはいえなかった（電気オーブンならガス中毒にならないということが、不完全燃焼を防ぐ内蔵型安全装置が発明されるまでの、電気オーブンの唯一の長所だった）。調理の熱をスイッチ一つで点けたり消したりできる画期的な機能はすでにガスレンジで実現されていた。一九四八年にはイギリスの八六パーセントの世帯が何らかの形で電気を使っていたが、電気オーブンのある世帯は一九パーセントに留まった。

現代人のご多分に漏れず、私も電気とガスを組み合わせて調理する。うちのオーブンは電気対流式（小さなファンで空気を循環させる）で、グリルオーブンが一番上に別に付いている。よく働いてくれる優れ物だ。ホットケーキミックスを入れると、取り出す時はふんわり膨らんでいる。ジャガイモをむらなくローストにできるし、ガラス窓を覗けば焦げ付いていないか確認できる。それでも、ガスレンジで調理する時のような愛着は湧かない。ガスは火の長所を余すところなく発揮して短所がまったくない。電気の誘導加熱（ＩＨ）で何度か調理したことがあるけれど、失望に終わった。凹凸のない平らな表面は小指をやけどしやすいのだ。冷え切っていた天板が何の前触れもなくいきなり猛烈に熱くなる（ただし、近頃流行の効率的な熱として喧伝されているＩＨだが、その最新型を私は使ったことがないと白状しておく）。ガスは私の言いつけ通りに働いてくれる。カチカチカチカチという音がして炎が点くのを待っている時、いいことが起こる予感がする。

ガス火力による熱はキッチンテクノロジー史上、料理の発明に次ぐ偉大な進歩といえる。ガスは多くの人々を大気汚染から救い、火の世話に明け暮れる苦役から解放した。そして直火からのさらなる進歩が電子レンジの登場だ。もっとも、この発明がもたらした料理面・社会面での恩恵は複雑なものがある。中国が新市場として加わった今日、世界中で販売される電子レンジの数は年間約五〇〇〇万台で、世界各地の小さな都市の台所でも、電子レンジは食物を温める主要な料理道具となっている。確かに調理でよく使われるが、かつて私たちが火に抱いていた愛着をまったく感じさせない電子レンジは、いまだに物議を醸す料理道具でもある。

電子レンジにしかできない得意技をたくさん持っていながら、その割に必ずしも称賛されないのが電子レンジだ。魚を調理してもぱさぱさしない。以前なら蒸し器で蒸したプディングもあっという間だ。砂糖でほんの少しカラメルを作るにも、チョコレートを焦げ付かせずに軟らかくするにももってこい。ぱらぱらのインディカ米も申し分なく楽々調理できる。脂肪の多い食品と電子レンジはとても相性がいい、ローストする前にカモ肉やスペアリブの脂肪を取るには打ってつけだと、料理書作家バーバラ・カフカは一九八七年に *Microwave Gourmet*（『電子レンジグルメ』）で述べているが、これは料理道具としての電子レンジの楽しさを伝えたもっとも説得力のある擁護論である。

だが、電子レンジは楽しい存在であると同時に驚愕の存在でもある。当初「火のないオーブン」と呼ばれていた電子レンジは、初めて発売された一九五〇年代当時の人々を困惑させたようだ。今でも多くの人が電子レンジに戸惑ったりびっくりしたりしている。電子レンジの発明は一九四五年のことで、パーシー・スペンサーによってもたらされた。レイセオン社の技術者として軍事レーダーシステムの開発に取り組み、マグネトロン（極超短波を発生させる真空管）の改良を行なっていた人物だ。マグネトロンから発生した熱で調理ができるとスペンサーが初めて気づいた瞬間の、ミステリアスな話がいくつも伝えられている――開放導波管（極超短波が通る管）に寄りかかっていると、ポケットの中のチョコレートバーが溶けてしまったという話。見る間に卵が爆発し、勝手にゆで卵になって、スペンサーが仰天したという話。お昼のサンドイッチをマグネトロンの上に置いたまま出かけて、帰って来ると加熱調理されていたという話。だが、スペンサーと一緒に働いていた技術者仲間が後に語ったところによると、実際にはそれほどドラマチックではなかった。一人の人物のユリイカの叫び〔アルキメデスが金の純度の測定法を発見した時の叫び〕で電子レンジが産声を上げたのではなく、何人もの人が入念な観察を重ねた結果の発明だったという。

どのような現象が起こったにせよ、この大きな円筒形の金属マグネトロンが軍事分野ではなく料理に利用できると、スペンサーら研究チームの人々が思いつくには、想像力を大いに飛躍させる必要があった。電子レンジの最初期型に使われたマグネトロンQK七〇七は重さ一二キロ。現代の標準型電子レンジのマグネトロンが〇・七キロ足らずなので、いかに巨大かが分かる。スペンサーはさらに想像力を発揮して、後にもっとも人気の電子レンジ利用法となるポップコーン調理法を編み出した。スペンサーの電子レンジの二番目の特許には、ロウ引きの紙袋に入れたトウモロコシ穀粒をバターと塩で味つけし、わずか「二〇～四五秒」でポップコーンができると説明されている。一九四五年当時、こんなことはできるわけがないように思われた。現に家庭用電子レンジが主流になるのはそれから二〇年経った後のことだ（一九七六年になってようやく売上が伸びたが、その年、販売業者は電子レンジの価格を何とか五〇〇ドル以下にした）。

それでもいまだに多くの消費者が電子レンジは調理に向かないと思っている。こんなにも火とかけ離れていると、ろくなものに思えないというわけだ。長い間健康面から不安視された。確かに旧型電子レンジは一平方センチ当たり一〇ミリワットを超える放射線が外部に漏れることがあり、きわめて厳しい新基準の一平方センチ当たり一ミリワットには違反していたことになる。だが、旧型、新基準いずれにせよ、暖炉から六〇センチほど離れた位置で浴びる「放射線」（一平方センチ当たり五〇ミリワット）に比べて格段に小さい数値だ。今までのすべての証拠にかんがみて、電子レンジは健康被害に関しては無罪である。ただし、小さなものを調理していると「熱むら」で爆発するといった危険はある。こうした問題も取扱説明書を読めばたいていは回避できる。

極超短波、別名マイクロ波の健康被害への不安が何度も蒸し返される背景には、電子レンジの調理法への根深い不信感がある。一九九八年、市場調査会社ミンテルが示した英国の電子レンジに関する報告によれば、消費者の一〇パーセントが「電子レンジは絶対に買わない」と頑なに主張している。つい最近まで私はこの一〇パーセントの一人だった。三六歳になって初めて電子レンジを買った。「外側からではなく内側から」調理するなんて変なレンジとずっと思い込んでいた。私たち家族は電子レンジを核爆弾よりは害の少ない存在くらいに考えていた――食品に「電気ショック」を与えておいしくなる、そんなことがあるだろうか。

電子レンジ調理は他の調理法とは違って、いかにも不可解な調理法のように思える。これは不公平な見方だ。電子レンジは先ほど言ったように内側から調理されるわけではない。科学的に説明のつかないところなどまったくない。電子レンジで調理された食品は、串焼きローストとまったく同じ物理法則に従っている。マイクロ波の伝播速度は高速だが、せいぜい四～五センチまでしか食品を貫通できない（そのため、少量の調理に最適だ）。食物中の脂肪・糖・水の分子がマイクロ波を引き寄せると、マイクロ波は分子を激しく振動させる。こうした振動が食物内に熱を発生させる。伝導作用で熱は食物の他の部分にも伝わるため四～五センチを超える距離にも伝わることになる。熱伝導の仕組みはフライパン調理とまったく同じだ。違うところはフライパンの場合黄金色の焦げ目がついてカリカリになるが、電子レンジでは茶色くならないことだ（ただし、茶色くなる機能の付いた電子レンジもある）。

電子レンジでローストは作れないし、パンも焼けない。製造業者が何と宣伝しようと、一つの料理道具ですべてをこなすことはできない。電子レンジに「ローストが作れない」と批判するのは、パン焼きオーブンでは温度が高過ぎてカスタードクリームが作れないと言っているのと変わらない。電子レンジの本当の短所は装置そのものにあるのではなく、調理法にある。戦後のインスタント食品ブームと共に電子レンジが市場に登場したことがよくなかった。食物を調理するのではなく「食品を温める」ために、電子レンジは一番よく使われる。一九八九年の英国での市場調査で、電子レンジを調理済みの食品の温めに利用する世帯が八四パーセントなのに対し、調理に利用する世帯は三四パーセントに留まった。フォーカス・グループ〔調査のために意見を聞く小規模な集団〕の参加者の一人は「実際に電子レンジで調理はしない。温めるだけ」と語った。ほとんどの台所にある電子レンジは料理を作る道具としてではなく、料理をしない手段として利用される。冷凍食品を放り込んでぼんやり待っていればチンできる。電子レンジがあれば、食卓を囲む家族の団欒がなくても、温かい食物を食べることができる。ほとんどの電子レンジは大人数の調理より、小人数の食事を用意するのに向いている。

私たちも気づいているように、これは社会生活の終わりを意味するのだろうか。歴史学者フェリペ・フェルナンデス・アルメストは電子レンジを悪い方向に「社会を変えてしまう威力を持つ」装置と激しく非難した。まるで火を発見しなかったかのように「社会生活の前段階の進化過程」に私たちを引き戻してしまうというのだ。人類史は、社会生活の中心となる火を閉じ込め、火をコントロールしようと模索してきた歴史である。火を石で取り囲んで炉を作り、炉を囲むように大広間を造り、金属製火格子の中に入れ、鋳鉄製レンジの中に封じ込め、ガスレンジで自在に火を点けたり消したりできるようにした。そしてついに火のない電子レンジで調理する方法を発見した。

人々が火を懐かしみ、生活から火がなくなったことを残念に思う兆しはある。少しでもお天気がいいとすぐにバーベキューを始め、夢中になってソーセージを火で炙る人たちがいる。かつては生活の中心だった火を現代の調理が失ってしまったことの表れといえる。電子レンジの前に座って、夜が更けるまで話し込む人はいない。それでもおそらく何もかも失ったわけではない。昔ながらのライフスタイルとは違っていても、料理を作っていると人を惹きつけ、人が集まる。電子レンジが昔の暖炉のように家庭の中心にはなれないという人は、電子レンジの中で袋のトウモロコシがはじけてポップコーンができあがるのを、炎を囲む狩猟採集民さながらに心待ちにして集まった子供たちが固唾を呑んで見守る姿を一度も見たことがないのだ。

トースター

トーストを焼くと心が満たされる。鼻孔をくすぐるいい匂い、黄色いバターがゆっくりと浸み込んでいく、サクサクした食感――そんな嬉しさのせいかもしれないが、満足感はもっと子供っぽい仕掛けのせいもあるだろう。スライスしたパンを溝に入れ、タイマーをセットして待っていれば、ポンと跳ね上がる。

電気トースターの登場する前には、もっとシンプルな構造のトースターがあった。一八九〇年代以降、機械好きのヴィクトリア朝の人々はやかんで湯を沸かすにも卵を焼くにも、その気になれば電気を使うことができたのだが、ことトーストに関しては、昔ながらのトースト用フォークと焼き網を使った暖炉調理にこだわった。炎で炙る前にパン（やチーズや肉片）を入れておくかごやフォークにはいろいろな種類があった。そう考えるとトーストは事実上ローストということになる。表面が茶色くなるまで乾燥した放射熱に当てるのがローストだから。

電気トースターを発明するには、その前にローストの熱にも耐えてヒューズが飛ばず、長持ちする丈夫な金属フィラメントの発見が不可欠だった。一九〇五年に、アルベルト・マーシュがニクロム線を発見した。ニク

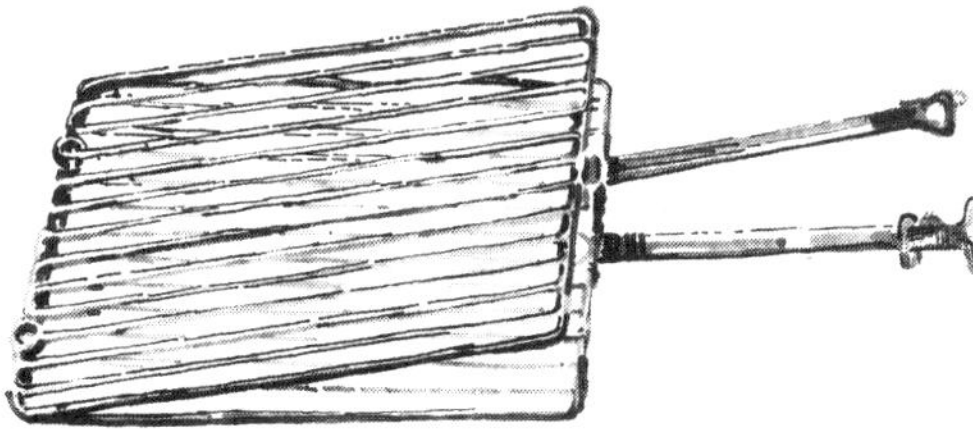

ロム線はニッケルとクロムの合金で電気抵抗が大きい。すると米国市場は電気トースターであふれ返った。ピンチャー〔pinch「つまむ」〕、スウィンガー〔swing「振る」〕、フラットベッド〔flatbed「平台」〕、ドロッパー〔drop「落とす」〕、ティッパー〔tip「傾ける」〕、パーチャー〔perch「高い所に載せる」〕、フロッパー〔flop「どさっと落とす」〕――トースターの商品名はトーストを取り出すさまざまなしぐさに因んだものだった。

私たちにお馴染みのポップアップトースターを発明した人物は、米国ミネソタ州の機械工チャールズ・ストライトである。いつも勤め先で食べるカフェテリアの焼け焦げたトーストにうんざりしていたストライトは、一九二一年に垂直方向に跳ね上がるスプリングと調節タイマーの付いた電気トースターの特許を取得した。今までにない新製品の登場だ。放っておいてもひとりでにパンを焼いてくれるトースター。「傍で見張っていなくてもトーストは黒焦げにはなりません」というのがストライトのトーストマスターの宣伝文句だった。そうならいいのだけれど、悲しいかな、ポップアップトースターでもやっぱりパンが黒焦げになることはある。

第4章　計量する

「数えられるものは数えよ、測定できるものは測定せよ、そして測定できないものは測定できるようにせよ」
――ガリレオ・ガリレイ、一六一〇年

「何百、何千まで数えてなんて言わないで」
――ナイジェラ・ローソン、一九九九年

料理研究家ファニー・メリット・ファーマーはいい加減な台所仕事を嫌った。これを一つまみ、あれを一握りといった態度とは無縁の、きっちりすり切りで計量することを好んだ。二〇世紀初頭にアメリカで料理書のベストセラーとなった *The Boston Cooking-School Cook Book*（『ボストン・クッキングスクール料理の本』）（一八九六年）はファーマーの代表的著書である。一九一五年には売上部数三六万部を突破。正確で「厳密な」計量による（安心できる科学的な）調理を全編にわたって主張した。「すり切りでカップ一杯……すり切りでテーブルスプーン（大さじ）一杯。すり切りでティースプーン（小さじ）一杯」。同じ言葉を繰り返し、がっしりした体格のこの赤毛の女性は料理の作り方を説明する。計量の際、食卓用ナイフを使ってすり切りにすることを忘れずに。ファーマーの計量法だとペストリーを作る場合も、余分な小麦粉が盛り上がることはなかっただろう。その名も「すり切り計量の母」というニックネームが付いていた。

アメリカのキッチンに厳密さという新たな時代が訪れる。その旗を振っているのは自分であるとファーマーは自負していた節がある。手探りとあてずっぽうの暗黒時代はもう終わり。「確実に一番うまく作る方法として、正確な計量は絶対に必要です」とファーマーは書いている。計量は混沌とした世界に秩序を与える手段であり、ファーマーは中流階級の読者に対し料理の作り方を教えるだけでなく、台所仕事は完全にコントロールできるという自信を与えた。そうなると、ファーマーが測定の一方法、カップ計量という手段を選んだのは奇妙な話だ。本来カップ計量は不正確で曖昧なため、誤差が大きくなる傾向にある。

カップ計量はすべての食材を量で表す。液量も穀量も、ぱらぱらでもぎゅっと詰まっていても、一定の容積の計量カップを使って量る。正確にいうと二三六・五九ミリリットルの計量カップで。重量ではなく容積で量るため、「容積測定」と呼ばれることもある。今日でもアメリカの料理書ではほぼ一様にカップ計量が採用されている。秤を使って重量で量った方がずっと簡単で正確だという不満の声も聞かれるが、それでもアメリカの台所ではカップ計量が幅をきかせている。一種独特な歴史的経緯からこんな風に食物を計量する、世界でただ一つの国になってしまった。オーストラリアとニュージーランドはカップ計量をやってみたがやめてしまい、ヨーロッパは一般に液体に対して容積測定を使う。動植物でも無機物でも何でもかんでもすべての食材を量るには向かないと考えられる容積という単位。この特定の単位で済ませるのは米国だけである。こうなった背景にはファーマーの遺産がずっと受け継がれたことが大きく関係している。

それから時代は下り、現代のある夏の日の夕方。私はファーマーの絶対に信頼できると思われるレシピ通りに料理を作ることにした。メニューは簡単そうなサヤインゲンのサラダだ。

冷めたサヤインゲン二カップにフレンチドレッシングをかける。小口切りにしたアサツキをティースプーン（小さじ）一杯加える。サラダ皿の中央に盛りつけ、ラディッシュの薄切りを少しずつ重なるようにずらしながら周囲にぐるりと敷き詰める。チューリップの形に切ったラディッシュをサヤインゲンの盛りつけの一番上に載せて飾る。

アサツキの小口切りをティースプーン（小さじ）にぎゅっと押し込んで、ナイフですり切りにしてみたことはあるだろうか。無理だ。アサツキがぱらぱらと四方八方に落ちる。キッチンバサミでちょきちょき切って直接サラダ皿に振りかけた方がずっと合理的だ。分量の多少はたいした問題ではないだろう。「冷めたサヤインゲン」をカップで計量するとなるともう話にならない。サヤインゲンがあちこちにはみだして、カップに収まりようがない。すり切り二カップのサヤインゲンを作るには、力任せにぎゅうぎゅうに詰め込まなくてはならず、インゲンはぼろぼろ、サラダは台無しになってしまう。さらにこのレシピで特筆すべきは重要なことが書かれていない点だ。フレンチドレッシングの分量は？「冷める」前にサヤインゲンはどのくらいの時間ゆでるのか。インゲンは食べやすいように切らないのか。「チューリップの形に切る」にはどんな手つきで切ればいいのか。私には切り方がよく分からない（「ラディッシュの根っこの先から包丁を入れ、そこから四分の三のところまで皮に六か所切り込みを入れる」とファーマーは有無を言わせぬ口調で教えている）。レシピは計量の他にも示すべきことがある。とはいうものの、レシピで料理のあらゆる変数を計量化することもできない。カップ計量一筋のファーマーは、すべてをカップ計量に一元化してしまった——だが、現実は決してそうはなっていない。

台所での計量についても同じことがいえる。優れた料理には化学の実験のような正確さが求められる。ティースプーン（小さじ）四分の一の塩加減、わずか三〇秒の違いが、一流の料理と並みの料理の分かれ目となる。レシピとは料理を何度でも作れるようにするためのものだ。科学では、違う研究者がそれぞれに実験しても正確に再現できる能力を再現性という。レシピの質とはまさにこの点に尽きる。家に帰って、あなたのアップルパイのレシピ通りに私の台所で作っても同じ味になるのが理想なのだ。ところが、科学者なら容認できないような本質的でないさまざまな要素の変数に、料理の条件は大きく左右される。オーブンの温度は当てにならないし、生の食材は品質が変わりやすい。もとより味の好みは人によって千差万別だ。計量にこだわり過ぎるとそれが仇になり、カップ計量がかえって料理を台無しにしてしまうことになりかねない。がちがちの公式に囚われると、料理で最高の尺度は個人の裁量であることを忘れてしまう。

台所の測定手段の良し悪しは複数の基準で判断できることも覚えておこう。基準その一、正確さ。一定の評価に合致した計量になっているか。ミルク一リットルの計量に使っている容器が実際に一リットルなのか。基準その二、厳密さ。計量が精練されたものか。ミルクを〇・五ミリリットル以下まで量り分けられるか。基準その三、一貫性（科学では再現性という）。何度量っても同じ一リットルに量れるか。基準その四、交換性。重量と容積のもっと幅広い計量体系に当てはめられるか。ミルクを量るのに使っている単位が他の物質を量る単位としても使えるか。そしてもっとも重要な五番目の基準、簡便性（ユーザーフレンドリー）。特別な手続き、資源、技術がなくてもミルク一リットルを計量できるか。この最後の基準に照らして、最高の計量器具の部類に挙げられるのがパイレックスの計量カップだ。メートル法とヤード・ポンド法両方の目盛りが透明容器に書き込まれている。一九一五年に耐熱ガラスで最初の特許を取得したパイレックス計量カップは、注ぎ口が付いていて、電子レンジにも冷凍庫にも使用可能、台所の床がよほど硬くない限り、落としても割れない優れ物だ。

　どんな料理にも計量は付きまとう。五感も無意識に計算を働かせている。タマネギを炒めている時、透明になったか目で見れば分かる。ポップコーンが弾け終わったか耳で聞けば分かる。トーストが焦げそうか鼻で嗅げば分かる。こうした五感の計算に基づいて、絶えず評価と決定を下しながら私たちは料理する。容量、時間、温度、重量――これは料理を進める指針となる変数だが、優れたテクノロジーを駆使してより厳密に計量すれば、それだけ料理がうまくなるとは限らない。料理の公式にこだわるとかえって生産性の妨げになることがある。腕のいい料理人の感覚に勝るテクノロジーはない。よくきく鼻、鋭い目、熱いコンロで長年鍛え抜かれた手の感覚、こうした五感はどんな人工の道具よりも雄弁に食物を評価する。


「私たちアメリカ人と他の国の人々との違いを際立たせ、アメリカ人をアメリカ人たらしめているものの中で、もっとも分かりやすい形（でありながら、もっとも気づかれていない存在）が計量カップである」と一九八九年に料理評論家レイ・ソコロフは記した。「国民全体が液体でない食材をカップでしか計量しない習慣のある」国は合衆国以外に存在しない、とソコロフは述べている。

　他の国は（ほとんどつねに）粉類は重量で量る。秤にはいろいろな形があるが、原理はつねに一つ。重量を量ることだ。* この目的を果たすため、フランスの料理人なら天秤ばかりを使うかもしれない。浅い皿が付いていて、生まれたばかりの赤ん坊の目方を量るのに使われたようなタイプのもの。デンマークの台所なら壁掛け時計に似た、壁に固定する丸い秤を使うだろう。秤の蓋をポンと開ければ、デジタル秤が姿を現し、蓋が計量皿に早変わりという賢い仕掛けだ。イギリス人は古めかしいクイーン・スケールをいまだに愛用する。重い鋳鉄製の古典的な機械仕掛けの天秤ばかりだ。天秤の一方の腕には真鍮の受け皿、もう一方の腕の皿には分銅を載せていく――いや、それは私だけかもしれない。そういえば、私のキッチンに入って来た友人が博物館でお目にかかるような秤だと感嘆の声を上げ、今時こんなアンティークな秤を使っているのかと訊ねることがある。ええ、もちろん、毎日使っているわ！　と言いたいところだが、白状すれば、厳密に重さを量らなければならない時はデジタルで量る。今日先進国では料理にデジタル秤を使う。現代のキッチンの優れ物の一つに入る料理道具だ。値が張らない割に厳密で正確であることこの上ない。ゼロ設定機能の付いた秤なら、空のボウルを秤に載せてゼロに目盛りを合わせてから、食材をボウルに入れて重さを量っていくと、とても便利だ。シロップやハチミツで秤をべとべとにしなくて済む。

とはいえ、昔の計量法でとても便利なものもある（ただし誤差は大きい）。ドイツ人で昔堅気の人ならば、一方に食材のカップ、もう一方に釣り合い重りの付いたシーソーのような秤を持っているかもしれない。天秤の腕には重さの目盛りが振ってあり、腕の支点をずらして左右の均衡が完璧になった時点で、腕の重さの目盛りを見る。（構造的にはお粗末かもしれないが）七九年の火山噴火によって町が埋まったポンペイ遺跡で発見された、金属製の竿秤《さおばかり》とまったく同じテクノロジーだ。

ものの重さを量るにはどうすればいいか、その解決策が見出されたのは今から二〇〇〇年以上前のことである。最古の中国の秤は紀元前四世紀にさかのぼる。竿から二つの鍋がぶら下がるという古典的な構造だ。だからといって、多くの人が自分の秤を持てたわけではない。最初秤は金のような貴重なものを量るために使われた。それから何世紀か後にようやく台所にも普及した。「料理書」の始祖、古代ローマのアピキウスの時代には確かに秤が存在していた。アピキウスは乾燥した食材（「ラビッジ〔セリ科の多年草〕

六スクループル〔古代ローマの重量単位〕」）だけでなく液体（「ブロス一ポンド」）も重さで表現している。だから食材を重量で量るテクノロジーが確立したのはずいぶん昔のことだが、今日その技術はかつてないほど発達している。デジタルキッチン秤は食材の重さを一グラムよりももっと厳密に測定できる。重さによる計量の素晴らしい点は密度を気にしなくていいことだ。ブラウンシュガー一〇〇グラムはきっちり詰めても、ふんわり盛っても一〇〇グラムであることに変わりはない。重量だけを問題にすればいい。そして重量は一定だ。古いジョークに、金一ポンドと鳥の羽根一ポンドとどちらが重いだろう、というものがある。もちろんどちらも重さは一緒。一ポンドはどこまでいっても一ポンドだ。

これに対して、アメリカの容積測定のカップ計量は、少なくとも乾燥した食材に応用した場合、不正確この上ないものとなる。一カップが一カップではなくなってしまう。実験によると、小麦粉一カップをふるいにかけたか、ふんわり入れたか、軽く叩いて詰めたかで、重さが四オンスにも六オンスにもなる。この差のせいで生地は濃過ぎたり水っぽかったり、ケーキのでき具合が左右されてしまう。レシピを書いた人は四オンスのつもりで小麦粉一「カップ」としたのに、あなたはカップで六オンス分を計量してしまっ

＊（一五一ページ）専門的にいえば、「重量」というところを本当は「質量」というべきである。重量とは物体に作用する重力の大きさを指す（質量をm、重力加速度をgとすると、重量w＝mg）。そのため、月面での小麦粉一カップの重量は地球上よりずっと少ない数値になるだろう。それとは対照的に質量は環境にかかわらず一定である。小麦粉一〇〇グラムはつねに一〇〇グラムだ。「重量」という場合これが本当の意味なのだが、本書は純粋な科学の本というより実際のテクノロジーに関する本という性格上、不正確ではあるが、私はこの「重量」という言葉を日常生活で理解されているように「質量」と同義に使うことにする。

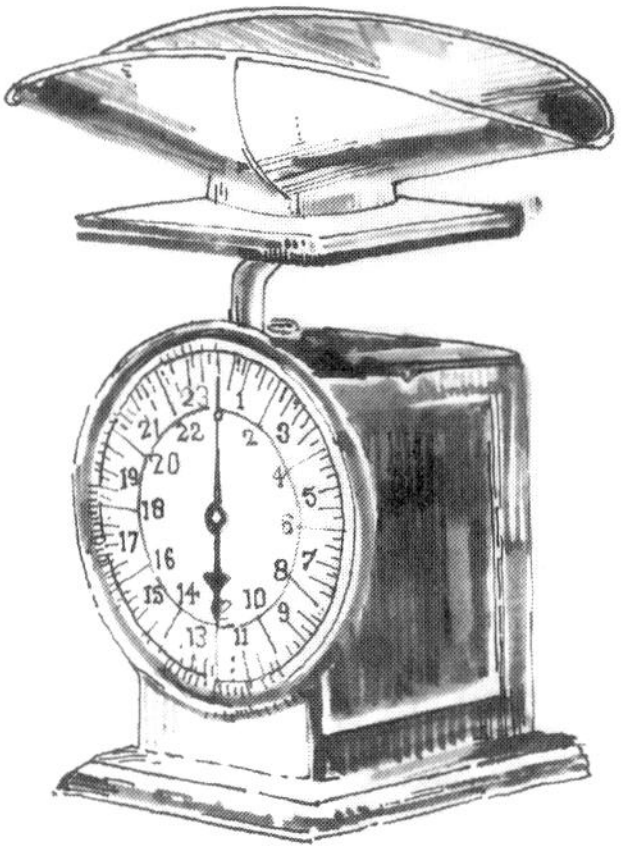

たとしよう。結局ケーキの焼き時間は一・五倍必要になる。容積と重量はここまでかけ離れてしまうのだ。

固形食材を容積で計量する問題はつまるところ圧縮と膨張の問題である。凍らせたり沸騰させたりしていない水の常態の密度は一定だ。密度をさらに小さくすることはできない。それに対し小麦粉の場合、カップに圧縮して入れることも、空気を含ませてふんわり入れることもできる。計測する前に小麦粉はふるいにかけることを条件にして、このへんの問題を打開しようとするレシピもある。どのくらいふるいにかければいいか、きちんと詳細に指示しているものもあるくらいだ。だが、小麦粉もいろいろあるので正確になる保証はない。粉ふるいでまたひと苦労。スプーンでふんわりすくって詰めて、山盛りふるいにかけてとあれこれ手間をかけた挙句、あっという間に量れる秤の正確さに達することもできない。

小麦粉以外の他の物質となると、カップ計量はさらに困難を極める。コメ、クスクス、オートミールといった穀類をカップで計量する場合、水と穀類の割合を容積で量りたいのならカップ計量は一番いい方法だろう。絶対量は二の次だから。コメやポリッジの場合、液体と固体の割合は一・二対一。クスクスでは同量。計量カップにクスクスを入れて鍋に空け、今度は計量カップに水かスープストックを同じ目盛りまで入れればいい。だが、ナスの賽の目切り五カップ（一ポンドに相当）とか、一口サイズに切ったレタス一〇カップ（これも一ポンドに相当）を量ろうとすると話は別だ。どういう手順で行なえばいいのだろう？　野菜を切りながら一切れずつ計量カップに入れていき、カップが一杯になるようにするのか、野菜を切り過ぎて余るかもしれないが、構わず一気に野菜を切ってしまうのか。賽の目切りの野菜はカップにぎゅうぎゅうに詰めるのか、それとも野菜同士のすきまを見越してレシピは書かれていると解釈するのか。あるいはこんなばかばかしい作業に付き合わされるのはまっぴら御免と、料理書を床へ放り投げるのか。

アメリカ人がカップに執着するのはじつに奇妙な話だ（実のところついに反旗の兆しが見えてきた。二〇一一年《ニューヨークタイムズ》紙に「キッチンスケール擁護の訴え」と題する記事が掲載された）。いろいろな点でアメリカはヨーロッパより合理主義の国のように思える。アメリカの都市の街路は碁盤の目のように区画が整理され、ロンドンやローマのようにごちゃごちゃしていない。一七九二年以降使用通貨となったドルは、きわめて合理的な通貨単位だ。お金に関してアメリカは（フランスを除く）ヨーロッパよりずっと早く有用な制度を確立させた。二〇世紀半ば、ローマでコーヒー一杯の支払いにイタリア・リラを使うのは、高等数学を解くに等しいものがあった。ポンド、シリング、ペンスを併用する複雑な通貨制度に固執するイギリスのロンドンで、ポット一杯の紅茶の支払いを済ませるのも楽ではない。一方、アメリカなら食料品店に買い物に入っても、十進法のセント、ダイム、ドルで簡単にお金の計算ができる。電話番号に至っても、アメリカは一〇ケタの数字にきれいに統一されている。アメリカの友人に言わせれば、イギリスの電話番号は「まごついてしまうほどごたまぜ」ということになる。なのにどうして料理となると、アメリカ人は理詰めを放り出して、カップ計量を押し通すのか。

度量衡の歴史の流れをたどって初めて、アメリカのカップ計量の意味が理解できるようになる。歴史的に見ると、計量の明確な基準は存在しないというのが（例外というより）決まりそのものだった。さらにカップ計量はもっと広範な測定法に属していた。その測定法の範疇においては今日よりもかなり理に適ったシステムだった。今日の混乱の元凶は中世イギリスにある。

「世界中で一パイントは一ポンド」という古いことわざがある。一時期そういう時代があった。イギリスではアングロサクソン時代〔五世紀の英国定住から一〇六六年のノルマンコンクエストまで〕、「ウィンチェスター単位」が制定された。ウィンチェスターは当時イギリスの首都だった。この制度は食物の重量と容量を等しいものとした。今まで何もなかったところに容量の単位を作り出す分かりやすい方法だったのだろう。

計量カップを使わずに、ある容器の正確な容量を突き止めるのは至難の技だ。そのコップにどれくらいの量の水が入っているか、どうしたら分かるだろう。別のコップに水を移しかえて二つのコップの水面の位置を比較することはできる。だが、二番目のコップにどれくらい水が入ったかどうすれば分かるだろう。次々にコップを換えても結局分からない。それなら重さの分かっている物質の容量を使って、特定の容量を定めた方がずっと簡単だ。そこで、小麦六四ポンドの容量を一「ウィンチェスター・ブッシェル」と定めた（小麦は小麦粉より密度のばらつきが小さく、比較的一定となる）。一ブッシェルは四ペック。一ペックは二ガロン。一ガロンは四クォート。一クォートは二パイント。結局のところ、ウィンチェスター・ブッシェルだと（小麦が）六四ポンドで、（水も）六四パイントになる。一パイントは一ポンド。これですっきりした。

このウィンチェスター・ブッシェルがただ一つの容量の基準だったら、万事うまくいったのだろう。ところが、中世になるとイギリスではこれに対抗するようにさまざまな物質に専用のガロンがいくつも登場した。ウィンチェスター・ガロン（コーンガロンともいう）の他にワインガロン、エールガロンも使われるようになり、それぞれ量が違っていた。エールガロンはワインガロンよりも量が多く（エールガロンが四・六二リットルに対し、ワインガロンは三・七九リットル）、あたかもエールはワインよりたいていたくさん飲むという事実を反映しているかのようだった。ものの測定法を考える時、陥りやすい混乱した理論といえる。

度量衡の基準が定まっていないと、当然受け取るべき量を受け取れない顧客が困るだけでなく（エール一パイントの容量が各州でまちまちだった）、物品税を徴収する国家にとっても頭痛の種だった。一二一五年のマグナ・カルタはこの不統一の問題に取り組もうとした。「国中でワインは一つの単位、エールは一つの単位、コーンは一つの単位とする」。この宣言は功を奏することなく、競合する単位はさらに増殖し続けた。一〇六六年から一七世紀末の間には、液量、穀量それぞれを指す一二種類以上のガロンが存在した。

一八世紀後半には、中世の計量単位の無秩序から抜け出そうとする動きが起こり、フランス革命後の一七九〇年代に、フランスはメートル法施行へと踏み出した。北極点と南極点を結んだ想像上の線、地球の子午線の長さを科学者が実測し、子午線の一〇〇〇万分の一を一メートルと定めたが、わずかな誤差から実際は少し小さくなっている。こうして、フランスは度量衡を十進法にするという原理を確立し、一七九五年のフランス革命暦の芽月一八日の法令で、新しい計量単位リットル、グラム、メートルを制定した。古臭い基準が入り乱れる状況を一掃したことは、フランスが近代国家へと、合理的で科学的で商業的な国家へと成長したことを意味した。道路網から角切りバターまであらゆるものが十進法に準じた。こうした革命の一環として一週間を一〇日とする試みまでなされた。この新しい度量衡制度のおかげで、生活は筋の通ったものとなった。朝食にグラム単位でパンを食べ、ミリリットル単位でコーヒーを飲み、十進法のフランとスーで金を払う。

アメリカとイギリスも独自の改革を実施したが、どちらもフランスほど革命的な変革を望まなかった。一七九〇年、ジョージ・ワシントン大統領は国務長官トマス・ジェファソンに度量衡改革案の作成を依頼した。当時十進法の貨幣制度を採用していた米国は、イギリスのクラウン貨幣と共にポンド、シリング、ペンスをすでに手放していた。ところが結局、連邦議会はジェファソンの度量衡改革案をどれも承認しなかったばかりか、その後審議に数十か月を費やした挙句何も決議できなかった。

イギリスの改革は一八二四年に始まった。つい最近まで戦争していた敵国フランスに追随し、メートル法に鞍替えするなど言語道断。あくまで基準が乱立する混沌から抜け出すことが目標なのだからと、一八二四年英国国会は穀量も液量も英帝国単位のガロンに統一することを決議した。新しい「英ガロン」は「特定の温度と圧力のもとで一〇ポンドの水が占める容積」と定義された。一ガロンは二七七・四二立方インチと定められたが、この数値は従来のエールガロンに近い。新ガロンが制定されると、パイント、クォート、ブッシェルといった単位の手直しは簡単だった。そこでことわざはこんな風になった。

世界中で一パイントは一ポンド〔一八二四年当時英国から独立していた米国人の主張〕。
ただし、英国だけは別
英国の水一パイントは一と四分の一ポンド。

英国は大英帝国と読み替える――この新しい帝国単位は英国が支配する世界の全地域で公布された。カナダ植民地のメープルシロップ一パイントはインド植民地のウイスキー一パイントと同じ容積だった。

これで度量衡の混乱は収まった、と思いきやそうはいかなかった。一八三六年にアメリカ連邦議会はついにアメリカ独自の基準を制定し、イギリスとは逆の道をたどる決議をした。新しい英ガロンを採用するのではなく、従来の度量衡でもっとも一般的だった二種類のガロンを使い続けることにしたのだ。穀量にはウィンチェスター・ガロン（別名コーンガロン）を、液量にはクイーン・アン・ガロン（別名ワインガロン）を。イギリスとは違う基準をアメリカが望んだことは理解できるが、イギリスの度量衡からの脱却を表明するのに、独自の近代的な単位ではなくイギリスの古臭い単位を採用したのは奇妙な話だ。アメリカ人は人間を月へ送るのにも、一八世紀のロンドンで使われていたパイントやブッシェルで考えていた。今日グーグル検索の時代となり、*The Joy of Cooking*（『料理の喜び』）〔アメリカ料理書のロングセラー〕のページを繰るよりネットのレシピで家庭料理を作るようになっても、アメリカの料理サイトは昔からのカップ計量で解説している。

その結果、台所でお互いに異なる単位を使う英米双方のばらばら状態はほぼ二〇〇年続いてきたが、一九六九年、ついにイギリスが正式にメートル国家に参加したことで、米国との溝はさらに深まった（もっとも、多くのイギリスの家庭ではいまだに英ガロンで料理している）。今日でも米国はフランスのメートル法を正式に採用しない国であるが、同様の国は世界中でリベリア共和国とミャンマー（ビルマ）だけだ。食材をグラムで量るヨーロッパのやり方は、アメリカ人にとってどこか人間的な温かみに欠ける冷たいもののように映る。だが、世界の他の国から見れば、アメリカのカップ計量はかなり分かりにくい。オーストラリアでは計量カップはメートル法の二五〇ミリリットルと定められたが、英国では半パイントの二八四ミリリットルと解釈されることもある。カナダでは二二七ミリリットルのカップが主流で、これはイギリスの帝国単位の八液量オンスに相当する。アメリカの計量カップの場合、こうした状況とは無縁で、一カップは二分の一米パイント、つまり二三六・五九ミリリットルである。

そう考えると、一八九六年に「すり切り計量の母」ファーマーがカップ計量を正確で優れた計量法と見なしたのはなぜだろう？　アメリカ人が重量計より容積測定を好む必然性はまったくなかった。ファーマー以前のアメリカの料理書を見ると、カップ計量と同じように、秤で重量を量る作り方も紹介されている。そのわけは、多くのアメリカの料理書が実際にはイギリス版で、ランデル夫人の *A New System of Domestic Cookery*（『家庭料理の新しい作り方』）（一八〇七年）といったイギリスのベストセラー料理書の再版だったからだ。だが、正真正銘のアメリカの本でも、レシピのほとんどは台所で重量計が使われていたことを示している。アメリカ国内でアメリカ人がアメリカ人のために出版した最初の料理書は、一七九六年のアミーリア・シモンズ著 *American Cookery*（『アメリカ料理』）である。シモンズは決まってポンドとオンスで解説する。七面鳥の詰め物には全粒粉パン一塊、「バター四分の一ポンド、塩漬け豚の細切れ四分の一ポンド」、卵二個、ハーブ少々。シモンズはアメリカの台所で伝統的な定番料理となるパウンドケーキのアメリカ流レシピも初めて紹介した。「砂糖一ポンド、バター一ポンド、小麦粉一ポンド、卵一ポンド（あるいは一〇個）、ローズウォーター一ジル〔四分の一パイント〕、お好みでスパイスを加え、焼き具合に注意しながら、弱火のオーブンで一五分」

アミーリア・シモンズのパウンドケーキはたいしたレシピではない。一五分という短時間は誤植に違いないし（私の経験ではパウンドケーキを焼くのにおよそ一時間かかる）、シモンズは生地の混ぜ方も教えていない（掻き混ぜながら卵は一つずつ加えていくのか、一度にどさっと入れてしまうのか）。いろいろ不備はあるにせよ、少なくとも一七九六年当時、アメリカ人は何の抵抗もなく秤の上にバターと小麦粉を載せていたことを、この本は示している。パウンドケーキはカップ計量全盛期となった後もずっとアメリカ人の好物だった。ファーマーもパウンドケーキをシモンズのレシピと似ていなくもない作り方で紹介している。ただし、ローズウォーターとスパイスの代わりにナツメグとブランデーを加え、「深鍋」で一時間一五分かかると妥当な時間を示し、ポンドの代わりにカップ計量で教えている。

アメリカでは一九世紀半ばにはカップ計量がポンドの座を奪いつつあった。最初に使われたカップは手近にある朝食用のコップやマグカップだったのだろう。インドからポーランドに至るまで伝統料理は今でもこんな風に計量するものがほとんどだ。これをコップ一杯、あれをカップ一杯とやっても困らない。コップやカップを使う前にもう何百回とその料理を作ってきたからだ。家族や身内ではない外部の人に料理の作り方を教える時、レシピがうまく伝わらなくて初めて問題となる。一九世紀アメリカで始まったカップ計量が今までの計量と違う点は、カップなら何でもいいというのではなく、特定のカップ、つまり基準となる正確な容積を持ったカップだけを使うようになったことだ。

なぜアメリカ人はこれほどカップが好きなのか。西部開拓時代の生活の表れと見る向きもある。当時人々は幌馬車に間に合わせの台所用品を積み込んで西へ移動したが、場所ふさぎの重い秤は持って行きたくなかったのだろう。この説には一理ある。フロンティアの定住は広範に及び、地元の鍛冶職人はカップなら簡単に作れただろうが、秤は工業製品なので、工場で造られ町で売られていた。おま

けに、開拓時代の食事はジョニーケーキのように即興で作る料理が多かった。ジョニーケーキとは、あれを手づかみでこれをカップでと量りながら、挽き割りトウモロコシとラードを放り込んで混ぜ合わせて焼いたこってりしたパンだ。

それでもアメリカ中が計量カップを採用した理由を、開拓者気質だけで片づけることはできない。その証拠に料理書で、計量カップは重量計に劣ったものではなく、むしろ優れているものとして扱われていた。がたごと揺れる幌馬車だけでなく都市の料理道具のそろった素敵なキッチンでも、カップは使われた。ベストセラー『アンクル・トムの小屋』を書いたハリエット・ビーチャー・ストウの姉キャサリン・ビーチャーは一八四六年に料理書 *Miss Beecher's Domestic Receipt Book*（『ミス・ビーチャーの家庭料理の本』）を出版した。その中で「本書は重量ではなく<u>カップ</u>で計量できるように書かれている分、作業がかなり楽になる」と述べている。読者は秤もカップも持っていることを想定したうえで、著者はカップの方が手軽と見なしている。初めての食材を扱う時はその食材の重さをあらかじめ量っておき、それからその食材の容積を「小さな計量カップ」で量るようアドバイスしている。そうすれば、二度目にその食材を使う時、秤で量る手間が省け、カップだけで量ればいいというわけだ。

カップ計量が優勢になった背景には料理道具そのものの事情があった。徐々に工業製品としての計量カップが登場するようになり、半カップ、四分の一カップといった容量の異なる計量カップが何種類も製造された。キャサリン・ビーチャーが念頭に置いていたのは、ごく普通のティーカップやコーヒーカップだが、一八八七年にサラ・タイソン・ローラは、最近「市場にブリキの小型カップ」が出回るようになったと記している。こうしたカップは「価格もまちまちで、……四分の一の目盛り付きカップと三分の一の目盛り付きカップの二個組みで」販売されていた。明らかにこれは今日でも使われている計量カップである。

今や料理書作家の間でカップ換算が一般的となり、秤を使わなくても料理することができるようになった。ボストンを拠点に活躍した人気の料理講師マリア・パーロウは一八八二年に「半パイント入る普通の料理用カップ」を使ってこんなカップ換算を示した。

小麦粉一クォートで、一ポンド。
バター二カップで、一ポンド。
液体たっぷり一パイントで、一ポンド。
グラニュー糖二カップで、一ポンド。
粉砂糖山盛り二カップで、一ポンド。
肉の細切れぎゅっと詰めて一パイントで、一ポンド。

この換算では言葉の解釈に問題が生じる。「ぎゅっと詰めて」とはどの程度ぎゅっと詰めるのか。液体一パイントの「たっぷり」と「少なめ」の違いは？　「山盛り一カップ」とは？

これに対し、ボストン・クッキングスクールでファーマー校長の前任者だったリンカーン夫人は、スプーン一杯とは一般に「山盛り、つまりスプーンのくぼみと同じくらい山盛りにする」ことであると、たいして役立つとは思えない言及ではあるが、限定条件をつけ加えることを試みた。ファーマーの業績は、こうした計量法から主観的解釈を払拭させたことだ。ナイフを使ってすり切り一カップにすることで、曖昧さや疑問もそぎ落とした。カップはもはやたっぷりでも少なめでも、山盛りでもぎゅうぎゅうでもない。「カップですり切り一杯、テーブルスプーン（大さじ）ですり切り一杯、ティースプーン（小さじ）ですり切り一杯」。この正確さにより、料理が科学の水準にまで高められたという感覚を人々は抱いた。

ファーマーの計量法は、これまでのたっぷりとか少なめといった計量法から格段に進歩したものだった。そう考えると、ファーマーがカップ計量そのものの不備を見落としていた点は大目に見ていいのかもしれない。ファーマーがすり切り計量に固執した背景には、遅くして料理の道を志した事情があった。一八五七年、ボストンの印刷業者の四人姉妹（五人目の女児は幼くして死亡した）の一人として生まれたファーマーは、家庭ではほとんど料理をしなかった。本人は他の三人と同じ教職の道に進みたかったのかもしれないが、高校生の時にかかった病気（おそらくポリオ）で一時期身体麻痺に陥り、その後も虚弱にして足が不自由となった。当分家から出られそうにないように思われたが、一八八〇年代、二八歳の時に家族の友人の家で、お手伝いの仕事に就いた。そこで料理に興味を持ったファーマーは、一八八七年にボストン・クッキングスクールへ入学した。当校は中産階級の女性に料理を教える全米でも新しい料理学校の一つだった。そこでファーマーは頭角を現したに違いない。七年後には校長に就任、白いキャップにくるぶしまである白いエプロン姿で料理学校を運営した。

ボストン・クッキングスクールは当時導入されたばかりの専用の計量カップを使ってファーマーに料理を教え、ファーマーはそれ以外の計量方法を認めなかった。ファーマーの指導方針は、文字通り教えられたようにルールに従いさえすれば、何でもできるという感覚を人々にもたらすことだった——絶対に服従すれば、絶対に上達するという全能感。料理修業を始めたのが遅かったファーマーは、必要な食材の分量や調理時間に関して、頼るべき勘というものをまったく持ち合わせていなかった。すべてはつまびらかにしなければならない。料理のつけ合わせのピーマンは長さ二センチ、幅一・二センチに切るという条件までつけている。

こうした発想が絶対に再生可能なレシピを生み出した。料理のことは何も知らなくても、「使える」レシピというわけだ。今日のイギリスにおける（「デリアのレシピが好きなのは使えるところ」といわれている）料理研究家デリア・スミスと同じ愛着を人々の心に喚起した。ファーマーのすり切り計量法に勇気づけられた人々が多かったことは間違いない。料理書は三六万部を売り上げ、刊行して数か月で三〇万部を突破した『アンクル・トムの小屋』に並ぶベストセラーとなった。計量カップと食卓用ナイフさえあれば、レシピに頼ることができる。ファーマーのレシピの人気の秘密は、何度やってもほぼ間違いなく同じものが作れるところにあった。

今日ファーマーの料理を作ってみたいかというと、また話は別だ。ファーマーの味は受け継がれる類のものではなく、本人のお気に入り料理は、スパゲティタンバール（ゆでたパスタにサケのすり身を加え、タンバール型で焼いたねっとりしたパスタ料理）、アボカドのオレンジ詰めにトリュフのつけ合わせ、コンデンスミルクがけといったものだった。そこで思い出されるのはエリザベス・デイヴィドの言葉だ。「レシピが使えるかということより、そのレシピで何が作れるのかということを見極める必要があるのではないか」

ファーマーはみずからの計量法に信念を持っていた。ファーマーの時代まで料理全般にわたる計量は比喩に基づく昔ながらの教えで成り立っていたが、これに真っ向から反対する考えがその信念の根底にあった。中世以来レシピを書く時は、バターの大きさならエンドウ豆、木の実、卵の大きさで、水の量なら指

の幅といった誰もが知っている物で示した。もっとも一般的な比喩は「クルミ大」だったようだ。ファーマーにすれば、カップ計量は正確さと厳密さにおいて指よりもクルミよりも優れた計量法だった。その考えは多くの点で正しかった。「卵大のバター」と教えられれば、合理的な考え方をする人はがっかりしてしまう。今日の食通サイトの料理法紹介コーナーには、家庭で作ろうにもクルミ大のパン生地の厳密な大きさが分からなくてがっかりしている人が大勢いる。クルミ大とは大さじ一杯分、それとも二杯分だろうか。

だが、数百年の間もっぱら料理の計量ではこうした比較が使われていた。一六七〇年、ハンナ・ウォリは著書 *The Queen-Like Closet, or Rich Cabinet*（『女王さまのようなクローゼット、豪華な食器棚』）の中で「パンケーキが立つくらいぱりぱりに」作れるレシピを紹介している。その全文を読むと「フライパンで一〇枚か二〇枚作る。大きさはコーヒーカップのソーサーくらいにする。今度はそのパンケーキをラードの中でゆで、黄金のように黄色くなったら食べ頃である」。ファーマーにいわせれば、これはレシピではない。パンケーキの生地の作り方、焼き時間、ラードの熱し加減やその分量、一度に「ゆでる」パンケーキの枚数、油の切り方。こうしたことをウォリは一切教えていない。

パンケーキの作り方にすでに自信のある者でなければ、ウォリの指示では途方に暮れる。だが、長年パンケーキの生地作りや揚げ物の経験を積んできた者にとっては面白いレシピだ。「ソーサーくらいの大きさ」とか「黄金のように黄色く」といった空想的なイメージは、よく料理を作っている者には意味が分かる。二度揚げしたパンケーキというのも結局のところ耳慣れない。パンケーキとドーナツが合体したような、いかにもコレステロール値が上がりそうなレシピだし、「パンケーキが立つくらいぱりぱりに」作りたい者にだけ役立つレシピだ。

一九世紀になるまで、ほとんどすべてのレシピはウォリのような計量法だった。料理法を伝授するというのではなく、台所仕事を熟知した者の記憶を補う類のものだ。こうした理由もあって、昔のレシピから料理を作ることはとても難しい。分量も分からなければ、当時の料理の常識も分からない。例えば古代ローマにこんなレシピがある。アピキウスの「すり潰し野菜」の作り方だ。

レタスの葉とタマネギをソーダ水に入れて加熱する。［水気を］搾り、細かく刻む。ラビッジ、セロリの種、乾燥ミント、タマネギをすり鉢ですり潰し、スープストックと油、ワインを加える。

細かいところまで書いていないが、これだけでおぞましい感じがする――ゆでてどろどろになったレタスと、レシピの最初と最後の二種類のタマネギ。分量とゆで時間次第で料理は雲泥の差となる。ラビッジ、セロリの種、乾燥ミントはみなアニスの実のような刺激性のある香辛料だ。一つまみあれば十分で、スプーン一杯など言語道断。強い香辛料同士で絶妙なバランスが取れたのだろうと、古代ローマ料理を弁護する人もいるが、その主張が正しいかどうか知る術はない。

分量の記述がまったくない、こうしたアピキウスのレシピに比べれば、「クルミ大のバター一個」は大きな進歩だった。曖昧に聞こえるが、相対的に述べているので存外曖昧ではない。計量はいつも比較の形を取る――定められた基準と測定される対象との比較だ。古代社会で、人間の体の寸法から比較が始まったのは自然の成り行きといえる。メソポタミアのシュメール人は人間の手を基に長さの単位を発明した。小指の幅、片手の幅、手を開いた時の親指の先から小指の先までの距離。ギリシャ人の基本尺度はダクテュロス（daktylos）で、指一本の幅である。大人の肘から中指の先端までの長さは一キュービットとした。

ギリシア語のダクトュロス（daktylos）を語源とするのが、ディジット（digit）〔指幅〕である。

台所の料理でもまったく同じ。指はいつも傍にある尺度であり、文字通り手軽な尺度だ。「マジパンを指四本分」と一五世紀を代表する料理人マエストロ・マルティーノは述べている。一九世紀後半のイタリアの料理書のベストセラー作家、ペッレグリーノ・アルトゥージのレシピの一つは、こんな乙な書き出しだ。「長くほっそりした指の長さほどのズッキーニを用意する」。指で肉を突いたり、ペストリーの形を作ったり、パン生地をこねたりといった触る作業を特徴とする台所仕事を反映して、指が尺度に使われた。

指があるなら、手だってある。今日までアイルランド人はソーダブレッドを作る時、小麦粉を一つかみ二つかみと量り、他の方法は使わない。人間の手の大きさはまちまちなので、それではうまく作れないように思えるが、一貫して一人の人間の手で計量するところがミソである。手づかみ計量は絶対尺度にはならないかもしれないが、比率の原理がうまく働く。比率とは他のものに対する一定の割合のことだ。一人の人間が同じ手を使って小麦粉などの食材をすくう分には、比率には一貫性があり、ソーダパンは膨れるだろう。

一部の栄養士は今日でも割合をはじきだすのに、人間の手を単位に使う。大人が摂取するタンパク質の割合を大人の手のひら（五本の指は勘定に入れない）とすれば、子供のタンパク質は子供の手のひらの割合になる。料理ではいろいろな面で絶対尺度より比率の方が好都合だ。何といっても作る料理の人数分にレシピの量を合わせやすい。フードライター、マイケル・ルールマンは最近、全編比率に基づく料理書を執筆した。料理の比率を知れば、「たった一つのレシピを知っているだけとは思えないほど、即座にレシピは一〇〇〇にも広がる」と主張している。例えば、パン作りの割合は、小麦と水が五対三。それにイースト菌と塩を加える。この基本割合をちょっとひねれば、ピザ、チャバッタ〔イタリアのパン〕、サンドイッチパンにも使えるし、一斤から何斤まででも量れる。アイルランドのソーダパンと違い、ルールマンは手づかみではなく正確な重さから比率をはじき出すが、その原理は同じだ。

人間の手の尺度を開発し尽くした人々は、今度は身近な物質へと目を向けた。中でも、どこにでもあるクルミは際立つ存在だ。「クルミ大」という言葉は、ロシア、アフガニスタン、イギリス、イタリア、フランス、アメリカと広範にわたり今日まで使われている。その表現は少なくとも中世に始まり、ニンジン、砂糖、パルメザンフリッター、クッキー生地、ナッツペースト、中でもバターの分量を言い表すのによく用いられてきた。計量単位としてクルミがこれほど重宝されるのはなぜか。

手のひらで殻つきのクルミを握った時の感触を想像すれば、その理由がはっきりする。クルミは指のように身近な存在で、誰もがその形を知っていたのだろう。「クルミ大」といった方が漠然と「木の実の大きさ」というよりよっぽど分かりやすい（「木の実の大きさ」では何の木の実か分からない）。年に一度クリスマスにしかお目にかからなくても、クルミの大きさならかなり正確に現代人でも推し量ることができる。いろいろな形や大きさのあるリンゴやナシと違い、クルミはみんな似たり寄ったり。確かに一風変わった小粒のクルミもあって、有名なのがフランスのノワ・ノワゼット（noix noisette）である。ヘーゼルナッツくらいの大きさしかない。だが、たいていクルミといえば、ペルシャグルミのことを指す。ペルシャから古代ギリシャへ伝播して栽培されるようになり、四〇〇年には中国へ伝わった。中世フランスでは重要な農産物だったが、イギリスへもたらされたのは一五世紀になってからのことである。脳みそを思わせる形状のペルシャグルミの実は油分たっぷりで豊かな味わいがあるが、とりわけ大きさの粒ぞろいな点が素晴らしい。直径はおよそ二・五〜三・五センチ。手にすっぽり収まる大きさだ。スプーンにクルミを載せたところを想像し、クルミをバターに置き換えてみると、ぴったりちょうどいい。少なめでもたっぷりでもない。

バターを使うレシピにクルミは打ってつけの尺度だ。一八二三年、メアリー・イートンはホウレンソウのシチューに「クルミ大の」バターを使い、一八六一年、ビートン夫人はランプステーキを焼くのにクルミ大のバターを勧めたが、ファーマーなら、バターが実際にクルミの大きさかどうして分かるの？と反論するかもしれない。だが、料理の腕に覚えがあると、こうしたことは気にならなくなる。「クルミ大のバター」という喩えは、（一部の焼き料理以外）ほとんどの料理の場合、多少の食材の分量の違いは問題にならないことを物語っている。

だが、必要な分量はいつもクルミの大きさとは限らない。計量表現は身近にある他のものにも及び、その幅は広がった。喩えは時代や地域により移り変わる。エンドウ豆はよく使われる表現だ。ナツメグもよく使われ、ティースプーンくらいの量を意味する言葉となった。一七世紀には弾丸、テニスボールといった比喩も登場した。コインもよく引き合いに出され、イギリスならシリング硬貨やクラウン硬貨などが使われた。アメリカでは一ドル銀貨サイズのパンケーキがお目見えした。

このような比喩の計量から、昔の人々の家庭生活が垣間見える気がする。ナツメグや弾丸、硬貨、テニスボールはすべて一般に流通しているものであり、当時の人の想像力の一端を知ることができる。こうした計量法は「科学的」ではないが、他の人が理解できる言葉で料理の作り方を説明しようと知恵を絞った料理書作家の労が偲ばれる。一九世紀後半のロシアのエレーナ・モロホヴェッツのレシピには比較計量の表現が満載だ。ペストリーを巻く時は指一本分の厚みに、あるいはルーブル銀貨二枚分の厚みにする。ショウガは指貫《ゆびぬき》の大きさに切る。パン生地はリンゴの野生種の大きさに。バターは（いわずと知れた）クルミ大で。

私たちが今でも使っている計量の喩えもある。野菜は「賽の目」に切る。昔の料理人ロバート・メイが牛の骨髄を「大きな賽の目」に、ナツメヤシの実を「小さな賽の目」に切ると使っていたように、この表現は古くからのものだ。家庭でハンバーグを作る時の挽肉の大きさを伝えるのに、ジェーミー・オリヴァーの頭に浮かんだ表現は、クルミでもリンゴの野生種でもなく、クリケットのボールほどの大きさに、だった。

計量はほんの序の口だ。料理で定量化するのが一番難しいのは時間と熱である。

「左手を出して」とカナダ人シェフ、ジョン・カデューは私に言った。いかにも相手を従わせることに慣れた人間の声の響きだ。ロンドンのイングランド銀行に程近いステーキハウス、グッドマンシティの明かりを落としたテーブルに私たちはいた。カデューはここの総料理長である。ステーキ談義をしていたところ、「今度は右手の人差し指を出して」という。左手のひらの親指のつけ根、肉付きのいい部分を右手で触って肉の焼き具合を指南する。「レアステーキはこんな感じだ」。左の軟らかい親指のつけ根に右の人差し指が沈み込む。押し返す弾力のない生肉のよう。「では、左手の人差し指と親指をくっつけて、もう一度左手のひらの同じ部分を押してみる――これがミディアムレア。さらに中指もくっつけると、ミディアム。薬指もくっつけるとミディアムウェルダン。小指も全部くっつけると、ウェルダン」。指を一本足すごとに、フライパンで焼くステーキのように親指のつけ根が硬くなっていくのが分かる。感服した。髪を短く刈り込んだ三〇過ぎのカデューは、高級ステーキハウスで働いて七年あまりのキャリアを持つ。椅子の背に身をもたせると、にやりと笑った。「これも熟練シェフの技さ」

店内には最先端の炭焼きオーブン（一台一万三〇〇〇ポンドするオーブン）二台を完備。次々に入る客からのステーキの注文をさばくため、数え切れないほどのデジタルタイマーがずらりと並び、金に糸目をつけぬ最高品質の肉用温度計もそろえてある。（あらゆる修業を積んだ上でさらに）最低二週間の料理研修を積ませてからでないと、シェフたちに店のステーキは焼かせないと、カデューは語る。肉の各部位、肉の各焼き具合に必要な正確な温度をシェフたちは覚えなければならない。カデューは焼き具合を判断する物差しはいろいろ持っているが、「温度計は好きではない」という。「僕はロマンチストだからね」。何千回とステーキを焼いてきた彼は、焼けているかどうかステーキの感触と見た目で即座に判断できるのだ。

これだけの腕前なら十分うまくいく。ただしそれは自分の専門知識を弟子たちに伝える必要に迫られるまでのこと。教える段になってカデューは温度計嫌いをやめた。自分一人なら計測機器など必要ないが、部下たちには名人の勘を習得するまでの支えとして計測機器を使わせている。中世の料理長にとって、こうした料理技術の伝授はもっと難しい問題だった。カデューと同じ料理の実践技術を持っていても、デジタル機器やタイマーに頼ることができなかったのだから。料理ができたとどうしたら分かるのか。見れば分かる。これでは、「見ても分からない」人に極意を説明したことにならない。そこで、翻訳作業のような一連の解読が必要となる。幸い、中世の料理頭はカデューの二週間の研修よりもずっと長い期間、弟子たちに計測の手ほどきをすることができた。弟子の多くは子供の時から働き始め、何年もの間調理のタイミングやコツを観察しながら覚えていった。

料理はつねに時間を計る必要がある。今日では壁で静かに時を刻むキッチン時計など気に留める人もいないが、テクノロジーとしてなくてはならないものである。一八世紀には確かに使われていたが、いつから台所で使われるようになったのかはよく分からない。時を計る装置は中世や近世の初めまで台所で一般的でなかったことは、時間の単位（分）ではなく祈禱文で料理時間を示すレシピが多いことから推察できる。クルミの保存法を伝えるフランス中世のレシピでは、クルミのゆで時間は「ミゼレレ」（わたしの咎《とが》をことごとく洗い罪から清めてください……）〔新共同訳、詩編第五一編四節〕を唱える時間で示されている。およそ二分だ。一番短い時間の尺度は「アヴェ・マリア」で二〇秒そこそこ。このようなレシピは中世フランス社会の隅々にまで宗教が浸透していたことの表れともいえるが、時計が貴重品で希少なものだった当時、こうした時間を計る祈禱文はきわめて実用的な手段だった。クルミ大のバターのように、祈禱文の所要時間は共有された情報だった。教会で人々が声を合わせて祈るので、唱えるテンポを誰もが知っていた。「加熱しながら攪拌してソースを作るにはラテン語の主の祈りを三回唱えよ」、「弱火でブロスを作るにはイエスが弟子たちに教えた主禱文を三回唱えよ」と教えれば、人々はその時間が分かった。こうしたレシピはあの世のことを語るどころか、「人が九・六キロ歩くのにかかるのと同じ時間、混合液から固形物を沈殿させせよ」と書かれた世俗的なレシピよりも、よっぽど現実的なアドバイスだった。時間の尺度として祈禱文は何世紀もの間使われた。このような時代は注意深く観察しながら機転をきかせ、料理を焦げることなくうまく調理しなければならなかった。

時間は祈禱文を唱えて計ったが、熱は痛みを感じて測った。オーブンの熱を調べるためには手を突っ込む。今日でもヨーロッパの田舎でパン職人はこうした方法で測っている。オーブンの中に手を入れて、パンを焼いてもいい熱加減か（凄まじい高熱か）を痛みの程度で判断する。

ここから一段階進歩したのが紙でテストする方法で、一九世紀の菓子職人の間で使われた。燃料をくべながら凄まじい高熱にして測るのではなく、オーブンを冷ましながら段階別にきめ細かに低い温度を測っていくのがミソだ。バターや砂糖を多く含んだケーキやペストリーは、パンよりも焦げやすいのでこうした方法が向いている。オーブンの底に置いた白いキッチンペーパーに付いた色で、温度の段階を判断した。オーブンの中にキッチンペーパーを置いて、オーブンの扉を閉める。紙が燃えてしまえばオーブンの温度は高過ぎる。一〇分経って、また別の紙を入れる。燃えなくても黒焦げなら、まだ温度は高過ぎる。さらに一〇分後、三枚目の紙を入れる。火が付くことなく焦げ茶色に変われば、砂糖シロップをかけた小さなペストリーにはちょうどいい熱加減だ。これは「焦げ茶色の紙の熱」と呼ばれた。

それ以外の熱の種類と用途については、一八六七年、フランスのジョケクルブ・ド・パリ(Jockey-Club de Paris)〔当時のフランス上流階級の集まり〕のシェフをしていたジュール・グッフェがこんな解説をしている。焦げ茶色の紙の熱から二、三度下がったものが「薄茶色の紙の熱で、ボローバン〔肉や魚などをパイ生地に入れて焼いたもの〕、パイ皮、タンバール型のパイケースなどに向く」。さらに温度の下がったものが「濃い黄色の熱」で中温、大型のペストリーに最適。最後に「淡い黄色の紙の熱」となり、グッフェによると「マンケ、ジェノワーズ〔共にスポンジケーキの一種〕、メレンゲ菓子を焼くのに適している」という。この方法から派生したものに小麦粉テストがあった。オーブンの底に一つかみの小麦粉を撒いて同様に判断する。四〇秒まで数えることになっていて、小麦粉が徐々に焦げ茶色に変われば、パンを焼くのにちょうどいい温度というわけだ。

手探りで熱の高低を調べる方法は、二〇世紀にサーモスタット付きオーブンが普及するとたちまち消えてしまった。サーモスタットはもっと早くキッチンに導入されてしかるべきだったテクノロジーの一つといえる。科学者はいろいろな温度計を開発した。早くも一六世紀にガリレオは気温を測る装置を作っている。一七二四年にファーレンハイトは温度尺度を作り出し、一七四二年にセルシウスは別の温度尺度を生み出した（水の沸点を一〇〇度、氷点を〇度とした）。台所は水を沸かし氷を作る場所だったにもかかわらず、何百年もの間、ケーキを作る温度は何度かという問題に温度計を活用しようとは誰も思いつかず、一八七〇年代まで温度計は天候絡みで語られるのがもっぱらだった。一八七六年、イギリスで「太陽がぎらぎら照りつける七月」にクリケットの試合が行なわれ、「日向の温度計はカ氏一一〇度を示す」と《ニューヨークタイムズ》紙は報じているが、台所に入れば、人々は「濃い黄色の熱」「淡い黄色の熱」といって満足していた。

世紀の変わり目になってようやく、人々は温度計が料理に役立つと思い始めた。アメリカ製新型オーブン「新ホワイトハウス」は、「厳密に分刻みで……温度を測るための」オーブン温度計が付いていることを売り物にした。完全一体型温度計付きガスオーブンが市場に登場したのは一九一五年のことで、一九二〇年代には電気による温度自動調節器付き電気オーブンが発売された。だが、すでに電気オーブンを購入していた人にとって一番手っ取り早い方法は、単体のオーブン温度計を買って、持っているオーブンに取りつけることだった。

こうした最新のオーブン温度計が市場に出回るようになって初めて書かれた料理書の一つに、サラ・タイソン・ローラ著 *Mrs. Rorer's New Cook Book*（『ローラ夫人の新しい料理の本』）（一九〇二年）がある。著者のローラ夫人はフィラデルフィア・クッキングスクールの校長で、料理指導歴二〇年の人物だ。ローラはこの新しい計測機器をまさに手放しで歓迎している。著書の中で、わずか二ドル五〇セントで買える温度計が、「気遣いや当て推量といったすべての気苦労から解放してくれる」と述べている。「温度計を持っていないため、オーブンの熱を（きわめて不十分な方法で）当て推量」しなければならない人々について語るくだりには、いち早く取り入れた人間ならではの哀れみの響きがこもっている。レシピはすべてカ氏で書かれている（ただしセ氏への換算法も付記された）。この新製品の保証する正確さに大いに満足したことは明らかで、ローラは温度計を焼きたてのパンやゆでたばかりの肉に差し込んだ（「肉の真ん中まで温度計を突っ込むと、驚いたことにカ氏一七〇度以上にもなっていないことが分かる」）。フィラデルフィアの伝統料理のカキフライが好物だったローラは、今までは熱した油の中に小さく切ったパンを一欠片入れて、からっとキツネ色に揚がるか確かめていたが、もはやそんな手間は一切不要で、温度計があれば油の適温は一目瞭然だった。とりわけオーブンの熱を測るのに温度計は重宝した。火力はガス、石炭、薪、何であろうと「近代的なレンジ」に温度計が付いていれば、ずっと火の傍にいて様子をうかがいながら、「オーブンの熱を確かめるのに不十分な方法」を使う必要はまったくない。様子を見て「オーブンが低温か中温か高温か」を推測する気苦労ともさようなら。ようやく人々の肩の荷が下りた。新しい温度計の登場で、やきもきする時代は終わった。

ジャガイモを焼くにはカ氏三〇〇度で四五分かかる。四〇〇度なら二〇分で、表面が硬くなって焦げ色がつく。オーブンの温度が二二〇度しかなければ、一時間一五分～一時間三〇分かかる。

悩みは消えた。ファーマーのカップ計量のように、個人で裁量する余地はなくなったのだ。紙切れに目を凝らし、もうすぐ黄色になるか茶色になるかと考える必要はなくなった。システム通りにやりさえすれば万事うまくいく――誰か他の人が作った基準ではあるが。

ネイサン・ミアボルドがオーブンのサーモスタットを調べたところ、「従来のオーブンのほとんどすべての数値は間違っている」ことが判明した。平均的なサーモスタットの誤差はきわめて大きいため、安心できると思うのはただの錯覚にすぎない。私たちが信頼していた温度計の目盛りは実際のオーブンの中の状態を反映していない。ミアボルドはオーブンのサーモスタットを「期待外れの」テクノロジーと呼ぶ。

そうなる理由の一つに、サーモスタットが乾燥した熱しか測定できず、湿度を感知できないことがある。ロースト、パン焼き、蒸し焼き、何であれ、調理法にオーブン内の湿り気が大きな影響を及ぼすことは私たちも知っているし、それによって調理時間にも影響が出ることも知っている。だが、ミアボルドに指摘されるまで、湿度を測定しようと考えたことはなかった。天パンのラムの脚にコップ一杯のワインを振りかけた場合、オーブンのサーモスタットでは調理時間が計れない。焼けたオーブンの底に差し水をすれば、パンの表面がどれくらい軟らかくなるかも測定できない。

それだけではない。最大の欠点は、家庭用のサーモスタットのほとんどが乾熱さえも正確に測れないことだ。サーモスタットは、その昔医者が使っていた水銀温度計とよく似ていて、液体の詰まった感知器の目盛りを読む仕組みになっている。その感知器の位置が、実際のオーブンの熱を正しく示せない場所に設置されている。ミアボルドが一番嫌う感知器の位置は「オーブンの壁の裏側」で、これではオーブン本体の温度よりずっと低くなってしまう。オーブン内のへこみ部分に取りつけた方がいい。それでも完璧とはいえず、料理がセンサーから離れるほど温度は不正確になる。家庭用オーブンのサーモスタットは乾球温度で「セ氏一四度（カ氏二五度）も」誤差がある。これでは料理のでき具合が左右されてしまう。どのオーブンにも特有の焼きむらがある。自分のオーブンを正しく使いこなす秘訣は、オーブンを温めながら、いろいろな位置にオーブン温度計を置いてみて、実際の測定値を書き留め、料理に活かすことだ。

ごく平均的な家庭料理を作る場合、温度計付きのオーブンを使うのが現実だ。自分のオーブンの熱が上がり過ぎるかなかなか上がらないか、そのクセを飲みこめば、楽器をチューニングするようにダイアルで微調整すればいい。だが、この種の大ざっぱな調整は、二一世紀初めのモダニスト料理のレストランでは通用しないだろう。こうした厨房では想像を絶するまでに正確で厳密な測定器が重んじられている。今は閉店してしまったスペインの料理店エル・ブリのフェラン・アドリアの料理スタイルを踏襲するシェフは、大量（最大四キロまで）であれ微量（最小〇・〇一グラムまで）であれ、いつも決まってきっちり正確に測る能力が求められる。ほとんどのキッチンスケールはデジタル式であっても、こうした厳格な基準にはとうてい及ばない。それを解決するにはスケールを一つではなく二つ組み合わせて使うことだ。二つとも研究実験用の水準を満たし、一つは大量計量用、もう一つは微量計量用のスケールにする。

モダニスト料理の世界では、重量と温度を測定するだけでは事足りない。こうしたハイテク料理人は料理領域の新天地を開拓する探検家のようなものだ。トウガラシの辛さ（スコヴィル値で測定可能）から、お気に入りの極低温冷凍庫の温度に至るまで、あらゆるものを定量化したいと希求する。フルーツピューレの酸味を調べたいと思ったら、自分の舌は使わずに電子pHメーターをさっと取り出す。どんな流体の酸性・アルカリ性の度数も即座にぴたりと表示する装置だ。ソルベの糖度を測定するには屈折計を使う。光が物質を通る時の屈折率を測定する。液体の密度によって光の屈折率が異なるので、シロップの甘さが分かる（甘いほど密度が高い）。このテクノロジーは、一八世紀以降、醸造業者やアイスクリーム製造業者の間で使われていたサッカロメーターから一歩前進したものだ。サッカロメーターは目盛りの付いたガラス球で、浮力の原理を使って糖度を測った（ガラス球が上に浮かぶほど、物質の甘さが増す）。それ以前の時代では、ハチミツ業者はハチミツの中に殻を割った卵を落とし、卵が浮かんだら十分甘いと判断した。

今日のシェフたちはこれまで誰も測定しようと思いつかなかったものまで測定している。例えば、理想のフライドポテトを作るため、ジャガイモに必要な厳密な水分量を測る。イギリス、バークシャー州にある料理店ファット・ダックの革新的シェフ、ヘストン・ブルメンタールは、三重に調理したフライドポテトを誇りにしている（まず水で調理し、次に真空調理器で調理し、最後にアメリカホドイモ油で揚げる）。私は一度だけ食べたことがあるが、飛びきりカリカリに仕上がっていた）。「サクサク感が一定の」完璧なフライドポテトを作るには、ジャガイモの乾物率が約二二・五パーセントでなければいけないことを突き止めた。ブルメンタールはこう指摘する。「問題は、ジャガイモの水分含有量が目で見ただけではなかなか分からないことだ」。その解決法が「乾物率」という特別な尺度である。生のジャガイモの小さなサンプルの調理と重量計測を同時進行させて、水分量を決定する尺度だ。そうすれば、調理済みのジャガイモと生のジャガイモの重量の違いが分かり、水分の蒸発分が分かる。

プロのシェフが確実に料理の結果を出すために、こうした計測が大きな力になっていることは間違いない。三重に調理したフライドポテトなら間違いなくつねに均質になることをブルメンタールは知っている。だが、平均的な家庭料理の目指すものが超厳密な世界なのかは私にはよく分からない。ヘストン・ブルメンタールのレシピの一つをご紹介しよう——彼が「海の音色」と名づけたレシピの一部、「砂」である。材料はグレープシードオイル一〇グラム、シラス（イワシの稚魚）二〇グラム、食青二グラム、炭化野菜パウダー三・五グラム、「特製味噌油」一四〇グラム、それによく分からない材料諸々。こうした特殊な材料を実験室で使うようなスケールで計測した末に、ソテーしたり挽いたりすると、ついに味わい豊かな砂のようなものができあがる。総じていたく怖気づいてしまうレシピだ。

炭化野菜パウダーを持っているとしても（台所の棚をくまなく探してみたがあいにく見つからなかった）、材料を三・五グラム計量するテクノロジーも忍耐強さも、私は持ち合わせていない。これはあくまで数学的な料理法だ。すべてが定量化され、偶然の余地がなく、バリエーションや判断の入るすきがない。何度作ってもまったく同じ（で時には人々をあっと言わせる）結果を出したいレストランシェフにとって、ブルメンタールの料理法は大いに意味がある。料理という舞台を知り尽くした達人ブルメンタールにとって、すべてが一分の狂いもなく行なわれてこそ、パフォーマンスは活きてくる。だが、家庭料理の使命は違うところにある。大切なのは狂いのないコントロールではなく柔軟性だ。

食青の代わりに別のものを使いたいと思ったら（いっそのこと食青を入れたくないと思ったら）？　ブルメンタールのシラスよりしょっぱかったら？　だが、そんなことを考えても無駄だ。このレシピの類に思い当たるものが浮かばない私には、ひねりをきかせて微調整する術がない。料理をする普通の人は、こうした計量過多の数字の洪水にあっぷあっぷしてしまう。ブルメンタールの計量は正確、厳密、一定だからといって、誰も簡単だとは言わないだろうし、そもそも簡単にする意図で作られた調理法でもない。こうした計量は、食の道をありきたりでない新たな方向へ突き進む野心を持った彼のようなシェフたちのためにある。

それに引き比べるとファーマーのカップ計量はいかにも古い。これまで見てきたように不備はいろいろあるものの、この計量法には一つ大きな美質がある。カップを使って料理することを覚えた人が、自分にもできるという静かな自信を抱けることだ。正確さ、一定不変という点では劣るかもしれないが、素晴らしく簡単な計量法である。小麦粉をすり切り三カップ計量するよう言われたあなたは、それなら私にもできると思う。すくって、さっとナイフを滑らせる。すくって、さっと。一杯目、二杯目、三杯目。カップで計量する方法は、最低限の料理道具しかない台所で、数の数え方を覚えたばかりの子供でもできる技術の要らない計量法だ。

ファーマーは料理の世界に入ったのが遅かったからこそ、台所でまごつく気持ちを覚えていた。すり切りのカップ計量でみずから自信を取り戻し、その自信を今度は読者へ温かく伝えてくれた。ブルメンタールのレシピが求めるものは驚愕、当惑、果ては嫌悪であるのに対し、ファーマーは、みずからの教えが「多くの人々の目を輝かせる」ことを願った。その著書を買って読んだ多くの人々には、がっしりした赤毛の女性がカップを握って料理しながら、友達のようにやさしくささやきかける声が聞こえたに違いない——私についてくれば大丈夫よ。ファーマーのカップ計量は期待通り厳密ではなかったかもしれないが、ファーマーは何よりも大切なことをよく理解していた——台所の計量技術は計量を行なう本人にふさわしい方法でなければいけない。ほとんどのシェフやフードライターは長年料理をしてきたので、簡単なレシピにでも面喰らってどうしていいか分からなくなってしまう気持ちを忘れてしまっている。

二〇一一年にコメの輸入業界でトップ企業のティルダは、約五〇〇〇人のイギリス人フォーカス・グループを使って、一般のイギリス人がコメを買わない要因を調査した。そこで分かったのは多くの家庭にキッチンスケールがないことだった。持っていても、多くの人に恐怖心があった——計量を間違えるのではないか、人数分より多く作ってしまうのではないか、調理に時間がかかり過ぎるのではないか。こうした恐怖心があればスーパーで一番小さい五〇〇グラムのコメ袋でも多くの人は買わないと、フォーカス・グループの面々は打ち明けた。リスクが大き過ぎるというのだ。これとはまったく対照的なのが、イギリスのアジア人地区に住む消費者だ。店頭売りのバスマティ米を二〇キロ袋で買って帰り、自信たっぷりに楽々調理する。母や祖母がやっていたのを見て育った彼らは、同じように正しい水の量を測るのにいつも親指を使う。釜の底に親指を立てて、研いだコメの量を指の関節で測る。それからコメの表面に親指の先を立てて、同じ関節の位置まで水を注ぐ。こうするだけでコメが水を吸ってぱらぱらのおいしいご飯が炊き上がる。ここで使われるテクノロジーはコツの一言に尽きる。親指ならみんな持っている。持っていないのは親指さえあればできるという自信だ。

自信のなさから、前代未聞の奇妙な計量スプーンまで登場した。大さじ、小さじではなく、レシピにはダッシュ(dash)〔少量〕、ピンチ(pinch)〔一つまみ〕、スミジン(smidgen)〔微量〕、ドロップ(drop)〔一滴〕と明記してある。ゆったり構えてコンロの前で調理している人ならば、レシピの「微量」(smidgen)に正確な数値を当てはめることなどできないと思うだろう。そんなのみんないい加減にやっているんだから。ところがこうした料理用語には今や専門的な定義がある(このタイプの計量スプーンが初めて製品化されたのは二〇〇〇年代初めである)。

ダッシュ(dash)=小さじ八分の一(〇・六二五ミリリットル)
ピンチ(pinch)=小さじ一六分の一(〇・三一三ミリリットル)
スミジン(smidgen)=小さじ三二分の一(〇・一五六ミリリットル)
ドロップ(drop)=小さじ七二分の一(〇・〇六九ミリリットル)

こうした市場が存在するのは、塩一つまみを一回一回計量しなければ安心できない人々がいるからだ。もっとも、料理経験の長い者から見れば、たった一滴（drop）を計量するという発想は行き過ぎに思えてしまう。

キッチンの計量に対する考え方は二極化の傾向にある。片や、創造的精神で料理をする人々は決して重量や容積を計量したりしないと主張する。そんな人にレシピを訊ねても「料理の本なんて見たことないから」と軽くかわされてしまうだろう。たとえレシピを見ていても、分量はいい加減に済ませてしまう。料理を作ることはあくまで発明であり本能。料理は芸術であり数値に還元することはできないというわけだ。その対極にあるのが、何でも正確な数字を当てはめなければ気が済まない人々。レシピとは揺るぎない公式であり、みだりに変更してはならないと考える。レシピがダブルクリーム〔乳脂肪分の多いクリーム〕三二五ミリリットルとなっていて、一カートンに三〇〇ミリリットルしか入っていなければ、二カートン買って不足分を補わなければ気が済まない。レシピにタラゴン〔ヨモギ属のハーブ〕と書いてあれば、チャービル〔セリ科のハーブ〕で代用しようとは夢にも思わない。この後者の人々は自分たちのやっていることは科学的であると考える節がある。計測を徹底して料理をきっちり作れば、より科学に近づくという考え方だ。

おそらくどちらの部類の人たちも考え違いをしているのだろう。芸術的な料理人は本人が思う以上にはるかに計量しているし、数値で料理する人々は自任するよりずっと科学的ではない。数値による料理を標榜する根底には、科学的手法についての微妙な誤解がある。一般に「科学」というと、公式に従って最終解答を導き出すことだが、この解釈で行くと、科学的な料理とはつまるところ明確な公式に則って寸分たがわず作る料理となる。ベシャメルソースを例に取れば、公式とは小麦粉、バター、牛乳は何グラムか、料理の正確な温度は何度か、鍋の直径は何センチか、とろ火にするのは何秒間か、火にかけて攪拌する回数は何回かといったところだが、即興の余地がなく料理の楽しみが半減することはこの際考慮しないとして、いくら限定要因に忠実にできたとしても、自分ではどうしようもない思ってもみなかった問題が持ち上がってしまうのはどうしたらいいだろう——小麦粉がどこで生産され、製造されてどのくらい経っているか。台所の周囲の温度はどうか。そもそも自分はベシャメルソースが好きなのか。

数値にばかり気を取られていると、肝心なことを見逃してしまうことがある。香辛料がいい例だ。数字ゲームに夢中になっている料理人やシェフたちが往々にして塩の分量を定量化しないのは印象的だ。ネイサン・ミアボルドは *Modernist Cuisine*（『モダニスト・キュイジーヌ』）の中で、あらゆるものの重量を量り、水のグラム数まで量っているのに、塩加減は「味見する」ようアドバイスしている。同じようにヘストン・ブルメンタールも、ジャガイモの乾物率ははじき出しても、ブルメンタール特製のマッシュポテトに入れる塩・胡椒は量らない。こうした態度は台所の公式が決定的なものになり得ないことを如実に物語っている。

科学的手法とは、一般に認められているよりはるかに自由度の高いものなのだ。押しつけがましい数字の羅列ではなく、制御された実験の結果に基づいて推論を組み立て試験をし、そこからまた新たな推論を作り上げて行くプロセスなのである。こうした観点で毎日作る夕食のプロセスを眺めることができる。レモンとパルメザンチーズは相性がよく、とくにパスタソースにするとすごくおいしい、と私は経験的に知っている。そこでライムもパルメザンチーズに合うかもしれないと推論を立てる。ある晩試しに、オリーブオイル、バジル、パルメザンチーズと一緒にライムもタリアテッレに絡めてみる。そして食卓を囲む。誰もお代わりしない。私がその場で下した結論は以下の通り——失敗だ。ライムとパルメザンチーズでは相乗効果が起こらない。オリーブオイルがしつこくならないよう、もっと工夫する必要がある。

これまで台所の計量の問題に言及した著書のうち、けだし名言といえる記述が *The Zuni Cafe Cookbook*（『ズニカフェ料理の本』）の中にある。著者ジュディ・ロジャーズはカリフォルニア・キュイジーヌのシェフで、その料理手法は芸術的でありながらなおかつ正確である。ロジャーズの特製料理パンとチキンのサラダでは、ラスティックブレッドを手でちぎってちりばめるが、チキンの味つけ方法はきわめて正確に教え（pH測定器を使うところまではいかないが）、加えるフレンチドレッシングの材料の割合も明記する。そして読者に温かい言葉を投げかける。プロの料理人が「計量などしない」という時は「正直な話、まったくしないというわけではない」。「道具を使って食材を計量したり紙きれを見ながら料理しなくても、プロは目で見て測り、手で触って量り、これまでの料理経験の蓄積で頭に刻み込まれた記憶から、今作っている料理に役立つ作り方を手繰り寄せる」。キッチンで具体的な数字が意味を持つのはとくに料理経験のない人に対してであると、ロジャーズは主張する。数字は「最低限の評価基準」を提示してくれる。つまり「尺度の概念、異なる食材の相対尺度の感覚、温度、料理時間」といったものだ。初めての料理を作る時、かなり忠実に数字に従う必要があるだろう。そうすれば「『あてずっぽうにこんな感じかなとやってみては失敗し、悩みながら何度もやってみて、ようやくできた料理を今度は覚える努力をする』といった、ロマンはあるが迂遠な学習過程を省く」ことができる。二度、三度と作るうち、数字はだんだん重要ではなくなる。自分の感覚を頼りに作れるようになるからだ。それが証拠に「自分のコーヒーや紅茶にミルクや砂糖を加える場合、正確な分量」を計量する必要はない、とロジャーズは語る。従って数字はきわめて重要だが、数字がすべてではない。キッチンには計量以外の世界も広がっている。すべてのものが科学の範疇に存在するわけではないということを認めるのも科学的手法の一端といえる。

私は今持っている計量機器が気に入っている。ピラフに加えるスープストックが六〇〇ミリリットルあるかパイレックス計量カップの目盛りに目を凝らし、ファッジを作る時はキャンディ温度計の指針盤の目盛りを読み、巻き尺を使ってビスケット生地の直径を確かめる。そんな時、私は密やかな満足感を覚える。キッチンタイマーとしてiPhoneだって使う。それでも計量さえすればすべて済むわけではない。キッチンで大切な多くのことは計量できない——みんなと食卓を囲む喜び。カビが生える前に最後のパンを使い切った満足感。二月のイタリア産ブラッドオレンジの味わい。暑い日の夕方に飲む冷たいキュウリのスープのおいしさ。旺盛な食欲、その食べたい気持ちを満足させる料理の腕。

エッグタイマー

キャロットタイマーでもなく、シチュータイマーでもなく、なぜエッグタイマーなのか。その理由は、これさえあればほとんど誤差なく見事な半熟卵が作れるから。白身はゴムみたいに硬くなく、黄身はとろりと流れ出る半熟卵。それに卵は殻の中に入っているから、ゆで具合が目で見ても分からない。だからゆで卵にはいつもタイマーが付きものなのだ。

いまだに中世の砂時計のテクノロジーが実用として使われるのは、卵のゆで時間の測定くらいだ。このデジタル時代、もっと正確に半熟卵の時間を測れる個人用アイテムはほとんどの人が身につけている——腕時計、携帯電話。砂時計のエッグタイマーが今でも使われるのは、間違いなくその象徴性にある。過ぎ行く時間を象徴する砂を眺められることが何とも魅力的なのだ。

近年、キッチンタイマーを使う理屈が根本から揺さぶられている。タイマーを使うのは料理がちょうどいい具合にできたか確かめる時間を知るためだが、タイマーを見るだけで料理のちょうどいいでき具合を判断できる。時間が温度と時間の二役を務めるようになったのだ。半熟卵は「三分卵」としても知られるようになったが、三分は卵の中の固まり具合を示す大まかな時間にすぎない。食品研究の実験で、セ氏六一～六七度になると、なめらかな申し分のないゆで卵が作れることが分かった。だが、卵がこの温度に達したと分かるにはどうすればいいのか。再び殻の問題に突き当たる。

一九九〇年代半ば、ロサンゼルスの企業バートンプラスチック社がエッグパーフェクトを発売した。卵形のプラスチック製品で、卵と一緒に水の中へ入れて、時間ではなく温度を測る。プラスチックの表面にソフト、ミディアム、ハードとゆで卵のタイプ別の線が引いてあり、卵をゆでるにつれて赤いエッグパーフェクトの色が周辺部からじわじわと黒に変わっていく。かすかなプラスチック臭はさておき、この製品の欠点は音が出ないことだ。獲物を狙うタカのように傍にじっと付いていなければならない。エッグパーフェクトを正真正銘のパーフェクトにするためには、ソフト！　ミディアム！　ハード！　と音で知らせるセンサーが欲しい。そうすれば、新聞を読んだりコーヒーをすすったりしながら静かにゆで卵ができるのを待つことができる。

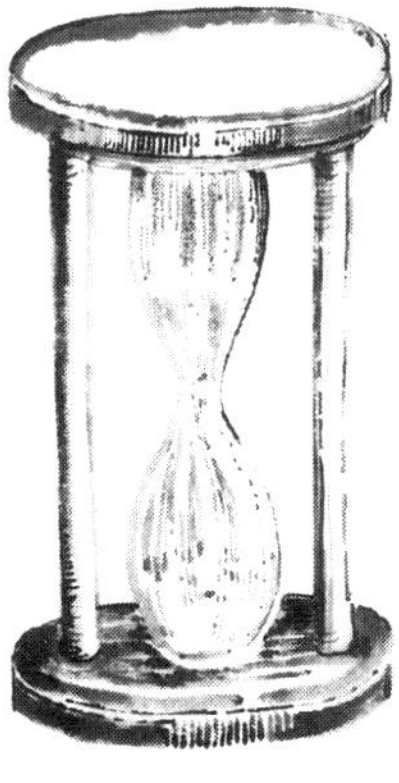

第5章　挽く

「この料理人たち、どれほど潰して、濾して、砕いて挽くことか！」
——ジェフリー・チョーサー、「赦罪状売りの話」〔『カンタベリー物語』より〕

土日はほとんどいつもパンケーキを焼く。ぐいっとコーヒーを飲んで眠い頭をすっきりさせて、小麦粉、牛乳、卵、バターを探す。それだけやれば後は簡単。材料を全部ボウルに入れて、ハンドブレンダーをお見舞いすればあっという間、だまのないなめらかな生地ができあがる。それを熱したフライパンに流し込めば、みるみるキツネ色のレースのようなパンケーキの山ができあがる。その労力はコーンフレークの朝食を作るのと大差ない。

中世のパンケーキ作りはこんな生易しいものではなかった。一四世紀、一三九三年に出版された手引書 *Le Ménagier de Paris*（『パリの家政書』）に、パンケーキのレシピが載っている。こんな感じだ。まずクォートサイズ〔約一リットル〕の銅製の鍋に加塩バターをたっぷり溶かす。次に卵、「温めた白ワイン」（今日の牛乳の代わり）、「最高になめらかな小麦の粉」を用意し、一緒に混ぜ合わせ、「一人か二人の人間がくたびれるまで長い間」攪拌する。そうしてようやく生地ができあがる。

この「一人か二人の人間がくたびれるまで」という記述には、唖然とするほど無頓着な響きがある。この言葉から台所の光景がありありと浮かんでくる——召し使いの料理人軍団がまるで台所道具のようにずらりと並んでいる。下っ端の一人が疲れ果てるたびに、一つ上の位の者が交代する。すると突然このレシピが私たちのものとはまったく違ったものに見えてくる。読者はこの仕事をするよう期待された人物だ。*Le Ménagier de Paris*（『パリの家政書』）は、年配の夫が金持ちの若妻に、妻としてのたしなみを教え諭す語り口で書かれている。フランス中世のこの階級の妻は自分の価値を証明するために、料理を上手に作れなければならなかった。自分の手が汚くなることなどお構いなしに。妻には人間攪拌器としてこき使える召し使いの一団がいる。パンケーキを焼きながら、「その間中ずっと」他にもう一人の人間が「休みなくペーストを練り攪拌し」続けなければならない。

延々と攪拌するこうした調理法は、昔の金持ちがなめらかな食感に対し飽くなき欲求を持っていたことを反映している。この欲望は今日ずいぶん衰えてしまい、真っ白なパンやどろどろの挽肉のハンバーガーは一番安い食品の部類になっている。二〇一一年、春のある晴れた日曜日、私はイギリスでも高級のイタリア料理店にいた。メインディッシュが三〇ポンドくらいするレストランだ。裕福な家族連れがランチを楽しんでいた。多くの人が食べていたのは、オリーブオイルと粗塩を振った嚙みごたえのある長方形のブルスケッタ〔イタリアのガーリックトースト〕、最小限に調理されただけのシャキシャキ感のある緑黄色野菜の大皿、それにポークチョップは巨大な骨付きだ。ステーキナイフを使っても手ごわそう。カニとトウガラシのリングイネは正真正銘のアルデンテで、パスタの芯の歯ごたえが残る。絹のようになめらかなジェラートがデザートに出るまで、なめらかなものは何もない。食感はすべて素朴で多種多様、嚙みごたえのあるものばかり。手抜き調理でこうなったのではなく、フードプロセッサーの時代、こうした料理を作るにはずいぶん意識的な努力が必要なのだ。

ところが、こうした傾向は現代になってからのことで、それまでの時代、人々が最大限に努力して作ってきた食事とは、高度に加工された料理だった。教皇、国王、皇帝、貴族は噛みごたえのある食べ物を好まなかった。食を愉しむために求めたものは、すりこぎとすり鉢ですり潰した肌理《きめ》の細かいペーストである。お屋敷の厨房では、ペストリーやパスタは向こうが透けて見えるほど麺棒で薄く延ばされ〔それは取りも直さず、料理する者の腕が痛くなるほど薄く、ということを意味する〕、ソースは目の細かい濾し器や布で何度も濾して作り、小麦粉はリネンで「ふるいにかけ」、ナッツは埃のように細かくなるまで挽き、超微細粒の精製糖と一緒にしてビスケットを作った。今日私たちは「洗練された」(refined)という言葉を「豊かな」「高級な」という意味に使っているが、もともとrefiningは食物を加工する度合い、つまり精錬を意味した。精錬された食品は洗練された人々が口にするものだった。

　この種の食物が好まれた理由がたんに召し使いをこき使うため、とするのは言い過ぎだろう。他にも理由はいろいろあった。近代的な歯科医学が発達する以前の時代、軟らかい混合食品は好まれて当然だった。中世の料理人はゆでた白身の肉〔仔牛肉や鶏肉〕とアーモンドをすり鉢ですり潰して混合したシチューを作ったが、歯の悪い人が食べるには打ってつけの食事だった。多くのすり潰した食材を混ぜ合わせることは、気質〔中世に四つの体液の配合で決まるとされた〕と均衡に関する中世の理想に適ってもいる。中世が終わりルネサンスの時代に入ると、食物を加工することは一種錬金術の様相を帯び、個々の食物の内部にある核、食物の本質を見極めるまで限りなく物質を純化したいという欲求に、人々は駆り立てられた。

　だが、挽く、すり潰すといったテクノロジーを考える時、忘れてはならないのが労働の問題と産業革命前の労働形態についてである。食品を高度に加工する重労働は多くの人を疲労困憊させたにもかかわらず、いや困憊させたからこそ、金持ちたちはこうした食品を好んだ。カポンの胸肉のすり身、おろしチーズ、細かく刻んだハーブをパスタに詰めてゆで、粉砂糖とシナモンの粉を振りかけたラヴィオリのような料理を食卓に出すことは、社会的地位を顕示する手段だった。料理を食べた者はみな、妻一人でなくもっと大勢の人が木製のスプーンを手にせわしなく立ち働かなければ、こうした料理は作れないことを知っていた。電動のフードプロセッサーなどない時代、こうした料理を作るには、生地をこねて麺棒で押し広げてパスタを作る人、カポンを加熱してすり身にする人、チーズをおろしてハーブを細かく刻む人などの人員が必要だ。たんに食材だけでなく、食材から料理を作り上げる手間暇をかけることも贅沢のうちだったのだ(こうしたことは今日のミシュラン三ツ星レストランでも見受けられる。エル・ブリのフェラン・アドリアがラム酒とサトウキビのカクテルを作る時、二人の人が硬いサトウキビの茎をノコギリで切って小分けにすると、別の二人が大包丁で樹皮をはぎ取り、さらに二人から八人がかりでサトウキビを棒状に割っていく。こうした人たち全員が無給の見習い「スタジエール」[stagiaire]だった)。

このような骨の折れる料理に対し、時折抗議の声が上がることもあった。美意識の観点からも異議は唱えられ、ローマの哲学者セネカはもっと素朴な料理を称える言葉を綴っている。「奴隷の一家が支度しないで済む料理が私は好きだ。奴隷たちから恨めしい目で眺められることもなく、何日も前からあらかじめ注文することもない。多くの人手を使って出される料理ではない料理が好きだ」。紀元前四世紀のギリシャでも、すり鉢ですり潰す料理がはびこっていることに若い料理人たちが反抗した時代があった。ビネガーとコリアンダーを混ぜてすりこぎですり潰す料理ではなく、肉や魚を切り身のまま食膳に上せた。

牧歌的な素朴さが流行した時代も一時期あったものの、精練された食物は二〇世紀に入ってからもずっと金持ちの食膳のスタンダードであり続けた。エドワード七世時代の人々は皮をむいたキュウリのサンドイッチを食べ、三度濾したコンソメスープを飲んだ。豪華な晩餐会のテーブルに運ばれる料理一品一品の陰には、腕を痛めてまで働かなければいけない料理人軍団たちの苦労があった。挽く、こねる、叩く、濾す、といった手作業は台所仕事の中でも重労働だ。近年になるまで工夫して労働を軽減しようという動きがほとんど起こらなかったのは、驚くべきことである。こうした作業に使う道具もほとんど変わらなかった。何千年もの間、召し使いや奴隷たちは（下流家庭では妻や娘たちが）イノベーションもなされぬままの昔ながらのすりこぎやふるいや濾し器を使い続けた。こうしたテクノロジーの停滞は無慈悲な現実を反映している。労働の問題が自分の問題にならない限り、労働を軽減しようという気は起こらなかった。

私はすりこぎとすり鉢はタイのものを使っている。ごつごつした黒い花崗岩製で、抑制がきいた白い陶器のすり鉢よりもずっと気に入っている。陶器のすり鉢は内側の凸凹の刻み目がまるで黒板にチョークの白い線を引いたようで、ぞっとしてしまう。タイ製のすり鉢の難点は、電気製品を除けば私の料理道具の中で一番重いことである。食器棚からすり鉢を取り出すたびに、落としてしまうのではないかと冷や冷やする。そのせいもあって、あまり頻繁に棚から下ろさない。この調理道具は私のクッキングライフには必要以上の余分なテクノロジーだ。小麦粉や砂糖を挽くには必要ない。小麦粉も砂糖もすでに挽いてある袋詰めを買っている。胡椒を挽くにも必要ない。ペッパーミルを使えばもっと早く簡単に挽けるからだ。ニンニクはまな板の上で包丁の背で叩き潰した方がうまく潰せる。だから私がすりこぎとすり鉢を使う時は、贅沢な気分を味わいたいという時であり、キッチンアロマセラピーをちょっと経験してみたくなった時である。パスタにかけるペストソースをすり合わせて作るのに、艶やかな松の実をざらざらした花崗岩に押

し潰す感触が心地よい。あるいはカレーパウダーを作るのに一種類ずつスパイスをすり潰していく（こうして年に一回くらいは奮起するのだが、その後はまたずぼらになって挽いてある市販のカレーパウダーに回帰する）。ともあれ、すりこぎとすり鉢は台所で必須の道具ではない。台所にはブレンダーもフードプロセッサーもあるからだ。これは愉しみの道具であって、気が向いたら使うけれど、気が向かなければ使わない道具なのだ。

これと正反対だったのが、人類最初のすり潰すための道具だ。その基本的な構造は私のすりこぎとすり鉢とたいして変わりはない。ただその役割はまったく違っていた。この道具のおかげでこれまで食べられなかったものが、食べられるようになった。人類が生きていくために頼りにしていた道具である。すり潰すための最古の道具が登場したのは今から約二万年前である。すり潰す石の道具を使って、昔の人は硬い繊維質の根菜類や殻の付いた穀類といった、とても食べられそうにない食物からカロリーを摂取できるようになった。挽いたりすり潰したりして野生の穀類を消化できるように加工することは、骨の折れる、時間のかかる重労働だった。挽く道具を使って、まず殻を取る。それから毒素も取り除ける（例えば、自然のままのドングリは危険な量のタンニンを含んでいる。ドングリをすり潰して空気にさらすといくらかタンニンを減らすことができる）。そしてもっとも重要なのは、食物の大きさを微小にできることだ。ナッツもドングリも穀類も、粉に挽いて埃のように細かくできる。挽く道具がなければ、パンも作れない。ガリラヤ湖付近で発見された二万年前の玄武岩製のすり潰す道具には、野生のオオムギの痕跡があった。こんな昔から人々がお焼きのようなものを作っていたことを物語っている。

だが、すり潰す石の道具が普及したのはそれから数千年後のことだろう。新石器時代にさかんに使われるようになったらしい。この時期は食用穀類の栽培が始まった時代なので当然といえる。男たちは定住を始め、穀物を育てて収穫できるまで同じ土地に留まった。妻たちも同じ場所で暮らしていたため、女たちの手は穀物を挽くための手となった。古代エジプトの小立像には、働く女性をかたどったものがある。石で穀類（おそらくオオムギ）を挽いている。その日の食料に必要な穀物を加工する作業が、世界中の多くの女性の生活の大部分を占めるようになった。ウガンダのルグバラ族では今でも女性を埋葬する際、使っていた二つの石臼の小さい方を一緒に埋める。これが象徴するのは、家族に栄養を与えるためには欠かせないけれど、ぼんやりと同じ作業を繰り返す穀物を挽くという仕事に日々を費やして、女たちが人生を終えたということだ。

最初の粉挽き道具はどんな形だったのか。穀物を押し潰すもっとも基本的な方法は、挽き臼の類を使うことである――平たい石をもう一つの石に叩きつける。やがて、もっと形のいい臼がいろいろ工夫された。馬の鞍のような形をしたもの、楕円形のもの。画期的な発明となったのは回転式挽き臼だ。イギリスでは鉄器時代に最初に登場した。円形の臼の上に巨大なベーグルのような石が載っている。これまで往復運動ですり潰していた臼に比べ、回転式挽き臼は回転運動で穀物を挽いたので、効率的だった。上に載っている丸い石の穴から穀物を注ぎ入れ、石のくぼみに差し込んだ杭のような取っ手を持って、ぐるぐる挽き臼を回転させる。この回転方式は初歩的な挽き臼において革新的だったが、大型の回転式挽き臼は女性が二人がかりで作業しなければならなかった。一人が穀物を注ぎ込み、もう一人がぐるぐると回転させる。一八〇〇年にスコットランド高地を訪れたT・ガーネットは、「ずっとケルト民謡を歌いながら」回転式挽き臼で二人の女性が穀物を挽く姿を目にしている。

挽き臼と同じく、古代からあったのがすり鉢とすりこぎである。最初に登場したのは入れ物の方で、丸くて堅くて表面がやすりのようにざらざらした容器だった。最古のすり鉢は最古の臼と同じくらい古い。

人類初として知られる底の深いすり鉢はレバントで発見されたが、今から約二万年前のものだ。石器時代の終わりにはすり鉢が各家庭でも使われるようになった。土間に据えつけられた玄武岩の巨大なすり鉢を、家の女たちや召し使いが座って何時間もかけて挽いた。こうした生活様式をロマンチックなものと考えがちだが、中東の墓地遺跡からは、粉挽きの道具が女性の身体にひどい緊張を強いていたことが分かる。膝をついて前かがみになり、石の上で穀物を前後にすり潰す動作で酷使された女性の膝、腰、足首の骨には、深刻な関節炎の跡が見られた。

すり鉢とすりこぎの基本的な形と機能は驚くほど早いうちに定まった。現存する古代のすり鉢とすりこぎの写真を見たら、それが現代のキッチン用品専門店にあってもおかしくないと思うだろう。すり鉢の刻み目は粗く、やや原始的かもしれないが、こうした味わいが好きな人もいる。ポンペイ遺跡から発掘されたすり鉢とすりこぎは現代のものとそっくりだ。私の台所にあるごつごつしたタイのすり鉢より、ある意味繊細といえる。すり鉢はさまざまに洗練され、すり終わった食物を移し替える注ぎ口が付いたものもあれば、三脚のように脚が生えたもの、すりこぎで叩いたり潰したりする間、すり鉢が安定するよう底の膨らんだ形のものもある。形の流行り廃りもあった。ギリシャ人やローマ人はゴブレット〔取っ手のない脚付きの大型グラス〕形を好んだが（一九世紀に再び人気となった）、中国ではずんぐりと安定感のあるもの、中世イスラム世界では「アルミレス」(almirez)〔スペイン語で乳鉢の意〕タイプのものが流行した。その形は基本的に円筒だが、上部は円錐を帯び広口となっており、銅製でムーア様式の凝った装飾が施さ

れている。このタイプはスペインへと伝わった。

すりこぎとすり鉢が重要な存在なのは食物の領域に留まらない。何世紀もの間、すりこぎとすり鉢は薬を作る唯一の道具だったし、現在でも調剤の国際記号になっている。顔料やタバコをすり潰すのにも使われた。それでも古代社会でもっとも大切な役目はやはり料理を作ることだった。すり鉢の中ではさまざまな食物がすり潰され、メソポタミアではピスタチオからナツメヤシまで多種多様だった。とはいえ、最大の役目は、狩猟採集時代にはなかった主食となる穀物を加工することで、その日の腹を満たす糧を生み出すための重労働であっても、臼とすり鉢は生きるために欠かせない道具だった。

やがて、粉挽きという職業が誕生し、人々は自分で粉を挽く必要がなくなった。地域の小麦粉を一手に販売していた製粉業者に人々は頼り切るしかなく、中世の村の製粉業者は憎まれることが多かった。風車であれ水車であれ、粉を挽かなければパンは作れない。消費者は製粉業者に感謝するどころか、高値を吹っかけているのではないかと疑い、腹立たしく思ったのだ。マザーグースの「陽気な」粉屋には、「だれからも気にかけられずとも、わしゃかまわん。かまわんさ」と歌われている。

そうこうするうちに、すり鉢はすり潰しながら混ぜ合わせる道具としての地位を台所で不動のものにした。臼とすり鉢の最大の違いは、すり鉢はすり潰す道具としてだけでなく混ぜ合わせるボウルとしても使えることだ。スペイン料理のロメスコを作る時には重宝する。ロメスコは胡椒、ナッツ、油、ビネガー、パン、ニンニクを混ぜてペースト状にしたソースである。こうしたペーストとよく似たものが中世の料理だった。すり鉢とすりこぎによる料理という一大ジャンルが出現し、腕っ節の強い召し使いの料理人軍団が組織された。中世期、食材はバランスを取り戻すために「緩和する」必要があると信じられ、すり鉢はその理想の道具だった。すり鉢の中でハチミツはビネガーを緩和し、ワインは魚を緩和し、食物は力でねじ伏せられた。現代のキッチンから聞こえる音が洗濯機の回転音だったりブレンダーのうなりだったりと機械音が中心なのに対し、中世の台所の響きは叩き潰す音、すり潰す音一色だった。

こうした作業風景は古代ローマの裕福な台所でも見られた。ポンペイ遺跡出土の食物加工の道具の中には、コランダーやふるい、ひしゃく、それにすり鉢とすりこぎがある。アピキウスの手になるローマの代表的な料理書には、モルターリウム（mortarium）なる一連の料理が載っている。すりこぎとすり鉢を使ってハーブと香辛料各種を混ぜ合わせたペーストである。その作り方は、「新鮮なミント、ヘンルーダ、コリアンダー、フェンネルをすり鉢に入れ、細かくなるまですり潰し、最後にラビッジ、胡椒、ハチミツ、ブロス、ビネガーを加える」というものだ。コリアンダーもフェンネルも見分けがつかなくなるまで、すべて、限りなく細かくすり潰す。だが、すり潰すのはアピキウスでもなければ、アピキウスに料理を依頼した人物でもない。アピキウスの本を翻訳したフレデリック・スター博士は、アピキウスの料理工程がいかに重労働を要するかに驚き、一九二六年にこう記した。当時、多くの学者の家庭は、もはや使用人を置くゆとりがないか、ヴィクトリア朝の学者ほど多くの使用人を置けないことを嘆いている。

羨ましいことにアピキウスは、時間も労力も一切気にかけていない。（中略）その料理手順は料理人にも手伝いの者にも莫大な労力と努力を求めるものだ。どんな作業を言いつけられても古代の使用人はいちいち気にしなかった。しかもきわめて低賃金か、無給だった。

アピキウスの奴隷頼みの料理を私は羨ましいとは思わない。

今日、電動ブレンダーやフードプロセッサーの時代となって、アピキウスのモルターリウムもどきを再現するのは朝飯前だ。悩みの種は、分量が分からないことと食材の入手法である。ヘンルーダとラビッジはスーパーではなかなか調達できない。でも、その気になれば、ホームセンターから苗を手に入れることはできる。食材がそろえば、モルターリウムは一瞬で作れてしまう。すべてをフードプロセッサーの激流の渦に投じて、一、二、三、はいできあがり。緑がかった茶色のドロドロの物質は甘いような酸っぱいような、ぬらぬらした味だ。ヘンルーダの味とは程遠い苦味だけが残る。イタリア料理サルサヴェルデ（イタリアンパセリのソース）のおいしくない版といったらいいだろうか。食物史研究家以外、この珍妙な混合物《アマルガム》を探し求めようとは誰も思わないだろう。作る手間がかからなくなった今となっては、アピキウスや彼に料理を頼んだ金持ちのローマ人ほど、現代の私たちにはおいしい味がしない。苦役の味が一味足りない。

ヨーロッパにおいて、ルネサンス時代の料理に最大級のイノベーションが起こった。卵の膨張力を使ってお菓子を焼くと膨らむことを発見したのだ（攪拌した卵の安定化したタンパク質の泡が、ケーキを焼く間も膨れたままなので、ケーキを膨らますことができるという原理は、料理人も知らなかった）。こうしてケーキが誕生した。それまで作られていたケーキのようなものは、酵母菌を使って膨らましていたが、これではパンの食感のイースト味になってしまう。卵の攪拌という方法を発見したことで、空気を含んだふんわりしたお菓子を各種作れるようになった。泡立てた卵はスポンジケーキを作るのに使われた。後のエリザベス朝の人々も攪拌したなめらかな卵黄で黄色いタルトを作り、ピンと泡立てた卵白に砂糖とクリームで甘くした白いタルトを作った。ワイン、クリーム、卵白を材料に、泡立てたふんわりしたお菓子のシラバブが流行した。卵白は一驚の食材としても欠かせない。「皿に盛った雪」として、饗宴の席でごちそうの後に演劇的効果をもたらした。皿に盛った雪を作るために、大量の卵白を加熱せずにメレンゲにして、クリーム、砂糖、ローズウォーターを加えてふんわりさせ、大皿に山盛りにして食卓へ運んだ。

困ったことに、泡立てた卵白を大量に使うという料理のイノベーションだけが巻き起こり、泡立てる道具や技術の科学的発明は起こらなかった。そのためルネサンスの上流階級の厨房では、ふんわりした卵白の味を求めて、腕が萎える重労働が加わった。労働を肩代わりする電気製品がなかった時代、卵白をピンと立つほどの泡にするのは大変なことだ。こうしたメレンゲは、空気に触れて卵のタンパク質分子が表面張力によって広がった時にしかできない。表面変性という現象だ。タンパク質分子の立体構造が空気を含んで、硬いメレンゲとなって立つ。ブリキの針金でできたバルーン泡立て器（この種のものは今でも使われているが、たいていはステンレス製）が一般に使われるようになったのは一八世紀後半のことである。ヨーロッパの家庭ではこうした泡立て器を自分で作って攪拌していた可能性があるが、現存はしていない。バルトロメオ・スカッピ著 *Opera*（『著作集』）（一五七〇年）には金属製のバルーン泡立て器によく似た器具の絵が載っている。だが、確かにいえるのはバルーン泡立て器がまだ一般に普及していなかったことだ。この泡立て器が普及していたら、ルネサンス期の料理人は、卵白に空気を入れるのにあれほど不自由なテクニックに頼る必要はなかっただろうから。

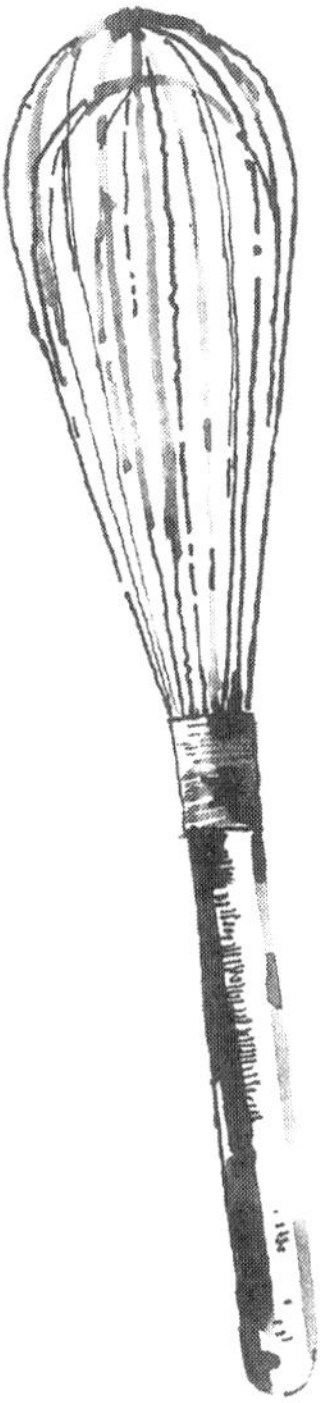

一六五五年の「雪のようなクリー

ム」を作るレシピは、「アシの束」を両手にはさんで回転させて泡立てるよう勧めている。一九世紀に入ってからも卵の泡立て道具には、樹皮をはいだ小枝（やや稀に鳥の羽根）を束ねたものや、多くはカバの小枝が使われていた。こうした急ごしらえの小枝の泡立て器は、クリームや卵白の香りづけに使えるという長所があった。小枝と一緒にモモの枝やレモンの皮の細切りを束ね、クリームにモモやレモンの香りをつけるようレシピに記されている。小枝の泡立て器の欠点はなかなか泡立たないことだった。亡き王〔清教徒革命で処刑されたチャールズ一世〕の料理長ジョゼフ・クーパーによる一六五四年のレシピには、パンケーキの卵は「三〇分以上」泡立てると条件をつけている。一八二三年になっても、料理書の著者メアリー・イートンは、大きいケーキの場合卵白の攪拌にはたっぷり三時間かけるよう勧めている。

私が幼い頃、母はよくイギリス伝統のティータイムケーキを作ってくれた――マデイラケーキ〔カステラ風のケーキ〕、チェリーケーキ、ダンディーケーキ〔アーモンドで飾ったフルーツケーキ〕。いつも木製のスプーンを使い、素朴な陶器のボウルの中で攪拌する。バターと砂糖は二人で素手を使ってクリーム状にし、それから卵を加える。あの腕のだるさは今でも覚えている。バターと砂糖がすっかりクリーム状になる頃にはもう力が出ない。それでも腕を使った時間は一〇分足らず。ケーキ作りを始める前にバターを冷蔵庫から取り出して常温に戻していたら、こねる時間はもっと短縮される。小枝だけで三時間も卵白を泡立てた腕の疲労は計り知れない。こうしたレシピは一人あるいは二人、場合によっては三人もの料理人を確実に疲労困憊させる。腕を痛めることに無頓着だったうえ、当時は迷信の時代だったので、クリームや卵白はずっと一方向から攪拌しなければいけないとよくいわれた。攪拌の方向を変えるとまるで呪文が解けて泡立たなくなってしまうといわんばかりに。こうした迷信が生まれたのも、おそらく不便な道具で泡を立てるのが難しかったせいで、メレンゲができないのは卵白が魔法にかけられたからという懸念の表れだろう。「湿度の高い日」だから泡が立ちにくいとは考えなかった。

相変わらず「カバの枝鞭」は他のテクノロジーよりも好ましい攪拌器具だった。一七世紀後半以降にはフォークが用いられるようになったが、フォークは選択肢の一つに過ぎなかった。それ以前、攪拌作業はスプーンか刃幅の広いナイフを使ったが、効果的ではなかった。ぞっとしてしまうのは、卵白を何度も海綿の穴で裏ごしして泡立てようという方法。これでは効果が上がらないばかりか不潔この上ない。使用済みの海綿を何度も使っていたとしたら、なおのことだ。

一七世紀末に初めてイギリスにチョコレートミルのモリケット（moliquet）が紹介された時、熱烈な歓迎を受けたのは想像に難くない。この木製の調理器具は今日でもメキシコやスペインでホットチョコレートを泡立てるのに使われる。長い取っ手の先にギザギザのついた水車のような頭がある棒状の調理器具で、両手ではさみ錐のように回転させて使う。一七世紀後半には、イギリスの大きなカントリーハウスの台所用品目録に登場するようになる。流行の飲み物であるチョコレートの泡立てに使われたのはもちろんだが、間違いなく卵の泡立てにも利用された。一八四七年になってもアメリカの料理書にはチョコレートミルのモリケットはカバの枝鞭の代用品として、クリームの泡立てに使えると書かれている。だが、この攪拌棒ですら卵を泡立てるにはやはり骨が折れた。

そして、骨の折れる仕事は卵の泡立てだけではなかった。卵白の攪拌が記されたレシピのほとんどは砂糖、つまり精製糖もきちんと用意するよう書いてある。これもまた腕の痛くなる作業だ。忘れがちなのは、一九世紀後半に砂糖が精製糖の形で市販されるようになったのは画期的だったということだ。ようやく消費者は家に帰ってからそのまま使える顆粒状の砂糖や粉砂糖を買えるようになった。精製した砂糖はスライスしたパンよりも家事労働を大幅に軽減した。それまで砂糖は塊で売られ、二～一八キロまで大小さまざまな円錐形をしていた。この塊から砂糖用ニッパーを使って小さな欠片を「つまみ取」った。料理に使う形状にするためには、頼もしいすり鉢に再びご登場いただき、細かく砕いて、目の細かいふるいにかけて精製する必要があった。コランダーやふるいも、すり鉢・すりこぎ同様、古代から基本構造は変化していない料理道具である。古代の人々は現代人よりはるかにこうした道具に頼って生活していた。

一八七四年になっても、パリで活躍したシェフ、ジュール・グッフェは砂糖の加工方法についてこんな記述を残している。（ペストリーに振りかけるための）粉砂糖の作り方である。

ふるいかコランダーを三種類、網目が直径約一センチのもの、直径約六ミリのもの、直径約三ミリのものを用意する。それに、馬の尾でできたふるいも用意する。

砂糖をナイフで小さく切って、麺棒の先で粉々に砕く。その際砂糖が粉になるまで小さくすり潰さないように気をつければ、砂糖のきらめきを残すことができる。

こうして砂糖は順次ふるいにかけなければならず、最後には馬の尾でできた目の詰まったふるいまで動員した。

手間暇かかるこの全工程を骨惜しみしてやらない者がいると、グッフェはこぼしている。「やや……面倒であるために」、砂糖をただすり鉢ですり潰すだけでふるいにかけないその怠惰を嘆き、すり潰しただけの砂糖は「昔ながらの方法で」ふるいにかけた砂糖のような輝きがないと記している。この言葉の響きには、自分が働く王家の厨房ほど骨を折らない台所があることへの口惜しさが感じられる。驚いたことに、台所仕事は *Le Ménagier de Paris*（『パリの家政書』）から五〇〇年近く経ってもほとんど何も変わらなかったし、アピキウスの時代から一八〇〇年経ってもこの程度だった。叩き潰してすり潰し、ふるいにかけてざるで濾す。こうした作業工程は依然、金持ちがふわふわのクリームや粉砂糖などの贅沢な食べ物を愉しむために雇われた使用人が、身を粉にして働くことで支えられていた。

食物加工のテクノロジーがいつまで経っても変わらなかった理由は、召し使いの問題を抜きに語ることはできない。近代以前の料理書が誰に向けて書かれたかという事実は見過ごされがちだ。対象読者は料理に直接手を下さない人々、力仕事を一切行なわず食卓に運ばれた料理の讃辞を我がものとする人々であり、生まれのいいご婦人たちは白魚のような手でサラダにドレッシングをかけたり、お砂糖を入れたりといったちょっとした仕事はしたかもしれないが、叩き潰したりすり潰したりの重労働をする必要はなかった。こうした仕事のために人を雇っていたのだから。二〇世紀のフランスのフードプロセッサー「ロボクープ」(Robot-Coupe)は、切る、挽く、こねる、濾す仕事ができる。「切るロボット」というこのネーミングには、電動召し使いのような、キッチンロボットという含みがある。だが、使用人の手が足りている限り(貧しい家庭では働き者の妻がいる限り)、ロボットはお呼びではなかった。

台所事情に変化の兆しが現れたのは、産業革命以降のことだ。工場で低コストの金属製品が大量生産されるようになり、料理人の生活を楽にする新しいマシンが世に送り出され、労働形態が変化した。

一七九一年の製造業関連の記録に、「労働の軽減」という言葉が初めて登場する。労働の軽減という概念が台所に導入されるのは、それから半世紀後のこととなる。一九世紀後半、米国で「労働の軽減」のた

めの料理道具が突如市場にあふれ出した。多くはブリキの安価な製品だった。干しブドウ種取り器、ジャガイモ潰し器、コーヒーミル、サクランボ種取り器、リンゴの芯取り器などで、多くは作業台に固定して使う重い装置で、挽肉機に似ていた。にわかに卵泡立て器も多種多様な競合製品がわんさと登場した。一六三〇年代のオランダのチューリップ取引や一九九〇年代のシアトルのインターネット関連の新興企業のように、一八七〇年代、八〇年代、九〇年代のアメリカ東海岸で、卵泡立て器は百花繚乱の様相を呈した。一八五六年から一九二〇年の間に卵泡立て器に出された特許は六九二件に上る。特許件数は一八五六年に一件、一八五七年に二件、一八五八年に三件だったのが、一八六六年には一八件と跳ね上がり、デザインも広口瓶シェーカーあり、ブリキのシェーカーあり、ラケット形あり、アルキメデス型（造船で使われるアルキメデススクリューを基にした回転らせん式攪拌器）ありとさまざまだった。

メアリアン・ハーランドは泡立て器乱立時代を経験した料理書の著者である。いかに多くの新製品が満足のいかないものだったかを回想している。当初は期待に湧いたが、その期待に応えられるものはじつに少なかった。木製の取っ手は取れてしまうし、ブリキの取っ手を握ると手が黒くなる。ブリキのシリンダーの中に複数の「回転装置」が取りつけてある凝った作りのマシンはいかにも立派そうだが、使ってみるとブリキのシリンダーは洗えないうえ、大き過ぎて少量を泡立てることができない。「何回か使っただけで『厄介者』を暗い戸棚の奥へ放り込み、銀のフォークを二本組み合わせ即席泡立て器にして使った方がましだった」とハーランドは書いている。

卵泡立て器開発の初期にずっと使われ続けた新製品に、ウィリアムズ・エッグビーターがあった。一八七〇年五月三一日に特許を取得し、「ドーヴァー」の名でよく知られている。ドーヴァーはアメリカの象徴であり、キッチン用品売場で今でも売っている一番安い手動式泡立て器の原型となった。仕組みの着想は単純明快。泡立て部分は一つより二つの方がいいというものだった。最初に登場した一八七〇年製ドーヴァーは、二つの丸く膨らんだ攪拌部分を回転歯車で回転させるという構造だった。この仕組みを最初に思いついたのはロードアイランド州プロヴィデンスの発明家ターナー・ウィリアムズである。一か所で二つの輪が逆方向から同時に回転するという、従来の泡立て器にはなかった「切るように混ぜる独特の動き」が、この発明品の長所であると説明している。

ドーヴァーはたちまちヒット商品となり、アメリカの泡立て器の代名詞となった。一八九一年の広告はその絶大な人気のほどを示している。「ハンドル付きの『ドーヴァー』、これこそ本物」。一八八三年に出版された家事の実用書は、ドーヴァーを「現在出回っているうちで最高の泡立て器」と絶賛している。メアリアン・ハーランドも愛用者の一人だった。売り出されてから五年後の一八七五年にこう記している――ドーヴァーを買ったその日から「卵を泡立てることが苦にならなくなった」。そして一〇〇ドルもらってもこの泡立て器は手放したくないと付言している（因みに、当時の携帯用泡立て器の値段はわずか一〇～二五セントだった）。ドーヴァーのどこがそんなに優れていたのか。

軽くて持ち運びに便利、音も静かで、楽々すぐにできる。この可愛い料理道具は親切な妖精のようにせっせと働いてくれる。これさえあれば、歌もおしゃべりも終わらないうち、メレンゲが五分で作れる。

メアリアン・ハーランドはアメリカの泡立て器ブームが起こった社会や料理事情を明察していた。本名をメアリー・ヴァージニア・タヒューン夫人といい、一八三〇年生まれ。ヴァージニア州の田舎で九人きょうだいの三番目として育った。母はほとんど料理をしない人だった。「生涯部屋を掃除したことも、肉一切れを焼いたこともないのではないか」と後年ハーランドは書いている。南部上流婦人の典型だったハーランドの母には「黒人のばあや」がいて、自分の代わりに（家事や雑用をこなし）卵を泡立ててくれた。ハーランド本人は母よりも積極的に台所仕事に関わった。二五作の小説をものしただけでなく、「主婦」の仕事を極めることが自分の使命と考えた。一八五六年に長老派教会の牧師と結婚し、ニュージャージー州へ引っ越した後、ハーランドは台所仕事の技術を独学し、召し使いの料理人にも指導することを決意した。一八七一年には数々の料理指導の成果をまとめ、*Common Sense in the Household*（『家事の常識』）として出版、一〇万部を売り上げた。

ハーランドの著書は、自分で卵を泡立てなければいけない女性の読者を対象にしたものではなかった。対象読者は、料理をする召し使いがいて、思い通りにふんわりと卵を泡立てるために、料理人を指導し手助けする立場にある女性たちである。ハーランドがドーヴァー泡立て器に有頂天になった時期は、黒人召し使いの歴史上の過渡期と重なっている。読者となるアメリカ中産階級の夫人には料理人の召し使いがいたものの、おそらく一人だっただろう。その召し使いの腕が萎えたら、次に泡立てるのは読者自身だ。召し使いケイティーとの会話が相手を萎縮させる見下した口調で綴られている。家に持ち帰った「時間と体力を節約してくれる箱の中の物」、高価な固定式泡立て器をめぐる会話だ。ハーランドは嬉しさに「震える思いで」「大荷物の」泡立て器を台所に運び入れる。「はい、奥様。それで、これはどうなっているのでございましょう、奥様」とケイティーが尋ねる。複雑なからくりの装置はうまく作動せず、結局卵の黄身一〇個分が入ったボウルを床にひっくり返してしまう。哀れケイティーはその後も新型泡立て器を延々と試すはめとなり、その末にハーランドは奇跡のドーヴァー泡立て器を発見したというわけだ。

そもそもなぜこれほどまでにふわふわの卵が重要だったのか。一大泡立て器ブームの陰にはアメリカの料理事情があった。この時期、立派な市民の食卓に上るスイーツは、ふんわり膨らんだものになっていた。デザートといえば、アップルスノー、オレンジスノー、レモンスノーで、みな卵白が「ピンと立つまで泡立てる」必要があった。それにオルレアンケーキ（卵六個をふんわりするまで攪拌し、黄身を濾す）に、モンブランケーキ（卵六個分の卵白を堅いメレンゲにする）、この他にもクリーム、シャルロット、シラバブ、トライフル、ケーキ飾りのクリーム、マフィン、ワッフル、それにメレンゲは言うまでもない。すべて卵にどれだけ空気を含ませることができるか、その腕にかかっていた。攪拌して卵黄はクリーム状に、卵白はふんわりさせなければならない。デザートをうまく膨らませれば、主婦たちは鼻高々だった。新製品ドーヴァーを使ってうまく膨らんだケーキがその家の評判を高めた。実際に泡立てたのが料理人であっても、台所から運ばれるふわふわのマフィンの手柄はハーランドのものだ。料理女クロエが「木製のスプーンで五、六回掻き混ぜた」だけの、ほとんど攪拌できていない卵でマフィンを焼いた手抜きに気づかない、ぼんやり者の友人のマフィンと自分のマフィンを比較し、「目配り」が足りないと友人をなじっている。

泡立て器ブームはアメリカ中産階級の女性の欲望に応えたものだった。それは卵をふんわり泡立てたいというだけでなく、召し使いをもっとこき使いたいという欲望だ。召し使いが一人もいない主婦にとっては、泡立て器があれば召し使いがいなくても嘆かずに済むと思われていた——実際に自分の腕を使って仕事をしても、自分の腕で仕事をしていないような感覚にしてくれる。一九〇一年に発売されたドーヴァー・タイプの新製品、ホールルト・ライアン・エッグビーターの宣伝文句は、独自の「速攻攪拌装置」により「一瞬で卵を極微小に切り裂き」、「最高のバルーン泡立て器の四分の一の時間で、もっとふわふわなピンとした卵」ができるという触れ込みだった。

だが、夢のような宣伝文句とは裏腹に、こうした機械仕掛けの泡立て器はまったく労働の軽減に結びつかなかった。回転式攪拌器の欠点は、両手を使って操作するので、ボウルを押さえておくことができないことだ。回転式歯車を回すと攪拌部分のパドルが一か所から移動させにくかったり、パドルが早く回転し過ぎたり、ボウルの中で滑ってメレンゲができる前に卵が周囲へ飛び散ったりしてしまう。卵二個分の卵白を一〇秒で攪拌できるとドーヴァーは宣伝するが、それはおかしい。私の経験だと、バルーン泡立て器より卵白が立つのに時間がかかる。所要時間は少なくとも秒単位ではなく分単位だ。

その後も多くの泡立て器が売り出され、ドーヴァーの難点を克服しようとしたが、結局また新たな不備が発生するだけだった。パドルがボウルの中で滑らないよう、ボウルに固定する泡立て器も各種登場したが、少しの量を攪拌するにもいちいちボウルの留め具を洗う手間が増えた。両手で泡立て器を操作する問題の改善に取り組んだ新機種も誕生した。一九〇二年に「新発想の泡立て器」と銘打ち、アルキメデス型のロバーツ・エッグビーターが登場。「片手で操作できる自動式泡立て器……ハンドルで押さえつければあとは楽々」。これは間違いなく便利だが、片手で使える泡立て器（その仕組みはらせん状のワイヤー型、スプリング型、ポテトライサー〔ポテトマッシャー〕のような円盤型とさまざま）も完璧とは程遠かった。卵やクリームを泡立てるのに相当時間がかかり、料理をスピードアップさせたい忙しい主婦向きではない。

「操作はあまり急がないようにお願いします」と、シンプレックス社の片手攪拌器は役に立ちそうもない注意喚起をしている。中でも奇妙なのは水力泡立て器の類で、アメリカの家庭で普及し始めた水道に吊るして使う。「蛇口をひねって、はいスタート！」とワールド・ビーターは胸を張る。

アメリカの歴史の上でこの泡立て器バブルという奇妙な時期を振り返る時、一つの謎に頭を抱える。純粋にテクノロジーの観点から考えても、これだけの英知と巨費を投入して取得された特許のうち、フランスのバルーン泡立て器に比べ効率性においても人間工学の点からも進歩したものが一〇〇に一つもない。泡立て器乱立時代の熱狂が起こるはるか前、一八世紀に発明されて以来バルーン泡立て器は少なくともずっと使われ続けてきた（そして、前述したように、おそらくイタリアでは一五七〇年にすでにバルーン泡立て器が使われていた）。今日の一流シェフはドーヴァー泡立て器を使おうとは夢にも思わないだろうが、旧式のバルーン泡立て器（別名「フレンチホイッパー」）なら各種幅広く使っている。昔ながらの銅製ボウルと組み合わせて使うこともある。現代の最高級のバルーン泡立て器は、断熱性の取っ手に、ワイヤーはブリキではなくステンレス製である。だが、それ以外は一八世紀の菓子職人が使っていたものとまったく同じだ。

アメリカで起こった泡立て器ブームはあだ花にすぎない。攪拌する腕の動作が他の新製品よりも少なくなったフレンチホイッパー以来、労働の軽減は実際なされなかった。労働と時間を節約しているという幻想の方が大きかった。実際の疲労改善というよりもプラシーボ〔偽薬〕効果といえる。メアリアン・ハーランドはじめ製品を買った人々は、最小の時間で最大にふわふわの卵を作る果てしない戦いの渦中にいる自分には、（料理道具業者だけでも）味方になってくれる人がいると感じる必要があった。泡立て器の供給過剰ぶりが物語るのは、腕が疲れてもう料理はしたくないと人々が反旗を翻し始めていたことだ。だが、疲れた腕を休ませるには、電動ミキサーの登場を待つしかなかった。

カール・ソントハイマーがこれほどクネル〔すり身だんご〕好きでなかったら、過去四〇年のアメリカ家庭料理の歴史はまったく違うものになっていたかもしれない。一九七一年当時、エンジニアで発明家（NASAが使っている月の方向探知機などを発明した）のソントハイマーは五七歳。MIT卒の学歴を持ち、フランス料理が大好きだった。エレクトロニクス企業を二社創業し成功させて売却すると早々に退職し、悠々自適の生活を送っていた。ソントハイマーは趣味と実益を兼ねて、妻シャーリーと一緒にフランスを旅行すると、アメリカ市場へ持ち込めそうなフランス料理用製品を物色した。フランス料理の番組を見ていた彼はレストランの業務用フードプロセッサーに目を留めた。ロボクープという名の製品で、美しいデザインでもコンパクトでもなかったが、驚くほど多機能だった。一九二〇年代以来ずっとアメリカで販売されている電動ブレンダーと同じブレンダー機能を備えていた他に、スライス、賽の目切り、千切り、挽く、すり潰すことができた。ほとんどどんな食物でもピューレにできる。カール・ソントハイマーがこの大型のマシンを見て思ったのはクネルのことだ。

ジュリア・チャイルドはこう書いている。「フランス料理のこの繊細な絶品に馴染みのない人にとって、クネルとはパート・ア・シュー（pâte à choux）〔シュー生地〕であり、クリームであり、生の魚、仔牛肉、鶏肉をすり身にして楕円形か円筒形に整えて、味つけした汁で煮込んだ料理である」。従来の調理法だと苦役の産物で、クネルに比べればスフレ作りなど児戯に等しい。鶏肉や魚のすり身のクネルを作るには長い時間叩き潰してざるで濾し、絹のようになめらかにしなければならない。一九六一年当時「召し使いのいない料理人」ジュリア・チャイルドもわざわざ二度挽肉機にかけて、魚のすり身を作らなければならなかった。そのうえで今度は、崩れやすいすり身と他の材料を混ぜ合わせたものを、二本のスプーンで楕円形にしていく危険な作業が待っている。ジュリア・チャイルドは持ち前のやさしさからこう述べている。「最悪の場合」クネルが崩れてしまっても、「ムースにすると言えば」いい。

目の前の驚異のマシンがこの危うい作業をずっと簡単なものにしてくれる、カール・ソントハイマーはそう見抜いた。叩き潰したり濾したりする全工程がボタン一つでできる。ロボクープは一九六三年に、フランスの発明家ピエール・ヴェルダンがレストランの業務用に生み出した製品だ。頑丈なドラムの内側に回転刃があり、機能はスタート、ストップ、パルス〔押している間だけカッターが回転する〕の三つ。これを小型化すればそのまま家庭の台所でも使えるとソントハイマーは考えた。マシンを探し出すとすぐに、米国でロボクープの改造型を販売する権利を交渉した。台所での実験用に一二台買って帰ると、ガレージにこもっていろいろな型をいじり回し、一年あまりかけて機械の各コンポーネントの仕組みを分析し、ついにもっとも手軽にもっともなめらかなクネルが作れるモデルを開発した。この素晴らしい装置を何と名づけよう？　「フランス料理をつねづねアートだと思っていた夫は、『キュイジーヌ』という言葉に因んだ名前にしたいと考えました」と、妻シャーリーは回想する。こうしてマシンはクイジナートと命名された。

クイジナートが一九七三年に米国で発売された当初、小売価格は一六〇ドル。消費者物価指数で換算すると現在の八〇〇ドル近くに相当する高値だった（一方、二〇一一年一月の時点ではクイジナートの新製品が一〇〇ドルで買えた）。こんな値段ではクイジナートはすきま市場の一装置として終わってしまうところだった。その証拠に発売して数か月間の売上はさっぱりだった。ところがやがて好意的な論評が《グルメ》誌と《ニューヨークタイムズ》紙に掲載されると、クイジナートは飛ぶように売れ始めた。《ニューヨークタイムズ》紙の食物欄編集者クレイグ・クレイボーンは、早々にこの「多機能で器用な料理道具」を取り上げ、発明品として「印刷機、綿繰り機、蒸気船、ペーパークリップ、クリネックス」に匹敵すると指摘した。「電動ブレンダー、電動ミキサー、挽肉機、濾し器、ポテトライサー、シェフナイフの機能を一手にこなす」優れ物は、爪楊枝以来の食における最大の発明品と大絶賛した。

同様の大絶賛はイギリスでも巻き起こった。ヴェルダンの発明品はこちらでも改良され、マジミックスという商品名で同じく一九七三年に発売された。《タイムズ》紙は、キュウリやニンジンの千切りに革命が起きたと絶賛し、マジミックスがあれば結婚披露宴の料理もすべて作れてしまう、招待客の到着前に料理をすべて用意しても時間が余るだろうと書き立てた。

一九七六年には米国でのクイジナートの価格は一九〇ドルまで値上がりしたが、それでも金物店の在庫が需要に追いつかないほどだった。その頃シャーリー・コリンズはサ・ラ・テーブルの経営者だった。一九七二年創業のサ・ラ・テーブルは今日ではウィリアムズソノマに次ぐ全米第二位のキッチン用品小売店だが、当時はシアトルのパイク・プレイス・ファーマーズ・マーケットにたった一店舗構えていた。すぐ近くにはスターバックスという名の小さなコーヒーショップが開店したばかり。パイク・プレイス・ファーマーズ・マーケットはシアトルでももっとも新鮮な商品を販売していた。秋にはベリーを、夏にはインゲン豆を。コリンズは季節の暦にふさわしい品ぞろえをしていた。春に旬のグリーンアスパラガスが市場に並ぶと、「大量のアスパラガス調理器具」を売り出すといった具合だ。コリンズはアメリカ北西部で最初にクイジナートを販売した人物でもあった。当初、「一日平均一台」売れていた商品はまもなく爆発的な売れ行きとなった。

クイジナートをめぐる消費者の動向にコリンズは顕著な特徴を見出した。この商品を買って行く人々はアスパラガススチーマーを一台買ったきり来店しない客とは違っていた。クイジナートを買った客は何度でも店にやって来て台所道具を買って帰る。「バルーン泡立て器、銅製鍋、それに新しい料理に挑戦して必要になった器具は何でも」買って行く。このマシンが人々を意欲的な料理行動の虜にしてしまったのだ。「マッシュルームを切ったりスライスしたり、クネルやパン生地、パイの中身を作りたい人の」台所仕事全般を楽にしただけでなく、何かもっと意味深長な現象が起こっていることにコリンズは気づいた。「料理のエネルギーの爆発」というべきか。一台のマシンが台所で過ごす人々の時間の質をすっかり変えてしまった。もはやキッチンは腕の筋肉痛に苦しむ虐げられた主婦たちの仕事場でも、苦役の場所でもない。スイッチ一つポンと押すだけでおいしいものが作れる場所となった。一九〇ドル払っても、料理が苦しみから愉しみへと一変するのなら安い買い物だ。

電動ミキサーが市場に登場したのは、クイジナートが最初ではなかった。料理用ミキサーやブレンダーが出回るようになったのは一九二二年以降のことである。その年、アーノルド・エレクトリック・カンパニーのポーランド系アメリカ人スティーヴン・J・ポプラウスキーがジューサーミキサーを設計した。最初はソーダファウンテン（コックをひねってジュースを出す装置）で麦芽入りミルクシェイクを作るのに使われた。一九三七年にはワーリング・ブレンダーが登場。「ミラクル・ミキサー」と呼ばれた初期モデルの改良型である。初期モデルは攪拌容器の密閉に不具合があり、スイッチを入れると、麦芽乳がカウンターに飛び散ることがあった。改良されたワーリング・ブレンダーは、人気歌手でバンドリーダーのフレッド・ワーリングの宣伝が奏功し、爆発的なヒット商品となって一九五四年までに売上は一〇〇万台に到達した。ほとんどの電動ブレンダーは同じ構造である。モーターの付いた台座の上に広口のガラス容器を載せ、金属製の小さな回転刃で攪拌する。モーターの上にスムージーやミルクシェイクが滴るのを防ぐために、ゴム製のワッシャーを、台座とガラス容器の間に取りつけなければならない。このブレンダーはじつに素晴らしい。繊維の多いパイナップル、軟らかいバナナ、ライムジュース、硬い角氷、不ぞろいなミントの葉も中へ放り込めば、あっという間。刃が猛スピードで回転し、たちまちベルベットのようにふんわりなめらかな液体に早変わり。ヴィクトリア朝の召し使いが三種類の裏濾し器を使わなければ仕上げられなかった均一な仕上がりだ。

だが、このブレンダーにも限界はあった。難点の一つはガラス容器を洗わなければならないこと。もう一つは家庭用ブレンダーの容量が限られていること。ブレンダーでクレソンのなめらかなスープを作ろうとするたびに、ブレンダーにかけた液体を別の容器に移し替えなければいけないという問題に頭を悩ませる。スープの半分をお玉ですくってブレンダーに入れ、ピューレにする。残り半分のスープをピューレにするには、できたピューレを移し替える容器がまた新たに必要になる。この二つの問題を一挙に解決したのが、液体に浸す方式のスティックブレンダー。一九五〇年、スイスで特許を取得した「バーミックス」だ。英米の家庭に普及するのは一九八〇年代後半になってからである。台所用品の中でも屈指の絶品だと私は思っている。逆転の発想で鍋にブレンダーを突っ込むという水平思考が素晴らしい。このハンドブレンダーはほとんど毎日使っている。フレンチドレッシングを乳化するのにも、バナナスムージーを作るにも、インド料理のジンジャーガーリックペーストを作るにも、トマトとバターのパスタソースを絹のようになめらかにする時にも、重宝することこの上ない。

だが、このブレンダーにもできないことがある。「これはブレンドできるだろうか」というのは、二〇〇六年の宣伝開始から爆発的に有名になったブレンドテック社の広告キャンペーンだ。創業者トム・ディクソンが白衣姿で登場し、突飛な物を選んではブレンドしようとする――ゴルフボール、大理石、チキン丸ごと、コカコーラ、iPhoneさえも。広告の意味するところはブレンダーなら何でもブレンドできるはずというものだ。ところができない。ブレンドテック（やライバル社バイタミックス）のような第三世代のパワーブレンダーでさえもままならぬ。ブレンダーはナッツを挽くことはできても、肉をチョップすることはできない。生ニンジンをビューンとやれば、速攻による摩擦熱で温かいスープになる。それでもフードプロセッサーのようにニンジンを千切りにして見事なニンジンサラダを作ることはできない。モーターがどんなに強力でも刃が小さ過ぎるのだ。

食物加工のもっと強力な機能は、重厚な電動フードミキサーが次々に登場して実現された。最初に市場にお目見えしたのは電動スタンドミキサーで、一九〇八年にホバート・マニュファクチャリング・カンパニーのハーバート・ジョンストンが発明した。会社はモーターによる挽肉機を専門に製造していた。ジョンストンはパン職人が金属スプーンでパン生地を混ぜるのに苦労している姿を見ているうちに、ばかげていると気がついた。モーターを使えばもっとずっと簡単にできるに決まっている。ホバート電動ミキサーの製品第一号は容積が一・一リットルだった。だが、一九一九年にホバートは子会社キッチンエイドを立ち上げると、レストランの調理台で使える小型化した重量三一キロのミキサーを発売し、さらに小型化して家庭仕様にした。キッチンエイドは現在でもアメリカ製ミキサー随一といえる。ハンヴィー〔高機動多用途装輪車両〕のように重厚でありながら、キャデラックのように色鮮やか（クリーム、レッド、パールメタリックなど）。回転式泡立て器で掻き混ぜてもなかなかふんわりできないレイヤーケーキ、アイシングも、こうしたミキサーがあれば朝飯前だ。

このイギリス版がケンウッドミキサーである。一九五〇年に発売された。発明したのは英国空軍の電気技術者ケネス・ウッド（一九一六〜九七年）。戦前は、ラジオとテレビの販売・修理をしていた自営業者だった。世界市場に出回る製品を調査して、最高の性能を組み合わせ、一つのマシンにまとめ上げ、ケンウッド・シェフを生み出した。缶切りは米国から、トマト裏ごし機はドイツから、スパゲティメーカーはイタリアから採用し、挽肉機、攪拌器、ジューサー、ミキサーその他諸々の機能を合体させた。この驚異のマシンは、付属品をすべて取りそろえれば、泡立てる、こねる、液化する、抽出する、細かく切り刻む、すり潰す、皮をむくことができるし、缶を開けたりパスタをいろいろな形に加工したり（パスタ機能はあまり実用的とはいえないだろうが）もできる。宣伝文句は「奥様、何なりとお申しつけください」。かつて召し使いが手作業で行なっていた仕事をフードミキサーがするようになったと痛感させる。

ケンウッドは当時も今もエンジニアリングの傑作といえるが、人々の生活を一変させたクイジナートやマジミックスはもっと大きな意味があった。ケンウッドは付属品を取り換える必要があったが、クイジナートの場合もともとマシンに付いているエス・ブレードだけですべてをこなす。鋭い二枚のステンレス刃がプラスチック容器の中を高速で攪拌し、この刃のおかげで、混ぜる、おろすだけでなく、切る、刻む、粉末状にすることができた。この革命的な刃が料理人を初めて奴隷の境遇から解放した。一九七三年以降続々登場したフードプロセッサー専門料理書の著者の一人、ロイ・アンドリース・デ・グルートはフードプロセッサーをこう評した。「一本のよく切れるシェフナイフとまな板持参の腕のいいシェフが、いつも台所で働いてくれるお手伝いになったようなものだ」。おまけに「その出来栄えは石のすりこぎとすり鉢で作ったものに遜色ない。硬い食材も繊維質を何度も切り刻んで軟らかくし、まるで［すり鉢で］一時間かけてすり潰したような仕上がりだ」

最初のクイジナートに付いていたのは金属製のエス・ブレードだけではなかった。ノコギリ刃のスライス専用ディスクも付属品として付いていた。ニンジン、キュウリ、キャベツといった生野菜をスライスするには打ってつけだ（デ・グルートは書いている。「一言『コールスロー』と言い終わらないうちに、ボウルは完璧な千切りキャベツで山盛りになるだろう」）。おろし金ディスク各種で、キュウリのジュリエンヌも作れれば、こぶ状のセルリアック〔セリ科の根菜〕を本格フランス料理の前菜セルリ・レムラードに仕立てることもできる。中でも不可解な付属品はマシンに無料で付いてくるまったく切れないプラスチックの刃だ。ステンレス刃と形も大きさも同じだが、まったく切れない。デ・グルートはこれを見たシェフの言葉を思い出す。「この刃の唯一の使用法は、何に使うのだろうと一晩中頭を悩ませて、料理人を眠れなくすることだ」

一九五〇年代製ケンウッドを最大限活用するためには、じつにさまざまな付属装置が必要で、付属装置一つひとつが単体の料理道具と同じくらい保管するのにかさばった（おろし用装置はスタンドミキサー本体と同じくらいの大きさだった）。フードプロセッサーの付属品はもっとコンパクトでその数も少ない。プラスチックシュートに食材を入れるだけで、エス・ブレードがボウルの中で回転し、ほとんどすべての作業をこなすことができる。ハンバーガーの肉を挽いたり、ケーキ生地を混ぜたり、玉ねぎをみじん切りにし、マヨネーズ作りも簡単この上ない。クイジナートが登場して四〇年近くなるが、フードライターのマーク・ビットマンはこのフードプロセッサーの機能にいまだに感心している。

手作業でマヨネーズを作る場合、卵と酢を入れた中に、油をぽとぽと滴下するのではなく、つーっと連続して滴らせながら、フォークか泡立て器で攪拌する。やろうと思えばできないことはないし、面白い作業ではある――かつては。

フードプロセッサーを使う場合、卵一個、ビネガー大さじ一、マスタード小さじ二、塩胡椒少々をボウルに入れ、蓋を閉めて、スタートボタンを押す。液体注ぎ口から油カップ一杯を注ぎ、コーヒーをすすったりヨガをして待つ。油が霧雨のように振りかかり、一分経てば申し分のないマヨネーズのできあがり。これだけでこのマシンを買う価値あり。

二〇世紀半ばに登場したフードミキサーは、これまで主婦が何とかこなしていた挽肉作り、卵の攪拌、ケーキ生地の混ぜ合わせなど、多くの仕事を楽なものにしてくれた。フードプロセッサーはそれをさらに進化させて、以前なら自分で作れるとは思えなかった料理まで人々が挑戦するよう背中を押してくれた。一九八三年にイギリスの料理人マイケル・バリーはこう記した。かつて「数少ない料理熱心なつわものしか家庭でパテを作ろうとはしなかった」のは、「切り分けて、切り刻んでミンチにして、混ぜ合わせて、それから調理器具を洗ってという疲労困憊の作業工程」があったからだ。今日パテを作るのはごく一般的になり、作業時間は五分しかかからない。「プロセッサーが私たちの生活を一変させてしまった」。カール・ソントハイマーがこよなく愛したクネルをはじめ、高級フランス料理の中でも手の込んだ料理が、フードプロセッサーのボタン一つで身近なものになった。その昔ヨーロッパの金持ちが、ふわふわの食事を愉しみたいばかりに召し使いたちを疲労困憊させた。もうそんな苦労は存在しない。鶏の骨なし胸肉二枚と塩胡椒、パルメザンチーズ、クリーム、卵をフードプロセッサーのボウルに放り込み、ボタンを押せば、パテが作れる。

このただならぬ解放感から、フードプロセッサー愛好家の輪は中産階級にまで広がりを見せ、そういう私もその愛好者の一人であるが、フードプロセッサーがすべての労働から救ってくれたと勘違いしないよう心すべきだろう。*Le Ménagier de Paris*（『パリの家政書』）の、パンケーキを作っていた中世の主婦は自分の代わりに働く人々と顔を突き合わせていたが、私たちのために働く人々の姿はたいてい目に見えない。鶏肉加工場で胸肉の骨を取り除く人の手は見えないし、まして命を与えてくれる鶏のことなど意に介さない。最新式フードプロセッサーのパーツを組み立てる労働者の姿も見えない。私たちに見えるのは、山と積まれた食材と命令した仕事をこなすフードマシンだけ。台所で一人、苦役からすっかり解放された境遇をしみじみ思う。

革命には反動が付きものだ。非凡なものを世に問えば反発を食らわないではいられないのは、フードプロセッサーも同じである。イギリスのマジミックスの場合、反動は早かった。市場に登場したその年の一九七三年に《タイムズ》紙は、手でマメのさやを取ったり、パン生地をこねたりする喜びを次世代の人々から奪ってしまうと論評した。フードプロセッサーの登場で料理から触覚刺激が奪われるため、私たち全員に「グループセラピー」の必要が出てくるだろうとまで言い放っている。

一旦登場したプロセッサーを生活から追い払うことはできなくても、文句を言うことはできた。その言い分はいつも同じだ——料理を作る喜びを奪った。ロボット食になって、手作り感や職人芸を味わうことができない。何でもぐちゃぐちゃに潰してしまう。

公正を期していうなら、最後の不満には一理ある。新製品が誕生すると、物珍しさからつい使い過ぎて、陳腐になるまで夢中になってしまう。一九七〇年代、八〇年代当時の初期のフードプロセッサー料理書を読むと、驚いたことにレシピの多くがベビーフード一辺倒になっている。ピューレにできる野菜は何でもピューレに。パテ、タンバール、ディップ各種（タラモサラダ、フムス、ババガナッシュ）、それにリング型で固める混合物の奇妙なレシピのオンパレード。こうしたフードプロセッサー出端の時期には家庭でもレストランでも、このマシンで何でも混合物にしなければ気が済まなかった。特権的な貴族のごちそうだったクネルが平日の夕飯に出される料理になった。希少価値がなくなってみるとクネルはちっとも特別なごちそうでないことに、やがて人々は気がついた。またクネルなの？

一九八三年、フードライターのエリザベス・デイヴィドは、フードプロセッサーと新しいフランス料理の関係を論じている。ベルベットのようなピューレにこだわるヌーヴェル・キュイジーヌがこの料理道具の普及といかに結びついたものであるか。一九七〇年代にデイヴィドはロンドンでも「定評のある」某レストランでジュリア・チャイルドと一緒によく食事をしていたが、その時チャイルドは自分たちが食べているのは「クイジナート料理」だとし、こう述べている。

そのレストランのメニューの七割方の料理が、フードプロセッサーがないと作れないものばかりだった。消化にいいピューレ、ふんわりしたソース、魚のムースリーヌ。今日のレストラン経営者に愛される品々だが、ボタン一つ押せば家庭でもできるようになった。（中略）叩き潰してすり潰した昔の人の苦労を一瞬たりとも感じさせない、フードプロセッサーのミンチ、チョップ、ピューレ、ブレンドを一手にさばく手並みには目を見張る。だからといって、フードプロセッサーをまるで生ごみ処理機のように扱うのは考えものだ。

こうした見解を発する人々の中でもとりわけデイヴィド本人のおかげで、食の流行に揺り戻しが起こり、野趣に富むフランスやイタリアの田舎料理が復権した。それぞれの素材の味が堪能できる料理であり、スープやシチューには塊がごろごろ入っている。下ごしらえでフードプロセッサーを一切使わない調理法。今や肌理《きめ》細かい舌触りの食物の威信は失墜し、代わって素朴で不ぞろいな味わいが称賛されるようになった。くたくたになりながら作る人の手がかかっているのが見て分かるという理由から。

すりこぎとすり鉢が再び流行し始めた。イタリアのペストソースも、タイのカレーペーストも、スペインのロメスコも、すり鉢で作るものだけが本物だと、フードライターたちは豪語した。フードプロセッサーごときにすり鉢ほどおいしいものは作れないというわけだ。その言葉にはイタリア、スペイン、アフリカ、中東の女性たちのライフスタイルへのノスタルジアすら込められていた。隣近所で寄り集まりその日の食物を延々何時間もかけて、歌を歌いながらすり潰していく生活。歌でも歌わないと作業の退屈さに耐えかねて思わず口から叫び声が出てしまうとは、フードライターは毛頭考えないらしい。西洋の都会に住む人々が昔の農民の生活をまねるのに忙しい一方で、多くの農民はフードプロセッサーに鞍替えしていた。二〇〇〇年、カリフォルニア・キュイジーヌの専門家マリーナ・スピーラーは、イタリアのリグーリアへ旅行して、ペストソース発祥の地でこの料理の調理法を調査した。そこで見たものとは、「先祖伝来の巨大なすり鉢とすりこぎを誇らしげに見せてくれた後、大半のリグーリアの人々は実際のペストソース作りに何を使うかあなたにも見せてくれるだろう。フードプロセッサーだ」

中東でもまったく同じ現象が起きていた。一九七七年には世界のどの地域よりも一人当たりのフードプロセッサー使用率が高くなっていた。この理由の一つがキッビの調理である。作り方はいろいろあるが、生にしろ加熱したものにしろラム肉をすり潰し、それに挽き割り小麦、シナモン、オールスパイス、タマネギ、グリーンハーブを加えてだんごにする。レバノン人作家アニッサ・ヘロウは、ベイルートの家で母と祖母がキッビを作っていた様子を今でも覚えている。

美しい白大理石のすり鉢を前にして、母と祖母が向かい合わせに低いスツールに腰をかけた。すり鉢の中には軟らかい桜色のラムの肉片がいくつも入っている。肉を突くリズミカルな音は初めはゆっくりとした鈍い音だが、だんだん早くなって大きな音になっていく。こうして肉はすり潰されて、なめらかなペーストができあがる。

すり身を作る作業は一時間に及んだ。その間へロウは姉妹たちと一緒に「台所から出たり入ったり走り回って」、もうできたかと訊ねる。すり身ができたら今度は、挽き割り小麦と香辛料を入れて「きれいなだんごに丸めて」いく。この作業も手で行なわなければならない。ところが、こうして手慣れた女性が二人がかりで一時間かけて仕上げたすり身も、今ではフードマシンで一分でできる。

これはじつに喜ばしいことだ。だが、代々受け継がれてきた高度な手作りの技術をいささか軽んじる感も否めない。職人の仕事を機械化するたびにこうした問題は発生する。匠の技の価値を低めてしまうという問題である。フードプロセッサーに料理人の誇りが傷つくのは、料理修業を必要でないものにしてしまうからだ。自分の手が、自分の手だけが他のキッビとは一味違うおいしいものを作ることができると自負しているのなら、突いて叩いてすり潰す作業にはやりがいがある。同じ作業をもっとうまくできなくても同程度にこなすだけで、フードプロセッサーは懸命に働く料理人の尊厳を奪うことになった。マヨネーズの攪拌、ニンジンのなめらかピューレの裏漉し、キッビのすり潰しなど、かつてさまざまな料理の加工に尽くした料理人の労を、高性能であるがゆえにこのマシンが軽んじてしまうように思える。

サーモミックスは料理人の腕前に関係なく料理が作れる比較的新しい装置だ。一台で料理道具一〇役以上をこなせると宣伝されている。ブレンダー兼フードプロセッサーであり、重量を計り、蒸し、加熱し、パン生地をこね、氷を砕き、乳化し、挽き、すり潰し、裏漉しができる。かつては人間の手でなければできないと考えられていた繊細な作業も数多くできる。食材をポンと入れれば、攪拌してクリーミーなリゾットを作ってくれる。ベルベットのようになめらかなレモンカードも作れれば、乳化させて申し分ないオランデーズソースも作れる。人間の仕事といえばマシンの産物を賞味することだけだ。

こうした現実に対し、料理人たちはそれぞれのやり方で態度を表明した。フードマシンに対抗して職人技の料理を探求し、噛みごたえを大切にして手作り感を主張する者もいた。イタリアの多くの家庭では今でも手でこねて伸ばしたり、切ったり、つまんだりして、トルテッローニ〔詰物をした指輪状のパスタ〕を何時間もかけて楽しく作る。詰め物用生パスタでは、工場で作ったものは自家製のものにかなわないからだ。それでも、イタリア人たちはすりこぎを取り出して、パスタ用に小麦粉を挽くことまではしない。何時間もかけて粉挽きをするより有意義なことがたくさんあるので、手作りの好きな人でも手間をかけるのはここまでだ。

スローフード・ムーブメントは一九八九年にイタリアで始まった。その趣旨は「ファストフードやファストライフの隆盛に対抗する」というもの。スローフードのスローとは主に、農業の飼育栽培方法や食物の食べ方を指す。その思想から集約農業に反対し、生物多様性を守る。スローで感覚に訴えかける食事は、そそくさと済ませる食事の対極にある。このムーブメントは食物をゆっくり時間をかけて生産することも推進する。スローフード・ムーブメントは、機械製に反対する手作りや自家製を愛する人々と連帯している。こうした人々は、パン種をこねたり一から自家製の燻製サラミを作ったりしてセラピーのような楽しさを再発見し、以前は重労働だった台所仕事を余暇として生まれ変わらせた。

だが、スローであることと骨が折れることだけがおいしい食べ物を作る唯一の方法ではない。もっと実際的な料理人はフードマシンを歓迎する。有名シェフのレイモン・ブランは時々フードプロセッサーでお菓子のペストリー作りを実演する。バター、小麦粉、砂糖を入れて、卵の黄身と水を加え、わずか三〇秒間パルスボタンを操作すれば、マシンの鮮やかな動作で、とろけるようになめらかな球状の生地ができあがる。「お好みなら手で作ることもできます」と、ブランがコメントしたのを聞いたことがある。じつに合理的な発言だった。「しかし、ずっと時間がかかるうえ、仕上がりは大差ありません」

ナツメグおろし

機能からフォルムが決まる。イギリスのナツメグおろしと日本のショウガおろしの違いがまさにそうだ。一方はパンチで打ち抜いた穴がたくさん開いていて、ナツメグをすって細かい粉にする。もう一方は陶器の皿に穴ではなくスパイクのような出っ張りがたくさん付いている。このスパイクにショウガの繊維がひっかかり、風味豊かな汁とすった身だけが脇の溝に流れ落ちる。

仕組みは違っているが、どちらもおろし器であることに変わりない。ちょっぴり辛い香辛料が食べたいという情熱の賜物であり、交易、農業、味覚が巡り巡って絡み合い、一国の料理に根を下ろしたスパイスあっての料理道具だ。

インドネシアの香料諸島〔モルッカ諸島の別称〕の作物だったナツメグは、一七世紀にヨーロッパ人が求めてやまない贅沢品だった。ナツメグの匂い玉は疫病のペスト対策に使われ、おだやかな幻覚作用で心を落ち着かせるこの香辛料は、おろして料理に入れると香りと甘さで味を引き立てた。エッグノッグ、クリスマスプディング、ブレッドソース、カスタードタルトにナツメグはなくてはならない存在だが、もはやイギリスの味の主役ではないし、小箱に自分の分のナツメグを入れて人々が持ち歩くこともない。それでもおろしたてでなければとイギリス人がこだわりを持つ香辛料の一品である。円筒形を縦割りにした形のおろし金の容器は茶色い楕円形の実を入れて蓋ができる。ナツメグおろしはいつもそんな形をしていた。

スパイシーではない日本料理だが、ショウガは欠かせない。桜色のショウガの酢漬けは必ず寿司に添えられるし、根ショウガはすりおろしてしょうゆや酒と合わせ調味料にする。ショウガはダイコンやワサビと共に日本料理でおろして使う根菜類だ。日本の昔のおろし器の多くはざらざらしたサメの皮で作られていた。今では陶器製となり、いびつな点字のような出っ張りがサメの皮の代わりを果たしている。

ナツメグおろしでショウガをおろすことはできない。湿った根っこが金属の穴にすぐ詰まってしまう。ショウガおろしでナツメグをおろすこともできない。この硬いスパイスの実はスパイクから滑り落ち、指をけがしてしまう。両方のスパイスをおろせる（しかも、レモンの皮やパルメザンチーズもおろせる）道具が必要なら、この際伝統のことは考えず、マイクロプレインを買うことだ。

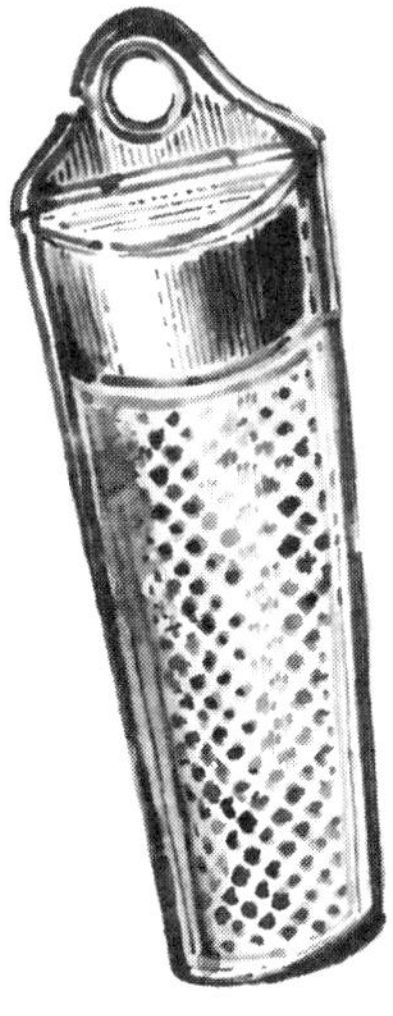

第6章　食べる

「テーブルのリネンはこざっぱりと、ナイフは輝くばかりに、スプーンもよく洗って用いよ」

――ジョン・ラッセル、*The Book of Nurture*（『滋養についての本』）（一四六〇年頃）

「指はナイフやフォークが作られる前からある」

――ことわざ

スプーンは、その仲間であり競争相手でもあるフォークや箸と同様に、紛れもなくテクノロジーの一形態である。スプーンには、よそう、量る、食物を皿から口へ運ぶという機能があり、料理用スプーンになると、掻き回す、こそげ取る、すくい取る、取り出す、すくい上げるという機能がある。どんな人間社会にも一種類や二種類のスプーンは必ずある。ナイフと比べればはっきりすることだが、スプーンはもともとが温和な存在である。スプーンは赤ん坊に渡すものであり洗礼式のお祝いに銀のスプーンを贈ることもあれば、浅いプラスチックのスプーンに離乳食のベビーライスを一口二口すくって食べさせたりもする。赤ちゃんが手でスプーンを握れるようになることは、人生の成長過程で大きな出来事といえる。スプーンは家庭的で温かみのある料理道具だ。だがその構造と用途は強い感情を反映することもあれば、激しい偏見の表れであったりもした。

一六六〇年、華麗なかつらを戴いたチャールズ二世がイングランド、スコットランド、アイルランドの国王に即位した。国家は一時期オリヴァー・クロムウェルとその息子リチャードによるコモンウェルスの共和政体を樹立したが、再び君主制に立ち戻ったのである。さかのぼること一一年前の一六四九年に、父王チャールズ一世がピューリタン革命で処刑されたが、今ここに復讐を果たし、王政復古が実現した。チャールズ二世は王政復古すると、文化の様相も一変させ、ピューリタンの円頂党の記憶を一掃した。劇場が再開され、一夜にして銀製スプーンがまったく新しい形、柄の先端が三つに裂けたトライフィド（trifid）になったのである（またの名をトレフィド［trefid］、トレフォイル［trefoil］、スプリットエンド［split-end］ともいう）。

コモンウェルスは短命政権だったため、クロムウェル式スプーンは数少ないが、現存するものは案の定、装飾のないあっさりした作りになっている。一六三〇年代からイギリスに出回り始めたが、この種のスプーンの形は「ピューリタン」として知られている。すくう部分はシンプルな浅い卵形で、簡素な平たい柄が付いている。ピューリタンスプーンは、すくう部分がイチジクの形をした、それまでのイギリスの銀製スプーンからの脱却といえる。以前のスプーンのすくう部分は、涙の形のように口に入れる先の方が幅広になっていた。一方、ピューリタンスプーンのすくう部分は先がわずかに狭くなり、今日私たちが使っているスプーンとよく似ている。従来のスプーンとピューリタンスプーンとの最大の違いは、柄の部分で、

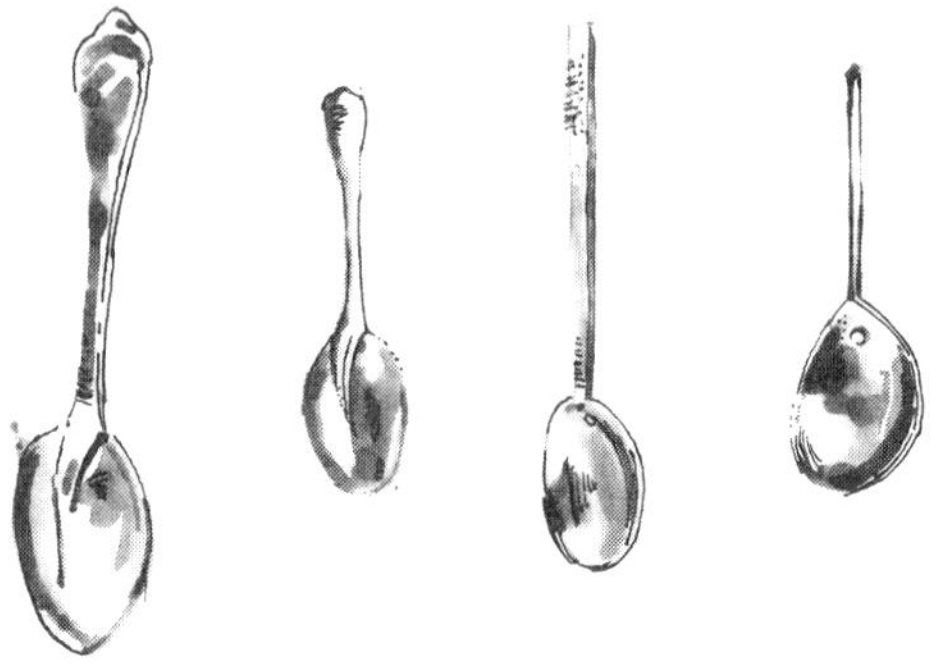

装飾がまったくない。先端の「握り」の飾りが消えた。

それ以前何世紀にもわたって銀細工師は、今日ではほとんど的外れと思えるような芸術の粋をスプーンにふんだんに盛り込んできた。一六四九年以前の握りの「先端装飾《フィニアル》」には、ダイヤモンドやドングリをかたどったもの、フクロウとブドウの房、裸身の女性と座するライオンといった形のものがあった。握りが扁平なものでは、押し型や印章のような抽象的な形が施されているものもあれば、凝った「先端装飾《フィニアル》」にしてキリストと十二使徒を描いたものもあった。こうした装飾的なスプーンはコモンウェルスの時代にはまったく支持されなくなった。華美な装飾はとくに宗教上の理由から非難された。円頂党は国王の首を刎《は》ねたように、スプーンの首を刎ねてしまった。新たな共和政体の金属食器は図柄のない、ただの銀の塊になった。ピューリタンスプーンがこれほど重く作られた一つの理由として、当時都市の防衛に手持ちの銀の供出を求める声明がたびたび出され、その対抗措置として市民が銀の蓄えにスプーンを使ったからだといわれてきた。銀が料理に使われている限り、手放せないと言い張れるので没収されずに済むというわけだ。

それはともかく、まもなくしてピューリタンスプーンは王政復古のスプーン、トライフィドに一掃されてしまう。このスプーンはフランスでの亡命生活から新たに玉座に就いたチャールズ二世がもたらしたものだ。近代スプーンの形の原初であり、どんなに安物でも今日のスプーンのほとんどがこのトライフィドの面影を宿している。初めて登場したのは一六六〇年で、それまでイギリス人はこんな形のスプーンで食べたことはなかった。ところが、一六八〇年にはトライフィドのスプーンはチャールズ二世の王国全土に広まり、四〇年間独占的に君臨し、ピューリタンスプーンもそれ以前のイチジク形スプーンも全滅させてしまう。白目やラッテン〔真鍮に似た合金〕製のミサで用いる卑金属のスプーンも、ピューリタンスプーンからトライフィドに様変わりした。それも徐々にではなく一遍にだ。政治的理由から誰も食卓で円頂党のスプーンを目にしたくなかったのだ。

トライフィドのすくう部分は浅いイチジク形ではなく深い楕円形で、柄の部分はピューリタンスプーンのように平たいが、先端に向かって幅広となり、先端部分は独特の形に裂けている（トライフィドとは「三つに裂けた」の意）。デザインはフランス風。トレフォイルとはユリ形紋章のことでフランス王家ゆかりの様式化されたユリを模したものである。スプーンを裏返すと、圧延した柄の部分はすくう部分の裏側へとつながり、「ネズミの尻尾」と呼ばれるすっと先細りする隆起部分を形作る。それから数十年の間に、この新型スプーンがスプーンの持ち方まで変えてしまったようだ。形が違うと持ち方まで変わってくる。中世のスプーンは先端に握りがあったので、親指の下にスプーンの細長い柄が来るようにして、親指と柄が直角になるように握るのが一番持ちやすかった。ところがトライフィドの場合、礼儀正しいイギリス式の持ち方ができるようになった。柄を手のひらに預け、それに平行して親指を添える。王家のトライフィドのスプーンでアップルパイをすくえば、時の君主が処刑されたこともイギリスに国王不在の時代があったことも忘れてしまうだろう。この台所用品には政治的プロパガンダの意味があった。

スプーンは世界に普遍的に存在するからこそ、スプーンを取り巻く文化を映し出す鏡となる。フォーク文化もあれば箸文化もあるが、世界のすべての国民がスプーンを使う。そのためその国で使われる独特の形からいろいろなものが見えてくる。中国には美しい磁器製の青と白のワンタンスープ用のスプーンがあり、ジャムのようなべとべとした保存食品の多いロシアにはそのためのスプーンがある。貧しいヨーロッパの家庭のひしゃく形の木製スプーンは、隣人たちが寄り集まって、一つの鍋を囲んでスープをすくって食べるのに使われた。中国のスプーンはロシアのスプーンともヨーロッパのひしゃく形スプーンともまったく異なる食文化の一端を表している。スプーンの機能は食物を口に運ぶことだ。一九六〇年代にジェーン・グドールは、チンパンジーが草の葉をスプーンのような形にして、シロアリをすくい取って食べやすくしているのを目撃した。遠い昔、人間は貝殻に棒を結わえつけ、これを使って、指では食べられない液体の食物を食べた。このことを反映しているのが、「スプーン」に相当するラテン語「コクレアレ」(cochleare)で、語源は「(カタツムリの)殻」である。ローマ人はこうした小さなスプーンを使って、卵を食べたり、貝や甲殻類をすくい取って食べた。ポタージュタイプのスープを食べるには、大きめの洋ナシ形のスプーン「リグラ」(ligula)を使った。

その時代の人々が一番好んだ食物があり、それに伴ってスプーンの好みも時代により移り変わった。真珠層でできたエッグスプーンは、エドワード七世時代に半熟卵が好まれたことを反映している(真珠層や骨のスプーンが使われた理由は、卵の黄身が銀に染みをつけるからだ)。ハノーヴァー朝〔一七一四～一九〇一年〕のマスタードスプーンは、マスタードがイギリス料理に欠かせない香辛料であったことを示している。一八世紀のジョージ王朝時代には骨髄のローストが好まれ、骨髄料理用に特製の銀製スプーンが続々発明された。中には両端がスプーンになっているものもあって、小さい骨用、大きな骨用と使い分けができた。ローストした骨を一切れ白い瀟洒なナプキンで押さえ、このスプーンを使って骨髄の軟らかな脂肪の部分をほじくり出して食べる。フランス料理の海の幸の盛り合わせ、プラト・ド・フリュイ・ド・メール〔クラッシュアイスに載せた貝、甲殻類、ウニにレモンをかけて食べる料理〕のお供のスプーン、ニードル、ピックといった道具に類したものが骨髄スプーンだった。

骨髄スプーンは今日廃れてしまった（ロンドンのシェフ、ファーガス・ヘンダーソンが始めた骨髄ローストとパセリサラダの流行で、復活したのかもしれないが）。だが、その他のスプーンは特殊な道具だったのが、普遍的な器具へと見事に飛躍を遂げた。中でもティースプーンの変貌ぶりは目覚ましい。ティースプーンが誕生したのは一七世紀後半で、この時期、イギリス人が紅茶にミルクを入れるようになり、ミルクと砂糖と紅茶をカップの中で掻き混ぜる必要が生じた。ティースプーンは裕福な人が使う食器であり、皿やカップといった食器類とは別格の存在だった。それが不思議なことに、英国の洗練された茶会の席から飛び出して、世界中のカトラリーの引き出しの中へ飛び込んでしまった。日本の茶の湯の茶道具（竹の茶さじと茶せん）はこんな風に世界を旅しなかった。シュガートングや茶漉しといった英国紅茶の他の道具にしても同じことで、こうした紅茶道具は、アフタヌーンティーで一息入れる愉しみを習慣にする人々が扱う品にすぎない。スコーンとクリームを添えて、ボーンチャイナの器で味わうアフタヌーンティー。こうした愉しみ方も今では減りつつある。紅茶にトングを使う礼儀正しい人に出会うこともめっきり少なくなった。角砂糖そのものが流行らなくなってしまったから、なおさらのことだ。それでもティースプーンは現在いろいろなところで使われている。

ティースプーンは登場してまたたく間に世界へ普及したわけではない。一七四一年、フランスのオルレアン公の財産資産目録には、銀メッキのコーヒースプーンは四四本あったのに、ティースプーンは一本もなかった。フランス人たちは今でも計量の単位としてティースプーンよりも小さめのコーヒースプーンを使うようだ。だが、他の地域ではティースプーンの支配力が絶大で、紅茶を飲まない国々をも席巻した。一般にコーヒーの方が多く飲まれるお国柄であるにもかかわらず、一九世紀以降、ティースプーンは米国のカトラリーを構成する基本要素となった。かくして、その影響は世界へと波及した。だが、どうしてティースプーンは食文化の本流へと流れ込んだのか。その一方で他の専用スプーンは主流には至らなかった。レース装飾の美しいヴィクトリア朝のベリースプーンにしても、一八世紀に大量に作られた小さな銀製ソルトシャベルにしても、ミニスープスプーンの類にしても、小さなアイスクリームサーバーの類にしてもそうである。

ティースプーンが世界中に広まった理由は二つあると私は見ている。理由の一つは、実際には機能が紅茶のためではなく、砂糖のためのスプーンになっていること。砂糖は紅茶と同じくコーヒーを飲む人にもお馴染みの食品だ。二つ目の理由として、ティースプーンは手軽な小型食器のニーズを満たしていること。一八世紀のテーブルスプーンやデザートスプーン〔ティースプーンとテーブルスプーンの中間の大きさのスプーン〕より小振りに作られているものの、フランスのコーヒースプーンほど小さくないし、ジョージ王朝時代のソルトシャベルほど凝った作りではない。アメリカのティースプーンはイギリスのものより大きめだが、どちらのティースプーンも人の口のサイズにぴったり合う大きさだ。ティースプーンの使い道は数え切れない。その証拠にカトラリーの引き出しからすぐどこかへ消えてしまう（どこかへ行ってしまうもっと逃げ足の速いのはキッチンバサミだけだ）。ベーキングパウダーやスパイスを少量量るのにいつもお呼びがかかるのはティースプーンだし、味見用スプーンとして重宝している人も多い。スプーンで汁をすくい取り味見をしたり、食事の前にこっそりつまみ食いしたり。それから、ティースプーンで手軽に食べられる食物は、カスタードクリームからアボカドまでじつにたくさんある。この点に関して私はいわくつきだ。というのもちょっと変わった難しい一〇代の頃、私はすべての食物を、切る必要のないものは何でも、ティースプーンで食べた。明らかに私は解決できていない「問題」を抱えていた。幼児のように一口ずつ少しずつすくって食べると、妙に安心感が湧いたのを覚えている。

だから極端な話、一つのスプーンですべての食事を済ませることは可能だが、だからといってそのスプーンがすべての食品に等しく向いているということにはならない。スプーンの役目は詰まるところみな同じ、食物を口に入れることなので、食事用スプーンには少なくとも二つの働きがあることに私たちはあまり気づかない。スプーンのすくう部分はカップの一種と見立てることができ、その縁に口をつけて液体を飲むことができる。それでいてシャベルのように、固形物を運べるようにも作られている。シャベル機能のスプーンの好例は、アフガニスタンで使われるカフジールだ。ご飯をよそうための大きな平たいスプーンで、むしろ西洋の鋤《すき》に似ている。中東全域でご飯をよそう専用のへらやスプーンがあり、ご飯を一粒残らずすくい取るには西洋の楕円形のスプーンよりずっと使いやすいことが、使ってみるとよく分かる。

同じことがヨーロッパ初期のスプーンにも見られる。根本的な形の違いは用途の違いを反映するものだ。スコットランド沖合アイオナ島の女子修道院には中世の銀製スプーンが現存するが、すくう部分が独特な葉の形をしている。シャベルとして使われたことは明らかだが、中東のご飯をよそうスプーンよりずっと小振りだ。このスプーンはぽったりしたポリッジをすくうには申し分なかっただろうが、液体のスープを注ぐにはあまり向いていなかっただろう。そのため、中世のスプーン職人は大振りの丸いスプーンを作った。直接口に入れて飲むには大き過ぎるが、すすって飲むにはちょうどいい。

今日ではスプーンをどう使えばいいのか、いちいち頭を悩ませることはない。その理由として、すくう部分が卵形の現代のスプーンはカップとシャベルの妥協の産物になっているからだ。カトラリーの引き出しからデザートスプーンを取り出して、ピラフをすくうのに使おうが、ブロスの汁をすくって飲むのに使おうが構わない。デザートスプーンはスープには浅過ぎるし、ご飯には深くて丸過ぎるので、どちらの仕事も完璧にはこなせないだろうが、それでも用は足せる。

ジョン・エメリーはこうした妥協に満足できなかった。エメリーは熱烈なスプーン愛好家、カトラリー史研究家で、一九七〇年代に歴史的に有名なスプーンのレプリカを製作し、そのスプーンで何が食べられ何が食べられないか実験してみた。そして、機能の点からトライフィドとその後継のスプーンの消滅を惜しんだ。エメリーの考えによれば、カップとシャベルの妥協の産物は「めったに満足できるものでは」なかった。食物には固体から液体へ、液体から固体へと形を変える厄介な性質があり、それがなおさらスプーンの使用を難しいものにした。スープが濃厚でポリッジのようにぼたぼたになる時もあれば、ポリッジがスープのようにさらさらになる時もある。エチケットを重視すれば、一つのスプーンを使う方がいい。機能は二の次というわけだ。

エメリーをはじめスプーンの目ききにとって、一番いいのはできるだけ多くの専用のスプーンを使うことである。こうした考えの持ち主なら、ヴィクトリア時代はさしずめ天国だろう。この時代にはアスピックスプーン〔アスピックとはゼリー寄せのこと〕、トマトスプーン、ソーススプーン、オリーブスプーン、それに注ぎ口付きのソースレードル、ボンボンスプーン、ティースクープ〔茶杓〕、シトラススプーン、スティルトンチーズスクープ、その他諸々があった。金属食器の増殖に拍車をかけたのは、給仕方法がフランス式（すべての料理が一度に食卓へ運ばれ各自が取って食べる）からロシア式（食事が一連のコース料理で順次運ばれ、料理一品ごとに食器が異なる）に移行したことだ。一九世紀後半のアメリカでは、新たに洗練されたスプーンがもっとずっと広範にわたり登場した。丸いスープスプーン（一八六〇年代に初めて出回る）だけでなく、クリームスープやブイヨン専用のスプーン（ブイヨンスプーンの方が小さめである）。それにサービングスプーンの数々——専用サーバーには、カキフライ用、チップトビーフ〔薄切りの燻製牛肉」用、マカロニ用、ポテトチップス用などがあった。ティファニーは重厚な銀製の「サラトガチップサーバー」を売り出した。ポテトチップスが初めて客に出された、ポテトチップス発祥の地サラトガ・スプリングスに因んだ命名である。柄はずんぐりと太くて短く、すくう部分はバルーン形で、揚げたポテトを手で触れたくない上流階級の方々のために作られた。だが、食事や給仕の器具のこうした増殖が進歩の表れなのかどうかは何ともいえない。

自由に使える手持ちの小道具が多ければ、すなわち台所道具が多ければ、生活が楽になるとは必ずしもいえない。もっともっとと光り輝く道具を集め始めると料理や食事は煩雑になる。困ったことにこうした収集に付随して、必ず道具を使うべきだとする社会慣習が生まれやすい。たとえそれが良識に反する社会慣習だとしても。フードライターのダラ・ゴールドスタインは「フォーク不安」について語っている。豪華な晩餐のテーブルにずらりと並んだ諸種銀食器に面喰らい、びくびくしてしまうのだ。「こんなにたくさんのフォークを使った時代はおそらくなかった。トマトフォークというものがそこに置かれているだけで、どんなに不安を掻き立てることか」とゴールドスタインは二〇〇六年に書いている。二〇世紀初めの作法書は、銀製ナイフとフォークを使ってどのように食物を扱うべきか延々と説いている。食物には熟したモモ、トウモロコシ、骨付き料理といった、手で持って食べた方がずっと食べやすいようなものまで含まれていた。

カトラリーにまつわる礼儀作法のほとんどが、食物の取り扱いに関する恐怖の表れである——べとべとしていたりつい音を立ててしまう食物は、どうやって食べたらいいのかといった不安だ。西洋ではスープは音を立てずにすするよう再三教え込まれる。これと対照的なのが日本の汁物の麺類の食事作法で、ズルズル音を立てて食べることはおいしさを堪能している表現と教える。それに西洋ではスープはスプーンの縁から飲まなければいけない。スプーンをあまり口の中に突っ込んでは行儀が悪い。ただし、特別免除があって、立派な口髭の殿方はスプーンの先から飲んでもよいとされた。一八三六年、シュガートングを使わずに砂糖を指でつまむのは無作法とされ、紳士の名折れにもなった。かといって、あまりに洗練され過ぎるのも、テーブルマナーの細部に気を遣い過ぎるのも考えものだ。フォークを使い過ぎると自信のなさの表れ、果てはごまかしと目された。本物の貴族は「洗練された粗野」を心得ていた。フォークの代わりにいつ指を使うべきか。手で食べていいものは、ラディッシュ、クラッカー、セロリ、へたを取っていないイチゴやオリーブであるという。こんな作り話まで広まっていた。貴族になり済まそうとした山師の話。オリーブを食べるのにフォークを使おうとしたところ、本当の紳士ならこうした所作は取らないと、リシュリュー枢機卿が化けの皮をはいだという。

ナイフ、フォーク、スプーンの使用はもっと大きく捉えれば、礼儀作法という文化の一端であり、順応という文化的洗練の一つといえる。フォークの使い方が間違っていても大して問題にならないかもしれないが、自分はゲームのルールを理解していると示して見せることは大切だ。要は集団に属しているかのように振る舞うこと。だがこれが一番難しい。とくに食卓用食器の使い方は目まぐるしく変わるので、その時流行していた習慣が一〇年後には滑稽なものになってしまう。一九世紀初め、フォークを使ってスープを食べることが「ファッショナブル」ともてはやされた時期が一時あった。すぐに「ばかばかしい」と非難され、スプーンが復権した。

だが、それ以外の場面ではフォークを使うことが、依然として一番礼儀正しい食事の作法だった。二〇世紀半ばにイギリスの上流階級の間で、「フォークランチ」「フォークディナー」という、ナイフをまったく使わないビュッフェ式の食事が流行した。ナイフほど物騒ではなく、スプーンほど幼くもないので、フォークは、礼儀正しいものとされた。魚、マッシュポテト、サヤインゲン、クリームの載ったケーキなど、あらゆるものにフォークの使用が推奨された。専用のフォークも作られ、アイスクリーム用、サラダ用、サーディン用、テラピン〔食用のカメ〕用フォークもあった。一九世紀、二〇世紀の西洋のテーブルマナーの基本は、信じられないかもしれないが、フォークを使うことだった。「硬めのプディングにはスプーンを使うこともあるが、フォークの方が洗練されている」と一八八七年の料理書は記している。

だが、ことマナーに関して私たちは忘れっぽい。じつは少し前まで、何でもフォークで食べるのはばかげているように思われていた。料理道具としてのフォークは大昔から存在する。尖った長い先端で調理する肉を突き刺して持ち上げるローストフォークは、ホメロスの時代から広く使われていた。切り分ける肉を押さえるのに使う肉切り用の大型フォークは中世のものだ。食事の準備にフォークを使うのとは対照的に、食事にフォークを使うことが好ましいと考えられるようになったのは、近代に入ってからのことである。テーブルフォークはコランダーやワッフルの焼き型、湯煎用二重鍋《バンマリー》よりずっと歴史が浅い。大きな歴史の流れから見ると、尖ったもので突いて食事をすることは物珍しいことなのだ。

フォークを使わない地域の人から見ると、フォークは異形《いぎょう》な道具である。金属の小さな槍が付いていて、

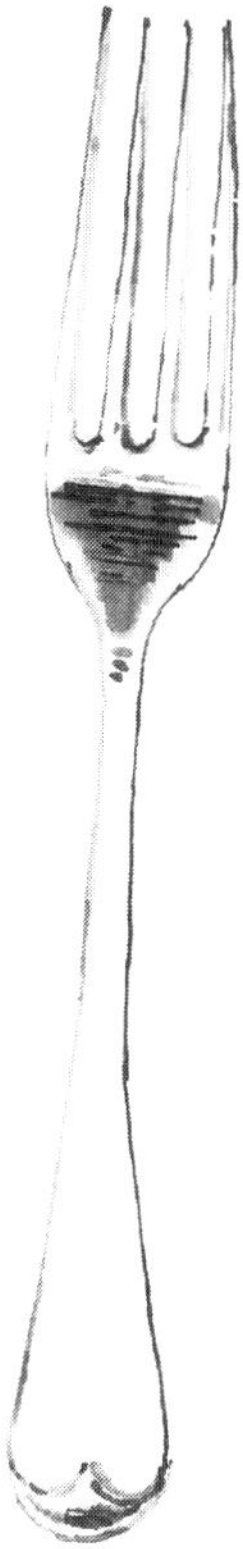

箸にも指にも似ていない。口に入れると歯に当たる。だが、いつも使っている西洋人はそんなことは考えない。

現代の西洋世界では、サンドイッチをつまんだりスープを飲んだりする時以外は、ほとんど毎度の食事にフォークを使う。野菜を突き刺したり、切る肉を押さえたり。食物を拾い上げたり、皿の上で追いかけたり。スパゲティをくるくると絡め、魚の身をほぐし、いろいろな食物の欠片を集めてひとまとめにして口に入れる。親の目を盗んで嫌いなキャベツの切れ端を隠したりもする。子供ならフォークで遊ぶこともあるだろう。鋭いフォークの先でマメを潰してみたり、ジャガイモをケチャップでピンクに染めてみたり。改まった席では、一切れのケーキを食べるのにも、ケーキくずをぽろぽろ出しながら、フォークを使う。豪華なディナーや結婚披露宴の席上では、華麗なフォークのどれをどの料理に使えばいいのか気をもむが、フォークはカジュアルな食事に、ナイフが場違いのような軽食の類にも使われる。公園のベンチに座って、サラリーマンがクロスワードパズルを目で追いながら、使い捨ての木製フォークでマカロニサラダを食べる。あるいはパブから千鳥足で出て来た客の手にも、プラスチックのフォークが握られているだろう。ケバブを食べた時、指に肉の脂が付かないよう使っていたフォークだ。

私たちはフォークを当たり前のものと思っている。だが、テーブルフォークは比較的新しい発明だ。最初に登場した時はごうごうたる嘲笑と軽蔑の声が浴びせられた。その形状からして、悪魔の持っている三叉槍を連想してしまうのがよくなかった。歴史の記録に初めて登場するのは、二叉の金のフォークである。一一世紀にヴェネツィア共和国の首長《ドージェ》と結婚したビザンチン帝国の王女が使ったものだ。神から授かった手よりもそのような純化された道具を好むのはけしからんと、聖ペトルス・ダミアニは王女の「過度な繊細さ」を厳しく非難した。愚かな姫と滑稽なフォークの話はその後二〇〇年経っても教会の人々の間で語り継がれた。この話には尾ひれがついて後日譚が語られることもある――姫は疫病で亡くなった。フォークで食べた天罰だという。

それから六世紀経っても、フォークはいまだ笑い草だった。一六〇五年、フランスの風刺作家トマ・アルテュは *L'Isle des hermaphrodites*（『両性具有者の島』）と題する奇妙な本を出版した。アンリ四世の治世に執筆された本書は、先王アンリ三世の柔弱な仕草や宮廷の腰抜けの取り巻き連を笑い物にしている。一六世紀において「両性具有者」とは、あまり気に入らない人間に対して使う軽蔑的な言葉だった。こうした廷臣たちを嘲笑うアルテュが最低と見なしたのが、連中は「決して肉を手で触れようとせず、フォークを使う」というものだった。フォークの叉の間隔が離れていたので、両性具有者たちはマメを突き刺すよりは取り損なってあたりにばらまく方が多かった。「指よりも叉に分かれた小さな道具が口に触れる方が好きなのだ」。フォークを使うことは（実際に両性具有であるように）一種の性的異常であることを暗に示している。アルテュにとって、フォークは役に立たないばかりか卑猥な存在だった。

それ以前の時代、フォークのような叉に分かれた道具は聞いたこともなかったわけでなく、ただその用途が特定の食物に限られていた。古代ローマでは、尖った部分が一つしかない槍が、巻き貝の身を中からほじくり出したり、火から食物を取り出したり、突き刺したりするのに使われた。中世やチューダー朝〔一四八五～一六〇三年のイギリスの王朝〕の食卓では、小型の「砂糖漬け果物」用フォークが用いられた。両端が使える道具で、一端がスプーン、もう一端が二叉のフォークになっている。金持ちの間で砂糖漬けの甘いお菓子が広まるにつれて、こうしたフォークの必要性は高まった。一四六三年、ビュアリ・セントエドマンズという紳士が友人に「砂糖漬けのショウガ用の銀製フォーク」を遺贈している。フォークの先を使って広口の陶器からべたべたする砂糖漬けを取り出し、スプーンの先を使っておいしいシロップをすくい取る。砂糖漬けの欠片が歯に詰まると、フォークが乙な爪楊枝に早変わり。だが、現代でいうフォークとはまったく意味が違っていた。あくまで個人的な道具であり、素手では扱えない食物を食べるためのものだった。

私たちが意味するフォークは一七世紀になるまでずっと奇異なものと考えられていた。ただし、イタリアだけは例外だった。ヨーロッパの他の国に先駆けてイタリア人がフォークを採用したのは、パスタがあったからである。中世期にはすでにマカロニとベルミチェッリの交易が確立していた。初めのうち長めの麺タイプのパスタは、先の尖った長い木製のプンテルオーロ（punteruolo）〔イタリア語で「錐、千枚通し」の意〕という道具で食べていたが、ひも状のつるつる滑るパスタを一本で絡めるのなら、二本、いや三本の方がもっといい。パスタとフォークはお互いのために作られたようなものである。テーブルを囲んでイタリア人たちが、長いリボンのようなタリアテッレやフェットチーネを食べる様子を見ているのは楽しい。つるつるするパスタをフォークいっぱい毛糸玉のように巻きつける手並みはさすがのものだ。麺類を食べるのにフォークがこんなに便利とは。その有用性に目覚めたイタリア人は他のメニューにもフォークを使い始めた。

エリザベス朝の旅行家トマス・コリアットは、一六〇八年以前にイタリアのあたりを旅行した。その時「他国には見られない」ある習慣に気づいた。すなわち、「小さなフォーク」を使って切る肉を押さえていたのだ。コリアットはこう記した──典型的なイタリア人は「素手で料理に触れることに耐えられず、人の手はみな一様に不潔だと思っている」。最初のうちは奇妙に思えたが、みずからもこの習慣を取り入れて、イギリスに帰国してからも肉をフォークで食べていた。コリアットの友人には劇作家ベン・ジョンソン、詩人ジョン・ダンといった面々がいたが、友人たちは「陽気なユーモア」を交えてコリアットのこの奇妙なイタリアの習慣をからかい、コリアットのことを「furcifer」(「フォークを握る者」という意味だが「わんぱく者」の意味もある)と呼んだ。エリザベス一世は砂糖菓子用のフォークを所有していたが、フォークを使わず指を使って食べており、突き刺す行為を粗野と見なした。

一九七〇年代には本物の男はキッシュを食べないといわれたが、一六一〇年代には男はフォークを使わなかった。「干し草を作るフォークは口には無用。口に肉を放り込むのにフォークは要らない」と詩人ニコラス・ブレトンは一六一八年に記している。二〇世紀目前の一八九七年になっても、イギリスの船乗りは、フォークを使わずに食べることで男らしさを顕示していた。当時はすでにフォークが普及していたのだから、これは退歩といえる。

コリアットがイタリアへ旅行して一〇〇年後の一七〇〇年には、フォークはヨーロッパ中で受け入れられていた。ピューリタンでさえフォークを使った。一六五九年、オリヴァー・クロムウェルの息子で二代目護国卿のリチャード・クロムウェルは、ミートフォーク六本を二ポンド八シリングで購入している。王政復古に伴い、フォークは新型スプーンのトライフィドと共に食卓に不動の地位を築いた。食物で手を汚したくないし、手で食物を汚したくない。それが礼儀正しい所作となった。こうしてフォークは勝利を収めたが、一九世紀初頭までその売れ行きはナイフやスプーンの方が勝っていた。

ナイフとフォークの勝利は、陶磁器のディナープレートが使われ出したことと連動していた。ディナープレートは従来の深皿や木皿よりも浅くて平らな皿である。すべての食事にボウルが使われていた時は、ひしゃくの形をしたスプーン(中世期のイチジク形のスプーンは、たいてい柄がすくう部分から上向きに伸びていた）が深くすくえて好都合だった。木皿やポタージュボウルのような曲面構造の器では、取っ手が水平のナイフやフォークはおのずと納まりが悪くなり、平面の器が必要になる。ナイフやフォークを使って深めのシリアルボウルで食べてみたら、その意味がよく分かる。ひじが曲がってカトラリーの使える範囲が極端に狭まってしまうのだ。ナイフとフォークの複雑なテーブルマナーをこなすには、器は平板でなければ困る。テーブルマナーはヴィクトリア朝に絶頂期を迎えた。皿はさながら食事をする者が意思を伝える指示板のようになる。

最初期のフォークはすべて二叉だったといわれることがあるが、じつはそうではない。初期のもので先が四本のフォークも現存するし、三本のものもあるが、二本のものが多かった。フォークの先の数が示すのは年代ではなく機能である。先が二本のものは食物（たいていは肉）を切る時、杭のように固定するのに都合がよかった（肉切り用大型フォークは今でも切り分けナイフとセットで売っている）。先が三本以上のものはスプーンに似た使い方をして、食物を皿から口へ運ぶことができた。数を増やして先が五本のフォークも登場したが（男性の髭剃りで、従来は二枚刃、三枚刃だったのが、五枚刃のかみそりが登場し、最先端の「技術的進歩」を誇示したのと似ている）、人間の口に入れるのに金属部分が多過ぎた。

一九世紀になると、ナイフとフォークを扱う作法が二通り生まれた。一つは礼儀作法の権威エミリー・ポストが「ジグザグ」と命名したもので、右手でナイフを、左手でフォークを握り、皿に載った食物を全部小さく切っていく。それからナイフを置いて、皿の上で「ジグザグ」を描くようにフォークに持ち替えて、右手で一口サイズになった食物をフォークで食べる。最初この方法はヨーロッパで広まったが、後にアメリカ流と見なされるようになった。というのもヨーロッパではもっと洗練された作法が考案されたのだ。イギリスのテーブルマナーでは、ナイフはフルコースが終わるまでテーブルに置くことはない。ナイフとフォークが皿の上でリズミカルに八の字を描く。ボートのオールを漕ぐように。フォークが押さえて、ナイフが切る。ナイフが押して、フォークが運ぶ。威厳のある流れるような所作だ。そのねらいは咀嚼という見苦しい生理的行為をゆっくり行なうためだ。アメリカ人もイギリス人も、相手のフォークの使い方が下品だと心密かに思っている。イギリス人は、ナイフを置かないゆえに自分たちは礼儀正しいと思っているし、アメリカ人は、ナイフを置くから自分たちは礼儀正しいと思っている。共通の言語、共通の食卓用食器類によって、両国民は分断されている。

トマス・コリアットがイタリアのミートフォークに目を見張ってから四〇〇年経った今日、私たちの食物は計り知れない変化を遂げたが、総じてフォークへの依存は相も変わらず、むしろ大きくなっている。ティースプーンや陶磁器の平皿と同様、フォークは食文化に根付いたテクノロジーといえる。ハンバーガーを頬張ったり、中国料理店で箸を使って食べる時には使わないかもしれないが、フォークは私たちの食生活に固く結びついている。フォークを口へ持って行くたびに金属の先が食物と一緒に当たっても、その感触にすっかり慣れてしまった私たちは、もう何とも思わない。だが、フォークの使用は些細なことではない。食の世界全体に大きな影響を与えている。カール・マルクスは『経済学批判要綱』の中でこう述べている。「飢えを満たすのに、調理された肉をナイフとフォークで食べるのと、生肉を素手と爪と歯で飲み込んだのでは、飢えの満たされ方が違う」。フォークは食事の方法を変えるだけでなく、食事の質も変えてしまう。

なにもフォークを使うことが他の食事方法よりも優れているというつもりはない。火から冷蔵庫、泡立て器から電子レンジに至るまで、それぞれの新しいキッチンテクノロジーと同じく、フォークには長所もあれば短所もある。ルネサンス期のフォーク反対派は多くの点で正しかった。ナイフとフォークは、なるほど一人前のローストビーフを切るには便利だが、マメやコメを食べるには役立つどころか不便この上ない。スプーンの方がずっといい働きをしてくれる。ナイフとフォークで食べる所作には、必ずしも根拠のない自己満足が伴う。煩わしくて凝った食べ方だ。私たちは自分の慣れ親しんだテクノロジーが効率的だと思い込みがちだ。ナイフとフォークは毎日使っているので、不便な点に気がつかない。テーブルマナーに従って私たちは両手を使って食事をするが、箸ならもっと器用に片方の手だけで食事ができる。

「編み針を持ったサルよりも私たちは滑稽に見えたことだろう」。中国で中国料理を食べたアメリカ人たちのことが一八一九年に初めて記録された。これはその場にいた人物の一人の所感である。広東省広州の中国人がアメリカ人貿易商の一行をもてなしてくれた。召し使いたちが次々にごちそうを運んでくる。「煮込み料理」にツバメの巣のスープ、それにたくさんの炊いたご飯。「だが悲しいかな！」と、セイラム出身の若い貿易商は回想する。「平皿もなければナイフもフォークもない」。アメリカ人たちは用意された棒状の道具でごちそうを口に入れようと悪戦苦闘。ついに見かねた家の主人が、ナイフとフォークとスプーンをお出しするよう召し使いに命じた。

　同じような光景は、西洋人が中国料理店で食事をする折にもしばしば見受けられる。ディナーの途中で、誰かがそっと顔を赤らめている。箸の使い方が分からないまま、何とか食物を口に入れようと悪戦苦闘していたのだ。こんな時、客に恥ずかしい思いをさせず、スプーンとフォークをさりげなく届ける如才なさが、レストランには必要だ。一九五〇年代にハーバードに住んでいた、ある中国人女性はこう記している

――アメリカ人をもてなす時に大切なのは、いざという時のためにフォークを用意しておくこと。だが、うまくできなくても箸を使いたがる来客には、フォークを押しつけないことも大切である。ナイフとフォークで食事をする西洋人が初めて箸を前にすると、不器用な子供のようになってしまう。箸を使う能力は読み書きの能力のように大切な技術。習得するのは楽ではないが、中国、日本、韓国で社会の一員として生きていくには必須の技術だ。中国の子供は二、三歳まではスプーンを使っても構わないが、それ以降は、即席のトングのような形の箸を持たされるかもしれない。箸の端に輪ゴムを巻きつけて、輪ゴムで縛った部分の間に小さく折り畳んだ紙ナプキンを挟んだものだ。だが、中学生ともなると大目に見てはもらえない。箸が巧みに使いこなせるのは当たり前の年頃だ。作法がおかしいと親のしつけが疑われてしまう。

現存する最古の箸は青銅製で、殷墟から発見された紀元前一二〇〇年頃のものである。ということは少なくとも三〇〇〇年前から箸を使っていたことになる。だが、中国の食事の作法で箸の使用が一般的になるのは漢の時代（紀元前二〇六年~紀元後二二〇年）になってからである。富める者の箸は青銅、象牙、翡翠、繊細な漆塗り、貧しい者の箸は木や竹でできた粗末なものだった。宮中では銀製の箸が使われたが、贅を尽くすだけでなく毒が盛られていないか確かめるねらいがあった。ヒ素に接触すると銀は黒くなる。ただし、銀は重くて熱が伝わりやすいうえ（熱い料理には熱くなり過ぎ、冷たい料理には冷たくなり過ぎた）、さらに困ったことには食物がつまみにくかった（銀は摩擦が低いので、食物がつるつる滑る）。そこ

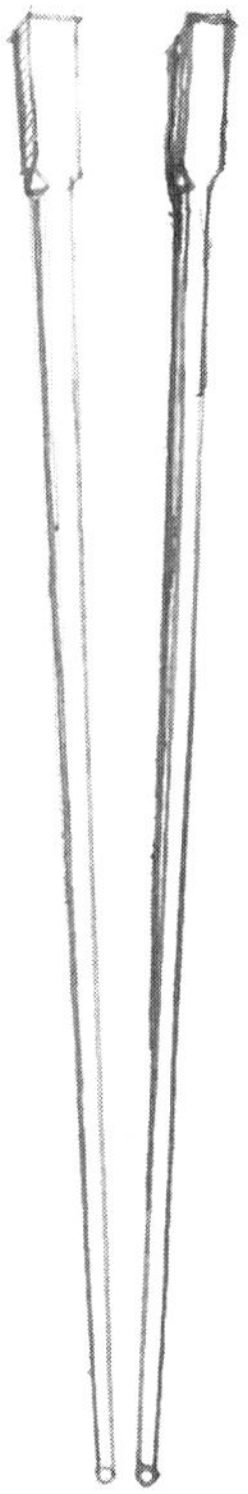

で、結局銀製の箸は使われなくなる。毒見もできる美しい箸ではあるが、おいしい食事を堪能していると表現することこそ極東のテー

ブルマナーの極意である以上、磁器の箸を使った方が食の喜びを表現しやすかったというわけだ。

第2章でも述べたが、食事で箸を使うことは、西洋料理とはまったく異なるアプローチに根ざしたものだ。箸は食物を切るのではなく運ぶだけなので、切る作業のほとんどは人目につかない厨房で行なわれる。「食卓に上るものはすべて切ってある」と一八四五年、中国へ旅行したアメリカ人フレッチャー・ウェブスターは記している。西洋人は卓上の皿の食物を見苦しくない所作でいかに小さくすべきか頭を悩ませなければならないが、中国の料理人の包丁さばきのおかげで、食卓の席の人は何も悩むことはない。穂軸のまま出されたトウモロコシをいかに礼儀正しく食べるかといった問題に中国人は直面しない。中国人には、皿の上にそんな大きなものを塊のまま出すなどという粗野なことは考えられなかっただろう。

箸を使う食事作法は、物騒なナイフの取り扱いを念頭にした西洋の食卓上のタブーとは無縁だ。フランスの批評家ロラン・バルトは、あらゆるところに記号や象徴を見出したが、食卓において箸はナイフと対極的な存在だと主張した。ナイフを握る時、私たちは食物を獲物として扱わざるを得ず、これから「切り刻んでばらばらにする」ためにディナーの席に臨む、とバルトは考えた。ところが、箸は「母親のような態度で」食物を扱う。巧みな箸さばきは、さながら子供をあやすように食物にやさしい。

この食事道具は突き刺したり切ったり裂いたりしないし、傷をつけることもしない。ひたすら選び、裏返し、移し替えるだけだ。箸は（中略）決して食材を手荒に扱わない。（野菜の場合は）そっと割るか、（魚やウナギの場合は）突《つつ》いて身をほぐす。こうやって、食材本来が持つ裂け目を再発見する（だから、箸はナイフより原初的な指にずっと近いのだ）。

ところが、もともとやさしい性格を持った箸ではあるが、箸を使った食事作法が相手の気分を害することもある。中国のテーブルマナーには、表面的には欧米の伝統的な作法よりゆったりくつろいだ雰囲気がある。テーブルセッティングは、箸一膳に、ちり蓮華、碗、小皿の磁器三点セットのみ。二〇世紀初め、中国でイギリス人女性のフローレンス・コドリントンが、英国式ディナーに「年配の女友達」を招待した。中国人の老女は「大はしゃぎでテーブルの周りを走り回って、並べられたすべてのものを次々に手で触ってから、腹を抱えて笑い出した。『ああ、笑っちゃうよ。驚いたもんだ』と、喘ぎながら言葉を継いだ。『料理を食べるのにこんなにたくさんの道具があるとはね』」。一人前ずつ運ばれてくる伝統的な西洋のコース料理と違い、中国料理は大皿で食卓に運ばれ、その皿からめいめいが取り分けて一緒に食べる。他人を差し置いて遠くにある料理に手を伸ばしても失礼ではない。中国人フードライター、ヤンキット・ソウは「お互いの箸がぶつかる確率はきわめて低い」と述べている。

日本の箸文化は中国より遅く始まったが（中国からの伝来）、箸が形成する今日の日本の一大食文化の様相からは、思いもつかないだろう。ようやく一般の人々が素手から箸で食べるようになるのは八世紀頃のことだが、一旦定着すると、箸はたちまち日本の食事作法の中核となった。おおむね日本の箸は中国のものより短く（だいたい中国の箸が二六センチに対し、日本の箸は二二センチ）、中国の箸の先が平たいのに対し、日本の箸の先は尖っているので、ごく小さなものまでつまみ上げることができる。箸で食べることも、椀から飲むこともできない食物は、日本料理ではないといわれたものだった。日本の食はここ数十年の間にグローバル化が進み、もはやこの決まりの範疇に収まらなくなっている。東京や大阪の若者の間で人気の料理は、「カレー」だ。「カレー」とはとろりとした香りのいい万能香辛料ソースの手軽な食物で、日本人の大好物である。このカレーを食べる時は箸を使わないし、とろとろし過ぎてボウルから飲むこともできないから、スプーンの出番となる。もう一つ日本人の好きな食物に白いパンの「サンド」なるものがある。イギリスのサンドイッチをまねたものだが、マヨネーズで和えた具をパンで挟む。本場のサンドイッチと同じく、片手で持って食べられる。

とはいえ、日本食の料理や食べ方を決めるのはおおむね箸であり、箸を持つ時やってはいけない一連の作法がある。相手の顔に向かって箸の先を向ける、料理に箸を突き立てるといった使い方は禁物だが〔料理に箸を突き立てるのは、霊前に供えるご飯を連想させるので嫌われる〕、もっと細かな決まりがある。いくつか例を挙げると――

涙箸　箸の先から料理の汁などを涙のようにぽたぽた落とすこと。
迷い箸　どの料理を食べようかいろいろな料理の上で箸をさまよわせること。
横箸　箸をそろえて持ち、スプーンのように料理をすくい上げること。
刺し箸　フォークのように料理に箸を突き刺して食べること。
ねぶり箸　箸についたものを口で舐め取ること。

箸を共用するのも禁物である。神道では何事にも「けがれ」を忌み嫌う。他人の口に入ったものは細菌が付いていて不潔とはいえ、細菌なら洗い落とせるが、洗い流せないものもある。知らない人の箸を使うことは心理的に気持ちが悪いのだ。石毛直道教授は八〇冊以上の本をものする日本の食の文化人類学者だが、ゼミの日本人学生を対象に意識調査をした。「誰かにあなたが使っている持ち物を貸したとします。その人はそれを使った後、徹底的にきれいに洗って返してくれますが、それでももう使いたくないと思う持ち物は何ですか」。一番多かった解答のうち、一つが「下半身に身に着けた」下着、もう一つが箸だった。

これで割り箸が使われる理由がある程度納得できる。割り箸は使い捨てで、縦半分に割って使えるよう途中まで切り込みが入っている木製の安価な箸だ。発泡スチロールのカップと同じ性格の割り箸は、現代の西洋で考えられたと思われがちだが、実のところ、日本で一八世紀に外食産業が誕生してからずっと使われてきた。料理店が一人ひとりの客に新しい箸を出すことは、口に入れるものが不潔ではないことを客に保証する最良の方法だった。食のテクノロジーで何を好んで受け入れるかは、機能よりも文化の力が大きく物を言う。この事例はその好例といえる。イギリスにおける日本の食の専門家リチャード・ホスキングは、「箸を簡単に使えない外国人にとって、割り箸は厄介だ」と主張する。短いので手の大きな人間には扱いにくい。それに、割り方を失敗してももう一膳下さいと頼むのも気が引けて困ってしまう。何より問題なのは割り箸がエコロジーに反することだ。現在日本では年間およそ二三〇億膳もの割り箸が使い捨てにされている。

おまけに使い捨ての割り箸を好む傾向は中国へも広まり、今や中国では年間六三〇億膳が生産されている。二〇一一年には人口一三億人の割り箸需要に供給が追い付かず、米国ジョージア州の製造工場が助っ人を始めた。ジョージア州はポプラやモミジバフウの森林資源が豊富で、こうした木材は軽くてしなやかなため、漂白処理しなくても箸を作ることができる。数十億もの割り箸が今やジョージアから中国、日本、韓国のスーパーへ輸出されており、すべてに「メイドインＵＳＡ」のラベルが貼られている。

一九世紀に中国へ渡り、「編み棒を持ったサル」さながらに箸に悪戦苦闘したアメリカ人貿易商たちは、よもや米国が中国に箸を供給する時代が来ようとは夢にも思わなかったに違いない。とはいえ、ナイフとフォークの文化と箸の文化という二つの食文化は結局のところ見た目よりは共通点が多い。お互いに食事をしながら内心は相手のことを野蛮人だと思ったかもしれないが、両文化とも第三の食文化を見下す点では通じ合っている。世界には道具を一切使わずに食事をする人々もいる。

偏見とは、理に適っていないことと定義できる。だから、素手で食べることに対する偏見は、実のところあまり根拠がないと分かっても驚くことはない。食物に手で触れるのは不潔なしるし。手で食べるのは無作法な証拠。食べる道具がないと食べられる食物が限定される。この三つの偏見をよくよく検討してみると、最初の二つは根拠のないものだが、三つ目は事実そうともいえる場合がある。

カトラリーがないからといってマナーがないわけではない。一貫して手で食べようとする人々の間では、入念な手洗いが食事のしきたりとなっている。ヘンリー八世が手づかみで食べたのは下品なテーブルマナーだと笑い草になっているが、それでもサンドイッチを食べる多くの現代人に比べれば、国王は衛生とエチケットにははるかに心を砕いていた。国王の肉を切り分ける侍従は専用のナイフで食卓からパンくずを払った。介添えの侍従がナプキンを用意し、王の衣服から食物のくずを払い取った。食事の最後には、貴族が跪《ひざまず》いて水盤を差し延べ、手についた食物の汚れを洗い落とした。ヘンリー王の手づかみの食べ方を笑う私たちのうち、食事中に王の半分ほども清潔を保つ者がどれだけいるだろうか。

手で食べる食文化では、人々は清潔に対してきわめて敏感な傾向がある。古代ローマ人は頭のてっぺんから足のつま先まで洗ってからディナーに臨んだ。砂漠地方のアラブ人は砂で両手をこする。今日多くのアラブ人はフォークとスプーンを使うが、伝統的な中東の食事の前には、招待客はソファーでもてなしを受け、そこで手を洗う、とクローディア・ローデン〔料理書の著者で文化人類学者〕は書いている。「メイドが大きな銅製の水盤とフラスコを持ってやって来ると、水を注いで来客の手を洗い清め（水がバラやオレンジの花でほんのり香りづけされていることもある）、すかさずタオルを手渡す」。九世紀のアラブ世界では、来客の一人が手を洗った後、頭でも掻きようものなら、食事の前にもう一度手を洗い直すのを、食卓の全員が待たなければならなかっただろう。小さなフィンガーボウルを使ってヨーロッパ人たちは甲殻類や貝料理を食べた後、お上品に手を洗うが、インド人の伝統に照らせば、不潔に見える。インドの習慣では、手は水盤の水に浸すのではなく、一人ひとりが新しい流水で洗い流すべきなのだ。水盤の中で洗うと、拭った汚れがまた付着してしまう。

手で食事をする人はどの指を使うかにも気を遣う。左手は（トイレで使用する「不浄の」手なので）食事の際使わないだけでなく、右手のどの指を使うかにも制限がある。食物を手でつかむほとんどの食文化では、親指、人差し指、中指だけを使うのが礼儀正しい（ナイフとフォークの決まりと同じく、例外もある。クスクスはばらばらになってしまうので、五本の指を使って食べる）。みんなで取り分ける料理の皿から慌てて自分の分を取るのはよくない。食物を咀嚼し終わらないうちに次の食物を噛み始めるのも行儀が悪いが、この決まりはナイフとフォークのマナーにはない。

手で食べると食物が限られてしまうのではという問題は、確かにそうともいえるが、フォークや箸と大差ない。一番制約されるのは温度である。手で食べる文化では、ホットプレートやジュージュー熱い食物に対して私たちのような愛着がない。社交界の女主人エルジー・デ・ウルフが一九三四年に「正餐を成功させる」秘訣として、「お料理は温かいでしょうか。熱々でしょうか」と訊ねている。手で食べるなら熱くない方がいい。室温か室温よりやや温かい料理が理想的だ。イギリスのロースト料理をつかんで食べるのにも手は向いていない。グレービーソースのついた厚切り肉にはカトラリーが必要だ。

手で食事をする国では、料理はこの作法にふさわしい形に発達し、手はカトラリーが阻害してしまう能力を発達させた。一七世紀初めに当地で「トルコ帝国皇帝」に謁見したヨーロッパ人オッタヴィアーノ・ボンは、皇帝の食卓に供される肉について次のように記している。「とても軟らかく、ソースで繊細に仕上げているので、ナイフを使う必要がなく、肉から骨を簡単に指で外すことができる」。同じことがインドのナンにもいえる。ナンを一切れ片手で持ち、もう片方の手でダール〔レンズ豆のカレー〕のボウルを持ち、浸してすくうと、フォークの必要を感じない。指はカトラリーの代わりを果たすだけでなく、多くの点で勝っている。作家マーガレット・ヴィッサーは書いている。「手で食べる人にとって、手はカトラリーよりも清潔で温かく、しなやかに動く道具らしい。手は音を立てず、温度や質感に敏感で、優雅である——ただし、作法を習熟した手つきに限ってのことはいうまでもない」

アラブ諸国では今でも手で食べることが標準になっているが、食物を手から口へ運ぶ動きがじつに器用で敏捷だ。食事中行なわれる多くの所作はフォークではまねできない。ご飯を丸めてすくい上げ、ご飯にラム肉やナスを一切れ詰め込んだかと思うと、ポンと行儀よく口の中に納める。こんな申し分ない無駄のない動きをカトラリーでこなすことはできない。

食事道具のテクノロジーは機能の面だけから理解することはできない。実用性だけを考えると、ナイフ・フォーク・スプーンの三点セットあるいは箸を使えばできるのに、指とボウルを使ってできないことは（ある種の切る道具も使っていると考えると）ほとんどない。食事道具はあくまで文化的な存在であり、どんな食物をどのように料理し、その料理を前にしてどのように振る舞うかという価値観が伴うものだ。

そこで誕生したのがスポーク〔先割れスプーン〕である。「スポーク」という言葉が最初に辞書に載ったのは一九〇九年だが、商標登録されたのは一九七〇年になってからのことである。商標も現物も「スプーン」と「フォーク」が合体したものだ〔spork = spoon + fork〕。消しゴム付きの鉛筆のように、スポークは技術分野では「組み合わせ型」製品と呼ばれるものであり、二つの発明を結びつけている。もともとスポークはファストフード店でもらえる使い捨てのお粗末なプラスチック製で、すくう部分とフォークの先を組み合わせたものだ。スプレイド、ノーク、スパイフとは混同しないように。*

スポークは近年いくぶん皮肉交じりの愛好者を増やしている。スポークのためのウェブサイトがいくつかあって、使い方に関する情報（「割れた先を内側と外側に曲げ、スポークを立たせる。これこそ『スポークの斜塔』」）とか、称賛の俳句（「スポークや、先割れスプーン、完成美」）、雑感を発信している。http://www.spork.org/ にはこんなコメントが掲載されている。

スポークは人間存在の完全なメタファーになっている。スプーンとフォークの両方の機能を結びつけているが、この二重性ゆえに共倒れになっている。浅過ぎるのでスポークでスープを飲むことはで

＊簡単に説明すると、スポークとは、先の割れたスプーンのことである。スプレイドとは、ナイフ・フォーク・スプーンの機能を備えたもので、先割れスプーンの縁が切れ味よくなっている。ノークとは、ナイフの切る能力を持ったフォーク。スパイフとは、縁がギザギザのナイフになっているスプーン（例えば、キッチン用品売場にある緑色のプラスチック製キウイスプーン）。スポーフとは、スプーン、フォーク、ナイフが合体した多機能カトラリーの呼び名である。

きないし、先が小さ過ぎてスポークで肉を食べることはできない。

スポークはどっちつかずのまさに中間なのだ。アニメ映画《ウォーリー》に登場するロボットは、荒廃した未来の地球で、人類が残した瓦礫の片づけをしている。健気にもプラスチックのカトラリーを分別していると、やがてスポークに遭遇する。ロボットの小さな頭ではこの新型物質を処理できない。スプーンなのかそれともフォークなのか。スポークは分類不能な物質だ。

大統領に就任して二年目の一九九五年、「第三の道」路線の先駆者であるビル・クリントンは、ホワイトハウス特派員協会主催の夕食会で、スポークを話題の中心に据えてユーモアあふれるスピーチを行なった――スポークは「わが政権のシンボルです（中略）折衷をいくものに、もはや右か左かの二分法は無用なのです」。スピーチを締めくくると会場は拍手と笑いで沸き立った。「これは大いなる新発想です。さすがスポーク！」とクリントンは冗談を連発していた。だが、事実スポークは大いなる新発想だった。

　その発想はどこから生まれたか？　スポークを発明したのはダグラス・マッカーサー将軍だという都市伝説がある。一九四〇年代、米国が日本を占領していた時代のことだ。その話によると、箸は野蛮な道具であるとマッカーサーは宣言したものの、フォークは危険過ぎたので（被占領民の日本人がフォークを武器に決起する恐れがある）、西洋の食事道具でなおかつ安全に形を変えたスポークを日本人に強要したという。この話は本当であるはずがない。先ほど触れたように、スポークの名称は一九〇九年以前を起源とするうえ、その形はもっと古くからあるのだから。一九世紀のアメリカの銀食器のうち、テラピンフォークとアイスクリームスプーンは名称こそスポークではなかったものの、形状は先割れスプーンだった（画家で作家のエドワード・リアが作ったナンセンスな戯詩に登場する造語「runcible spoon」〔runcible は意味のない言葉〕に因んで、「ランシブル・スプーン」とも呼ばれていた〕。スポーク本来の歴史は第一次世界大戦にさかのぼる。軍隊が野外炊事用品に折り畳み式スプーン兼フォークを使った。この時の形は現在のスポークとは異なり、スプーンとフォークを重ね合わせて、両方の握り部分をリベットで留めたものだ。この食事用具は現在でもフィンランド軍で使われている。ステンレス製で、「スプーン・フォーク」を意味する Lusikkahaarukka と呼ばれている。

マッカーサーと日本にまつわる都市伝説が生まれたのは、おそらくフォークとスプーンの合体品を発明して市場に売り出した人物が、やはりマッカーサーという名前だったからだろう。オーストラリアのニュー・サウス・ウェールズ州、ポッツ・ポイントのビル・マッカーサーは、一九四〇年代後半に登録商標「スプレイド」（SPLAYD）を考案した。命名は動詞「splay」〔「傾斜する、平らに広がる」の意〕に因んだもの。パーティーの女性たちが膝の上にナイフとフォークと皿を載せて、危なっかしそうにバランスを取っている雑誌の写真を見て、思いついた。「これ一つでナイフ、フォーク、スプーンの三役を優雅にこなす」と謳ったステンレス製のスプレイドの詰め合わせは、オーストラリアで流行し始めたバーベキューに打ってつけの道具として販売された。以来オーストラリア人に馴染みの品となり、売上は五〇〇万セットを超えた。

一九七〇年代になると、スプレイドの他に商標「スポーク」が加わった。スポークはプラスチック製のスプーン・フォーク両用食事器具として、一九七〇年に米国企業ヴァン・ブロウド・ミリング・カンパニーが、一九七五年にイギリス企業プラスティコ社が商標を登録した。ほどなくファストフード店でお馴染みの品になった。スポークは商才に長けた商品だ。プラスチック製食器二本が一本の値段で買える。

他にスポークの大口需要となったのは、学校、刑務所をはじめ食事を食物摂取の日課として済ませる施設である。アメリカの刑務所で使われるスポークは一般にオレンジ色のプラスチック製で、武器として使えないことが前提のため柔にできている。二〇〇八年、アラスカ州アンカレジで、スポークを凶器にフライドチキン店へ強盗に入ろうとした男が逮捕された。被害者の身体には「平行線の引っ掻き傷」が四本残されていた。手強い食物に触れるだけですぐに割れてしまうファストフードの代表的な簡易カトラリーのスポークで、これほどの傷害を負わせたことは衝撃的だ。

二〇〇六年にスポークは大きく再出発し、構造的な短所の克服を試みた。アウトドア用品会社ライトマイファイアーで働くスウェーデン人デザイナーのヨアキム・ノードウォールは、スウェーデン育ちでファストフードのスポークを使った経験がなく、たいした印象を持っていなかった。「私には妥協の産物のように思える」と記している（そんなの当たり前じゃないかと、言葉を返したくなるが）。フォークのように先が使えないし、スプーンのようにすくえない。スープを飲もうとしてもすきまから汁が滴り落ちてしまう。そこでノードウォールが考えたのが、スプーン部分とフォーク部分を別々にすることだった。両端にスプーンとフォークをそれぞれ付けた。おまけに、フォークの一番外側の先には刃をつけて、スポークだけでなく、ノークとしての機能も加えた。「スポークが新しい顔になった」と、あるビジネス誌はノードウォールのデザインを絶賛した。だが、そのデザインは実のところ古いものだ。ノードウォールは両端が使える中世の砂糖漬け果物用スプーンを焼き直したにすぎない。

今や、改まった席での食事以外、スポークはあらゆる場面に登場する。ライトマイファイアーはキャンプ用スポーク、サラリーマン用スポーク、左きき用スポーク、幼児用「小型スポーク」と彩りも鮮やかに販売している。これまでの食事用具は、食物を前にしていかに振る舞うべきかといった文化の期待を背負っていたが、スポークは文化というものを持っていない。他の者がどう使おうが、本人が好きなように使えばいい。決まった慣習もなければ作法も求められない。スポークで食べることは行儀よくも行儀悪くもない。インターネット上にはスポークに関するコメントが数多く寄せられているが、その一つはスポークのテーブルマナーなるものを面白く紹介している。「スポークを使って、発泡スチロール容器からマッシュポテトを食べる時、最後のポテトの欠片を取り出そうとスポークで発泡スチロールを引っ掻くのではなく、容器の底にある『スポークで取り切れなかったもの』はそのまま残すのが行儀がいい。最後の一欠片までポテトを食べたいのなら、指を使うことだ」

トング

昔、トングは用途別に専用のものがあった——熱い石炭をつかむためにはファイヤートング、鍋の肉を裏返すのにはミートトング、傷みやすい緑の穂を扱うにはアスパラガストング、ガーリックバターで滑りやすいカタツムリの殻をつかむにはスプリングの付いたエスカルゴトング。

一九九〇年代以降、人々は何にでも使える万能器具のキッチントングを好むようになった。持ち上げる、突《つっ》く、取り分ける、何でもできる。ここで話題にしているのは単純な作りの安価なトングのことである。ステンレス製で、従来のハサミのようなシザートングではなく、エッジがホタテガイのようになっているものだ。シザートングだと、うっかり食物を切って崩してしまう。

トングの機能を使うと、コンロ台での調理が敏捷になる。トングを握れば、手の先がいわば耐熱のカニのハサミになったようなものだ。表面が焦げた熱いローストチキンのもも肉を持ち上げたり、ピラフからカルダモンポッドを一粒一粒取り出したりできる。ピンセットのように正確につまめるし、へらのように音がしない。

トングは短い物が最適だ（二四センチが理想的）。長くなると取り扱いにくくなり、操作をしくじる。本格フランス料理の修業を積んだシェフはこれまで、柄が骨でできた先が二叉の長いフォークをトングのように使っていた。だが、フォークだと機能が限られてしまう。ゆで上がった瞬間に熱湯からリングイネを取り出せないので、ささっと巧みにハム、エンドウ豆、クリームで和えることができない。自在に操れるトングがあれば、コランダーがなくてもパスタサーバーがなくても困らない。手に取って扱う料理道具の中で、トングはナイフ、木製のスプーンに次いでもっとも役に立つ道具である。

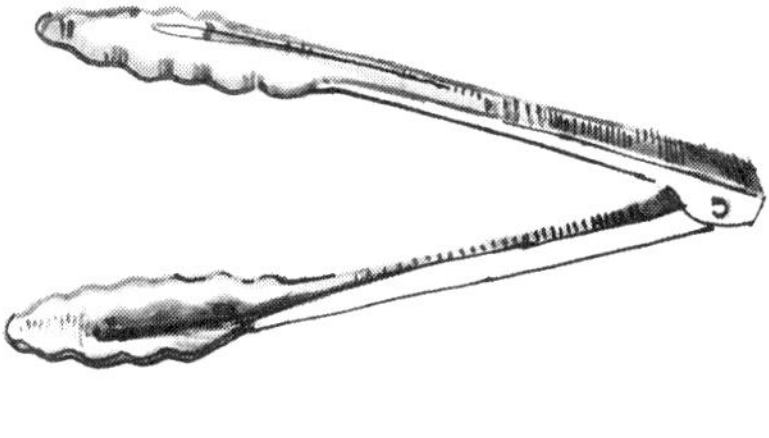

第7章　冷やす

食べちゃった／プラム／アイスボックスの中に／あったでしょ（中略）
ごめんなさい／おいしかったよ／とても甘くて／冷たくて。
――ウィリアム・カーロス・ウィリアムズ「ちょっと伝言」、
一九三四年

一九五九年七月二四日は冷戦時代の記念すべき日だった。ソビエト社会主義共和国連邦の政治指導者ニキータ・フルシチョフと、アメリカ合衆国アイゼンハワー政権の副大統領リチャード・ニクソンが、モスクワでテレビカメラを前に公開討論を行なった。一九五五年のジュネーヴ巨頭会談以来、米ソにおけるもっとも世の注目を集めた会談だったが、先の会談よりもずっとくだけたものだった。時折相手を突いたり笑い声を上げたりしながら、二人の政治家は資本主義と共産主義の長所を論じ合った。テクノロジーを進歩させたのはどちらの国家か。どちらの国の生活様式が優れているか。以来「キッチン討論」と呼ばれたこの会談では、武器や宇宙開発競争ではなく洗濯機やキッチン用品をめぐって激論が闘わされた。

討論会はアメリカ博覧会初日、「文化とレジャーの場」の市立ソコリニキ公園で開催された。多くのロシア人にとって初めてじかにアメリカ人のライフスタイルに触れる機会となった。ペプシコーラを賞味し、アメリカ製大型冷蔵庫を目の当たりにしたのである。博覧会の目玉となったのは、新工夫満載の三者三様のキッチンモデルルームだった――ゼネラルミルズ社が提案する、冷凍食品に力を入れた労働軽減型キッチン。ワールプール社が提案する、女性がボタン一つで台所家電を操作できる「未来型」キッチン。ゼネラルエレクトリック社が提案する、レモンイエローのシステムキッチン。

三番目のシステムキッチンは、歴史の本でも紹介されている。まるでドリス・デイの映画から抜け出したような、清潔で黄色一色で整然としたキッチンだ。美人コンパニオンがロシア人の来場者に向かって、レモンイエローの冷蔵庫から手品のように、冷たいクリームでデコレーションしたカップケーキ、チョコレートのレイヤーケーキを取り出して見せた。ゼネラルエレクトリック社のシステムキッチンはアメリカの牧場風の家に組み込まれていた。

ニクソンとフルシチョフはシステムキッチンの前で足を止めると、白い柵から身を乗り出して眺めた。快活なブルネットのアメリカ人展示場案内係ロイス・エプスタインは、アメリカの主婦がビルトイン乾燥機付き洗濯機を普段どのように使うか実演して見せた。洗濯機の上には、台所用スチールウールたわしSOSの箱と洗濯洗剤ダッシュの箱が置いてある。「アメリカ人は女性に楽な生活を送ってもらいたいのです」とニクソンは語った。フルシチョフは「女性に対するあなた方のような資本主義的態度は、共産主義では生まれません」と切り返し、こうしたマシンは生活を楽にするのではなく、女性の天職は主婦であるというアメリカ的価値観を強めるだけだとほのめかした(フルシチョフのこの見解はある程度正しかっただろう)。フルシチョフは新型マシンが本当に役立つのか疑問を持っていた。回顧録には、フルシチョフが紅茶に入れるレモンの電動搾り機を手に取って「ばかげているよ。(中略)ニクソン君、(中略)わざわざこんな道具を使わなくても(中略)レモンの輪切り一枚をスライスして、紅茶に入れて汁を搾る方が家庭の主婦は手間がかからないと思うよ」と語った思い出を記している。

ニクソンも負けじと、フルシチョフの注意を光り輝くキッチン用品、ミキサー、ジューサー、缶切り、冷凍庫の展示に向けさせた。「アメリカ社会は新発明を活用する仕組みになっているんですよ」とニクソン。フルシチョフは相変わらず小馬鹿にしたような態度で「食物を口に入れて咀嚼するマシンはないのかね？　たくさん見せてもらって興味深かったが、生活には必要ない。実用的な目的がない、ただの玩具だ」と語った。

それでいながら、フルシチョフの心中には二つの願望が錯綜していた。アメリカのキッチンは価値がないと跳ねつけたくもあったが、そっくり同じキッチンをソ連だって作ることができると主張したくもあった。宇宙開発競争でもキッチン用品競争でも勝ちたかった。「こうしたものにロシア国民が目を見張っているぐらいに君は思っているが、現在新築のロシア住宅だってこれくらいの設備はすべてそろっている」。この言葉は本当ではない。そのことはフルシチョフ自身分かっていた。アメリカ博覧会にあったゼネラルエレクトリック社製の眩いばかりのシステムキッチン。そんな台所のある家やアパートは、モスクワ中探しても見つからなかった。アメリカの生活水準からすれば、フルシチョフ政権下に建設されたソ連の新築アパートの台所は、いかにも手狭で、広さは四・五～六メートル四方。こうしたキッチンの精一杯の栄光、未来志向の最大の労働軽減装置とは、調理台の下の狭苦しい壁に取りつけられた食器棚と収納戸棚だった。調理台の高さの標準は八五センチと、モスクワ市民の既婚女性の平均に合わせて作られている。それより大きい女性は身をかがめ、小さい女性は背伸びしなければ、国家基準に達しない。作業空間の他にも、こうしたキッチンにないものは一目瞭然だった。ゼネラルエレクトリック社製のモデルルームにあったレモンイエローの大型冷蔵庫だ。一九五九年のソ連製冷蔵庫は狭苦しくて見栄えも悪かった。そのうえロシアのほとんどの台所には冷蔵庫がなかった。

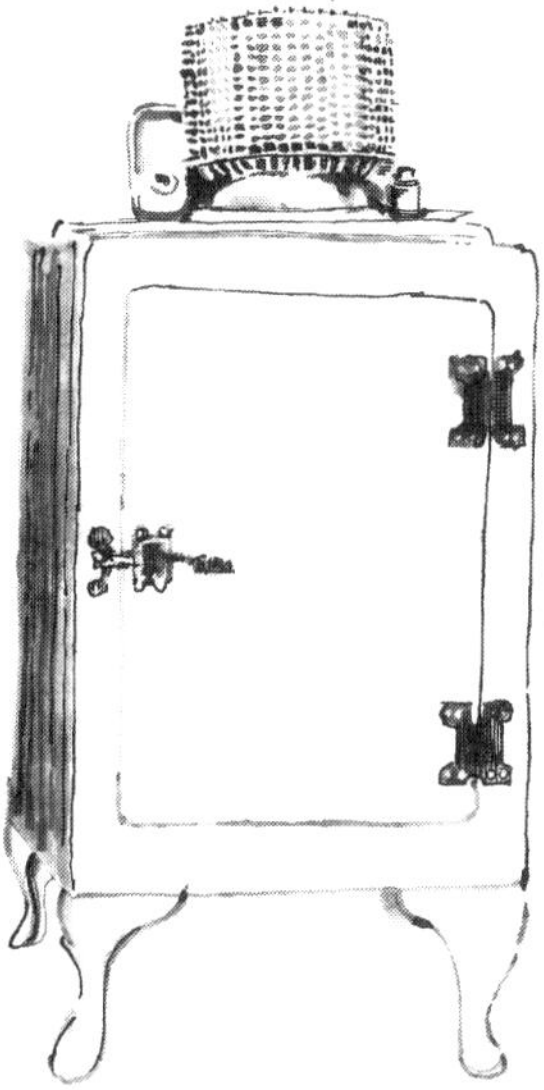

これは何もソ連に限ったことではなく、一九五九年当時、イギリスもドイツも世界の他のどの国もアメリカの家庭用冷蔵庫に比肩することはできなかった。米国は群を抜いて優秀な冷蔵国家だった。九六パーセントの世帯が冷蔵庫を所有しており（イギリスの普及率はわずか一三パーセント）、アメリカンライフスタイルを可能にさせたのは、冷蔵庫の普及によるところが大きい。バーボンウイスキーのグラスにチリンと涼しげに角氷を入れ、ニューヨーク市でいつでもシカゴステーキが味わえる。ソーダファウンテンに棒付きアイスキャンディー、冷凍食品のある生活——食品の冷凍冷蔵業はきわめてアメリカ的なものだった。レモン自動搾り機はフルシチョフが言うように「ただの玩具」かもしれないが、冷蔵庫は別物だ。数多くの実用的な用途がある。単一のテクノロジーではなく、相互に関連するテクノロジーが集積したものであり、それがまったく新しい食へのアプローチを実現させた。冷蔵庫はただ物を冷やす愉しみのために（白ワインのグラスを冷やすため、くし形に切ったメロンの鮮度を保つために）使われることもあるが、食物を保存する方法でもある。これにより長期間あるいは遠隔地でも食物を安全に食べることができるようになった。冷蔵庫は食物の入手方法、調理方法、賞味方法を、私たちの生活にふさわしい形にすっかり変えてしまった。

アメリカのゆったりした大型冷蔵庫（と冷凍庫）はまず何よりも食物保存のための道具だった。すぐには食べることができない加工食品のピクルス、塩漬け、缶詰を作る必要はなくなった。富める者も貧しい者も、消費する食物が季節によってがらりと変わることもなくなった。冷蔵庫のおかげで、人々が口にする食物が様変わりした。新鮮な肉、新鮮な牛乳、新鮮な野菜が全米各地で年間を通じて食卓に上った。これは史上初めてのことである。冷蔵庫は人々の購買行動も変化させた。冷蔵庫がなければスーパーマーケットも存在しないし、「一週間分の買い溜め」もできないし、いざという時のための冷凍庫の蓄えもできない。冷蔵庫は保存だけでなく、貯蔵機能も果たしており、従来の食物貯蔵室の役目を引き継いだ。野菜ケースのレタス、何リットルもの牛乳、瓶入りマヨネーズ、ローストチキン丸ごと、コールド・カット〔ミートローフなどのスライスした冷製調理済み肉〕、生クリームのデザートといった生鮮食品を冷蔵庫いっぱいに詰め込むことは、アメリカンドリームの仲間入りを果たすことであり、正確には豊かさへの夢の実現だった。アメリカの冷蔵庫はキッチンの新たな中心的存在となり、昔の暖炉の後釜となった。かつては火を囲んだが、今では冷蔵庫の冷たくて硬い塊を中心に生活が回る。

こと冷蔵庫に関していえば、今の私たちはみんなアメリカンスタイルに憧れる。二〇一一年の春、ロンドンのブルームズベリーの大型地下街で売り出された最新型冷凍冷蔵庫の前に、私はいた。エコ指数A++。霜取り不要。背が高くて白一色。前面に小さな金属のパネルが付いていて、まるでジェームズ・ボンドの世界のセキュリティデバイスのよう。休暇中でも遠隔操作できるから、あなたが日光浴をしている際中でも、冷蔵庫はエネルギー消費量を標準以下に設定することができる。私は感心してしまったが、これで驚いてはいけない。サムスンは「スマート冷蔵庫」なるものを売り出した。Wi-Fiが内蔵されており、ツイッターフィード、気象情報が利用できる。本書執筆中にセントラル・ランカシャー大学では自動掃除機能の付いた冷蔵庫を開発していた。この冷蔵庫は貯蔵の中身の目録もつねに作成し、賞味期限が近い食品を前に移動させる。こうなると、冷蔵庫が私たちの期待通りの生活を構築できるまでに進化したといえそうだ。実現の日も近いことだろう。

　現代はコンロよりも冷蔵庫を始点（デザインでいうところの「モチーフ」）にして、台所仕事が組み立てられる傾向にある。何をすべきか考えが浮かばない時、私たちは冷蔵庫を開けて、しばらく中をじっと見つめる。あたかも人生の難問の答えがそこに書かれているかのように。

ベーコン、パルメザンチーズ、チェダーチーズ、サラミ、ザウアークラウト、アヒルのコンフィ（肉を脂肪で煮てそのまま脂漬けにしたもの）、ソーセージ、スモークサーモン、燻製ニシン、干しタラ、オイルサーディン、レーズン、プルーン、干しアンズ、ラズベリージャム、マーマレード……数え切れないおいしい食品が発明されたのは、その時代に冷蔵庫がなかったからだ。
　こうした食品が現代でも食卓に上るのは一種の時代錯誤といえるが、習慣の生き物である私たちは、必要に迫られて一度食べた食品が大好きになってしまった。冷蔵できる時代にベーコンはもはや保存食としてではなく、掛け値なしのおいしさから食される。冷蔵庫で新鮮な豚肉の切り身を保存できるのだから、燻製ハムを食べる必要はないが、燻製食品を好むのは昔ながらの嗜好である。当時は煙で燻《いぶ》して肉を保存することにより、その場限りでしか食べられない食品を一年中食べられるようにすることができた。
　ヨーロッパ中世期、冬から春にかけてのタンパク質食品のほとんどは燻製と塩漬けだった。これがあるだけでも幸せで、肉や魚を腐らせない最良の方法だった。解体後すぐに食べない肉は塩漬けにして保存した。木製の大樽に肉切れと塩を交互に入れて層状にする。一三世紀後半、旧貨幣で五ペニー相当の肉を保存するのに二ペニー相当の塩が必要な高価な保存法だったので、上質の肉だけを塩漬けにした。塩漬けに一番向いていたのは豚肉だ。ベーコン、豚の塩漬け、ハム、ガモン〔豚の脇腹肉をベーコンのように塩漬けにしたもの〕の他にも、エリザベス朝の人々は豚の足、耳、頰、鼻など、鳴き声以外余すことなく使って、もっと素朴な塩漬け「サウス」（souse）を作った。牛肉の塩漬けも作られた。「マルティンマス・ビーフ」（Martinmas Beef）は一一月一一日の聖マルティン祭のごちそうとして用意された。塩漬けにした後、肉を燻製室の屋根に吊るして燻製にする。昔は腐った肉の味をごまかすために香辛料が使われたと長年信じられてきたが、これは事実ではなかった。香辛料は高価なので、傷んだ食品に使われることはない。香辛料の役目は塩漬けの味を和らげるためだった。

腐りやすいミルクも保存食品になった。東洋では牛乳を発酵させて凝乳させ、ヨーグルトや乳酸菌飲料（カザフ族のクミスなど）にしたり、蒸発させて粉ミルク（モンゴルで発明された製法）にした。西洋では塩分の多いチーズやバターを、釉薬をかけた土器の中で作った。アルフリック著 *Colloquy*（『コロキー』）には、「私が傍にいて守ってあげなければ、あなたのバターもチーズもだめになってしまう」と製塩業者が述べたとある。中世の塩バターは今日の「有塩バター」よりずっと塩辛かった。「有塩バター」は保存のためではなくおいしいように味つけされている。現代の平均的な有塩バターの塩分含有量が一～二パーセントなのに対し、中世の塩分含有量はその五～一〇倍。一三〇五年の記録では、四・五三キロのバターに〇・四五三キロの塩が必要とあり、バターの一〇分の一が塩だった。そのまま食べるとひどい味だったに違いない。料理に使う前に何度も入念に塩抜きする必要があった。

塩は腐りやすい魚肉を保存するのにも使われた。スコットランドの燻製ニシンは一九世紀になってからの発明で、それ以前はスモーキー、バッキー、バーヴィーといったハドック〔タラ科の魚〕の燻製がアバディーン近辺で、泥炭や枯れたコケの上に吊るされて大量の煙で燻されて作られた。塩漬け・塩水漬けの魚はヨーロッパ人のタンパク源の定番で、とくに金曜日の食卓に上った。ギリシャ・ローマ時代以前から塩漬けの魚は重要な貿易品目だった。最初はエジプトやイベリア半島から、やがてギリシャやローマから輸出された。中世期には北海・バルト海産の塩漬けニシンが一大産業となった。大規模生産するのが難しい製品で、油脂分の多いニシンはすぐに油焼けするので、漁獲して二四時間以内に塩漬けにするのが望ましい。一四世紀にニシン業者が漁船の上でニシンを塩漬けする加工技術を開発すると、たちまち作業効率は格段に上がった。陸揚げされるとそこでニシンは詰め換えられた。とくにオランダはこの技術に長けていたため、ヨーロッパ市場を独占したのだろう。ニシンをさばくオランダの労働者は洋上で一時間に二〇〇〇尾のはらわたを抜き取った。加工人たちは気づいていなかっただろうが、素早い下処理にはもう一ついいことがあった。急いで作業するので、保存を促進するトリプシンが含まれる内臓部分を魚に残したままにしていた。

保存した魚しか食べられない食事がいかに単調だったかは、干し魚をネタにしたジョークの多さからも分かるだろう。「おまえ、私の見えないところで貯蔵用の魚を干したな!」とは、*A Pleasant Comedie, called Wily Beguilde*（『喜劇、騙された騙し屋』）（作者不詳、一六〇六年）の登場人物が相手に向かって言うせりふだ。大量の塩に長期燻製処理というダブルパンチの濃厚な味つけの燻製ニシン「レッドへリング」（red herring）は、英語表現として、無関係な問題を持ち出して注意を逸らし、人を惑わすものという喜劇的な意味で今でも使われる〔draw a red herring across the track で「他人の注意を他へ逸らす」〕。

それに比べて、甘い保存食品はずっと贅沢で心躍るものだった。暑い地中海地方の国々に最適な果物や野菜の保存方法は、乾燥させることだ。ブドウは「太陽のレーズン」になった。プラムはプルーンになり、ナツメヤシの実とイチジクの実は萎びると甘みが増した。ドライフルーツのテクノロジーの基本はいたって簡単である。聖書時代以前から、果汁のある果物や野菜は熱い砂の中に埋めたり、トレイや屋根の上に広げたりして、からからになるまで天日干しにした。一方、ヨーロッパ東部では太陽の光が弱いので、もっと高度な技術を開発した。中世期からモラヴィア、スロバキアでは乾燥専用の小屋を作り、ストーブで下から部屋を温め、部屋には小枝で編んだ柵を多数設置して、そこに乾燥させるフルーツを吊るした。

こうした作業小屋はイギリスの大邸宅にもあった。涼しい「酒類蒸留室」で、召し使いたちはアルコール飲料を蒸留したり、瓶詰フルーツを作ったり、ナッツや柑橘類の皮の砂糖漬けやマーマレード（もともとはマルメロ）などの、ジャムや砂糖菓子を作ったりした。砂糖漬けの技術は錬金術的迷信と「秘伝」に満ちたものだ。果物一つひとつに特別な約束事があった。中世の書物によると、クルミは六月二四日のヨハネ祭に保存しなければならない。保存するためには完熟よりも完熟間近の果物を収穫したが、それは形が崩れないようにするためだ。「グーズベリーは緑色で丸ごとそのままの形が最高の保存法」と、ハンナ・ウォリは一六七二年の *The Queen-Like Closet, or Rich Cabinet*（『女王さまのようなクローゼット、豪華な食器棚』）の中で紹介している。ウォリのレシピは手の込んだものだ。ぬるま湯に三度浸け、砂糖のシロップで三度煮てから、新しいシロップでもう一度煮詰める。酒類蒸留室の作業は魔術めいていて、死体に防腐処理を施すように腐朽を防いだ。

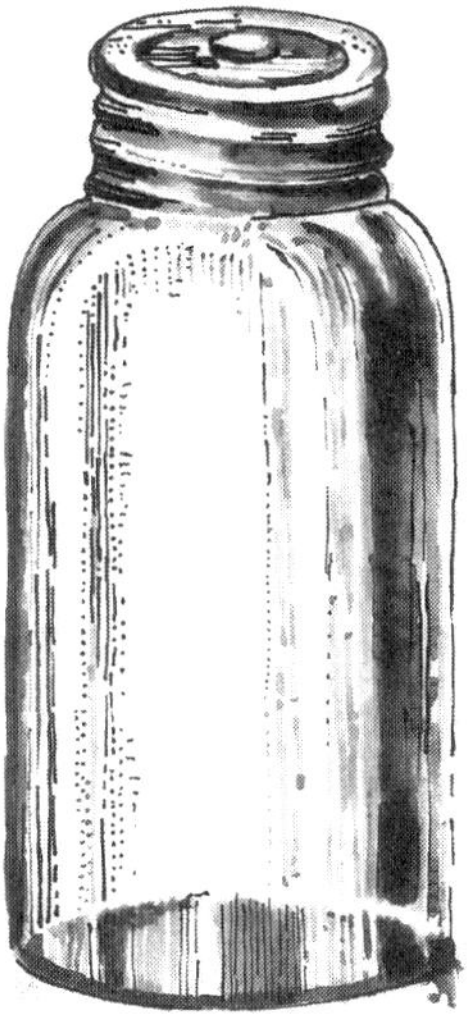

果物の砂糖煮という方法で、実際に（たいていの場合）果物が保存できたことは素晴らしい。昔から料理人

が目指すのは食物を安全に食べられるようにすることであり、その試みは往々にして成功した。だが、ルイ・パスツールが飲食物を腐らせる原因は微生物であると発見したのは、一八六〇年代になってからである。それまでの時代、料理人はなぜ食物が保存できるのかといった知識はまったく持っていなかった。世間一般の考えでは、物が腐るのは自然発生的な原因によるもので、目に見えない謎の力が働いてカビが生えると信じられた。人々は微生物や有機体について何も知らなかった。こうした生物の中には菌類、細菌、酵母菌などがあり、ワインやチーズには有益な発酵を促し、有毒物質を生じる発酵を起こせば腐敗となる。

イチジクの実を広げて天日干しにしたギリシャの女性たちは、それで目に見えない微生物を殺していたとは知らなかった（細菌が繁殖するには湿り気が必要で、食物を乾燥させると細菌の大部分は死んでしまう）。タマネギをビネガーに浸けてピクルスにしていた農婦は、酸がカビの成長を防ぐ理屈は分からなかったが（微生物はアルカリ性を好む）、タマネギのピクルスはピクルスにしないタマネギよりも長持ちすると経験的に知っていた。保存方法は時間をかけて慎重に発達した。食物を安全に食べることは試行錯誤の連続だったが、一つ間違えば死に至るので、新しい方法を冒険する気にはなかなかなれなかった。食物を長期保存できる方法が見つかると、その方法がずっと使われた。一六世紀になって油脂の層で肉を保存する方法（アヒルのコンフィ、英国のビン詰め肉）が発見されたが、それを除けば保存食の技術は中世から何ら進歩しなかった。ようやく一九世紀初頭になって缶詰が登場した。

缶詰は近代的な保存方法だが、缶詰を発明した本人ニコラ・アペールでさえ、保存の仕組みと原理を十

分には理解していなかった。発明は「私の夢の果実、思考のそして研究の成果である」と語っている。フランス人アペールはもともと醸造業者で、貴族お抱えの料理長として働いていたが、ナポレオン時代には菓子職人になっていた。禿げた頭に黒くて濃い眉の陽気な性格の人物といわれている。一九世紀の食のテクノロジーに屈指の進歩をもたらしながら、その功績から永続的な利益を引き出すことができず、共同墓地に葬られた。

一七九五年、当時イギリスとの戦争の最中にあったフランス政府は、軍用食糧の改善を模索していた。ナポレオンは一万二〇〇〇フランの懸賞金をかけて、食糧の新たな長期保存法を公募した。折しも、パリのロンバール通りで菓子店を営んでいたアペールは、同じ問題に没頭していた。さまざまな果物を砂糖で煮詰め糖衣をかけて保存する方法は知っていたが、もっと「自然な」形で同じように保存できる方法がきっとあると感じていた。アペールにいわせれば、従来の保存方法は不完全なものだ。乾燥食品は本来の食感が失われ、塩漬けにすると「しょっぱい」し、砂糖は本来の風味を分からなくしてしまう。食材本来の持ち味を損なわずに保存する技術を模索し、シャンパンボトルの中で果物、野菜、肉のシチューを保存する実験をして、熱湯の中でボトルを熱した。やがてシャンパンボトルではなく広口瓶を使って実験を繰り返し、ついに自信を得てフランス海軍にサンプルを送った。海軍大臣からの返事は色良いものだった。アペールのマメ類は「摘み立て野菜のように新鮮で風味がいい」。当時の新聞《ヨーロッパ通信》からは、よりいっそうの大絶賛を受けた。「アペール氏は四季を封じ込める方法を発見した」。かくして一万二〇〇〇フランの賞金はアペールへ贈られた。

アペールの方法はいたって簡単。調理した食品を詰めた瓶のコルク栓をゆるめて湯煎鍋に入れ、沸騰させて瓶の空気を追い出した後コルク栓で密閉するというものだ。一八一〇年にアペールは製法を明かした本を出版した。コルク瓶で保存した食品が一風変わっている——アーティチョーク、トリュフ、クリ、ウズラの若鳥、未発酵のブドウ液、アスパラガス、アンズ、ジュリエンヌの野菜スープ、生みたての卵。だが、根本原理は現在のツナ缶やスイートコーンの缶詰の製造方法とまったく変わらない。蒸気で熱して密閉する方法だ。

ところが、企業化したのはアペールではなかった。賞金を受け取ったことで、アペールは発明の特許登録のチャンスを逃してしまった。一八一〇年に瓶詰製法の本が出版されて数か月後、イギリスのブローカー、ピーター・デュランドが、アペールのものと疑いたくなるほどよく似た食物保存方法の特許を取得。特許は一〇〇〇ポンドで、大きなチャンスを狙っていたエンジニアのブライアン・ドンキンに買い取られた。ドンキンは一八一三年にホール、ギャンブル両氏をビジネスパートナーにして、ドンキン・ホール&ギャンブル商会を創立。「保存工場」(Preservatory)の愛称で呼ばれた缶詰工場をバーモンジーで操業した。アペールの技術で加工した食品を量産化し、六時間もの長い時間熱湯に浸けて密閉した。一つだけ大きな違いがあった。アペールが使っていたガラス瓶は破損しやすかったので、ドンキン・ホール&ギャンブル商会では食物(ニンジン、仔牛の肉、肉のスープ、牛の煮込みなど)を錫メッキした鉄製の缶に詰めた。ブリキ缶の登場である。

初期の缶詰食品に問題がないわけではなかった。当面の問題は缶切りだ。缶切りが発明されたのはアペールの発見から五〇年経ってのことだった。テクノロジーの進歩がいかに遅々として進まぬものかが分かる。一八六〇年代になるまで、牛肉の缶詰(軍用食糧に使われた)、サケ缶、モモの缶詰など、缶詰には注意書きが付いていた。「ノミと金槌を使って、缶の上部の縁に沿って開けてください」

注文品の缶切りが初めて設計されたのは一八五五年、ロバート・イェイツによる。外科用器具やカトラリーを作っていたイェイツは、鉤爪に似たてこに木製の取っ手をつけた形状を採用した。このてこをノミのように使って缶詰の上部に穴を開け、縁に沿って力を入れて缶を切ると、縁がぎざぎざになる。これで開けられるようになったが、まだ十分ではなかった。缶切りの歴史は満足のいくデザインにたどり着くまでの長い道のりだった。アメリカ南北戦争の時期に使われた缶切りはエズラ・ワーナーの発明で、先に鋭い鎌が付いていて、戦場ではこれでもよかったが、家庭で使うには危険過ぎた。一八六八年には鍵形が登場。鍵が上部の金属を帯状に巻き取って缶を開ける仕組みで、イワシの缶詰にはぴったりだったが、円形の蓋の部分を開ける円筒形の、一般のブリキ缶にはあまり向かなかった。一九三〇年代の電動缶切りは、手動でできる作業に不要な要素を足して複雑になった。ついに一九八〇年代、安全で力も要らない、働きのいい道具が登場した。サイドから切るカンオープナーだ。今では数多くのバリエーションが安く手に入る。現代のキッチンにおける無名の英雄的存在だ。缶の上にちょこんと止まるのではなく、縦一列に並んだ回転車とノコギリ歯の車の二つが働いて、缶の蓋の切り口をぎざぎざにせずにきれいに切り離す。優れ物だが、惜しむらくは発明が遅かったことだ。缶詰食品業界は、引き上げれば自動的に開くプルトップの缶詰へと移行しており、カンオープナーを使う必要もなくなっている。

缶詰の中身を取り出す問題以外にも、缶詰は危険を抱えていた。食物がつねに確実に保存されるとは限らなかったのだ。一八五二年、英国海軍に供給された大量の缶詰を調べてみると、食べられない状態だった。「缶詰の中身は腐敗物の塊と化して」おり、缶を開けるとひどい「悪臭」がした。缶詰の肉が腐った理由は「空気が缶の中に入り込んだか、もともと空気が完全に排除されていなかった」せいだと一般に考えられた。ルイ・パスツールが発見するまで、空気がなくても繁殖できる微生物がいることは知られていなかった。この種の微生物を殺すには、徹底的に加熱することが必須となる。もともと缶詰のサイズは〇・九〜一・八キロ（今日の缶詰は平均〇・一〜〇・四五キロ）だったが、この軍用缶詰は巨大で、平均四・五キロの肉が入っていた。工場での加熱時間は肉の分量に応じて長くしなければならなかったのに、そうしなかったため、缶詰の中心部に腐敗の余地を与えてしまった。

一八七〇年代には缶詰食品の品質が向上し、缶詰の世界市場はかつてないほどに拡大していった。イギリスの労働者が夕食に食べるコンビーフは、ウルグアイから輸入されたフライ・ベントスだ。バーモンジーで産声を上げたハムの缶詰は、中国でも食べられるようになった。アメリカの消費者のもとには缶詰でなければなかなか味わえない食材が届くようになった。「ベークドビーンズ」はもちろんこと、ラズベリー、アンズ、オリーブ、パイナップルが詰まった「良品ぞろいの家庭菜園《キッチンガーデン》」からアメリカ人はいつでも食材を調達することができるようになったと、ある缶詰史研究家は記している。

だが、キッチンガーデンの野菜や果物の味はちょっと変わっていた。イタリア原産の缶詰のトマトが嬉しいのは、そのままではなく、煮詰めていろいろなパスタソースに使えるところだ――プッタネスカやアマトリチャーナが作れる。けれどポパイには申し訳ないが、ホウレンソウの缶詰はどろどろして金属の味がする。パイナップルやモモの缶詰はおいしいが（新鮮なフルーツの香りはしないが）、ラズベリーの缶詰は潰れてぐちゃぐちゃだ。今日、缶は食物より飲み物（缶ビール、炭酸飲料）の容器として重要になっている。缶入り加工食品の売上は世界中で年間七五〇億個、これに比べて缶入り飲料は三二〇〇億本となっている。

結局、アメリカ人の家庭料理を進歩させた一番の立役者は缶詰ではなく、冷蔵庫である。冷蔵庫のおかげでアメリカ人は「良品ぞろいの家庭菜園《キッチンガーデン》」を実際に手にすることができた。

一八三三年、驚くべき送り荷がカルカッタ（現コルカタ）に到着した。当時カルカッタは大英帝国の英領インドの主都だった。美しいクリスタルアイス四〇トンが、アメリカ東海岸のボストンからはるばる二万五七〇〇キロの海を越えて、製氷業者フレデリック・チューダーの船荷として届いたのだ。

ボストン・カルカッタ間の氷貿易は、アメリカが氷を利益に変えていた一つの縮図である。氷は古代から豊かな天然資源だった。紀元前一〇〇〇年以前に中国ではすでに採氷を行なっていた。紀元前五世紀からアテネでは雪が販売されていた。七世紀の貴族は氷の器からデザートをスプーンですくい、雪で冷やしたワインを飲み、氷の入ったクリームや氷菓も食べていた。だが、ようやく氷が生産される商品になったのは一九世紀のアメリカにおいてである。一番金になるのは氷でごちそうを作ることではなく、氷を冷蔵に、つまり食物の保存に使うことであると、アメリカ人だけが気がついた。そして市場の創出に乗り出した。

一九世紀になるまで、冷却保存は広く知られていなかった。イタリアの多くの私有地には氷室《ひむろ》があった。フィレンツェのボーボリ庭園が代表的だ。氷室は芝や藁《わら》などでしっかりと断熱された穴や地下空間で、冬の氷を切り出して厚い板にしたものを夏まで冷やして保存する。氷室は食物の保存のための施設ではなく、氷を保存するためのもので、盛夏に飲み物を冷やしたり、アイスクリームを作ったりするのに使われた。時には食糧貯蔵室の役目を兼ねることがあったかも知れないが、主な機能は領主に氷菓などの冷たいごちそうを用意することであり、それが文明生活というものだった。季節を欺き、夏に氷が手に入ることは富の象徴だった。「金持ちは夏に氷があるが、貧しい者は冬に氷がある」とローラ・インガルス・ワイルダー〔『大草原の小さな家』の著者〕は自著の中で当時の結婚生活について述べている。一八八〇年代にローラはダコタ準州の大草原で農場経営に奮闘する若者と結婚した。

国土が広大で気温差も大きいアメリカでは、氷がないと食物供給全体がその影響を受けた。バター、魚、牛乳、肉は地元でしか売ることができず、精肉店は一日で売り切れる分の肉だけを潰し、売れ残りの肉は通りで腐るに任せた。家庭菜園《キッチンガーデン》のある田舎の住人でなければ、新鮮な野菜は希少なもので、食事の定番は塩漬け豚とパンかコーンブレッドだった。都市の消費者と地方の生産者をつなぐ経路はほとんど存在しなかった。一八〇三年、メリーランド州の農民トマス・ムーアはバターをもっと遠くの市場まで運べばもっとたくさん売れると考え、最初期の「冷蔵庫」ともいえるものを作り出した。シダー材で作った卵形の桶の中に金属容器を入れ、金属と木材の間には氷を詰める空隙を作り、金属容器でバターを冷やした。

アメリカの氷産業で最初の技術革新は、馬に引かせるアイスカッターである。一八二九年にナサニエル・J・ワイエスが特許を取得した。それまでの採氷はノコギリと斧を使った重労働で、氷の塊を不ぞろいな形で切り出していた。ワイエスのアイスカッターは人間の仕事が楽になったばかりでなく、形のそろった四角い氷を生産できたので、載積して輸送するにも楽だった。巨万の儲けが生じた。一八七三年当時、ハドソン川からの採氷にかかる費用は一トン当たり二〇セントだったのに対し、個人消費者には一トン四〜八ドル（原価の四〇倍）の高値で売れた。

一八五五年になると、採氷には馬力を利用したカッターに加えて、蒸気動力が登場し、一時間で六〇〇トンもの氷を切り出すことができた。供給が増えると、需要も増えた。一八五六年、ニューヨーク市の氷の消費量は一〇万トンで、一八七九〜八〇年には一〇〇万トン近くの需要があり、増加の一途をたどっていった。氷のほぼ半分は個人消費だった。氷会社は日極めか月極め料金で、荷馬車やトラックで氷を配達。氷はアイスボックスで保存した。この原始的な冷蔵庫は錫や亜鉛を内張りした木箱に毛の生えたような代物で、食器棚のように棚が付いて、木箱の底には溶けた氷水を逃がす排水穴があった。アイスボックスは換気装置がなかったので臭いがひどく、効率も悪かったが、それでも七月に冷えた食物が食べられるのはありがたかった。数日持たなくても数時間でも新鮮な牛乳が臭くならないだけで、ボウル一杯のプラムが冷やせるだけで、嬉しかった。

一方、氷は一九世紀最大の輸送網を構築した。各戸を巡回する輸送ではなく、商業ベースの食品供給網である。巨大冷蔵倉庫と冷蔵貨車が結びついて、新たな食品市場が生まれた。精肉、乳製品、生鮮食料品産業が最大の勝ち組だった。第二次世界大戦の頃には、アメリカ人は肉をもりもり食べ牛乳をごくごく飲む（それに搾りたてのオレンジジュースとグリーンサラダも加えて）国民として世界に知られるようになっていた。こうした嗜好（と嗜好を満足させる手段）は一九世紀の冷蔵産業の賜物である。

一八五一年、バターが最初に冷蔵貨車でニューヨークからボストンへ輸送された。魚も国内で輸送され始め、一八五七年に新鮮な肉がニューヨークから西部各州へ届くようになった。牛肉用冷蔵車「ビーフカー」がシカゴを拠点に新たな食肉加工業を誕生させた。これはじつにアメリカ的な現象だった。冷蔵貨車は一九一〇年には全米で八万五〇〇〇台だったのに対し、ヨーロッパ全体でもわずかに一〇八五台だった（そのほとんどがロシア）。食肉はもはや潰してすぐに消費される必要はなくなった。「精肉」は冷却され、貯蔵され、各地へ輸送された。

食の新しいテクノロジーのご多分に漏れず、冷蔵貨車の新たな登場は激しい非難を浴びた。地元の精肉店や食肉処理業者は廃業に追い込まれるとして反対し、シカゴが食肉加工業で独占を強める勢いを嘆いた

（アプトン・シンクレア著『ジャングル』に描かれるシカゴの精肉工場の劣悪な環境から判断すると、彼らの主張は的を射たものだったのかもしれない）。世間の多くの人々は、冷蔵システムをこれほど便利にする、食品の貯蔵期間を引き延ばす性能そのものを不安視した。冷蔵貨車の増加に合わせて、冷蔵倉庫の数ものすごい勢いで増えていった。一九一五年には、一億トンのバターがアメリカで冷却貯蔵されていた。「貯蔵を長引かせること」は食品によくない、栄養価や風味が落ちると批評家は主張した。他にも、冷却貯蔵は信用詐欺ではないかと心配する声があった。製品の販売を引き延ばして遅らせ、価格を吊り上げているというのだ。とくに衛生に注意を払う必要のある乳製品の冷蔵の場合、天然氷は必ずしも清潔ではないという懸念も持ち上がった。天然氷には泥や水草など植物が混ざることもある。地元の健康管理委員会は、人間が消費するにはふさわしくないものとして天然氷の大量採氷をたびたび非難した。

こうした理由もあって、アメリカの冷蔵システムは天然氷から工場で生産される氷へと次第に移行していった。人類は何世紀も前から人工的に氷を作る方法はよく知っていたが、総じて氷作りの目的は冷蔵ではなく、アイスクリームや冷たい飲み物を楽しむことだった。こうした中で、エリザベス朝の科学者フランシス・ベーコンは例外的存在といえる。ベーコンの伝記を書いたジョン・オーブリーによると、ベーコンは一六二六年に、雪を使って鶏肉を保存している最中に引いた風邪がもとで亡くなった。研究調査の結果、硝石を使って、みずからが呼ぶところの「人工的に水を氷に変える実験」も行なった。ベーコンは金持ちが氷を軽薄な用途に使っていると批判した。自分が飲むワインを冷やすといった優雅を楽しむために氷を作り、「貯蔵所」に活用しないのは「浅はかで浅ましい」と見なしたベーコンの念頭には、冷蔵庫の発想があった。ベーコンの主張は確かに正しかったが、あくまで優先順位の問題だった。冷蔵の問題は何世紀もの間、顧みられることはなく、アイスクリームのテクノロジーだけが進歩を遂げた。

一八八五年から売り出したアイスクリームメーカー、ミセス・マーシャルズ・パテント・フリーザー（Mrs Marshall's Patent Freezer）の広告には、クランクレバーが付いた平たい円筒形のマシンの絵とこんな宣伝文句が載っていた。

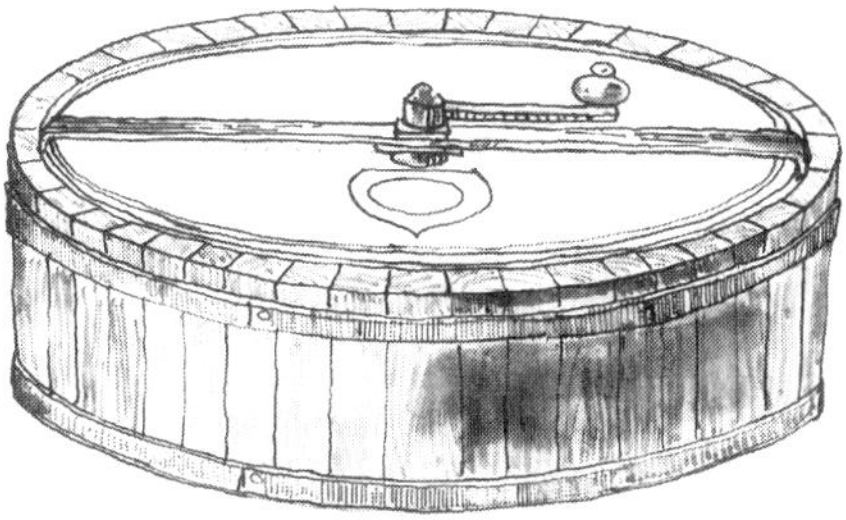

マーシャルズ・パテント・フリーザー

（中略）

なめらかでおいしいアイスが、三分でできあがります。

アイスクリームが三分でできる？　しかも手動で？　今日、価格が数百ポンドする最高級家庭用電動アイスクリームメーカーが「アイスクリームやソルベを三〇分以内で」お届けできると宣伝しているというのに、マーシャル夫人のマシンは電気の力も借りずに、その一〇分の一の時間で一体どうやってアイスクリームを作ることができたのだろう？

いかにも誇大宣伝に聞こえてしまう。マーシャル夫人はかなり抜け目のないビジネスウーマンで、自分の利益をものにする術に長けていた。ロンドン北部のセント・ジョンズ・ウッド出身で四児の母だったマーシャル夫人は、一八八三年、ロンドン中心部のモーティマー・ストリート三一番地に料理学校を設立し、運営していた。自著の肖像画から判断すると、マーシャル夫人はジョン・シンガー・サージェントが描くような黒髪の美しい貴婦人タイプではなく、魅力的なブルネット――生き生きした目、ブラウスの膨らんだ胸、結い上げた巻き毛、わずかに垂れる遅れ髪の女性だった。料理学校を始めて間もなく、マーシャル夫人は店を一軒出して商売にも手を広げ、キッチンに必要な料理用品や器具を完備するよう提案した。商品にはナイフクリーナーもあれば華美なアイスクリーム型もあった。調味料やエキス、食紅も販売し、料理書を執筆した。うち二冊がアイスクリームの本で、一冊が料理全般の本なのだが、いつも巻末には自分の扱う商品の広告が満載だった。

要するにマーシャル夫人というのは、実際にはアイスクリームメーカーが三〇分かかるところを三分と言ってのけそうなタイプ、といった印象を与える人物なのだ。だが、自己宣伝が時として実際に自慢するに値する場合もある。マーシャルズ・パテント・フリーザーは事実素晴らしい装置なのだ。一九九八年現在、現存するアイスクリームマシンは五台しか知られていなかったが、そのうちの三台はロビン・ウィアが所有していた。ウィアは英国におけるアイスクリーム史研究家の第一人者だ。マーシャル夫人が料理研究家としてほぼ同時代のビートン夫人よりずっと優れていたと主張する、食物史研究家の中で少数ながら熱心な一派の人物である。ウィアはマーシャルズ・パテント・フリーザーの原物を実際に試してみて、驚いてしまった。実際にふんわりクリーミーなアイスクリームがわずか数分で（三分でないとしても、五分より長くない。作った一回分の分量が多くなかったのだろう）、作れたのだ。

マーシャル夫人のマシンは、アイヴァン・デイの歴史的料理講座の実演中に見たことがある（デイ自身もマーシャル夫人のアイスクリームメーカーを所有する数少ない人物の一人で、夫人の支持者でもある）。

見た目には、手動でクランクを回転させるアメリカの古典的なアイスクリームメーカーとたいして変わらない。アメリカ製マシンの発明は一八四三年、フィラデルフィア出身のアメリカ海軍将校の妻ナンシー・ジョンソンによる。この素朴な木製のジョンソン式バケツ形マシンは、今日でも暑い夏の昼下がり、多くのアメリカの家庭で子供たちを喜ばせている。バケツの中の金属製容器の周囲に氷と塩を詰めて、金属容器にアイスクリームミックスを注ぎ込む。容器に蓋をして、クランクのハンドルを回すと、内部の「攪拌器《ダッシャー》」が回転し、凍結が進むにつれて容器の冷えた部分からアイスクリームをこすり取る仕組みだ。できるだけたくさん氷と塩を詰め込んで、十分に冷やすことができた時には、二〇分間一生懸命ハンドルを回すと、アイスクリームができあがる。

これと同じ製法で、マーシャルズ・パテント・フリーザーは四分の一の時間しかかけずにどうしてできるのか。マシンの構造は、ナンシー・ジョンソンのバケツ形よりもずっと底面積が大きくて高さが低い円筒形だ。凍結は熱伝導の作用で起こる。熱はアイスクリームミックスから冷たい金属容器へと流れる。マーシャル夫人のフリーザーは他のアイスクリームメーカーよりもずっと冷却面積が大きい。ジョンソンのバケツ形とは違い、氷と塩は平鍋形の金属容器の底に詰めるだけだ。宣伝文句の通り「金属容器の周囲に詰める必要はありません」。さらにもう一つ革新的な特徴があった。現存する他の家庭用アイスクリームマシンは電動であれ手動であれ、金属容器が動かずに、パドルの方が回転する。一方マーシャル夫人のフリーザーは中央のパドルは回転せずに、蓋に付いたクランクが金属容器をぐるぐる回す。

見事な発明だ。ただし欠点が一つある。できるだけ手頃な価格に抑えるために、マーシャル夫人はマシンを安価な亜鉛で製造した。亜鉛は人体に有害な金属である。そのため現存するマシンはちょっとの間、絹のようになめらかなジェラートを作るには申し分ないが、誰も長期間使用して賞味しはしない。ただしロビン・ウィアだけは別で、「いつも自分の持っているマーシャル夫人のマシンで、アイスクリームを食べる」と言う。「零度以下だと金属の毒性は無視できるほど小さくなるからだ」。ウィアの意見は確かに正しいが、今の時代、どんなに微量でも亜鉛で毒されたアイスクリームを製造するマシンを使う人はそうそういないだろう。

アイヴァン・デイの家で、シトラスベルガモット風味の氷菓が半透明の黄色い液体から雪のように白いクリームに変わっていくのを観察した。毒の有無にかかわらず、味見したい気持ちが膨らむ。ロビン・ウィアと二人で、マーシャル夫人のマシンを毒性のない現代の材料でリメークして売り出そうと話していると、デイは打ち明けた。ぜひそうして欲しい。今日出回っているどの商品よりも優れている。より早く、より効率的、見た目にも美しく、環境にやさしい。マーシャルズ・パテント・フリーザーを持っていた一八八五年の人の方が、ほとんどの現代人よりもおそらく早くて簡単に自家製アイスクリームを作っていただろう。

革命的な新型料理道具パコジェットは「正確な高速旋回」により二〇分でフローズンデザートが作れると謳うが、このマシンでさえマーシャルのフリーザーより時間がかかる。「パコタイズ」（冷凍した食材を解凍することなく粉砕し、ピューレ、ムース状にすること）する場合、食材は少なくとも調理する二四時間前に冷凍する必要がある。マーシャル夫人のイノベーションでさらなる注目点は、アイスクリーム作りが今もって廃れていないところだ（ゼリー型は現代より一〇〇年前の方がレベルが高く優れていた。それは城を模したゼリーを作ることに多くの現代人がもはや興味を示さないからだ）。今でも多くの人はマーシャル夫人の製造法でアイスクリームを作りたがる。アイスクリームミックスさえ作ってしまえば、あとは数分でアイスクリームができあがると知ったマーシャル夫人には、好きなものは何でも発明してしまう持ち前の自由さがあった。この自由な精神を物語るのが、自著 *The Book of Ices*（『アイスの本』）で紹介されるアイスクリームの、味の種類の多さである。そのレシピたるやバニラ、ストロベリー、チョコレートに留まらず、ローストアーモンド、グーズベリー、プラム、シナモン、アンズ、ピスタチオ、マルメロ、オレンジフラワーウォーター、紅茶、マンダリンといった具合だ。

マーシャル夫人は他にも驚くべきアイスクリーム製造法を思いついた。みずから創刊した雑誌《ザ・テーブル》の一九〇一年の記事に、「科学好きな読者」向けに面白い趣向を紹介している。

> 液体酸素を使って（中略）ディナーパーティーの席上で招待客の一人ひとりが自分のアイスクリームを作ることができるだろう。アイスクリームの材料に液体酸素を数滴給仕に垂らしてもらい、それをスプーンで掻き回すだけでいい。

英国王立研究所での気体の液化についての講義を見て、想を得たのだろう。実際にマーシャル夫人が試したかどうかは明らかではない。科学者ピーター・バラムは液体窒素を使ってアイスクリームを作るが、液体酸素では無理と主張する。液体酸素を「数滴」では、アイスクリーム一人前を凍らせることはできないからだ。それでも、二〇世紀に入ったばかりの頃に、一〇〇年後のハイテクに見紛うアイスクリーム製造法を発案した、この偉大な料理イノベーターの先見性には恐れ入る。イギリスのシェフ、ヘストン・ブルメンタールのレストラン、ファット・ダックの客は今でも、液体窒素を使ってテーブルのデザートを凍らせる手並みに息を呑む。

液体酸素というマーシャル夫人の着想が生まれるまでには、数百年におよぶ連綿たるアイスクリーム技術革新の歴史があった。氷に塩を加えて温度を下げるという仕組みは、三〇〇年頃にインドで発見された。原理は、塩が氷の凍る温度を下げる（理論上はマイナス二一度まで凝固点が降下する）というものだ。一三世紀のアラブの物理学者たちは水に硝石を加えて、人工の雪や氷を作っていた。フランシス・ベーコンの実験より三〇〇年以上も前のことである。東洋を訪れたヨーロッパ人たちは絶品のシャーベットや冷たいシロップのおいしさに一驚した。一六世紀に中東を旅行したフランス人ピエール・ブロンは、甘くて冷たい飲み物に目を見張った。「イチジクもあればプラム、洋ナシ、モモ、それにアンズ、ブドウもあったし、ハチミツもあった。シャーベットメーカーに雪か氷とこうした果汁を入れて混ぜ、冷やすのだ」

ペルシャではシャーベットはレモン、オレンジ、ザクロの果汁で作られた。まず果物を銀製の濾し器で搾り、砂糖を加えて、水で薄める。最後に氷をうずたかく積む。インドの海辺で今でも売っているかき氷の飲み物ゴラに似た、レモネードとフローズンドリンクの中間で、うだるような午後に涼の慰めとなる一杯だ。一八一三年にイスタンブールを訪れた詩人バイロンはこう書いた。「太陽よ、照ってくれ。どんなに暑くても私は構わない。シャーベットよ。どんなに冷たくても私は構わない。すぐに私もあなた方ペルシャ人と同じように、楽園の住人となるのだ」

一七世紀にはヨーロッパ人もパリ、フィレンツェ、ナポリで独自の凍った氷菓を作っていて、氷菓は一八世紀半ばにはすっかり定着していた。ナポリの大通りをソルベット売りが行商しながら（当時のイタリア語でアイスクリーム全般を指す言葉は、ジェラートではなくソルベットだった。ソルベットは原料に乳脂肪分が入っていない意味ではなかった）、スイートオレンジ、ビターチェリー、ジャスミン、マスカット、洋ナシなどの味をつけてアイスクリームを販売した。ソルベットを山盛り一杯取り出すのはソルベッティエラの中からだ。この金属製の背の高い円筒形の蓋付き容器は、氷と塩のバケツの中に入れてあった。

氷結が進むと、氷の結晶を崩して、ソルベットをクリーミーに保つために、ソルベット売りは氷と塩が接触する金属容器の中のアイスクリームミックスを数分おきに攪拌する。時々ソルベッティエラの中のアイスを木べらで掻き回すという、このローテクのアイスクリーム製法でも、品質は現代の大型機械で作るのとまったく変わらない。

要するに、家庭でのアイスクリーム作りに関していえば、現代人は先人に勝るところがほとんどない。私たちのソルベ作りは、急速冷凍庫に入れたプラスチック容器の中のソルベを凍らせながら、時々掻き回して氷の結晶を崩すといった方法を採るが、それはソルベッティエラやマーシャルズ・パテント・フリーザーに比べれば情けないほど劣ったものだ。どんなに頻繁に取り出して掻き回しても、氷の板と化した失敗作ができあがってしまう。アイスクリームの工業生産を別にすれば、マーシャル夫人の時代から実際にはほとんどイノベーションが起こらなかった。アイスクリーム製造業の技術革新にしても、空気を含ませ添加物を使っていかに製品を安く生産するかといった技術がほとんどだ。

ヴィクトリア朝にアイスクリームテクノロジーが成熟したと考えれば、当然冷蔵技術は次の段階へ移るだろう。確かにヨーロッパの大邸宅では、厨房の召し使いたちがおいしい料理を作る者と甘いお菓子を作る者の二手に分かれ、お菓子作り担当の者たちが時折「冷蔵室」へ入って、ペストリーを冷やしたり、氷菓を作ったり、肉を貯蔵したりした。だが、もっと慎ましい家庭では、産業革命後も長い間、冷蔵方法は依然揺籃期にあった。一八八〇年代、マーシャル夫人は一連の「キャビネット型冷蔵庫」を売り出した。この装置には「あらゆる近代的な改良」を盛り込んだとはいえ、木製の台所戸棚の上に氷入れの容器が付いているだけの構造だった。マーシャルズ・パテント・フリーザーは忘れ去られた偉大なキッチンテクノロジーの一つといえるが、マーシャル夫人の冷蔵庫はヴィクトリア朝の珍奇な品にすぎず、現代生活でも活躍しているガス圧縮式電気冷蔵庫の登場で、お払い箱となった。

今から数年前のこと、ロンドンに住むあるアメリカ人と話をしていたら、どうやらホームシックの様子。イギリスのキッチンは小ぢんまりした装置ばかりで、自分には静か過ぎるといって、ブーンという大きくないがずっと聞こえるアメリカの大型冷蔵庫の音を懐かしがっていた。彼女にとってこの機械のうなりは家庭の音なのだ。

二〇世紀のアメリカ製冷蔵庫がこのお馴染みの音を出すようになったのは必然というわけではなく、内部モーターの結果（大型冷蔵庫＝大型モーター＝大きな機械音）こうなった。この電気冷蔵庫に劣らぬテクノロジーは他にもあった――ガス吸収式冷蔵庫である。こちらの方は音がしない。圧縮式、吸収式、どちらの冷蔵方法も一九世紀に開発された。冷蔵システムはすべて液体と気体の熱力学的特性に基づくものだ。「冷たさ」（という物質はない）を加えるのではなく、熱を逃がす。冷蔵システムは、液体が気体になる時、熱が奪われる現象を利用している。スープから湯気が立ち上って、スープが冷めていくのに似ている。

エジプトでは古代から、蒸発作用を利用して水を冷やしていた。多孔質の土製の壺に液体を入れ、土器の外面をよく濡らす。表面の水分が蒸発するにつれて、壺の中の水から熱が奪われていく。インドではこの技術を使って実際に氷を作っていた。深い溝を掘り、藁で覆う。その溝の中に平鍋のような浅い土器を置いて水を満たす。あまり風のない穏やかな気象条件だと、水は氷になった。

一八世紀以降、蒸発による冷却作用を速める方法を発明家たちが次々と考案した。一九世紀初めには、英国コーンウォール州のエンジニア、リチャード・トレヴィシックが、空気に圧力をかけて膨張させることで、水を氷に変える機械を初めて作り上げた。だが、空気は優れた冷媒とはいえず、熱伝導が低かった。熱伝導が高いと冷却能力は増す。エンジニアたちは冷媒に別の気体を試すようになり、一八六二年、ハリソン・ジーベ蒸気圧縮式製氷機が発売された。冷媒には空気の代わりにエーテルが用いられている。圧倒されるような巨大な機械で、「一五馬力の蒸気機関で動いた」。基本原理は、私たちの多くのキッチンにある冷蔵庫とまったく同じだ。気体（この場合エーテル）が圧縮されて金属コイルの中を通ると液体になる。この液体が今度は膨張して気体に戻り、その時に熱が奪われる。これが冷却作用である。最後に再び気体は液化して、この工程がまた最初から繰り返される。ハリソン・ジーベ製氷機は、破裂しやすい当初の欠点が解決されると、じつに優れた製品だった。一八九〇年代、数多くの蒸気機関製氷工場が圧縮式冷却技術を使って、一日に何百万トンものきらきら輝く清潔な氷を生産した。

だが、氷を生産する方法はこれだけではなかった。フェルディナン・カレを筆頭にフランスの発明家たちは、別の冷却方式を編み出した。ガス吸収式である。気体をコンプレッサー（圧縮機）のコイルの中に通す代わりに、「親和性のある」液体を使って問題を解決した。カレの方式では、液体には水を、冷媒にはアンモニアを使う。ガス吸収式は圧縮式より複雑な工程となり、使う物質は一つではなく二つとなる。だが、カレの装置は素晴らしいものだった。連続的な循環が働き、一八六七年には一時間当たり二〇〇キロもの氷を製造した。アメリカの南部の州では天然氷の供給に頼れなかったので、カレの吸収式冷凍機を完備した製氷工場が続々と誕生した。一八八九年には南部の工場施設は一六五か所に上り、美しい透明な氷を生産して、ミントジュレップ〔バーボンのカクテル〕を冷やしたり、傷みやすいジョージア産のモモを輸送するのに使われた。
だが、氷産業の機械化は進んだものの、アメリカ一般家庭の主婦は依然アイスボックスで何とか遣り繰りしていた。一九二一年になっても《ハウスビューティフル》誌には、この冷却容器の煩わしいメンテナンスに対する不満の声が寄せられていた。

配達に来た氷屋が氷の塊を置いて濡らした場所を、誰かが拭かなければなりませんでした。(中略)毎日アイスボックスの下から平皿を引き出して溜まった水を、誰かが捨てなければなりませんでした。(中略)毎日毎日アイスボックスの臭いを嗅いで回り、悪臭がひどくなって掃除する必要があるか、誰かがチェックしなければなりませんでした。

こうしたうんざりするような日課は、家庭用冷蔵庫の登場で一掃された。ガス吸収式冷蔵庫も、気化熱を利用した圧縮式電気冷蔵庫も、二つの大戦の間に登場した。第一次世界大戦終結から世界大恐慌が始まるまでの一〇年間ほど、アメリカの家事労働が「劇的に変化」した一〇年は歴史上なかった。一九一七年時点でアメリカの世帯の四分の一にしか敷かれていなかった配電網が、一九三〇年には普及率八〇パーセントになっていた。電気が使える消費者のクリティカルマス〔ある商品やサービスが一気に普及するのに最低限必要な普及率〕が、圧縮式電気冷蔵庫の普及には不可欠だった。このビジネスは一か八かの大勝負だ。電気アイロンや電気ポットとは違い、電気冷蔵庫は決してスイッチを切らない。一日二四時間、一年三六五日、低い小さなうなりを上げながら電力を使い続ける。したがって、家庭電気冷蔵庫の普及推進には電気会社の巨万の利益が絡んでいた。

最初の冷蔵庫でお馴染みの名前はケルビネーターとフリジデアー。前者は一九一四年創業の、後者は一九一六年創業の企業によって生産された電気冷蔵庫だ。控えめにいっても、当初は生みの苦しみがあった。一九一〇年代に電気冷蔵庫を買っても、一体型ユニットを買ったことにはならなかった。冷蔵庫会社がやって来て、今ある木製のアイスボックスの中に冷蔵装置を据えつけた。モーターが激しく振動するうちに木製の箱は負荷に耐えられず、歪んだりたわんだりした。おまけに冷蔵装置が巨大なため、アイスボックスの中に食品を詰め込む余地が少ししかなかった。こうした不備を克服するため、コンプレッサーとモーターを地下室に据えつけ、冷媒をわざわざポンプで上階のアイスボックスへ送る場合もあった。頻繁にコンプレッサーがうまく作動しなくなり、モーターが壊れた。もっと困ったのは、初期の冷媒ガスには塩化メチルや二酸化硫黄が使われ、これが生命に危険な気体だったことだ。冷蔵庫の遮断が不十分で気体が漏れれば、命取りになる。一九二五年に、冷蔵庫のポンプから漏れた有毒ガスで一家全員が亡くなるという新聞記事を読んだ科学者のアルベルト・アインシュタインは、新たに改良型冷蔵庫の設計を決意した。アインシュタインの冷蔵庫は教え子だったレオ・シラードと共同開発し、一九三〇年一一月に特許登録した。アインシュタインの冷蔵庫は教え子だったレオ・シラードと共同開発し、一九三〇年一一月に特許登録した。アカレの冷蔵庫のようにガス吸収式の原理に基づくものだ。可動部分はなく、ガスバーナーのような小さな熱源が必要なだけで、それが冷蔵庫を稼働させた。

アインシュタインの冷蔵庫は当時のいろいろな事情から、結局市場では販売されなかった。一九三〇年に産業界は新たに毒性のない冷媒フレオン一二を導入。すぐさま、すべての新型家庭用冷蔵庫はフレオンを採用した。新時代の幕開けかと思われたが、その半世紀後、冷蔵庫メーカーは代替フロンを血眼になって探す事態に陥る。フレオン一二はオゾン層の減少に関与するフロンガスの一つなのだ。さらに一九三〇年は、全米での機械の冷蔵庫の売れ行きが初めてアイスボックスを抜いた年だった。それまでに冷蔵庫のデザインは冷却剤漏れを起こす古い木製の箱型から格段に進歩していた。一九二〇年代の初期一体型冷蔵庫は全面白色で、ドレッサーのように四本の脚が付いているものが多く登場した。一番有名なのはゼネラルエレクトリック社の「モニタートップ型」冷蔵庫だろう。脚の付いた白いボックスで、キャビネットの上に円筒形の冷却装置（コンプレッサーやコンデンサーなど）が露出していた〔二六二ページのイラスト参照〕。一九三〇年代には冷蔵庫は背が高くなり、脚がなくなり、流線形のメタリックな美しい外観へと進化した。

一九二七年に創業したエレクトロラックス・サヴェル社（Electrolux-Servel）は連続式のガス吸収式冷蔵庫を考案した。当分の間、ガス冷蔵庫の方が電気冷蔵庫より好まれるかに見えた。基礎的な発明は二人のスウェーデン人エンジニア、カール・ミュンターとバルザー・フォン・プラテンによるものだ。この新型ガス冷蔵庫はモーターで動かす必要がなく、安価で音がしなかった。一九四〇年代のサヴェル〔エレクトロラックスはスウェーデン企業。アメリカ企業サヴェルがライセンス契約で国内市場向けに生産した〕の宣伝には、当社の冷蔵庫を買ったので、今でも黒人メイドに気持ちよく働いてもらっていると自慢する、身なりのよい白人夫婦が載っていた。「マンディがいつも私たちを大目に見てくれるのは、冷蔵庫を静かなものに変えたから」。マンディの言葉は、「何とまあ、静かな冷蔵庫でしょう！」。音のしない長所を持ちながら、サヴェルはゼネラルエレクトリックのような巨大電機メーカーとして影響力を持たなかったし、ガス冷蔵庫という発想も今では風変わりなものに思える。だが、音のしないガスとうなりを上げる電気という二つの冷蔵庫のモデル競争が、両者のイノベーションを駆り立て、その結果アメリカの冷蔵庫は急速に改良されていった。一九三〇年代後半の冷蔵庫はすでに数多くの現代の仕掛けを備えていた——ドア開閉はラッチ構造、野菜室は湿度が保たれ、角氷皿を置く製氷室があった。これらはすべて今日の冷蔵庫のセールスポイントになっている。
フリジデアーとエレクトロラックス製品をアメリカ国民は買い求め、一九二六年に二〇万台が購入され（平均価格四〇〇ドル）、一九三五年には一五〇万台の売上となった（平均価格一七〇ドル）。今や国民のほぼ半数が機械の冷蔵庫を持っていた。冷蔵庫は驚くほど新鮮な食物が出てくる場所という考えを、広告は消費者に刷り込んだ。ケルビネーター社は「ケルビネートされた」食物という発想を打ち出した。

ケルビネーター・チルドされた冷蔵庫の凍るような冷気から取り出された食物は、何とも堪《こた》えられない。オレンジの薄切り、ビール、赤肉種のマスクメロン、グレープフルーツが歯にしみるほど芯から冷えている。手作りの瓶詰めフルーツが果汁たっぷりに冷たく冷やされて食卓へ運ばれる。シリアルにかける生クリームも冷たくてじつにさわやか。

従来の保存方法は総じて食品の質を高めるためではなく、食品が傷まないようにするためのものだった。レッドヘリング（燻製ニシン）は新鮮なニシンほどおいしくないと分かっていたが、腐ったニシンを食べるよりましだった。これとは対照的に、冷蔵庫業界は食物の保存だけでなく食物の質も変えると主張した。
実際のところは必ずしも魅力的というわけではなかった。よく聞かれる不満は、食品が新鮮でも、味が落ちるというもの。冷蔵庫に入れた食物は「風味を失い、味が変わってしまう」と消費者は思っていると、食物保存の専門家R・C・ハッチンソンは一九六六年に記した。ビジネスの観点からいえばこれは必ずしも問題ではなく、むしろ商機となった。冷蔵庫が新しい保存用品――食品ラップ（サランラップは一九四〇年代後半の発明）やタッパーウェア（最初の発売は一九四六年）――を誕生させた。「あのキュッキュッという音が聞こえますか?」とは一九五〇年代の宣伝文句だ。「あの音が、食品の風味を新鮮に保つタッパーウェアの気密性を約束しているのです」

タッパーウェアは冷凍食品の保存容器としても宣伝販売された。家庭用冷凍庫の限られたスペースにできるだけ多くの食物を詰め込むための容器として宣伝されたのである。タッパーウェアが発売された頃には、冷凍食品は一〇億ドル企業へと成長していた。だが、実をいえば冷凍食品の誕生は遅かった。一九三〇年代のアメリカの冷蔵庫は、冷凍に関していえばじつにお粗末だった。冷蔵庫で一番冷える冷却コイル(蒸発器)の隣の狭い空間に冷凍したい品物を貯蔵することになっていたが、食品がわずか一袋か二袋入るほどの余地しかなく、角氷は融けて互いがくっ付いて一塊になってしまう。

冷凍食品の可能性は、一九三九年の「二温度式冷蔵庫」の出現で劇的に広がった――冷凍冷蔵庫の登場である。ついにアイスクリームや角氷の容器が、冷蔵庫の貯蔵食品とは別に冷凍室内でずっと零度以下で保存できるようになった。それにもう一つ技術革新があった。冷却コイルが冷蔵庫の壁の内部に埋設されて見えなくなった。その結果冷却機能が高まっただけでなく、霜取りの必要もなくなった。こうした冷凍冷蔵庫を持っている世帯は当然ながら、冷凍室内を冷凍の恩恵で満たそうとした――家族が毎朝「新鮮な」ジュースを飲めるようにした、冷凍濃縮オレンジジュース(戦後アメリカの冷凍食品で最大のヒット商品で、一九四八~四九年に三四〇〇万リットルを売り上げた)。真冬でも夏の果物を楽しめるようにした、冷凍イチゴや冷凍チェリー、冷凍ラズベリー。流行のフィッシュスティック。冷凍エンドウ豆――これはバーズアイがもたらした功績だ。

クラレンス・バーズアイは、一九二〇年代に近代的な冷凍食品産業を生み出した人物である。「私は何も大したことはやっていない。（中略）イヌイットたちの間では何世紀も前から［冷凍食品が］あった」というのが口癖だが、これはあまりにも謙虚な物言いだ。確かに、市場に届けるまでの間、肉や魚を保《も》たせるためにイヌイットならずとも氷が使われてきた。だが、瞬間冷凍技術を生肉だけでなく小さなエンドウ豆にも応用できるほど高度に発達させたのは、ほかならぬバーズアイである。

米国のようにロシアも広大な国土と凍てつく冬の国であり、冷凍法をさかんに活用して食物を保存した。一八四四年、温暖な冬の小さな国イギリス出身の氷の専門家トマス・マスターズは、サンクト・ペテルブルグの氷市場に目を見張り、こう記した。「何千という動物の死体が凍結状態でピラミッドのようにうずたかく積まれている。牛、豚、ヒツジ、鶏、角で突く動物、魚――すべて石のように硬く固まっている」。生産物はコチコチに凍っていたので、買いたいものがあれば、「木材のように」叩き切ってもらった。

これは、五分で食卓に出せる袋入りのさやなしグリーンピースとはまったく違う話だ。サンクト・ペテルブルグの氷市場で売っていたのは荒々しくも生き抜くための食料だった。一〇〇年後のアメリカの主婦がミニッツメイドの「温めるだけで食べられる」夕食をフリーザーから取り出して電子レンジに入れるだけの、あっという間にコチンコチンから熱々にできる冷凍食品とは似ても似つかない。クレランス・バーズアイのイノベーションとは、二〇世紀郊外型生活にぴったりの衛生的で均一な冷凍食品を誕生させたことであり、アイスピックは必要ない。

バーズアイの発明はひとえに観察の賜物といえる。彼は以前米国農務省で生物の研究をしていたが、妻エレナーと赤ん坊のケロッグを連れて、一九一二年から一九一五年にかけて現在のカナダ北東部ラブラドルで、毛皮を獲る仕事に就いていた。一家は人里離れたところで小さな小屋に住み、魚と猟の獲物を食べて生きていた。肉は北極地方の寒風で凍結した。ウサギ、ガン、トナカイ、魚、どれも春や秋よりも冬の方がおいしいことに、バーズアイは気がついた。急速に凍った冬の肉は生肉のように味がいい。他の季節より速く冷凍したからだと思った。ラブラドルへごくたまに船で運ばれてくる生野菜でも実験した。キャベツなどの野菜は、塩水を入れた樽に浸ければ速く冷凍できた。実験には幼いケロッグのベビーバスまで動員した。

従来の食物冷凍法は、サンクト・ペテルブルグの市場のように食物を氷や雪の中に閉じ込めるやり方で、時間をかけて冷凍した。ゆっくり凍らせると大きな氷の結晶ができやすくなり、食品の細胞組織を傷つけ、食品の質を劣化させる。ゆっくり冷凍した食品は融けると、体液が浸み出した。とくに問題なのは肉の場合で、一九二六年の《タイムズ》誌は、ゆっくり冷凍した牛肉は解凍すると、「おびただしい血や肉汁」がにじみ出ると不満を述べている。

だが、それが解決される日も近かった。一九一七年、バーズアイはラブラドルから米国へ戻ると、七ドルの初期投資で、扇風機、氷の塊数個、塩水のバケツ、タラの切り身を用意した。ニュージャージー州のアイスクリーム工場の一隅で研究に着手し、「ニューイングランドでラブラドルの冬を再現する」ことにした。一九二四年には新製法を開発し、塩化カルシウム溶液で冷やした金属皿を使って、マイナス四〇度に食品を急速冷凍することに成功した。食品の包みは金属ベルトの間に挟んで密着させ、瞬間冷凍する。これまでの技術より格段に速い。最初、バーズアイはこの方法を使って魚を冷凍し、一九二四年にゼネラル・シーフード社を創業。社名には、冷凍食品業界のゼネラルモーターズ、ゼネラルエレクトリックになれるよう、あやかりたいとの思いが込められていた。一九二九年にはこの会社と特許を二二〇〇万ドルで、ゴールドマン・サックスとポスタム社に売却した〔バーズアイは新会社で働き続ける〕。

冷凍食品ビジネスはすぐには成功せず、最初の冷凍エンドウ豆はおいしくなかった。エンドウ豆などの野菜類は冷凍する前に湯通しして、食物を劣化させる酵素を失活する必要があると分かったのは、一九三〇年になってからのことである。こうした品質に多くの消費者は疑いを持ち、冷凍食品は標準以下の、仕方なく使う食品というのが社会通念になっていた。世間の目が変わったのは、バーズアイがPR作戦に乗り出し、製品名を「フロステッド・フーズ」(frosted foods)に変更した時だ。frostedには美しい氷の魅惑的なイメージがある。飢えを癒すために食べるという響きのある「フローズン・フード」に対し、「フロステッド・フード」は幼い日の空想の世界を彷彿とさせる。作戦は大当たり。一九五五年の時点で、冷凍食品は米国で一年間に一五億ドルを売り上げる市場となった。

冷凍食品はイギリスでも人気となった。急速冷凍技術がなかったら、グリーンピースはこれほどまでにイギリスの食卓の主役にならなかっただろう。ソーセージとフライドポテトとグリーンピース。チキンとフライドポテトとグリーンピース。パイとフライドポテトとグリーンピース。パブのメニューに出てくる野菜のほとんどがバーズアイの恩恵を被っている。イギリスでは一九五九年に初めて、冷凍エンドウ豆の売上が生のさやつきのエンドウ豆の売上を上回った。不思議なことに、イギリスの買い物客は冷凍食品を蓄える場所がなくても、冷凍食品を買いたがった。「食料品店が閉店した後の不意の来客のために、急遽食事をたくさん作らなければいけなくなった」主婦にとって、これは「ハンディキャップ」だと、《タイムズ》誌は書き立てた。この苦境の解消に、冷凍食品メーカーは営業時間外でも使える冷凍食品自動販売機の設置を検討したが、私の知る限り使用されなかった。想像してみて欲しい——不意に姿を見せる夫の上司の夕食の席を用意するために、大勢の主婦が長い列を作って、冷凍チキンキエフを買い求める光景を。一九七〇年になっても、冷凍庫のある世帯は全体のわずか三・五パーセント。それ以外のイギリス国民は、購入した冷凍食品を製氷皿の上の狭いスペースに押し込まなければいけなかった。食べかけのラズベリーのマーブルアイスのカップが、冷蔵庫の天井に融けてへばりつき、大きな氷の結晶を作っていたのを、私は今でも覚えている。

冷蔵大国アメリカと世界との差は大きかった。冷蔵庫や冷凍庫を買う金があるかという問題だけでなく、それは文化の問題である。長い間、ヨーロッパ人は低温貯蔵や冷凍保管の技術を強く拒んできた。フランス語には frigoriphobie という「冷蔵庫恐怖症」を意味する言葉がある。パリの中央市場レ・アールの消費者と生産者は共に、冷蔵冷凍に対し抵抗を示した。買い手は、小売商の裁量が大きくなり過ぎることを懸念した——冷蔵庫があると古い食品を新鮮に見せかけることもできるだろう。売り手の側はこのテクノロジーを歓迎してもよさそうなものだが（なにしろ冷蔵庫は商品の販売期間を引き延ばしてくれるのだから）、レ・アールに冷蔵庫が導入されると、小売商はプライドを傷つけられたような反応を示し、冷蔵庫はさながら霊廟のようで、絶品のチーズ本来の持ち味を殺してしまうと主張した。彼らの主張が間違っていると誰が反論できるだろう。昔ながらの食品貯蔵室の中で熟成させたブリーチーズからにじみ出るおいしさに比べれば、冷蔵庫で冷やしたブリーチーズは、味気ない。

家庭で冷蔵庫を使うことにもヨーロッパの消費者は消極的だった。食品の購買パターンから考えてもその必要性はまったくなかった。一八九〇年代にアメリカのアイスボックスメーカーはヨーロッパ市場進出を試みて、アイスボックスの地元の需要に関する情報をアメリカ領事に求めたが、受け取った情報は芳しいものではなかった。領事の返答によると、フランス南部の大都市では食肉の解体が冬場は毎日、夏場では一日二回行なわれる。大多数の人は一日に二度買い物へ行き、買ったものはすぐに食べ切る。女性たちがこの頻度で買い物と料理を楽しむ限り、そして売り手が新鮮な食品を提供できる限り、アイスボックスは必要なかった。

イギリス人も冷蔵庫に飛びつくことはなかった。二〇世紀にイギリスを訪れたアメリカ人はたいていいつも、何かにつけ温度がおかしいと思った――隙間風で寒い部屋、生温かいビールにミルク、油焼けしたバター、汗をかいたチーズ。一九二三年の《ハウス・アンド・ガーデン》誌の記事には、「冷蔵庫はアメリカ家庭では一般的だが、ここイギリスではよく知られておらず、使いこなされていない」とある。一九二〇年代の冷蔵庫の有毒で信頼できない性能から考えると、冷蔵庫購入に及び腰だったのは悪い選択ではなかったかもしれない。だが、イギリス人の冷蔵庫嫌いは必ずしも合理的なものではなかった。電気冷蔵庫の性能が安全で安定したものになってからも、大多数の家庭に電気が通ってからもその後長い間、冷蔵庫は不経済で退廃的なものだと思われていた。フリジデアーは、イギリス市場の開拓の難しさをこう記した。「氷は冬の間の迷惑者にすぎず、飲み物を冷たくするアメリカ人は間違っていると考えるイギリスで、冷蔵庫がなかなか売れないのは当然だろう」。こうしたアメリカ的嗜好を過度に恐れる心理は、先の大戦の戦中戦後に味わった耐乏体験よりずっと昔からの、質素を尊ぶ国民性に根ざしていた。一九四八年時点で、イギリスで冷蔵庫を所有する世帯はわずか二パーセントだった。

結局イギリス人はこの冷やすのが嫌いな国民性から脱却した。一九九〇年代になると、イギリスの標準世帯で所有する「冷却装置」（冷蔵庫、冷凍冷蔵庫、ガレージのチェストフリーザーのいずれにせよ）の数は一・四台となった。スメグ社のＦＡＢシリーズは絶大な人気があったようだ。大きくて不細工な取っ手の付いたパステルカラーのレトロな冷凍冷蔵庫で、一九五〇年代のアメリカ製冷蔵庫を彷彿とさせる。つまり、冷蔵庫に関して、イギリス国民は一九九〇年代後半に、アメリカ国民の一九五九年当時〔米ソ首脳のキッチン討論の年〕の状況に追いついたというわけだ。

冷蔵庫のデザインには、人々がどんな生活を送るどんなタイプの人間なのかというデザイナーの人間観が反映される。一九四〇年のアメリカのある冷蔵庫セールスマンは「私たちのビジネスの五〇パーセントはフルーツの日持ちではなく、女性客の気持ちをつかむことだ」と言った。例えば、ワンタッチ操作できるプッシュプルドアハンドル。こうした機能が重要なのは、「両手いっぱいに物を抱えて移動できるかといったことが、女性にとってとても大きな問題」だからだ。夢見るようなパステルカラーといった女性の好みに合わせて冷蔵庫を売り込むだけではない。食物を冷やして家族の食の安全を守るのは主婦の役目と教え込まれている、女性客のニーズに即して冷蔵庫を売り込んだ。

一九三〇年代半ばには、冷蔵庫の仕切り（取り外しできる仕切り棚、湿度を保つ野菜室）が増えて、人々は何でも食物を冷蔵するようになった。その結果、食物を最適な条件でより長く保存する低温貯蔵という冷蔵庫本来の目的は忘れられるようになった。パンは冷蔵庫に入れると速く干からびる。ジャガイモは変質する。冷蔵庫には小ぎれいな卵ケースが今でも付いているが、他の食物の臭いを吸収してしまう卵にとって、売っているパック入りの状態より冷蔵庫の穴のケースは悪い環境といえる。すぐに使い切ってしまう場合には、寒い気候であれば、卵は冷蔵庫に入れずに保存する方がいい。常温の卵黄は目玉焼きにした時、崩れにくい。

とはいえ、室温は地域により違うだろう。アメリカでは冷蔵庫に入れていない卵は危険と考えられているが、事実、温暖な地域の暑い季節には、危険となり得る。二〇〇七年の日本の研究で、サルモネラ菌で汚染された卵は一〇度の状態で保存すれば六週間経っても菌は増殖しなかった。二〇度でも細菌の増殖は無視できる程度だ。ところが、二五度以上になるとサルモネラ菌は爆発的に増える。七月のアラバマで、冷蔵庫に保存していない卵を食べれば死ぬかもしれない。アメリカンスタイルの大型冷蔵庫を持っている今の私たちは、アラバマの住人であるかのような行動パターンをとりがちだ。

冷蔵庫内の空間は進化し続けている。一九九〇年代のイギリスの冷凍冷蔵庫の仕切り棚は、幾何学的な箱型が多い。このことは幅広い層の人々が長四角の箱に入ったクックチル〔調理済み冷蔵食品〕の出来合いのおかずを食べていたことを物語る。電化製品に詳しい筋の話では、それが近年様変わりしたという。人々は多種多様な野菜保存室や仕切り棚を欲しがる。これは「手料理」(私たちが「料理」と呼んでいるもの)への回帰の表れだ。冷蔵庫の中のワインラックもお馴染みとなった。

冷蔵庫は私たちが安全に食物を食べるために誕生した装置だが、今や貪欲な箱と化し、つねに食物を詰め込むことを求めてくる。人々が新型冷蔵庫に詰め込むために存在するようになった主要食品は多い。フィッシュフィンガー〔白身魚のフライ〕、冷凍フライドポテトといった分かり切ったものだけではない。例えばヨーグルトがそうだ。第二次世界大戦前に、西洋人はほとんどヨーグルトを食べなかった。だが、インドや中東では伝統的な食品で、新鮮なヨーグルトを作るには涼しい場所に置いて発酵・凝固させなければいけなかった。ヨーグルト市場はイギリスやアメリカに存在しなかったが、冷蔵庫がなくても家庭で作れるミルクプディングという形で、乳製品のデザートは摂取していた。ミルクプディングはできたての温かいものをいただいた。他にもライスプディング、サゴ澱粉、タピオカ（イギリスの小学生はその見た目からカエルの卵と呼んでいた）があった。一九五〇年代以降、ミルクプディングの消費は年々激減し、ヨーグルトが世界規模の数十億ドル産業へと成長していった。その理由は、味覚が変わったからということもできるが、ストロベリージャムをかけた温かいライスプディングがいきなり総スカンを食らい、プラスチック容器に入った冷たいストロベリーヨーグルトがなぜ急にもてはやされるようになったのかは説明できない。

個人的嗜好と思われている多くのことが、じつはテクノロジーの変化の産物なのである。ヨーグルト製造業者は、ぴかぴかの新型冷蔵庫を購入すれば、その中にたくさん物を詰め込みたいと思う人間心理を巧みに利用していた。小さなヨーグルト容器が仕切り棚に並んでいるのは見た目にもいい。どんな味がするかは二の次だった（おいしいヨーグルトもあるが、多くは伝統的なプディングより砂糖が多くて味気なかった）。歴史上初めて、誰もが一年中氷を自由に使える時代になった。ただその使い道が時として分からなかった。

モールド（型）

マーシャル夫人が販売したアイスクリームモールド（型）には、リンゴ、洋ナシ、モモ、パイナップル、ブドウの房、巨大ストロベリー、アヒル、ニワトリ、ハクチョウ、魚の形、もっと抽象的な形では楕円形、ドーム形、円柱があった。夫人のアイスモールドは手頃な価格の錫か錫の合金（白目）、ゼリー型は高品質の銅だった。

モールドに入れて固めることは力で食材に自分の意思を押しつけることだ。モールドの形は自由気ままな料理テクノロジーである。クルフィというミルクを煮詰めたインドのアイスクリームがコーンの形になり、四角や六角形にならなかったのはどういうわけだろう？

モールドにはそれなりの理由があるものもある。魚のムースは魚の形をしたモールドに入れる。メロン風味のアイスはマスクメロン型に詰める。だが、形に意味がなく、時代の好みや慣習だけで使われるものもある。トルコ人の頭は二〇世紀初めには人気のペストリー型だった。ターバンをかたどった美しい形だが、今にして思えば暗にトルコ人の頭を食べるという発想が、いただけない。

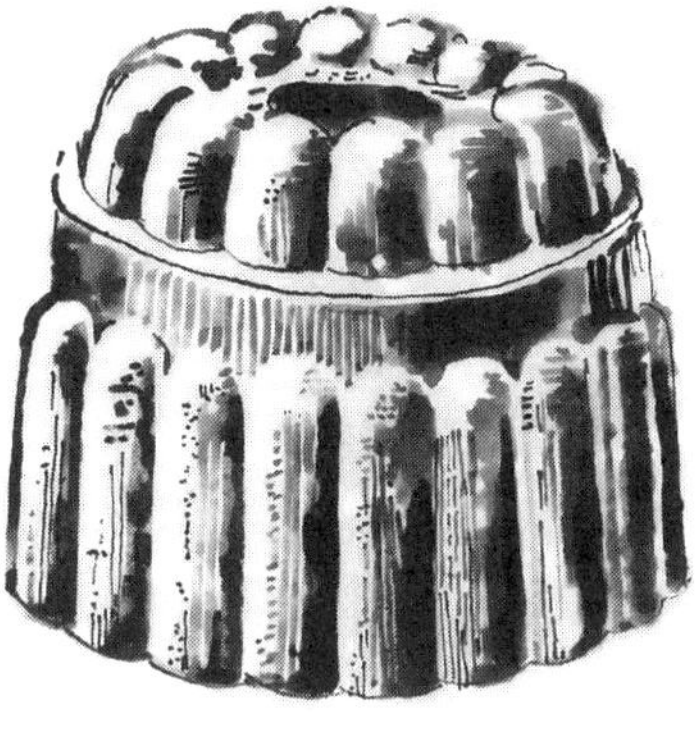

モールドは空想や豪華なものへの憧れの表れだ。何を豪華と感じるかは時代と共に移り変わる。中世のジンジャーブレッド型は木に手彫りを施したもので、シカやイノシシ、聖人をかたどっていた。今の私たちの方がたくさんの形を知っているが、想像力は乏しかったりする。現代のキッチン用品売場で売っている大きなケーキ型もカップケーキ型もそっくり同じ形をしている。

第8章　キッチン

「金星の大気の温度は測れるのに、スフレの中で何が起きているか分からないというのでは、われわれの文明の名折れだと私は思うのです」
——ニコラス・クルティ、「厨房に立つ物理学者」〔王立研究所での講演〕、一九六八年

二一世紀に入ったばかりの頃、住宅はキッチンにわずかばかりの部屋が付随したものになったと建築デザイナーたちはよく冗談を言った。景気後退が起こる前の二〇〇七年、《ニューヨークタイムズ》紙が新たな文化的倦怠と呼んだのは、キッチンがついに完成して、水道の蛇口や流しのはねよけ板の細部にもうこだわれなくなった時、改修マニアが陥る「改修後の憂鬱」を指していた。キッチンに手の込んだリフォームを施して、家の広さが二倍近くになったある家の持ち主はこんな感慨を漏らした。「終わったらホッとするわよと言われたけど」部屋が完成したら「人生にぽっかり大きな穴が開いたみたい」。そんな不幸な気持ちはヴィクトリア朝の主婦には不思議に思えるだろう。なにしろ彼女たちは鋳鉄製調理用レンジを掃除して石墨で磨くという、うんざりするような日課をこなしていたのだから。現在の高価なキッチンはとくに女性にとって前代未聞の快適さを物語る。キッチンというテクノロジーはこうした快適さの結果でもあり原因でもある。私たちの生活が快適なのは、豪華な冷蔵庫やトースターがあるからだ。こうした冷

蔵庫やトースターを買うのは、私たちの快適な生活にふさわしいからだ。

現代のキッチンショールームの華麗で贅沢なたたずまいは、一〇〇年前の祖先には異質なものだっただろう。その頃電気冷蔵庫は知られておらず、ガスレンジがときめきの新商品だった。「クレバーストレージ（賢い収納）」システム、シューシュー音を立てるエスプレッソマシン、洞穴のような収納棚がたくさん付いている冷凍冷蔵庫、カラーコーディネートされたキャビネットとミキサーのあるのが、現代のキッチンだ。男女を問わず人々がキッチンのリフォームをいわば趣味にする時代が来ようとは、エドワード七世時代の新妻にどうやったら理解してもらえるだろう。彼女はマホガニーのキャビネット型冷蔵庫と銀メッキのナイフ一式を丹精尽くして使っていた。現代では、ペトロールブルーの新しいキッチンキャビネットと配色が合わないというだけで、快調な電動ブレンダーを捨ててしまい、住み替えるとすぐ、わずか二、三年しか経っていない前の持ち主のキッチンを全部むしり取って、一から自分の選んだものを据えつけ、床もシンクもレンジも新しくしてしまうことが当たり前になっている。

だが、御影石やガラスの調理台、埋め込み式LEDライトに目がくらむことなく、もっと大きな視点を持てば、現代のキッチンテクノロジーと過去のキッチンテクノロジーの驚くほどの連続性が見えてくる。一八九〇年代、フランス人化学者マルセラン・ベルトロは西暦二〇〇〇年には料理は消滅し、人類は錠剤で生きていくようになるだろうと予言した。この食事錠剤説は未来の宇宙時代につねにつきまとう空想だった。だが、加工食品が浸透するなかで（マイクロダイエットの食事、キッチンカウンターでのシリアルの朝食）、レストラン業は健在だ。初期の宇宙船の機内食もおおむね錠剤ではなかった。地球から離れるにつれて、宇宙飛行士は故郷の味や食感を恋しく思うらしい。食事はフリーズドライだったかもしれないが、通常食のシチューやプディングのようなものだった。宇宙食の歴史の研究家であるジェーン・レヴィによると、ジェミニ計画（一九六五～六六年にＮＡＳＡが実施した有人飛行計画）における大きな発見の一つは、宇宙飛行士が冷たいジャガイモは好まないということだった。

　日常の生活信条がどんなに急進的な人でも、ひとたび厨房へ足を踏み入れると、多くの場合保守的になる。食物を包丁で切り、スプーンで掻き回し、鍋で調理する。現代のキッチンに立ちながら、私たちは古代からのコランダー、すりこぎ、フライパンを使う。食事を作りたいと思うたびにいつも一から始めるわけではなく、料理の予備知識や記憶をもとに道具や食材を扱う。

　こういう料理の仕方が好きでない人たちもいる。「分子ガストロノミー」という言葉を生み出した人物の一人、フランスの科学者エルヴェ・ティスから見ると、私たちの料理は「技術的停滞」と非難されるべきものだ。二〇〇九年、ティスは「私たちはなぜ中世と同じように泡立て器や火やソースパンをいまだに使って料理するのか」と問うた。「人類が太陽系の果てまで探査している時代に、この時代遅れな振舞いはどうしたことか」

　なぜ料理法を変えることにここまで私たちは抵抗するのか。一つの理由として、新しい食物を試すにはいつも危険が伴うからだ。原野でおいしそうな新種のベリーを口にしようものなら、死んでしまうかもしれない。こうした思いがキッチンでも私たちを危険嫌いにするのだろう。だが、自己防衛本能よりもっと強い欲求がある。特定の料理方法への愛着だ。多くの料理道具が廃れずに使い続けられるのは、使い勝手

がいいからだ。木製のスプーンならではのよさは、木製のスプーンにしかない。バレンシア風パエリア〔元祖パエリア〕を大きな平鍋で作る時も、ヴィクトリア風スポンジケーキを昔ながらのブリキのケーキ型で作る時も、ある料理道具を手に取って伝統的な方法で料理を作ることは、今暮らす場所や生きている家族やもう死んでいない家族とつながる儀式を演じているともいえる。こうしたことは簡単には手放せない。これまで見てきたように、新しい料理テクノロジーが導入される時は、それがどんなに有用であろうが、いつもどこかから敵意や抗議が巻き起こり、従来の方法が安全で優れている（事実そういう場合もあるが）との声が上がった。陶器にしても、電子レンジにしても、発展途上国の煙の出ないコンロにしてもみなそうだった。

エルヴェ・ティスは、テクノロジーの変化には二種類あるという。局所的なものと全面的なものだ。台所用品の機械装置がわずかに局所的に変化する場合は、一番受け入れられやすい。その例に、ティスはバルーン泡立て器の改良を挙げる。ワイヤーの数を増やして卵の攪拌効率を上げたのだ。新しい道具に今まで知っていた道具の面影がある時、一番安全に感じられる。だから、初期型冷蔵庫は木製の重厚なヴィクトリア朝キッチンキャビネットによく似た外観だったし、一八六〇年代のレモン搾り機はやたらと大きな鉄製挽肉機のようにテーブルに固定するものが多かった。一九五〇年代には数え切れないほどの料理道具が、回転ハンドルの付いたムーリ社製フードミルの形を採用。突如、回転式チーズグレーター、回転式ハーブミルが登場し、熱狂的に迎えられた。だが、ムーリ社製フードミルとは違い、実際には優れた道具ではなかった。ハーブは潰れてしまうし、チーズの大きな塊がいつも回転ドラムの中に残ってしまう。ところが、当時は回転式装置がごく自然に感じられ、回転式であることが重要だった。ドラムの円運動で食物を下ごしらえする動きに、手と頭が慣れてしまったのである。

これに比べて、まったく新しいテクノロジーを受け入れるのはきわめて困難だ。これをティスは「全面的な」変化と呼ぶ。私たちの祖先が陶器で料理を始めようとした時、ランフォード伯爵が覆いのない調理暖炉で食物を加熱する方法はよくないと主張した時、巻き起こった変化である。こうした変化は人間本来の保守的な心理を掻き乱す。卵の白身を例に取ろう。今までの泡立て器のワイヤーを増やして泡立ての切れをよくしようと下手な細工をする代わりに、卵白の泡立てになぜ泡立て器を使うのかと疑問を持つことが、テクノロジーの全面的な変化である。この点こそが、ティス博士の知りたいと思っていることだ。「泡立て器ではなく、コンプレッサーやノズルを使って、卵白の中に気泡を注入してはどうだろう」。つまり、想像力と創意工夫を総動員して、これまで誰も考えてみなかったまったく新しい装置を使ってみたらどうだろうというわけだ。

だが、わざわざ新しい道具を作り出して追加しなくても、多くの人にとって、料理はもう十分骨の折れる手順なのだ。ここ数年は景気後退による節約志向も一役買って、家庭料理に小さな復興の兆しがあった。だが、過去四〇年を眺めれば、急激な料理の衰退が見て取れる。二〇〇八年、テレビ番組《ジェイミーの食育革命！》で、人気の料理人ジェイミー・オリヴァーがロザラムというイギリス北部の町を訪ねた時のことだ。そこで出会ったのは、電気オーブンは持っているのにスイッチの使い方が分からないという人たちだった。二〇〇六年の食品技術者協会による調査では、家で夕食を食べるアメリカ人は全体の七五パーセントである反面、一から料理して食事を作る人はそのうちの三分の一にも満たなかった。現代の料理事情の打開策は、いかに残りの三分の二の人々に泡立て器、火、ソースパンを使って料理してもらうかということであり、こうしたテクノロジーが時代遅れだと説得することではない。泡立て器で卵白を攪拌する作業はたいしたことに思えないかもしれない。だが、泡立て器を手にする人は、多少なりとも料理テクノロジーに携わる人間であり続けるために、数々の障害を乗り越えてきたはずだ。料理をやらない多数派はこの域に遠く及ばない。なぜ新しい泡立て器を発明しないのか、その理由はたくさんある。「母が料理していたやり方だから」「発明する時間も能力もないから」「バルーン形泡立て器で十分」

その一方で、ここ数十年のうちに料理界では「どうしてやらないの？　やってみたら？」と絶えず疑問を投げかけるムーブメントが起こっている。アイスクリームを冷たくしないで温かくして出してみたら？ポリ袋に卵を入れて真空パックにして湯煎して、真空調理法で「スクランブルエッグ」を作ってみたら？マヨネーズをフライにしてみたら？　こうしたムーブメントは、分子ガストロノミー、テクノエモーショナル料理、ハイパー・キュイジーヌ、前衛料理、モダニスト料理など、さまざまな名のもとに実践されている。さしあたり私は「モダニスト料理」と呼ぶことにするが、このムーブメントは電子レンジ（モダニストたちが崇拝する料理道具）の登場以来、キッチンテクノロジー再考の最大のうねりとなっている。

ネイサン・ミアボルドがハンバーグを食べたいと思っても、定評ある料理書を手に取ったり、いつか母が教えてくれた作り方を思い出そうとしたりしない。考えもなくこねたハンバーグパティを鉄板の上に載せたりもしない。まず、どんなハンバーグが食べたいか厳密なまでに考える――「究極の」ハンバーグ。肉は中がピンク色で、外が濃い褐色の焼き色の付いたものが好きだ。これは万人の「究極の」ハンバーグではなく、あくまでミアボルドの「究極の」ハンバーグである。従来の調理法ではほぼ不可能だ。鉄板の上で、ミアボルドお好みの焦げ茶色に肉が変わる頃には、中の肉が赤みを失い焼け過ぎてしまう。そこで

ミアボルドは巨万の富の一部を使って（彼はマイクロソフトの元最高技術責任者なのだ）、欲しい結果をもたらすテクノロジーを手に入れるべく実験をした。

答えはじつに難解だった。標準家庭のキッチンではおそろしく実現困難なのはいうまでもない。まずハンバーグの中の焼き過ぎを防ぐために、ハンバーグパティを液体窒素に浸けて、低温処理する。次に外側に焼き色をつけるために、高温の油でパティをきっかり一分間こんがり焼く。一分間というのは、表面を焦げ茶色にするには十分だが、熱が肉の芯までは届かない時間だ。だが、液体窒素と高温の油で調理する前に、ミアボルドはさらにもう一つ別のテクノロジーを使う。ハンバーグを真空調理器で長時間低温調理する。ぬるま湯に三〇分浸けて、完全なミディアムレアにするのだ。

モダニスト料理にとって真空調理法とは、エリザベス朝の串焼きローストのようなものだ。何でもこれで調理してしまう、お定まりのテクノロジーなのである。真空調理法を意味する英語 sous-vide はフランス語の「真空下で」に由来する。その手順は、真空パックした食物を厳密に温度管理した湯に浸けて調理するというもので、食物を耐久性の高いポリ袋に入れて真空密封し、低温の湯の中に時には数時間浸けておく（肉の一番安い部位を軟らかくするには四八時間もかかるかもしれない）。真空調理法の原理は、ここ数十年来お馴染みの調理鍋スロークッカーやヴィクトリア朝時代に人気だった湯煎用二重鍋《バンマリー》にちょっと似ているが、全体の効果はまったく新しいものだ。ありきたりな料理法しか知らずに育った者には、真空調理法はほとんど料理していないように見える。ポリ袋の食物は医療用サンプルそっくりだ。ホルマリン漬けの脳に似ていてぎょっとしてしまう。もう一つ驚いてしまうのは、おいしそうな匂いがまったくしないことである。真空調理法に熱心な向きは、食物の匂いはすべて袋の中にそっと閉じ込められていると胸を張る。真空調理法だと料理ができているか通常の感覚で探ることはできない。油でジュージュー焼いたニンニクの匂い、鍋のリゾットのぐつぐつ煮える音とも無縁だ。

私は真空調理法懐疑主義者だった。こうした料理の美学も、捨てられるポリ袋も好きになれなかったし、ロマンの欠片もないのも嫌だった。真空調理法をするには、二つの料理設備が必要だ。すでに料理道具過密状態のキッチンに、さらに二つもだ。一つは真空パック器で、食品を扱う機械というよりレーザープリンターそっくりの、ボタンのついたプラスチックの箱である。食材を厚手のポリ袋に重ならないように入れ、袋の口を機械に噛ませて、「シール」ボタンを押すと、空気が抜けて、食材が縮んだ形でパックされる。二つ目の機械は水槽で、ステンレス鋼の大きな桶だ。水で満たし、デジタル式コントロールパネルで正確な温度設定をして、真空パックした食材を加熱する。

私はキッチンのカウンターにこの巨大な金属の箱を置きたくなかった。そこで、イギリス国内市場向けの真空調理器販売大手からスービーサプリームを一台借りた。これで作ると、他のテクノロジーで作ったものとは食材が質的に違うものになる。だが、いつもよくなるとは限らない。真空調理法の場合、調理温度と時間を誤ると悲惨なことになる。鍋で作るのとまったく同じ料理でも、途中で出来具合をチェックできないからだ。水槽を所定の温度にして、袋の食材を真空パックにし、その袋を湯に沈めて、タイマーをセットして、ブザーが鳴るのを待つ。掻き回すことも、たれをつけることも、突《つつ》いてみることも、味見することも、人間の介入を一切必要としない。

だが、ちょうどいい具合に調理できた時の真空調理法の食物は、とてつもない、ハイパーリアルな味といっていい。ゆでたり蒸したりした果物や野菜に比べて、風味が濃縮される。アーティチョークは驚くほどアーティチョークの味がした。食べて一時間経っても舌の上に石鹸のような味が残っている気がした。鍋で調理するのとは違い、フレーバー化合物がまったく水の中に浸み出さないからだ。リンゴやマルメロはきっかり八三度の真空調理器で二時間調理すると、香りが深く、金色になる。これまで私が煮たものよりもずっと食感がいい。濃密でありながらざらざらし過ぎることもなく、さながら秋のエッセンスだ。ローズマリーを入れたニンジンは、細胞からハーブが浸み込んだような感じになる。それに、ジャガイモ！子供の頃フランスで食べた飛びきりおいしいゆでたジャガイモを、また食べたいとずっと思っていた。身が引き締まって、黄色で、バターのように滑らかな、理想のジャガイモ。それがこんな風に私のキッチンのポリ袋からひょっこり現れるとは夢にも思わなかった。

家庭用真空調理器は、肉の調理器具として売り込まれている。フィレ、チョップ、ステーキのイメージだ。理由は「肉とかステーキなら投資の対象になる」というのが、キッチン用品販売業者の弁で、（菜食主義者は別にして）ほとんどの人は四〇〇ポンドを超える大金を野菜料理の道具に注ぎ込もうとは思わないという。確かに、真空調理法の肉や魚はこれまでにない新しい味を生み出す。硬い肉切れを出来るだけ低温（ただし、タンパク質を変性させ、病原体を殺すだけの高温）で調理すれば、想像できないくらい軟らかくすることができる。できる限り肉汁を失わないで、タンパク質を調理することが初めて可能になる。噛みごたえのあるフランクステーキもムースのようにとろけてしまう。ポークフィレなど軟らかい切り身は驚くほど軟らかくなり、まるでゼリーのようだ。フライパンで焼くステーキは、肉の表面から赤い内側へと徐々に熱が伝わるが、真空調理法の場合は、終始一定温度で調理されるので、従来の肉の調理法とは反対に、調理前ではなく調理後に表面に焦げ目をつける（最後にこの焦げ目をつけなければ、真空調理法の肉は湿っぽくておいしくない）。

真空調理テクノロジーは一九六〇年代に、食品包装企業クライオバックのフランス人とアメリカ人のエンジニアによって食品産業用に開発された。もともとは賞味期間を長くする手段と見なされ、真空パックは今でも広く食品業界でこうした使われ方をしている。一九七四年になってようやく、クライオバック包装の食品は長持ちするだけでなく、真空パック技術を低温長時間加熱と組み合わせれば、食物がもっとおいしくなると一人のシェフが気がついた。フランスのミシュラン三ツ星レストランのピエール・トロワグロは、当時フォアグラの調理法に悩んでいた。ガチョウやカモの肥大した肝臓であるフォアグラは、その頃ミシュラン三ツ星レストランには欠かせないメニューと考えられていたが、ソテーにするとフォアグラは重さが五〇パーセントも減ってしまう。クライオバック関連のキュリナリー・イノベーションという学校に相談したところ、フォアグラを積層プラスチック袋に入れて真空パックしてから、低温で長時間加熱するようアドバイスを受けた。はたしてうまくいった。フォアグラの重量は五パーセントしか減らず、トロワグロは大幅に経費を節減できた。脂肪肝の味もよくなった（少なくともフォアグラ好きの人には）。これまでフライパンの中に融け出していた脂肪が封じ込まれ、脂肪肝には並々ならぬコクが備わったのだ。

イギリスではその六年前に、ハンガリー生まれの物理学者ニコラス・クルティが独自に一連の発見をしていた。一九六八年、クルティは「厨房に立つ物理学者」と題し、王立研究所で金曜の夜に講演を行なった。キッチンでの科学の役割がこれまであまり注目されてこなかったことは遺憾だとし、聴衆の前で一連の皮下注射器実験を披露。大仰なしぐさでポークの腰肉《ロイン》に注射器でパイナップル果汁を注入して軟らかくした（パイナップルにはブロメラインというタンパク質分解酵素が含まれている）。電子レンジを使って、内側の熱いメレンゲとアプリコットペーストを、外側の冷たいチョコレートアイスクリームの層で包み込んだ「逆ベイクド・アラスカ」を作り上げた。最後に、きっかり八〇度で八時間加熱して何ともいえず軟らかくなったラムの脚を持ち込んで示した。ここにはすでに、高度に温度管理された状態で低温でゆっくり肉を加熱するという真空調理の発想がある。今日、モダニスト・シェフや食品科学者の間で、クルティはハイテク料理の父の一人として崇められている。

だが、一九六〇年代、七〇年代の食文化は皮下注射器や真空パックをあまり快く迎え入れなかった。真空調理は広くケータリングで使われていたが、知られたくない業界秘密で、私たちの多くはそれとは知らず真空調理食品を口にしていた。ケータリング業者がコック・オー・ヴァン〔鶏肉の赤ワイン煮込み〕のような料理を二〇〇人前、会社主催の夕食会に用意する場合、真空調理はとても便利だ。料理を一人分ずつ袋に小分けして、湯に浸けてあらかじめ加熱調理しておき、必要に応じて再加熱すれば「レディーミール」のようになる。労働力の削減にもつながる。ところが、総じてシェフたちはこの調理法を誇らしく思わない節があった。二〇〇九年になっても、ゴードン・ラムゼイが自分の経営するレストランで「袋に入れてゆでた」料理を出したと「暴露」されてスキャンダルになった。

真空調理法はここ数年前からモダニスト料理の隆盛の一端として、ようやく明るみに出るようになった。今やレストランは、真空調理法を使って、スイカを圧縮したり、セロリを「一瞬でピクルス」にしたり、オランデーズソースを再創造したと宣伝したがる。このテクノロジーにまつわる恥の意識は誇りへと変わり、安直を意味したものが、食材本来の味を濃厚にすべく深遠な問題に挑む勇姿となった。まさに真空調理器は、私たちをまごつかせるモダニストのキッチンツールの一つなのだ。モダニストツールは他にもある。泡状の「エスプーマ」を作るための液体窒素キャニスターを取りつけたクリームホイッパー、「ナノエマルション」を作るための強力ホモジナイザー。世界中のシェフたちがフリーズドライ、遠心分離機、パコジェット、サイフォンを巧みに使いこなしている。そうして遊ぶ子供のように、たえず「どうしてやらないの？　やってみたら？」と問いかける。熱い鉄板《グリドル》の上で料理する代わりに、アンチ・グリドルの上に置いてみたら？　アンチ・グリドルの表面はセ氏マイナス三四・四度に食材を凍らせる。そこまで冷たいと食材の表面はカリカリの食感になって、まるで揚げたようになる。

　こうしたハイテク料理道具のそろったプロの厨房で、シェフの調理法は大きく変わった。古いフランスのエスコフィエの美食術《ガストロノミー》の場合、頼るべきテクノロジーの集大成はシェフの脳裏に刻み込まれていた。シェフたちはいつソテーパンを、いつキャセロールを使うべきか知っていた。ところが、新しいシェフたちは料理テクノロジーの根本にたえず疑問を呈する。食物をどんな形で用意するか、レストラン、エル・ブリのフェラン・アドリアにとって当たり前は存在しない。一年のうち半年は店を閉め、例えばサルシフィー〔セイヨウゴボウ〕の一番いい切り方や、ピスタチオのフリーズドライの方法について厳密な実験を行なっている。

　モダニスト料理のテクノロジーにどんなに重要な意味があるとしても、それがどの程度家庭料理になるか、家庭料理にすべきかは未知数だ。真空調理法が受け入れられる素地はきっとあるだろうが、アンチ・グリドルや遠心分離機が多くの家庭で使われるようになるかは私には分からない。こんな風につねにあらゆることに疑問を持って生きるのは疲れるだろう。モダニストであっても、たえず飽くなき挑戦をすることはできない。脱構築するにも限界がある。エル・ブリの営業日、開店前の午前中、シェフ全員が飲んだのはメロンキャビアでもスネイルエアでもなく、一杯のコーヒーだ。固体ではなく液体の、どこのキッチンにもあるような、ただしきっと他よりも上質のホットコーヒーである。アドリアのもとで働く無給の見習いの多くにとって、まかない料理は一番楽しいひとときだ。トマトソーススパゲティやベシャメルソースのカリフラワーといったごく普通の料理を食べる。芸術とは違い、食物をばらばらに解体して再創造するのは容易なことではない。モダニスト料理は私たちを楽しませてくれるが、家庭料理のように滋養に満ちているのだろうか。

おそらくこうした事情から、モダニスト料理人が母親やおふくろの味に対しておそろしく批判的な態度を取るのか説明がつく。ミアボルドは*Modernist Cuisine*（『モダニスト・キュイジーヌ』）の第一巻で母親について九か所で言及しているが、一度も褒めていない。一度ミアボルド本人に会ったことがあり、母のことを愛情に満ちた口調で語ってくれた。*The Pyromaniac's Cookbook*（『放火魔の料理書』）という愉快な題名の本を片手に、九歳で初めて感謝祭のディナーを作った時、母はキッチンを自由に使わせてくれたという。ところが、本書では母親というものは食物に関する（豚肉は完全に火を通すといった）常識に囚われていて、それがよくないと、再三槍玉に挙げている。母親の料理の常識が結局正しいと分かったという話は伝えていない。「料理のプロ」とは対照的に、母や祖母はこれまで「自分や家族のためにしか料理してこなかった」と述べる。「ためにしか」とはどういう意味だろう！　これではまるで近しい人に食事を作ることが、取るに足らない行為のようだ。

料理界のモダニスト運動は、食事を作る最良の方法を示しているわけではない。ネイサン・ミアボルドでさえ、今アメリカのレストランで出される一番おいしい料理は、アリス・ウォータースのおふくろの味だと認めている。ウォータースはカリフォルニア州バークレーでシェ・パニースを経営するシェフで、オーガニック・ムーブメントの権威だ。その料理は昔ながらの鍋釜類で作っている。ウォータースは電子レンジを持たず、真空調理法も気にかけない。食物へのアプローチは、「どうしてやらないの？　やってみたら？」ではなく、「今、旬のおいしいものは何か？」という問いかけで始まる。ウォータースは例えばトウモロコシの穂軸に料理の再創造の必要を感じない。盛夏の恵み豊かな実の詰まったトウモロコシの穂軸の皮をむしって、塩を加えず真水で二分間ゆでる。二〇一一年、ウォータースはあるラジオ番組のインタビューで、ハイテク料理の新しい潮流についてどう思うか訊ねられ、私には「リアルな感じ」がしないと答えていた。「優秀な科学者やクレージーな老科学者は面白がると思いますが、私にはまるで博物館のよう。私たちに必要な食のあり方ではありません……」

ウォータースとモダニストたちの意見の違いは、現在のキッチンにいかにかけ離れた料理への取り組みが共存しているかを示している。はるか昔、新しいテクノロジーが現れては、たびたび古いテクノロジーを駆逐した。陶器がピットオーブンの後釜に座り（ただしポリネシア人は例外）、冷蔵庫がアイスボックスに取って代わった。モダニストの新しい料理道具の場合は違う。真空調理器はフライパンやストックポット〔スープストック用深鍋〕を消滅させない。今の私たちには無数の選択肢がある。ローテクもあればハイテクもある。あなたはおばあちゃんのように料理をしたいか、それともマッドサイエンティストのように料理をしたいか。どちらでもできる。真空調理器にあなたは思い切って大金を注ぎ込むかもしれない――そうしないかもしれない。世界で最高に肉汁たっぷりなステーキよりも、おいしい匂いのする料理の方がいいと思うかもしれない。アリス・ウォータースが言うように、科学者のように料理をする必要はない。現代のモダンキッチンで、おいしい食事を作る方法は他にいくらでもある。テクニック云々の問題ではなく、厨房に入り何を作ろうかあれこれ考える時、多種多様なテクノロジーから選択できるようになったという事実こそが、私たちのクッキングライフを決定づける要因なのだ。

ハイテクキッチンを考える時、道具にばかりこだわって、ややもするとモダンキッチンが呈示する最大のテクノロジーはキッチンルームそのものであることを忘れがちだ。個々のキッチンツールの多くは昔か

らのものである。ポンペイ遺跡には鍋釜、漏斗、ふるい、ナイフ、すりこぎにすり鉢があったが、私たちにお馴染みの品ばかりだ。だが、現代のようなキッチンは存在しなかった。

歴史的に見ると大多数の世帯は、調理のための独立した部屋を持たなかった。古代ギリシャ人は、ポータブルオーブンやポータブルテラコッタ製火鉢を部屋から部屋へ移動させながら、いろいろな部屋で料理をした。建築上の意味においても台所は存在しなかった。ギリシャの多岐にわたる台所用品が考古学者の手で発掘され、キャセロール、ソースパン、肉切り包丁、ひしゃく、チーズおろし器まで見つかったが、こうした驚くべき道具は台所にあったのではない。紀元前四世紀以前のほとんどのギリシャ住居跡からは、炉が作られた跡も台所跡も発見されていない。

アングロサクソン人の住居にもたいてい台所がなく、多くは——とくに夏の季節には——戸外で料理をした。青空教室ならぬ青空キッチン。地面はキッチンの床であり、匂いも煙も外気に雲散霧消。壁で仕切られた私たちのキッチンよりも開放的で制約がない。ただし、雨や風、雪や氷といった天候に左右されるのは困りものだ。冬場、台所のない世帯の暮らしは、パンやチーズにかなり頼ったものだっただろう。

他方、中世ヨーロッパの小家屋《コテージ》には、たいてい屋内に炉が作られていたが、料理に使える火は、台所の他にも居間、寝室、浴室にもあった。一部屋しかない住宅では、料理は泥と埃にまみれながらの作業だった。火にかけてポタージュを煮る大釜《コルドロン》がその家には欠かせない調度品だ。こうした暮らしぶりは何世紀にもわたり貧しい人々の間では当たり前の日常だったし、今でも何百万人もの人々がこうした生活を続けている。一七世紀の画家アドリアーン・ファン・オスターデの油彩画やエッチングには、当時のオランダの農民の生活が描かれている。炉端に集まる垢じみた家族たち。裏庭では犬たちがけたたましく吠えている。赤ん坊はお乳を飲んでいる。鍋釜、衣類かごが床の上に散らばっている。男たちはパイプをふかしている。壁には肉切り包丁がぶら下がっている。私たちの知っているキッチンとは似ても似つかないが、随所に料理の営みの手がかりが見て取れる。ボウルにはスプーンが突っ込まれ、コーヒーポットがあり、フライパンの中で何かを温めている。いうまでもなく、こうした部屋で作る食事は、現代の料理人の野心的なディナーパーティーの献立とはほとんど別世界に違いなく、タマネギを切ったり卵を攪拌したりと私たちが何気なくやっている単純な作業をするにも容易ではなかったはずだ。

多くの人々の料理生活は、一八、一九世紀のキッチンテクノロジーの革新の影響をまったく受けなかった。機械仕掛けの焼き串回転機も、自動ナイフクリーナーも、ドーヴァー泡立て器も、こうした人々の前を素通りして行った。一度も卵を泡立てないのに、なぜあなたは泡立て器を欲しがるのだろう。太古から現代になっても貧しい人の料理の可能性はほとんど広がらなかった。変わったのは、火格子の火が囲われて閉鎖式になったことくらいだ。二〇世紀に入ってからも、スコットランドやアイルランドの小家屋《コテージ》住まいの貧しい人々は、火格子の上にフライパンを置いてバランスを取りながら、食事を作り、傍らでは濡れた長靴や洗濯物を乾かしていた。都会の安アパート暮らしはもっと劣悪だった。幼いチャールズ・チャップリンは見捨てられた屋根裏部屋で母と兄の三人で暮らしたが、この「息の詰まるような」部屋は三・六メートル四方。片隅に古い鉄製ベッドが一台あるだけで、それを三人で使った。汚れた皿とティーカップはテーブルに山積みで、チャップリンはその悪臭を「腐った残飯と着古した衣類のむかつくような臭い」

と回想する。唯一料理の手段といえば、ベッドと窓の間にある「小さな炉の火格子」だけだった。

こうした一間の住居では、どこにも台所がないようでどこでも台所となる。洗い物をする流し、調理台、貯蔵場所といった料理に必要なものがほとんどないため、台所はどこにもないといえるが、悪臭や火の熱さから逃れることができないため、どこもかしこも台所ともいえる。料理は大好きだが、こんな環境なら私も料理はしたくない。店のテイクアウトだけで食いつなぐ人々の現象は今に始まったことではない。中世のパイ売りはイギリスの町ではお馴染みの存在だった。一間ずつの二階家で、台所そのものがない狭苦しいコテージ暮らしの人々の腹を満たした。

台所を持つ贅沢としてまず挙げられるのは、その気になれば調理から物理的に距離を置くことができることである。その究極の形が中世ヨーロッパの金持ちの住宅で、木造の台所は母屋から切り離して建てられた。ローストも、パン、チーズ、お菓子作りも、その世帯に必要な食事はすべて、この調理専門の建物で用意された。母屋に住む人は広い台所で調理されるごちそうを満喫するだけでよく、煤煙や油汚れにまみれる必要もなければ、台所棟から出火して住宅が類焼する心配もなかった。台所棟が焼け落ちるのも珍しくなかったが、そうなっても屋敷の大まかな配置を変えず、台所棟だけ新築すればよかった。台所が別棟の欠点といえば、母屋の居間に料理を運ぶうちに、冷めてしまうことくらいだった。

中世の大規模施設には、高い天井と石張りの床の広々とした台所があり、その台所は母屋の一部として建てられた。こうした台所と私たちの台所の最大の違いは、当時の台所が共同使用だったことである。有名なものに、イギリスのグラストンベリー修道院の修道院長の台所がある。八角形の部屋で、雄牛一頭丸焼きにできる大きな炉を備えている。大人数で共同生活を営む修道士の胃袋を満たすのに必要な設備のための空間だ。私たちのシステムキッチンはせいぜい一家族分か一人分の食事を作るために設計されたものなので、比較するとずいぶん個人主義的な感じがする。

だが、やがて何世紀も経つうちに、上流階級の大邸宅の多種多様な調理作業をこなすにはもはや一部屋では足りなくなった。一八六〇年代〔ヴィクトリア朝〕のイギリスのカントリーハウスには数多くの部屋があり、各部屋がそれぞれ異なる台所作業を専門にこなす部屋になっていた。まるで一つ屋根の下に、食品店が軒を連ねる大通りがすっぽり収まった形だ。パン、バター、ミルク、調理した肉を貯蔵する乾燥貯蔵室パントリーは、つねに涼しく乾燥させておく必要がある。隣接して炉を設計しないように建築家は留意した。湿気のある貯蔵室は生肉や生魚の保存場所となり、果物や野菜も一緒に保存された。もっと大きな住宅になると、猟の獲物の肉の貯蔵室があり、獲物を吊るす鉤や大理石の引き出し付き作業台が備わっていた。他にも、乳製品製造室では攪乳によるバター作りやチーズやクリーム作り、パン製造室ではレンガ製オーブンで世帯分のパン作り、燻製室や塩漬け室ではベーコン作りや塩水漬け作りが、さらにペストリーの部屋ではパイ作りが行なわれ、採光のいい作業台の上で皮をつまみ合わせたり、トッピングで飾り立てたりした。この焼き菓子製造室の存在から、貴族が建築物のように背の高いパイや美しいタルトを好んだことがうかがえる。

一番嫌われた作業部屋は洗い場だろう（だから、「スカラリーメイド」〔メイド職制で下位のメイド。「スカラリー」とは「食器洗い場」の意味〕という言葉がある）。野菜の皮むきや、魚のはらわた取り、洗い物といった、不愉快な雑用を一手にこなす場所だった。湯とぼろきれと石鹸しかなかった時代、洗い物は生易しい仕事ではなかった。洗い場では、大型の銅製湯沸かし釜がでんと据えられ、洗い物に必要な湯を沸かした。広々とした石造りの流し台、それに皿を乾かすためのラックがあった。食物の腐敗臭と油と石鹸の臭いが立ち込めていたことだろう。床には勾配を作り、汚水のはねが排水溝から流れ落ちるようにしていた。

嫌な仕事は洗い場に押しつけてしまったので、金持ちのカントリーハウスの台所そのものは楽しい所だった。台所の機能は純粋に料理を作ることで、私たちが台所で一緒にやっている衣類の洗濯も、食器洗いも、食物貯蔵も一切やらない。広々した（七×九メートルの）石張りの床。大きな窓に漆喰の壁。台所中央を木製のキッチンテーブルが占め、その上でいろいろな作業をした。ドアを開ければ洗い場や貯蔵室へと通じた。台所には料理道具を収納する引き出し式食器棚があり、棚には光り輝く銅製鍋が並んでいた。たくさんの部屋で、料理人や下働きのメイドがせわしく立ち働き、さまざまな熱源の上で調理を行なった。釜でパンや菓子を焼き、とろ火のコンロでソースを作り、湯煎用二重鍋《バンマリー》で蒸し物を作り、直火でローストを作った。往時を偲ぶ大邸宅を訪れ、そんな台所の中に入ると、磨き上げられた木製の広々した台所をうらやましく思い、せせこましい自宅の台所に思わずため息をつきたくなるかもしれない。だが、ため息など無用。こうした台所は美しく装備されているが、台所は料理をする人々のものではなかった。ここは職場であり、余暇を楽しむための場所ではない。多くのこうした台所の壁には「無駄にするな、欲しがるな」という言葉が掲げられていた。よく覚えておけ、食物をくすねてはいけない、おまえのものではないのだから。ヴィクトリア朝の都市部では、もっと窮屈な環境だった。見苦しい調理作業を人目にさらさないよう、台所は虫のうようよいるじめじめした地下室の場合が多く、貧しい料理人はひとり汗だくになりながら、鋳鉄製の調理用レンジに向かった。

こうしたヴィクトリア朝の台所は、私たちの家庭の台所よりむしろプロのレストランの厨房に共通するものがある。二〇世紀の大きな社会変化で、新たに中産階級の台所が誕生した。食べるだけでなくみずから料理しようとする人々のための台所である。こうした新たな空間は、複数の居間と狭苦しい台所が一部屋という産業革命前の大衆の住居とも、召し使いが切り盛りした特権階級の台所とも異なっていた。それは衛生的な台所で、床はリノリウム、エネルギーはガスと電気だ。最大の変化は、台所を使う人のニーズに見合う設計がなされていたことである。一八九三年、E・E・ケロッグ夫人（朝食シリアルで有名なケロッグ社の創業者の妻）はこう記した――部屋があるだけで「どんなに狭くて嫌な場所でも、台所として『十分満足』」だなんて考えるのは「間違っている」。ケロッグ夫人は「科学的な」女性を標榜する新たなムーブメントの中心的存在で、台所を「家庭における仕事場」として位置づけようとした。

家族全体の幸せの鍵を握るのは台所であると、ケロッグ夫人は考えた。台所は家庭の中心。この思想は今の私たちには当たり前のことなので、そうでない時代があったことは忘れがちだ。食事は生活につねに欠かせないものだが、食事を作る部屋は第一次世界大戦の頃からようやく現在の形になった。人類はいつも料理をしてきたが、「理想のキッチン」という概念はきわめて現代的な発明である。

「明日のキッチン」は二〇世紀生活の主要商品だった。未来型キッチンの昔の写真には一種痛烈なものがある。当時の人が目を見張った料理道具も、今から見れば古ぼけた骨董品だ。のぞき窓が付いた電気オーブンにしても、小型冷蔵庫にしても、昨日の未来は明日のがらくた。あるいは、未来像は決してうまく描けないと思い知る。新たな始まりと思われたものが、実際には行き詰まりだったりする。一九二六年、イギリスでの《理想の住まい展》でもっとも栄誉ある展示品の一つとされたのが、レンジ用ケトルの両側にソースパンが付いた一体型の奇妙な仕掛けだった。三つのものが一度に調理できるという、魔法のようなエネルギー節約の料理道具も、今から見れば冗談のようだ。

第二次世界大戦前夜に未来型と目された料理道具には、魔法瓶のコーヒーポット〔おかげで前もって作ったコーヒーを保温できるようになった〕、ポテトライサー〔ポテトマッシャー〕、レイジー・スーザン〔別名サイレント・ウエイトレス。名前〔怠け者のスーザン〕の由来は、女性が食卓で家族に給仕する手間が省けるため〕〔中国料理店で見かけるテーブルにある回転台〕、コールスロー・カッター〔キャベツを千切りにするマンドリンカッター〕、みじん切り器、ケーキミキサー、加熱中も中の様子が見えるガラス扉のオーブンなどがあったが、何といっても灯油、石油、ガスといった近代的な燃料が熱源となったことは大きかった。だが、こうした労働軽減のための道具が現れても、二〇世紀初期の台所の主なエネルギー源は女性であって、一人でへとへとになって働く状態が続いた。こうした召し使いのいない中流家庭のライフスタイルから考案されたのが、理想のキッチンだった。女性の肉体疲労を軽減する台所設計を目指す、建築家や家事効率の専門家が次々に登場。一九一二年には、《レディース・ホーム・ジャーナル》誌の編集者クリスティーン・フレデリックが、時間と労力の無駄を省く装置として台所を設計した。当時ビジネス界で流行していた「科学的管理法」は、工場に能率技師が出向き、同じ作業を少ない時間でこなす方法を指導するというものだった。この発想に興味を持ったフレデリックは、同じ原理をキッチンにも当てはめればいいではないか、と自著 *The New Housekeeping*（『新しい家事』）で問うた。

実際にさまざまな身長の女性を対象に一連の「家事動線」の研究を行なった後、フレデリックは理想のキッチンを編み出す。なるべく少ない歩数で、身をかがめることもなく台所が使えるように設計した。効率的な調理を実現するためには、料理を始める前にまず適切な道具をひとまとめにして、適切な高さに備えること、そしてすべての料理道具を「互いに関連し、他の作業にも関連し合う」ように配置することだ。できる限り合理的にキッチンを設計すれば、女性の家事効率は約五〇パーセントアップするとし、自由になった時間を読書や仕事、「自分の身繕い」など他の活動に充てることができると提案した。適切なキッチンがあれば、女性はほんの少し「個人」として生きることができ、「より高次の人生」が送れると、フレデリックは主張した。ただし、家庭で男性が料理を交代して愉しむようにとまでは提言していない。一九一二年当時、現代とはまだ時代の隔たりがあった。

二〇世紀初期に登場したもう一つの合理的なキッチンは、フランクフルトキッチンである。ウィーンの工芸美術学校〔応用芸術アカデミーの前身〕建築学科初の女子学生となったマルガレーテ・シュッテ・リホツキーが設計した。一九二六〜三〇年の期間にフランクフルト市営住宅が建設され、そのアパート全戸にシュッテ・リホツキーの設計によるキッチンが完備された。この短期間で一万室以上のキッチンが建設されたが、全戸の調理台、食器の乾燥台、収納戸棚、ゴミ箱はすべて同じ仕様だった。

フランクフルトキッチンは小さかったかもしれないが〔誰のガレーキッチン〔コの字型の細長いキッチン〕が一番狭いか不満合戦が賑やかな、現代ニューヨーカーの多くの台所に比べれば決して小さくない〕、実際に台所で働く女性の動きに合った設計という画期的な特徴を持っていた。住宅デザイナーが女性にどう振る舞って欲しいか、その期待を優先するのとは大違いだ。一九二〇年代のイギリス・アメリカでは、多目的キッチンキャビネットが、女性の生活向上のシステムとしてさかんに宣伝販売された。システムキッチンの先駆けである。食器棚、棚、引き出しの一体型で、作業台が引き出せて、小麦粉入れや砂糖入れも付いていた。中にはアイスボックスが組み込まれたタイプもあった。最大手のメーカーは米国インディアナ州のフージャー・カンパニーで、「フージャース」と呼ばれていたキッチンキャビネットは、食器戸棚付き調理台と食料貯蔵庫、キッチンテーブルが一つになっていた。「フージャースはあなたの若さを保つお手伝いをします」と若さあふれる花嫁を掲載して、一九一九年の広告は宣伝した。

広告マンは女性に夢を持たせてキャビネットを使わせたが、その一方で、フージャースには、生身の女性が台所で何を必要とするかという想像力に欠けていた。こうしたキャビネットは本格的な仕事のツールというよりも、女性にとってはままごと道具のようだった。限られた一つのスペースに、てんでんばらばらに異なる要素をすべて盛り込んだため、女性を手伝おうとしても、他の家族（子供や夫）にとってはいっそう使いにくいものとなった。そのうえ、このキャビネットを据えると、台所の空間をフル活用することもできなくなった。これとは対照的にフランクフルトキッチンには回転椅子が付いているので（高さの調節が可能。人間の体の大きさはみな違うと建築家が認めた珍しいケースだ）、女性が窓辺の木製作業台から食器棚へ向きを変え、また向き直る動作も円滑にこなせる。

このキッチンの白眉は、オフィスのファイリングキャビネットそっくりの収納システムだ。アルミ製の引き出しが一五個あって、それが横三列に並んでいる。各引き出しは、小麦粉、砂糖、アマニ、コメ、乾燥エンドウ豆といった具合に食材の名前入り。丈夫な取っ手が付いていて、片手で簡単に持ち上げて引き抜くことができる。ここがフランクフルトキッチンの真骨頂で、引き出しの奥は先細りして、全体がスコップの形になっているから、例えばコメの引き出しを抜いて、必要量を計量器や鍋に注げば、こぼすことはない。食物貯蔵の問題をこれほど人間工学的に見事に解決したシステムを、私は見たことがない。目にも美しく、実用的で、時間がかからず、システマティックだ。労働者階級向け賃貸住宅に造られた台所が、これほどまでに民主的で高品質の設計であることに、いっそうの驚きを禁じ得ない。

シュッテ・リホツキーは社会革命家だった。共産主義者の抵抗運動グループの一員となり、ナチスに四年間投獄された。彼女のキッチンはまさにフェミニストの行動計画。最適なキッチンの設計が女性を主婦業から解放する手立てになればとの願いが込められていた。自由に使える時間が増えれば、もっと女性は外に出て働くことができる。ところが、フランクフルト住宅の入居者は、この台所に必ずしも解放感を味わっていたわけではなく、無理やり電気を使わされるのを、維持費が高くなると嫌がる者もいた。他にも機能的なモダニスト的美観に反発し、昔ながらのごちゃごちゃした台所を懐かしがったりした。

フランクフルトキッチンの素晴らしさが理解されるには時間を要した。シュッテ・リホツキーは共産主義思想のせいで、ヒトラー政権崩壊後も祖国オーストリアであまり仕事の注文を受けられなかった。八三歳になってようやくシュッテ・リホツキーはウィーン市の建築賞を受賞した。フランクフルトキッチンは今や建築学科の学生の憧れの的である。二〇一一年、ニューヨーク近代美術館で開催されたキッチンテクノロジーの展覧会では、最重要作品として展示された。私が展覧会を見て回っていると、世界でも名うての注文の多い消費者であるニューヨーカーたちが足を止め、シュッテ・リホツキーの質素なアルミ製の収納引き出しに感嘆の声を上げて見入っていた。戦後のアメリカのキッチンは物にあふれていながら、そこにはない何かが彼らの心を打ったのだ。

フランクフルトキッチンは細長いコの字型をした小さなガレーキッチンで、幅一・九六メートル、奥行き三・〇四メートルである。だが、この戦前の合理主義を標榜する住宅デザイナーたちは、理想のキッチンに特段広々した空間は必要ないと考えた。クリスティーン・フレデリックが好んだ広さは三・〇四八×三・六五六メートルで、フランクフルトキッチンより幅は広いが、奥行きはたいして変わらない。もっと広い空間にすると、料理する人の移動距離が長くなるので、一長一短だとフレデリックは認識していた。設計でもっとも重視する点は、調理作業と調理設備を一まとめにして、「連続的な動き」で台所を移動しながら料理できるようにすることだ。フレデリックは食事作りを六段階（準備、調理、配膳、下膳、食器洗い、後片づけ）に分類し、各段階にはそれぞれ道具が必要で、各段階の道具は作業する者にとって適切な高さ、適切な位置に置くべきだとした。

料理道具を全部ぶら下げるか、全部ごちゃごちゃと引き出しに入れる人が多過ぎる。トマトマッシャーは調理台で使う物なのに、なぜレンジの向こうに手を伸ばして取るのか。フライ返しはレンジで必要な物なのに、なぜ食器棚まで取りに行くのか。

なのに、なぜだろう。一〇〇年経った今でも、キッチンで効率的に働けるよう動作を管理しようとする人がほとんどいないのは驚きだ。

そうなった原因の一つに、フレデリックの合理的なキッチンが理想のキッチンを編み出す唯一の手段でなかったことが挙げられる。一九四〇年代には、台所設計のこうした実際的なアプローチを押しのけ、もっと装飾的な夢のあるキャビネット、曲線の美しいオーブンが台頭した。多くの理想のキッチンが主眼としたのは、今の私たちの生活の効率を上げることではなく、今とはまったく違う暮らしができると思わせることだった。完璧な自己像を投影する場所として、どこよりも台所を私たちは選んだ。フレデリックのキッチンが目指すのは「鍋釜といった台所用品をいかに必要最小限にするか」だった。だが、ほとんどの商業デザイナーが目指してきたことは、素敵な台所用品をできるだけ多く私たちに買ってもらうことだった。キッチンショールームを見学する時に感じる、あの心にじんわり広がっていく妬ましさを繰り返し経験させることであり、豆からコーヒーを淹《い》れるフューシャピンク〔鮮やかなピンク色〕のビルトイン・エスプレッソマシンがなくてどうして満ち足りた生活など送れるだろう、と思わせることなのだ。

一九四〇年代以降、理想のキッチンは女性の鼻先にぶら下げたニンジンのような存在だった。単調な生活の埋め合わせであり、無給の「主婦業」であることがどんなに幸運かを示す手管だった。クリスティーン・フレデリックの合理的なキッチンが効率性（より少ない動きで、より少ない料理道具で）を追求したのに対し、新しい理想のキッチンは豊かさを絵に描いたようなもの。まさに大人の女性のドールハウスで、細々《こまごま》した調度を最大限盛り込んでいた。そのねらいは家事労働の軽減ではなく、労働していること自体を忘れさせることだった。ベティ・フリーダンが『新しい女性の創造』で述べたように、二〇世紀半ばの郊外型キッチンは住宅の他の空間を支配し始めた。モザイクタイルやうなりを上げる大型冷蔵庫で、キッチンは美しく飾り立てられ、（主に企業宣伝によって）女性は勤めに出ない欠乏感を埋め合わせるべく、家事にやりがいを見出すよう励まされた。一九三〇年にはアメリカ人女性の五〇パーセントが有給の職に就いていたが、一九五〇年には三四パーセントに落ち込んだ（二〇〇〇年には六〇パーセントに上昇）。

二〇世紀半ばのキッチンの豪華さは戦争のつらさを埋め合わせる（忘れさせる）方便でもあった。終戦一年前の一九四四年、リビーオーエンスフォードグラス社は「明日のキッチン」を展示し、全米各地のデパートで推計一六〇〇万人の消費者が見学した。キッチンのモデルルームのご多分に漏れず、ガラスの食器棚を備えたこのモデルは、嫉妬心を抱かせ、購買意欲を煽ることを目的としていた。このキッチンが戦後の「明るい」未来像を示し、現在の耐乏生活を価値あるものにしたと、《ワシントン・ポスト》紙は論評した。主婦たちが「戦後のキッチンに憧れを抱ければ、喜び勇んで今あるものを使う」だろうというのだ。戦時中の食料事情は諸外国に比べ楽だったものの、アメリカ国内には窮乏感が蔓延していた。とくに砂糖や牛肉といった配給をもらいに行く女性たちにとって、こうしたキッチンを目にすることは、来るべき豊かさの時代をいち早く味わう意味があった。

七〇年近く経った今でも、この一九四四年の「明日のキッチン」には随所に驚くほどのハイテクがちりばめられているように見える。言い換えれば、欲しくなる商品に見えるのだ。床板は光沢を帯びた暗色で、流し台のはねよけ板は涼しげなガラス製だ。すぐ気がつくのは、設計者のH・アルバート・クレストン・ドナーが、従来の鍋釜を捨て去ったことで、その代わりに、上部がガラスでできた電気で加熱する容器（一見、真空調理法の水槽のようだ）を導入し、ペダル操作でパネルがスライドして、隠れる仕組みになっている。使わない時は、このユニット部分全体がパネルで覆われ、「子供の学習机やお父さんのバー」に早変わりする。一九四〇年代当時のプロモーションでは、モデル扮する清潔感あふれる主婦が、蓋を開ければ姿を現す流し台を前にいかにも便利という面持ちで椅子に腰かけ、流し台の隣には野菜入れの引き出しが引き出されている。そこでモデルはジャガイモの皮をむいている。

だがここで、ハイテクの夢の世界は瓦解する。この優美な女性が「明日のキッチン」でジャガイモの皮をむくのに使っているのは、いかにも古臭いペアリングナイフなのだ。ちっともユートピアになっていない。鍋釜を超越するキッチンかもしれないが、ここにはちゃんとしたピーラーがない。

小さな物だが、優れた野菜の皮むき器はつい最近開発された料理道具だ。私たちの生活に登場したのは一九九〇年になってからのことである。この控えめな小道具をモダンキッチンの最重要テクノロジーの一員と私は位置づけている。食事の下ごしらえをさりげなく楽なものにしてくれたうえ、私たちの食事内容、食事方法まで微妙に変えてしまった。

子供の頃を思い出すと、野菜の皮むきは台所で一番嫌な作業の一つだった。何世紀もの間、切っ先の尖った小刀のペアリングナイフでむく方法しかなかった。修業を積んだ料理人の手にかかれば、ペアリングナイフも見事な道具に変身するが、自分の親指を傷つけずに皮を一枚一枚むいていくのは、ものすごく集中力が要る。ペアリングナイフに不慣れなあなたは、おあいにく様――他にどうしようもない。多くのアメリカ人が料理道具購入の情報源にしていたシアーズ・ローバック社の通信販売カタログの一九〇六年版に、リンゴの芯取り器、木製柄のペアリングナイフは載っていても、ピーラーは載っていない。

二〇世紀半ばにはピーラーは身近なものになっていたが、使うにはいろいろな点で不便だった。イギリスで標準的なピーラーはランカシャー（ジャガイモを愛する州の名に因む商品名）で、糸がぐるぐる巻きつけてある柄の先に、たいして工夫のない刃が固定されてまっすぐに伸びている。ジャガイモやリンゴをしっかり握りながら、皮をむくのは大変だった。

これよりずっと性能のよかったのが、アメリカやフランスの猿環《さるかん》構造になったピーラーだが、それでも欠点はあった。標準的な猿環型ピーラーは、柄が格子模様のクロム鋼、刃は炭素鋼で、刃に並行して細長い押さえ金具が付いている。このピーラーはよく切れて効率的だ。なにしろ野菜の曲面に刃を沿わせて動かすことができる。だが、使うのがつらい。野菜に強く押しつけると、鋼鉄の柄が手のひらに食い込んでくる。大家族の会食のためにマッシュポテトの下ごしらえをしていたら、手にまめができてしまうだろう。猿環型ピーラーにはもう一つのタイプ、REXピーラー〔別名スイスピーラー〕がある。U字型の金属の柄は握りやすいが、私には使いづらい。標準的な猿環型ピーラーだと自然な動きで皮がむけるのに、REXピーラーの柄の形では思うように動かない。

一九八〇年代後半、サム・ファーバーの妻ベッツィは野菜の皮むきに普段より苦労していた。手に軽い関節炎を患っていたのだ。家庭用品メーカーを先頃引退したばかりのファーバーの頭に、革新的な考えが

浮かんだ――ピーラーはなぜこんなにも使いにくいのだろう。ベッツィにも使いやすいピーラーを設計すれば、誰もが握りやすい道具が作れる。ファーバーはこのアイデアをデザイン会社スマート・デザインに持ちかけ、何度も試作品を作って改良を重ねた。ついに一九九〇年、OXOタテ型ピーラーがサンフランシスコで開催された食の見本市でお披露目された。

OXOピーラーは、水平思考の傑作といえる。優れたピーラーを作るには刃の方ばかりに関心が向きがちだが、ファーバーは、使う人にとって肝心な部分は握り手であることに気がついた。OXOの刃はよく切れるし、従来の猿環型炭素鋼ピーラーのように角度が変わる。だが、何より大きく違うのは握り手部分だ。軟らかくてずんぐりして、ちょっと無骨な黒い柄で、素材はサントプレーンという丈夫だがフィット感のあるゴム状樹脂である。柄の上部には細かい突起が並び、自転車のハンドルによく似ている。これが圧力を吸収する。細長い楕円形の形状が手の中での柄の回転を防止し、握った時の感触もいい。しかも紙のように薄く皮をむくことができる。皮をむきながら野菜や果物をどんなに強く押さえつけても、手が痛くならない。OXOピーラーがあれば、石のように硬いバターナッツ・スクォッシュ〔カボチャの一種〕も、コブのような球形のマルメロも、柔毛に覆われたキウイフルーツもすぐむける。

OXOピーラーは市場を塗り替えてしまった。今までに一〇〇〇万本以上が売れ、その結果、ピーラー市場全体が拡大し、数多くの競合商品が開発された――ノコギリ歯のフルーツピーラー、湾曲した刃の野菜ピーラー、Y字形、C字形、U字形、色も選り取り見取りだ。三〇年前の高級台所用品店には、スイカくり抜き器なら二〇種類（球形、卵形、波形、両頭、大きさも大小さまざま）はあっても、ピーラーはおそらくわずか二種類、REXピーラーとランカシャーしかなかっただろう。これまでピーラーは金物だと思われていた――野菜の皮むきという単調で骨の折れる仕事をする時に使う、昔の流し場の骨董品。それがすっかり様変わりした。スイカくり抜き器は見栄えだけの器具として一蹴され、キッチンからあらかた姿を消してしまったが、ピーラーは特徴の組み合わせでバリエーションがどんどん広がった。イギリスの台所用品店のオーナーは、色違いも含めると六〇種類ものピーラーを最近は仕入れていると語ってくれた。

つらい思いをせずに作業できるピーラーは、キッチンにおける新たな人間工学《エルゴノミクス》の要である。電気製品以外の料理道具の分野では、エルゴノミクスフライ返し、エルゴノミクスコランダー、しなやかで柔らかい柄の泡立て器、（ソースなどを塗る）シリコン製ブラシといったものがある。人間工学は、人体の限界と能力に合わせて道具を設計する科学である。理屈からいっても、人間の料理仕事を手助けするのが料理道具の役割である以上、すべての料理道具は人間工学的であるべきだ。ところが、驚いたことに、これまでのデザインは台所回りの私たちの動きを阻害するものが多かった。小さな不便に私たち自身も気がつかず、優れた方法が示されて初めて気がつく。一九九四年にマイクロプレイングレーターが発売されるまで（発明のきっかけは、あるカナダ人主婦が夫の木工用ヤスリを借りてオレンジケーキ用の皮をおろしたことだった）、柑橘類の皮をおろす作業が面倒なのは仕方がないと思っていた。ボックスグレーター〔箱形おろし器〕の小さな穴にレモンを押し当てがむしゃらに削ってから、撚り糸のようになったパサパサの皮をスプーンで掻き取る。私たちに必要だったのはもっとよく切れる品質の高い道具だったのだ。マイクロプレインでおろした皮は、タンポポの綿毛のようにふんわり下に落ちる。

こうした人間工学的な道具の多くは、自分の道具は自分で作っていた産業革命以前のやり方に私たちを近づけるように思える。家庭用の木製のスプーンが手に馴染むのは、使い手にぴったりなように削られているからだ。ハイテク用品がこれほどまでによそよそしいのは、それ自体どんなに立派でも、人体に挑みかかるようなところがあるからだ。それに対して人間工学的なピーラーやグレーターは、台所用品におけるやさしさの新時代の旗手といえる。料理の問題のみならず、料理の下ごしらえの方法の問題にまで踏み込んで取り組む。こうした新しい料理道具のデザイナーはモダニストのように、「どうしてやらないの？やってみようよ」の精神でキッチンにアプローチする。大きな違いは、その目標が料理の再創造ではなく、料理が楽にできるようにすることにある、ということだ。

料理する大多数の人からすれば、「ハイテク」かどうかより人間工学の方が、現代のキッチンに役立つ思考法といえる。結局のところ、道具に求める性能は、どれだけ仕事の助けになるか、自分の台所や自分の身体に合っているかということだ。一人分であろうが、二人分であろうが、何人分の料理を作ろうがその要望は変わらない。一人暮らしのキッチンの場合、それは蛇口から沸騰水の出る装置クーカー(Quooker)かもしれない。長かった一日の仕事を終えて家に帰り、満足のいくパスタ一人分がささっと手早く作れるからだ。大家族のキッチンなら、スチームオーブンレンジかもしれない。予約設定しておけば決めた時間に熱々の栄養満点の食事を用意できるので、今度はランチを誰が作るか喧嘩しなくて済む。先日私が訪ねたキッチンの有徳の主《あるじ》たちは、「環境にやさしい」をモットーに台所仕事を組み立てていた。無駄を省き二酸化炭素の排出を抑える取り組みだ。調理台はすべて再生品。ドイツ製ＩＨはエネルギー効率がきわめて高い。エコ鍋から作られた食事はベジタリアン料理だ。過去の台所とは違い、ここでは誰も搾取されない。料理は平等に行ない、夫婦間であっても平等だ。この部屋の設計で最大の創意工夫といえるのは、シンプルを徹底したこと。食物を無駄にしないように、ブリキ缶を収納する戸棚は通常よりずっと小さいものを、工務店に作ってもらったという。

キッチンの最大の人間工学的な道具は、最新流行のものであるかもしれないし、そうでないかもしれない。アイランドキッチンは、私たちのクッキングライフに最近追加されたキッチンセットである。壁に向かって料理しないためというのがその目的だが、多くのキッチンで人の動きを妨げ、壁際のキッチンセットは使わずじまいで、アイランドキッチンのレンジ台でばかり調理する結果となっている。私が思うに、食卓の方が作業台としてずっと役に立つし、家族や仲間と一緒に料理できる――だが、あなたはそうは思わないかもしれない。道具は使ってみて初めて、相応の価値があるかどうかが分かる。こんな人を私は知っている。亡くなった祖母の友人なのだが、電気ポットを使うのを諦めてしまった。大半のイギリス人が必需品だと思っている電気ポットだが、あまりに頻繁にヒューズが飛ぶので、何十年も電気製のポットに失望させられた挙句、うんざりした彼女は昔ながらのレンジ用笛吹きケトルを買い求めた。この方が私に合っている、とその人は言う。先のエルヴェ・ティスの疑問に答えよう。こういうわけなのだから、今でも私たちは中世の人々のように泡立て器や火やソースパンで料理するのだ。私たちがそうするのは、たいていのキッチンではたいていいつも、泡立て器や火やソースパンがかなりいい働きをしてくれるから。私たちが欲しいのは性能のいい泡立て器であり、性能のいい火であり、性能のいいソースパンなのだ。

折に触れ、歴史的に有名なキッチンの実物大模型を見かけることがある。それは古代食展覧会の展示物だったり、キッチン用品メーカーの販売促進展示だったりする（これまでのコンロやレンジの歴史を振り

返ればじつにいろいろあった！）。だが、こうした復元はほとんどいつも同じ小さなミスを犯している。時代錯誤だといっているのではない（エリザベス朝のテレビ、一九二〇年代型のコンピュータなどといったものは展示されていない）、本物過ぎるのだ。展示品のすべてが当の時代にぴったり当てはまるように作られている。まるでキッチンショールームのように、すべて統一されている。例えば一九四〇年のキッチンなら一九四〇年代製ではないアイテムは含まれていないだろう。ところが、実際のキッチンはそんな風になっていない。私たちの暮らすキッチンでは、古いテクノロジーと新しいテクノロジーが重なり合い、共存している。一九四〇年に三〇歳だった主婦の両親は一九世紀に生まれたはずだ。祖父母はヴィクトリア時代の最盛期に人生を送り、フォークを使って火格子の上でパンを炙っていただろう。こうした前の世代の生活の痕跡はその主婦の台所に本当に残っていなかったのだろうか。サラマンダーも？　おばあちゃんの鋳鉄製平鍋も？　キッチンでは古いものと新しいものが仲良く並んでいる。昔の大邸宅の厨房では、新しい料理道具を取り入れても必ずしも古いものを押しのけはしなかった。次の道具を一番上に据えても、その下地となる元々の調理方法をかすかになぞっていた。まるで元の字句を消して書き重ねる羊皮紙のように。

カルケ・アビーはイングランド、ダービーシャー州の古い住宅で、その住人ハーパ一族はほとんど何も捨てなかった。現在はナショナルトラストが管理し、かなり老朽した姿で保存されている。この家の大きな古い厨房は、実際には一連の厨房が次から次へと重なり合ったもので、それぞれの厨房が時代の一コマを表す格好になっている。板石敷きのこの部屋は一七九四年に初めて台所としてしつらえられた（それ以前は礼拝堂だったのかもしれない）。台所の時計はその年にダービーで買ってきたものである。他に一七九四年当時のものは、巨大な古いロースト用の炉で、一番上に機械仕掛けの焼き串回転機が取りつけてある。この火の前でかつてビーフが串刺しになって回転したのだろう。だが、一八四〇年代になると、ローストは廃れていったに違いない。閉鎖式鋳鉄製かまどがこの炉の中に据えつけられた。やがてこのかまどもこの屋敷の住人のニーズに合わなくなったに違いない。一八八九年、二番目の炉が鋳鉄製レンジと一緒に、増設された。その一方で、別の壁には一八世紀様式のレンガ造りの炊事炉があり、シチューやソース作りのレンジ台として使われた。そして一九二〇年代、ついに住人は近代的なビーストン・ボイラーを導入し、古いレンジたちの傍らで湯を供給した。どの時代でも、以前の料理道具を取り外そうとは誰も考えなかった。一九二八年、屋敷の召し使いの数がにわかに減少し、この部屋は突然使われなくなった。屋敷の別の場所に新たに機能的なキッチンが造られたのである。この古い厨房は今現在、一九二八年当時のたたずまいを残している。ひっそりと立つ調理台の引き出しには、錆びた鍋や釜が詰まっている。焼き串回転装置や時計も初めてそこを居場所と決められた当時のままに壁に掛かっている。

言うまでもないことだが、ほとんどの世帯では使われなくなった物は、もっと情け容赦なく捨てられる。だが、今でも台所は、一つ屋根の下に古い物も新しい物も共に収容しておくのがきわめて得意な場所なのだ。前に使っていた人の痕跡をすべて引き剥がし、一から台所を造らないと気が済まない近年の傾向には、もったいないだけでなく、物悲しさを覚える。あまりに過去に無頓着な感じがする。現代ほど台所が高度に設計され、設備が整い、スタイリッシュだった時代はない。そしてこれほどまでに空しい時代もないだろう。一九一〇年代の理想は「合理的な」キッチン。それから一九四〇年代、一九五〇年代は「美しい」キッチン。今は「完璧な」キッチンだ。アイボリーの天井からライムストーンの床まですべてが統一され、ぴったり調和していなければいけない。すべての要素が「現代的」でなければいけない。古びたみすぼらしいもの、場違いなものは捨てられる（あなたに「シャビーシック」〔洗練された古さ〕を求める気持ちがないのであれば）。

もちろん、それは幻想だ。高度なまでに設計されたモダンキッチンでも、私たちは過去の道具やテクニックを引きずっている。光り輝くトングを手にして、中華鍋でイカと青物野菜の炒め物、あるいはバターナッツ・スクウォッシュと赤トウガラシのリングイネといった現代料理を手際よく作っていても、やっていることは大昔と変わらない。食材の性質を変える火の力を使って、おいしいものを作っているのだ。私たちのキッチンは先人の面影でいっぱいだ。目には見えなくても、今のように調理できるのは、祖先の創意工夫があったからこそ――初めて煮炊きできるようにしてくれた陶工や、ナイフの鍛冶職人。初めて冷蔵庫を設計した優秀なエンジニアに、ガス・電気オーブンのパイオニア。計量器製造者や、卵泡立て器やピーラーの開発者。

私たちが作る料理は、たんに食材を組み合わせただけのものではない。過去と現在のテクノロジーの産物なのだ。あるお天気のいい日、私は自分の昼食に手早くオムレツを作ろうと思い立つ。くるくるっと楕円形にしたふわふわの黄色いフランスの伝統料理だ。名目上の材料は卵（放し飼い養鶏のもの）に、冷やしたバター、海塩だけ。だが実際に料理を組み立てている要素はもっとたくさんある。まず冷蔵庫がある。そこから私はバターを取って来る。古いくたびれたアルミ製のフライパン。その鍋肌は一〇年使い込んでいる。これで私はオムレツを焼く。バルーン泡立て器がある。これで卵を攪拌するのだが、フォークを使ってもうまくできただろう。料理書には異口同音に攪拌し過ぎないようにと先人たちが書いている。ガスコンロがあるおかげで、私はフライパンを十分に加熱することができる。だが、熱くなり過ぎると、卵は焦げるか、ゴムのようになってしまう。フライ返しがあるおかげで、くるくる寄せて黄金色のオムレツを皿に載せることができる。こうしたすべてのテクノロジーのおかげで、この日のひとりぼっちで食べるランチのオムレツはうまくできた。嬉しい。ランチ一つで午後の気分がさえなかったり、頑張ろうと思えたりする。

だが、この食事に関わっている要素はもう一つある。まず何よりも料理を作りたいという思いだ。台所に立って料理を作ってこそ、台所は生気を帯びる。実際にテクノロジーを推進するのはテクノロジーを使いたいという欲求なのだ。このお昼のオムレツは、母という存在があったからこそ生まれたものだ。台所は素敵なことが起こる場所だと初めて私に教えてくれたのは母なのだから。

コーヒー

コーヒーテクノロジーはややこしいものになってしまった。この物質に惜しみなく振り向けられる創意の才。これこそが、料理界の麻薬として世界が選んだコーヒーのステータスを反映している。コーヒーを淹《い》れることは、挽豆に湯を注ぎ、その粉を濾過する、ただそれだけの作業である。なのに、一六世紀にトルコ式コーヒー器具イブリックが濃厚でコクのあるコーヒーを抽出して以来、この方法はおそろしく多様化し、二〇〇八年にはマイプレッシ・ツイストが発売された。この携帯用エスプレッソマシンはクリームホイッパーのようにガスボンベを内蔵している。

ほんの二年前、最新型のコーヒーメーカーは巨大なエスプレッソマシンだった。問題はどれだけ金を注ぎ込む気があるか（最高級品は数千ドルした）、どこまで自分でコントロールしたいかだった。もう一つの選択肢はネスプレッソのようなカプセルコーヒーを使ったコーヒーメーカーで、コーヒーの一貫した品質が保たれる。だが、真のコーヒー通はコーヒーを淹れる物理的なプロセスをみずからの手で行ないたいと思う。豆を選び、挽いて粉にし、詰めて、圧力をかける。

やがてエスプレッソマニアは、大枚はたいて、万事正しく整えても、結局は月並みなコーヒーができあがってしまうことに気づき始めた。コーヒーテクノロジーの新しい潮流はエスプレッソマシンを超越してしまった。当然ながら多くは電気製品ではない。エアロプレスは、かしこいプラスチック製の道具で、空気圧を利用して圧力をかけ、コーヒー粉と湯を円筒容器で濾過して、抽出されたコーヒーが下のマグカップへ溜まる仕組みだ。ケトルと腕力さえあればコーヒーが作れる。それより最新流行なのは日本製サイフォンで、一見、化学の授業の実験器具のようだ。二つの球状のガラス容器を上下につなげ、下から小型バーナーで温めて抽出する。だが、ある年齢層の人たちは、このサイフォンが一九六〇年代のコナ・コーヒー・サイフォンとあまり違わないことを指摘する。

実際のところ、今時のコーヒーの淹れ方はローテクである。もっとおいしくコーヒーを淹れる方法はないかとさんざん考えて、堂々巡りになってしまった。今や世界で（ロンドン、メルボルン、オークランドで）もっとも前衛的なコーヒー専門家がお気に入りなのは、値の張るエスプレッソマシンよりもフレンチプレスを使って濾過することである。次の一大ブームは水差しとスプーンで作るコーヒーだと誰かが宣言するのも時間の問題だ。

謝辞

第7章の冒頭の辞は、ウィリアム・カーロス・ウィリアムズの'This Is Just to Say'（「ちょっと伝言」）から一部引用した。出典は *The Collected Poems: Volume I, 1909–1939*（二〇〇〇年）。著作権はイギリスおよびイギリス連邦では、カルカネット・プレスにあり、当社の許可を得て転載した（アメリカ合衆国では、著作権は一九三八年にニュー・ディレクションズ出版社が取得している。当社の許可を得て転載した）。

私が心から感謝申し上げたい人物は二〇〇八年に物故したパット・カヴァナである。エージェントとしての恩義はいつまでも忘れない。ほかでもないカヴァナが私を大手出版社ペンギンのヘレン・コンフォードへ引き合わせてくれたのであり、コンフォードの着想から本書は生まれた。コンフォードは私にとって誠実で洞察に富む理想の編集者であり、見事、編集の醍醐味を見せつけてくれた。他にペンギンでとくにお世話になった方々、パトリック・ロッホラン、ペネロペ・フォーグラー、リサ・シモンズ、レベッカ・リー、クレア・メイソン、ルース・ピンクニー、タリン・アームストロング、ジェーン・ロバートソンに感謝申し上げたい。ジェーン・ロバートソンはフリーランスの原稿整理編集者で、その頭の回転のよさに私は何度も救われた。

さらにパット・カヴァナは私を超一流のエージェントにも紹介してくれた。ロンドンのユナイテッド・

エージェンツのサラ・バラードと、ニューヨークのゾーイ・パグナメンタ・エージェンシーのゾーイ・パグナメンタの両人である。要所要所でお力添え、ご助言いただいたことに感謝する。ユナイテッド・エージェンツでは他に、ララ・ヒューズ・ヤング、ゾーイ・ロス、ジェシカ・クレイグ、キャロル・マッカーサーにお礼申し上げたい。

出版社ベイシック・ブックスのララ・ハイマートにも衷心より感謝する。私を励まし、いつも辛抱強く、聡明な編集の判断を下してくれた。ベイシック・ブックスにおいては、他にもキャシー・オドネル、ミシェル・ジェイコブ、ケイトリン・グラーフ、ミシェル・ウェルシュ・ホルスト、シスカ・シュリーフェル、ミシェル・ウィンに感謝申し上げる。ミシェル・ウィンはアメリカ版の入念な原稿整理をしていただき大変お世話になった。

アナベル・リーは突然の依頼にもかかわらず、素晴らしい挿絵を描いてくれた。私の家のキッチン用品がこの絵の半分ほどの見栄えでもあればばと思うばかりだ。カロリン・ヤングは食物史家の視点で快く本書を読んでくれた。ただし、本書の間違いは言うまでもなく私に非がある。執筆段階序盤、BBCラジオ4の食の番組《フードプログラム》で料理道具を取り上げた回に参加したことが、草稿を練り上げる大きな力となった。シーラ・ディロン、ディリ・バーロウ両名に深くお礼申し上げる。《ステラ》誌の私のフードコラムの名編集者エルフレダ・パウナルにも感謝申し上げる。家族のデイヴィド、トム、ターシャ、レオに愛と感謝を捧げる。自宅に奇妙な新型器具が持ち込まれ、邸宅の厨房見学に付き合わされても辛抱してくれた。とくにトムは本のタイトルをいくつも考えてくれた。(結局あなたのアイデアを採用しなかったけれど)どうもありがとう。

資料調査の多くはケンブリッジ大学図書館とキャンベラのオーストラリア国立大学(ボブ・グディンに

感謝する）で行なった。最後になるが、助言や手伝いなどさまざまな形でお力添えくださった多くの方々のうちでも以下の方々にとくに感謝申し上げる。アレッシィ〔ハウスウェアメーカー〕のマシュー・ブレア、キャサリン・ブライズ、エイミー・ブライアント、デイヴィド・バーネット、サリー・ブッチャー、ジョン・カディオ、メリッサ・カラレイズ、トレイシー・キャロウ、ケンブリッジ・クッカリー・スクール、アイヴァン・デイ、ケイティ・ドラモンド、キャサリン・ダンカン・ジョーンズ、ゴンザロ・ギル、ソフィー・ハンナ、クレア・ヒューズ、トリストラム・ハント、トム・ジェイン、ビーバン・キドロン、ミランダ・ラングラフ、百貨店ジョン・ルイスのフレデリーカ・ラティフ、レッジ・リー、イーシャー・マクニール、アン・マルコム、アンシア・モリソン、アンナ・マーフィ、ジョン・オーセプチャク、ケート・ピーターズ、スティーマー・トレイディング〔キッチン雑貨販売〕のベン・フィリップス、サラ・レイ、タイン・ロッシュ、ミリ・ルービン、キャシー・ランシマン、リサ・ランシマン、ルース・ランシマン、ギャリー・ランシマン、ヘレン・サベリ、アビー・スコット、OXOのベナ・シャー、ガレス・ステッドマン・ジョンズ、エアロビーのアレックス・テナント、ロバート・トゥームズとイザベラ・トゥームズ夫妻、マーク・ターナー、ロビン・ウィア、ジェイ・ウィリアムズ、アンドリュー・ウィルソンとエミリー・ウィルソン夫妻。

訳者あとがき

キッチンのない住宅など考えられない。キッチンにある包丁、鍋釜類、コンロもふだん何気なく使っている。冷蔵庫や電子レンジもあって当然だと私たちは思っている。食卓で使う箸、スプーン、フォーク、ナイフ、皿にしても。ところが、こうした料理道具は先人たちの英知の結晶だったのだ。そして人知れず数奇な来歴を宿していたりする。高級グルメからお手軽料理、デパ地下のお惣菜、コンビニ弁当まで、現代日本の食の風景を見渡せばその多岐多彩ぶりに目を見張る。私たちの食は営々と続く食のテクノロジーの歴史の上にじつは築かれていた――。

広範かつ丹念に検証した『食品偽装の歴史』（高儀進訳、白水社、二〇〇九年）でアンドレ・シモン賞の最終候補に選ばれた英国きってのフードライター、ビー・ウィルソンが、文献資料を渉猟する執筆姿勢はそのままに、軽妙洒脱な筆づかいで、食のテクノロジーの歴史を楽しい読み物に仕上げた。本書（原著 *Consider the Fork: A History of Invention in the Kitchen*）は、内容、筆致の両面で各紙誌から高い評価を得ている。

著者はケンブリッジ大学で歴史学を学び、その後、同大学のセント・ジョンズ・カレッジの特別研究員として政治思想史を研究した。一九九八年から二〇〇三年まで《ニュー・ステイツマン》誌のフードライターとなり、現在は《サンデー・テレグラフ》紙に毎週、食に関するコラムを寄稿する。この功績により「ギルド・オブ・フードライターズ」から年間最優秀フードジャーナリストに三度選ばれている。

「食の歴史はテクノロジーの歴史である」。ところが、近年の料理の歴史書ブームのなかで、食材ばかりが取り上げられ、食のテクノロジーは注目されてこなかったと著者は語る。そして本書の目的を「キッチンで使う料理道具が、私たちの食の中身や食のあり様、食に対する考え方にどのような変化をもたらしたかを探っていく。（中略）本書が取り上げるのは、日々の家庭料理の食物であり、私たちの料理にさまざまな道具がもたらした功罪である」と定める。膨大な資料を楽しい読み物としてまとめ上げ、なめらかな語り口で次々に紡ぎ出す歴史的事実は興味深いものばかりである。

テーブルナイフを使うようになって、人類の噛み合わせがチンパンジーと同じ切端咬合《せったんこうごう》から現在の被蓋《ひがい》咬合へ進化したという人類学者チャールズ・ローリング・ブレイスの学説（第2章）。薪の豊富なイギリスで国民的料理となったローストビーフの焼き串を暖炉の前で回すのは貧しい子供の仕事だったが、やがて檻に入れられた犬が回転ドラムを回すようになり、そこから動物愛護運動が巻き起こったという話（第3章）。ほとんどの国が食材を重さで量るなか、アメリカ人がカップ計量を好むのは、幌馬車で移動する西部開拓時代に秤よりもカップの方が身近にあったからで、その後、遅咲きの料理学校校長が料理初心者にも手軽にできる計量法を編み出し、普及させたという話（第4章）。中世・ルネサンス期の王侯貴族は、挽く・すり潰す・攪拌する使用人の「料理人軍団」を酷使して、精練されたごちそうにおのが食欲と虚栄心を満足させたが、台所の苦役から人々を解放したのは、結局テクノロジーが生んだ数々の電動式ブレンダー、フードミキサー、フードプロセッサーだったという話（第5章）。二〇世紀初期に女性の家事労働の軽減をめざすユーザー目線の「フランクフルトキッチン」が登場したものの、しばらくするとアメリカ型商業主義の夢を売る「ドールハウス」ばりのキッチンが主流となったが、ついに現代、OXOピーラーをはじめ人間工学的な料理道具の時代が到来したという話（第8章）。

その他、モダニスト料理、中華包丁トウの食文化、日本の箸文化、さらには高性能調理器具の解説、冷蔵庫や熱伝達の仕組みまでさまざまな題材を、歴史学、科学、人類学、考古学や個人的な体験、見解を織り交ぜながら、俎上に載せる。著者の見解はつねに社会性に富む人間性重視の切り口からテーマを俯瞰・分析したものだ。太古からの歴史をひもときながら、主役はあくまで現代の料理事情であり、過去の歴史は現代の食文化を新たな目で眺めさせる触媒なのだ。料理道具の歴史書というよりも、料理道具の歴史を題材に、人間的に豊かな生活とは何かを現代人に考えさせる文化論であり、時にはユーモアやエスプリを交えてのまるで軽妙なエッセイのような語り口とは裏腹に、著者の問題意識は真摯そのものに思える。訳者としては、こうした原作の魅力が日本の読者諸賢へお届けできれば望外の喜びである。

冒頭で紹介される昔ながらの木製のスプーンはなぜ現代も使われ続けるのか。結びの章の現代のキッチンのくだりでその理由が明かされる。人間工学的な料理道具、OXOピーラーに通じるユーザーフレンドリーな特性をこの木製のスプーンは備えているからだ。そして「人間の料理仕事を手助けするのが料理道具の役割である以上、すべての料理道具は人間工学的であるべきだ。ところが、驚いたことに、これまでのデザインは台所回りの私たちの動きを阻害するものが多かった。小さな不便に私たち自身も気がつかず、優れた方法が示されて初めて気がつく」と自説を語る。料理道具をめぐる壮大な旅は円環を描くように首尾照応して、木製のスプーンに始まり、木製のスプーンに終わる。因みに、長めの序章「はじめに」は導入というより総論、本編の各章は各論の性格を持ち、総括にあたる終章の「キッチン」では、本書で著者が一番言いたかったことが開陳されている。

料理道具を使う消費者が商業主義に翻弄される時代が過ぎ、先人の苦労と発明の末に料理を楽しむ環境が整った現代。ところが多くの人は手料理の大切さを忘れてしまっているようだ。家庭料理を愛する著者は、本書を手にした読者が今度は料理道具を手に楽しく料理に勤しんでくれることを願っているのだろう。

最後になるが、訳者の詰めの甘さを的確に補ってくださった校正者の方、本書に引き合わせ翻訳する機会を与えてくださり、ご教示ご配慮くださった河出書房新社編集部の九法崇氏に、この場を借りて心より感謝申し上げる。

二〇一三年一二月

真田由美子

vol. 40, no. 5, pp. 567–94

—— (2009) *Catching Fire: How Cooking Made Us Human,* London, Profile（『火の賜物』リチャード・ランガム著、依田卓巳訳、NTT 出版、2010 年）

Wright, Katherine (1994) 'Ground-Stone Tools and Hunter-Gatherer Subsistence in Southwest Asia: Implications for the Transition to Farming', *American Antiquity,* vol. 59, no. 2, pp. 238–63

Yarwood, Doreen (1981) *British Kitchen: Housewifery since Roman Times,* London, Batsford

Young, Carolin (2002) *Apples of Gold in Settings of Silver: Stories of Dinner as a Work of Art,* London, Simon and Schuster

—— (2006) 'The Sexual Politics of Cutlery', in Sarah Coffin (ed.), *Feeding Desire: Design and the Tools of the Table,* New York, Assouline in collaboration with Smithsonian Cooper-Hewitt

Young, H. M. (1897) *Domestic Cooking with Special Reference to Cooking by Gas,* 21st edn, Chester, H. M. Young

thinking, Oxford, Oxford University Press

Webster, Thomas (1844) *An Encyclopaedia of Domestic Economy,* London, Longman, Brown, Green and Longmans

Weinstein, Rosemary (1989) 'Kitchen Chattels: The Evolution of Familiar Objects 1200–1700', in Tom Jaine (ed.), *Oxford Symposium on Food and Cookery 1988. The Cooking Pot: Proceedings,* Totnes, Prospect Books, pp. 168–83

Weir, Robin and Caroline (2010) *Ices, Sorbets and Gelati: The Definitive Guide,* London, Grub Street

Weir, Robin, Brears, Peter, Deith, John, and Barham, Peter (1998) *Mrs Marshall: The Greatest Victorian Ice Cream Maker with a Facsimile of the Book of Ices 1885,* Leeds, Smith Settle Ltd for Syon House

Wheaton, Barbara (1983) *Savouring the Past: The French Kitchen and Table from 1300 to 1789,* London, Chatto & Windus（『味覚の歴史』バーバラ・ウィートン著、辻美樹訳、大修館書店、1991 年）

Whitelaw, Ian (2007) *A Measure of All Things: The Story of Measurement Through the Ages,* Newton Abbot, David & Charles（『単位の歴史』イアン・ホワイトロー著、冨永星訳、大月書店、2009 年）

Wilkins, J. (1680) *Mathematical Magick or the Wonders that May be Performed by Mechanical Geometry,* London, Edward Gellibrand

Wilkinson, A. W. (1944) 'Burns and Scalds in Children: An Investigation of their Cause and First-Aid Treatment', *British Medical Journal,* vol. 1, no. 4331, pp. 37–40

Wilson, C. Anne (1973), *Food and Drink in Britain from the Stone Age to Recent Times,* London, Constable

Wolf, Burt (2000) *The New Cooks' Catalogue,* New York, Alfred A. Knopf

Wolfman, Peri, and Gold, Charles (1994) *Forks, Knives and Spoons,* London, Thames & Hudson

Wolley, Hannah (1672) *The Queen-Like Closet, or Rich Cabinet,* London, Richard Lowndes

—— (1675) *The Accomplish'd lady's delight in preserving, physick, beautifying, and cookery,* London, B. Harris

Woodcock, F. Huntly, and Lewis, W. R. (1938) *Canned Foods and the Canning Industry,* London, Sir I. Pitman & Sons Ltd

Worde, Wynkyn de (2003) *The Boke of Keruynge* (The Book of Carving), with an Introduction by Peter Brears, Lewes, Sussex, Southover Press

Wrangham, Richard, with Holland Jones, James, Laden, Greg, Pilbeam, David, and Conklin-Brittain, Nancylou (1999) 'The Raw and the Stolen', *Current Anthropology,*

This, Hervé (2005) 'Molecular Gastronomy', *Nature Materials,* vol. 4, pp. 5–7
—— (2009) *The Science of the Oven,* New York, Columbia University Press
Thoms, Alston V. (2009) 'Rocks of Ages: Propagation of Hot-Rock Cookery in Western North America', *Journal of Archaeological Science,* vol. 36, pp. 573–91
Thornton, Don (1994) *Beat This: The Eggbeater Chronicles,* Sunnyvale, Offbeat Books
Toomre, Joyce (ed.) (1992) *Classic Russian Cooking: Elena Molokhovets' A Gift to Young Housewives,* Bloomington, Ind., Indiana University Press
Toth, Nicholas, and Schick, Kathy (2009) 'The Oldowan: The Tool Making of Early Hominins and Chimpanzees Compared', *Annual Review of Anthropology,* vol. 38, pp. 289–305
Toussaint-Samat, Maguelonne (1992) *A History of Food,* translated by Anthea Bell, Oxford, Blackwell Reference（『世界食物百科』マグロンヌ・トゥーサン＝サマ著、玉村豊男監訳、原書房、1998 年）
Trager, James (1996) *The Food Chronology,* London, Aurum Press
Trevelyan, G. M. (1978) *English Social History: A Survey of Six Centuries from Chaucer to Queen Victoria* (first published in 1944), London, Longman（『イギリス社会史』G・M・トレヴェリアン著、藤原浩／松浦高嶺／今井宏訳、みすず書房、1971–1983 年）
Troubridge, Lady (1926) *The Book of Etiquette,* 2 vols, London, The Associated Bookbuyer's Company
Unger, Richard W. (1980) 'Dutch Herring, Technology and International Trade in the Seventeenth Century', *Journal of Economic History,* vol. 40, no. 2, pp. 253–80
Visser, Margaret (1991) *The Rituals of Dinner: The Origins, Evolution, Eccentricities and Meaning of Table Manners,* London, Penguin Books
Vitelli, Karen D. (1989) 'Were Pots First Made for Food? Doubts from Franchti', *World Archaeology,* vol. 21, no. 1, pp. 17–29
—— (1999) '"Looking Up" at Early Ceramics in Greece', in James M. Skibo and Gary M. Feinman (eds), *Pottery and People: A Dynamic Interaction,* Salt Lake City, University of Utah Press, pp. 184–98
Waines, David (1987) 'Cereals, Bread and Society: An Essay on the Staff of Life in Medieval Iraq', *Journal of the Economic and Social History of the Orient,* vol. 30, no. 3, pp. 255–85
Wandsnider, LuAnn (1997) 'The Roasted and the Boiled: Food Consumption and Heat Treatment with Special Emphasis on Pit-Hearth Cooking', *Journal of Anthropological Archaeology,* vol. 16, pp. 1–48
Weber, Robert J. (1992) *Forks, Phonographs and Hot Air Balloons: A field guide to inventive*

Communism', *Journal of Economic Perspectives,* vol. 19, no. 1, pp. 151–74
Simmons, Amelia (1796) *American Cookery,* Hartford, Hudson and Goodwin, for the Author
Smith, Andrew F. (ed.) 2007 *The Oxford Companion to American Food and Drink,* 2 vols, Oxford, Oxford University Press
—— (2009) *Eating History: 30 Turning Points in the Making of American Cuisine,* New York, Columbia University Press
Snodin, Michael (1974) *English Silver Spoons,* London, Charles Letts & Company
So, Yan-Kit (1992) *Classic Food of China,* London, Macmillan
Sokolov, Ray (1989) 'Measure for Measure', in Tom Jaine (ed.), *Oxford Symposium on Food and Cookery 1988. The Cooking Pot: Proceedings,* Totnes, Prospect Books, pp. 148–52
Soyer, Alexis (1853) *The Pantropheon or History of Food and its Preparation from the Earliest Ages of the World,* London, Simpkin, Marshall & Co.
Sparkes, B. A. (1962) 'The Greek Kitchen', *Journal of Hellenic Studies,* vol. 82, pp. 121–37
Spencer, Colin (2002) *British Food: An Extraordinary Thousand Years of History,* London, Grub Street
—— (2011) *From Microliths to Microwaves,* London, Grub Street
Spencer, Colin, and Clifton, Claire (1993) *The Faber Book of Food,* London, Faber and Faber
Spurling, Hilary (ed.) (1986) *Elinor Fettiplace's Receipt Book,* London, Viking Salamander
Standage, Tom (2009) *An Edible History of Humanity,* London, Atlantic Books
Stanley, Autumn (1993) *Mothers and Daughters of Invention: Notes for a Revised History of Technology,* London, Scarecrow Press
Strong, Roy (2002) *Feast: A History of Grand Eating,* London, Jonathan Cape
Sugg, Marie Jenny (1890) *The Art of Cooking by Gas,* London, Cassell
Sydenham, P. H. (1979) *Measuring Instruments: Tools of Knowledge and Control,* London, Peter Peregrinus
Symons, Michael (2001) *A History of Cooks and Cooking,* Totnes, Prospect Books
Tannahill, Reay (2002) *Food in History* (new and updated edition), London, Review, an imprint of Headline（『食物と歴史』レイ・タナヒル著、小野村正敏訳、評論社、1980 年）
Tavernor, Robert (2007) *Smoot's Ear: The Measure of Humanity,* New Haven, Yale University Press
Teaford, Mark, and Ungar, Peter (2000) 'Diet and the Evolution of the Earliest Human Ancestors', *Proceedings of the National Academy of Sciences of the United States of America,* vol. 97, no. 25, pp. 13506–11

Chatto & Windus
Rogers, Eric (1997) *Making Traditional English Wooden Eating Spoons,* Felixstowe, Suffolk, Woodland Craft Supplies
Rorer, Sarah Tyson (1902) *Mrs Rorer's New Cookbook,* Philadelphia, Arnold & Co.
Ross, Alice (2007) 'Measurements', in Andrew F. Smith (ed.), *The Oxford Companion to American Food and Drink,* Oxford, Oxford University Press
Routledge, George (1875), *Routledge's Manual of Etiquette,* London and New York, George Routledge & Sons
Ruhlman, Michael (2009) *Ratio: The Simple Codes Behind the Craft of Everyday Cookery,* New York, Scribner Book Company
Rumford, Benjamin, Count von (1968) *Collected Works of Count Rumford,* edited by Sanborn Brown, Cambridge, Mass., Harvard University Press
Salisbury, Harrison E. (1959) 'Nixon and Khrushchev Argue in Public as US Exhibit Opens', *The New York Times,* 25 July
Samuel, Delwen (1999) 'Bread Making and Social Interactions at the Amarna Workmen's Village, Egypt', *World Archaeology,* vol. 31, no. 1, pp. 121–44
Sanders, J. H. (2000) 'Nicholas Kurti C.B.E.', *Biographical Memoirs of Fellows of the Royal Society,* vol. 46, pp. 300–315
Scappi, Bartolomeo (2008) *The Opera of Bartolomeo Scappi (1570),* translated with commentary by Terence Scully, Toronto, University of Toronto Press
Scully, Terence (1995) *The Art of Cookery in the Late Middle Ages,* Woodbridge, Boydell Press
Segre, Gino (2002) *Einstein's Refrigerator: Tales of the hot and cold,* London, Allen Lane
Seneca, Lucius Annaeus (2007) *Dialogues and Essays,* translated by John Davie, Oxford, Oxford University Press
Serventi, Silvano, and Sabban, Françoise (2002) *Pasta: The story of a universal food,* translated by Anthony Shugaar, New York, Columbia University Press（『パスタの歴史』シルヴァーノ・セルヴェンティ／フランソワーズ・サバン著、飯塚茂雄／小矢島聡監修、清水由貴子訳、原書房、2012年）
Shapiro, Laura (1986) *Perfection Salad: Women and Cooking at the Turn of the Century,* New York, Farrar, Straus and Giroux（『家政学の間違い』ローラ・シャピロ著、種田幸子訳、晶文社、1991年）
Shephard, Sue (2000) *Pickled, Potted and Canned: The Story of Food Preserving,* London, Headline（『保存食品開発物語』スー・シェパード著、赤根洋子訳、文春文庫、2001年）
Shleifer, Andrei, and Treisman, Daniel (2005) 'A Normal Country: Russia after

vol. 43, no. 4, pp. 657–67
Pierce, Christopher (2005) 'Reverse Engineering the Ceramic Cooking Pot: Cost and Performance Properties of Plain and Textured Vessels', *Journal of Archaeological Method and Theory,* vol. 12, no. 2, pp. 117–57
Plante, Ellen M. (1995) *The American Kitchen: From hearth to highrise,* New York, Facts on File
Pollan, Michael (2008) *In Defence of Eating: An Eater's Manifesto,* New York, Penguin Press
—— (2009) 'Out of the Kitchen, Onto the Couch', *New York Times,* 2 August
Post, Emily (1960) *The New Emily Post's Etiquette,* New York, Funk & Wagnalls
Potter, Jeff (2010) *Cooking for Geeks: Real Science, Great Hacks and Good Food,* Sebastopol, Calif., O'Reilly Media（『Cooking for Geeks』Jeff Potter 著、水原文訳、オライリー・ジャパン、2011 年）
Power, Eileen (ed.) (1992) *The Goodman of Paris (Le Ménagier de Paris, c.1393),* translated by Eileen Power, London, Folio Society
Pufendorf, Samuel (1695) *An Introduction to the History of the Principal Kingdoms and States of Europe,* London, M. Gilliflower
Quennell, Marjorie and C. H. B. (1957) *A History of Everyday Things in England, Volume 1 1066–1499* (first published in 1918), London, B. T. Batsford
Randolph, Mary (1838) *The Virginia Housewife or Methodical Cook,* Baltimore, Md., Plaskitt, Fite
Rath, Eric C. (2010) *Food and Fantasy in Early Modern Japan,* Berkeley, Calif., University of California Press
Reid, Susan (2002) 'Cold War in the Kitchen: Gender and the De-Stalinization of Consumer Taste in the Soviet Union under Khrushchev', *Slavic Review,* vol. 61, no. 2, pp. 211–52
—— (2005) 'The Khrushchev Kitchen: Domesticating the Scientific-Technological Revolution', *Journal of Contemporary History,* vol. 40, no. 2, pp. 289–316
—— (2009) '"Our Kitchen is Just as Good": Soviet Responses to the American Kitchen', in Ruth Oldenziel and Karin Zachmann (eds), *Cold War Kitchen: Americanization, Technology, and European Users,* Cambridge, Mass., MIT Press
Renton, Alex (2010) 'Sous-vide cooking: A kitchen revolution', *Guardian,* 2 September
Rios, Alicia (1989) 'The Pestle and Mortar', in Tom Jaine (ed.), *Oxford Symposium on Food and Cookery 1988. The Cooking Pot: Proceedings,* Totnes, Prospect Books, pp. 125–36
Rodgers, Judy (2002) *The Zuni Cafe Cookbook,* New York, W. W. Norton
Rogers, Ben (2003) *Beef and Liberty: Roast Beef, John Bull and the English Nation,* London,

May, Robert (2000) *The Accomplisht Cook; or the Art and Mystery of Cookery, a facsimile of the 1685 edition,* edited by Alan Davidson, Marcus Bell, and Tom Jaine, Totnes, Prospect Books

Mellor, Maureen (1997) *Pots and People That Have Shaped the Heritage of Medieval and Later England,* Oxford, Ashmolean Museum

Mintel Report (1998) *Microwave Ovens,* London, Mintel

Myers, Lucas (1989) 'Ah, youth...: Ted Hughes and Sylvia Plath at Cambridge and After', *Grand Street,* vol. 8, no. 4

Myhrvold, Nathan, Young Chris, and Bilet, Maxime (2011) *Modernist Cuisine: The Art and Science of Cooking,* 6 vols, Seattle, The Cooking Lab

Nakano, Yoshiko (2010) *Where There are Asians, There are Rice Cookers,* Hong Kong, Hong Kong University Press

Nasrallah, Nawal (ed.) (2007) *Annals of the Caliph's Kitchen: Translation with Introduction and Glossary,* Leiden, Brill

Newman, Barry (2009) 'To Keep the Finger out of Finger Food, Inventors Seek a Better Bagel Cutter', *The Wall Street Journal,* 1 December

Nickles, Shelley (2002) 'Preserving Women: Refrigerator Design as Social Process in the 1930s', *Technology and Culture,* vol. 43, no. 4, pp. 693-727

O'Connor, Desmond (2004), 'Baretti, Giuseppe Marc' Antonio (1719-1789)', *Oxford Dictionary of National Biography,* Oxford University Press

Ohren, Magnus (1871) *On the Advantages of Gas for Cooking and Heating,* London, printed for the Crystal Palace District Gas Company

Oka, K., Sakuarae, A., Fujise, T., Yoshimatzu, H., Sakata, T., and Nakata, M. (2003) 'Food Texture Differences Affect Energy Metabolism in Rats', *Journal of Dental Research,* June 2003, vol. 82, pp. 491-4

Oldenziel, Ruth, and Zachmann, Karin (eds) (2009) *Cold War Kitchen: Americanization, Technology, and European Users,* Cambridge, Mass., MIT Press

Ordway, Edith B. (1918) *The Etiquette of Today,* New York, Sully & Kleinteich

Osepchuk, John M. (1984) 'A History of Microwave Heating', *IEEE Transactions on Microwave Theory and Techniques,* vol. 32, no. 9, pp. 1200-24

—— (2010) 'The Magnetron and the Microwave Oven: A Unique and Lasting Relationship', *Origins and Evolution of the Cavity Magnetron (CAVMAG),* 2010 International Conference, April, pp. 19-20, 46-51

Owen, Sri (2008) *Sri Owen's Indonesian Food,* London, Pavilion

Parloa, Maria (1882) *Miss Parloa's New Cookbook,* New York, C. T. Dillingham

Parr, Joy (2002) 'Modern Kitchen, Good Home, Strong Nation', *Technology and Culture,*

Levenstein, Harvey (2000) 'Fannie Merritt Farmer', *American National Biography Online,* February, accessed 2012

Lincoln, Mary Johnson (1884) *Mrs Lincoln's Boston Cook Book: What to Do and What Not to Do in Cooking,* Boston, Roberts Brothers

Lloyd, G. I. K. (1913) *The Cutlery Trades: An Historical Essay in the Economics of Small-Scale Production,* London, Longmans Green & Co.

Lockley, Lawrence C. (1938) 'The Turn-Over of the Refrigerator Market', *Journal of Marketing,* vol. 2, no. 3, pp. 209–13

MacDonald, John (1985) *Memoirs of an Eighteenth-Century Footman,* London, Century

McEvedy, Allegra (2011) *Bought, Borrowed and Stolen: Recipes and Knives from a Travelling Chef,* London, Conran Octopus

McGee, Harold (1986) *On Food and Cooking: The Science and Lore of the Kitchen,* London, Allen and Unwin（『マギーキッチンサイエンス』Harold McGee 著、香西みどり監訳、北山薫／北山雅彦訳、共立出版、2008 年）

MacGregor, Neil (2010) *A History of the World in 100 Objects,* London, Allen Lane（『100 のモノが語る世界の歴史』ニール・マクレガー著、東郷えりか訳、筑摩選書、2012 年）

Mackenzie, Donald, and Wajcman, Judy (eds) (1985) *The Social Shaping of Technology: How the Refrigerator Got Its Hum,* Milton Keynes, Open University Press

McNeil, Ian (ed.) (1990) *An Encyclopedia of the History of Technology,* London, Routledge

Man, Edward Horace (1932) *On the Aboriginal Inhabitants of the Andaman Islands,* London, Royal Anthropological Institute

Marquardt, Klaus (1997) *Eight Centuries of European Knives, Forks and Spoons,* translated by Joan Clough, Stuttgart, Arnoldsche

Marsh, Stefanie (2003) 'Can't Cook. Won't Cook. Don't Care. Going Out', *The Times,* 17 November

Marshall, Mrs A. B. (1857) *The Book of Ices,* 2nd edn, London, Marshall's School of Cookery

—— (1894) *Fancy Ices,* London, Simpkin, Hamilton & Kent & Co.

—— (1896) *Mrs A. B. Marshall's Cookery Book,* London, Simpkin, Hamilton & Kent & Co.

Marshall, Jo (1976) *Kitchenware,* London, BPC Publishers

Martino, Maestro (2005) *The Art of Cooking, composed by the eminent Maestro Martino of Como,* edited by Luigi Ballerini, translated by Jeremy Parzen, Berkeley and London, University of California Press

Masters, Thomas (1844) *The Ice Book,* London, Simpkin, Marshall & Co.

Hughes, Bernard, and Therle (1952) *Three Centuries of English Domestic Silver 1500–1820,* London, Lutterworth Press

Hutchinson, R. C. (1966) *Food Storage in the Home,* London, Edward Arnold

Isenstadt, Sandy (1998) 'Visions of Plenty: Refrigerators in American Around 1950', *Journal of Design History,* vol. 11, no. 4, pp. 311–21

Ishige, Naomichi (2001) *The History and Culture of Japanese Food,* London, Kegan Paul

Jaine, Tom (ed.) (1989) *Oxford Symposium on Food and Cookery 1988. The Cooking Pot: Proceedings,* Totnes, Prospect Books

Jay, Sarah (2008) *Knives Cooks Love: Selection, Care, Techniques, Recipes,* Kansas City, Andrews McMeel Publishing

Kafka, Barbara (1987) *Microwave Gourmet,* New York, William Morrow

Kalm, Pehr (1892) *Kalm's Account of his Visit to England on his Way to America in 1748,* translated by Joseph Lucas, London, Macmillan

Keller, Thomas, with McGee, Harold (2008) *Under Pressure: Cooking Sous Vide,* New York, Artisan Publishers

Kinchin, Juliet, with O'Connor, Aidan (2011) *Counter Space: Design and the Modern Kitchen,* New York, Museum of Modern Art

Kitchiner, William (1829) *The Cook's Oracle and Housekeeper's Manual,* 3rd edn, Edinburgh, A. Constable & Co.

Koon, H. E. C., O'Connor, T. P., and Collins, M. J. (2010) 'Sorting the Butchered from the Boiled', *Journal of Archaeological Science,* vol. 37, pp. 62–9

Kranzberg, Melvin (1986) 'Technology and History: Kranzberg's Laws', *Technology and Culture,* vol. 27, June, pp. 544–60

Kurti, Nicholas and Giana (eds) (1988) *But the Crackling is Superb: An anthology on food and drink by fellows and foreign members of the Royal Society,* Bristol, Hilger

Lamb, Charles (2011) *A Dissertation Upon Roast Pig and Other Essays,* London, Penguin

Larner, John W. (1986) 'Judging the Kitchen Debate', *OAH Magazine of History,* vol. 2, no. 1, pp. 25–6

Larson, Egon (1961) *A History of Invention,* London, Phoenix House

Leach, Helen M. (1982) 'Cooking without Pots: Aspects of Prehistoric and Traditional Polynesian Cooking', *New Zealand Journal of Archaeology,* vol. 4, pp. 149–56

—— (2007) 'Cooking with Pots - Again', in Atholl Anderson, Kaye Green and Foss Leach (eds), *Vastly Ingenious: The Archaeology of Pacific Material Culture,* Dunedin, New Zealand, Otago University Press, pp. 53–68

Lemme, Chuck (1989) 'The Ideal Pot', in Tom Jaine (ed.), *Oxford Symposium on Food and Cookery 1988. The Cooking Pot: Proceedings,* Totnes, Prospect Books, pp. 82–99

by Alphonse Gouffé, London, Sampson, Low, Marston
Green, W. C. (1922) *The Book of Good Manners: A Guide to Polite Usage,* New York, Social Mentor Publications
Hanawalt, Barbara (1986) *The Ties that Bound: Peasant Families in Medieval England,* New York and Oxford, Oxford University Press
Hård, Mikael (1994) *Machines are frozen spirit: The scientification of refrigeration and brewing in the nineteenth century,* Frankfurt and Boulder, Colorado, Westview Press
Hardyment, Christina (1988) *From Mangle to Microwave: The Mechanization of Household Work,* Cambridge, Polity Press
Harland, Marion (1873) *Common Sense in the Household,* New York, Scribner, Armstrong & Co.
Harris, Gertrude (1980) *Pots and Pans,* London, Penguin
Harrison, James, and Steel, Danielle (2006), 'Burns and Scalds', *AIHW National Injury Surveillance Unit,* South Australia, Flinders University
Harrison, Molly (1972) *Kitchen in History,* London, Osprey（『台所の文化史』モリー・ハリスン著、小林祐子訳、法政大学出版局、1993年）
Harrold, Charles Frederick (1930) 'The Italian in Streatham Place: Giuseppe Baretti (1719–1789)', *Sewanee Review,* vol. 38, no. 2, pp. 161–75
Harry, Karen, and Frink, Liam (2009) 'The Arctic Cooking Pot: Why Was It Adopted?' *American Anthropologist,* vol. 111, pp. 330–43
Helou, Anissa (2008) *Lebanese Cuisine,* London, Grub Street
Herring, I. J. (1938) 'The Beaker Folk', *Ulster Journal of Archaeology,* 3rd series, vol. 1, pp. 135–9
Hertzmann, Peter (2007) *Knife Skills Illustrated: A User's Manual,* New York, W. W. Norton
Hess, Karen (ed.) (1984) *The Virginia Housewife by Mary Randolph,* Columbia, South Caroline, University of South Carolina Press
Hesser, Amanda (2005) 'Under Pressure', *New York Times,* 14 August
Heßler, Martina (2009) 'The Frankfurt Kitchen: The Model of Modernity and the "Madness" of Traditional Users, 1926 to 1933', in Ruth Oldenziel and Karin Zachmann (eds), *Cold War Kitchen: Americanization, Technology, and European Users,* Cambridge, Mass., MIT Press
Homer, Ronald F. (1975) *Five Centuries of Base Metal Spoons,* London, The Worshipful Company of Pewterers
Homes, Rachel (1973) 'Mixed Blessings of a Food Mixer', *The Times,* 9 August
Hosking, Richard (1996) *A Dictionary of Japanese Food,* Totnes, Prospect Books

Feild, Rachael (1984) *Irons in the Fire: A History of Cooking Equipment,* Marlborough, Wiltshire, Crowood Press

Fernández-Armesto, Felipe (2001) *Food: A History,* London, Macmillan

Ferrie, Helke (1997) 'An Interview with C. Loring Brace', *Current Anthropology,* vol. 38, no. 5, pp. 851–917

Forbes, R. J. (1950) *Man the Maker: A History of Technology and Engineering,* London, Constable & Co.（『技術の歴史』 R・J・フォーブス著、田中実訳、岩波書店、1956 年）

Frederick, Christine (1916) *The New Housekeeping: Efficiency Studies in Home Management,* New York, Doubleday, Page and Company

Friedberg, Susanne (2009) *Fresh: A Perishable History,* Cambridge, Mass., The Belknap Press of Harvard University Press

Friedland, Susan (ed.) (2009) *Vegetables: Proceedings of the Oxford Symposium on Food and Cookery 2008,* Totnes, Prospect Books

Fuller, William (1851) *A Manual: Containing Numerous Original Recipes for Preparing Ices, With a Description of Fuller's Neapolitan Freezing Machine for making ices in three minutes at less expense than is incurred by any method now in use,* London, William Fuller

Furnivall, Frederick J. (ed.) (1868) *Early English Meals and Manners,* London, Kegan Paul, Trench, Trübner & Co.

Galloway, A. Keene, Derek, and Murphy, Margaret, (1996) 'Fuelling the City: Production and Distribution of Firewood and Fuel in London's Region, 1290–1400', *Economic History Review,* New Series, vol. 49, no. 3, pp. 447–72

Gillette, Mrs F. L., and Ziemann, Hugo (1887) *The White House Cookbook,* Chicago, Werner Company

Gladwell, Malcolm (2010) *What the Dog Saw: And Other Adventures,* London, Penguin（『失敗の技術』マルコム・グラッドウェル著、勝間和代訳、講談社、2010 年）

Glancey, Jonathan (2008) 'Classics of Everyday Design no. 45', *Guardian,* 25 March

Goldstein, Darra (2006) in Sarah Coffin (ed.), *Feeding Desire: Design and the Tools of the Table,* New York, Assouline in collaboration with Smithsonian Cooper-Hewitt

Gordon, Bertram M., and Jacobs-McCusker, Lisa (1989) 'One Pot Cookery and Some Comments on its Iconography', in Tom Jaine (ed.), *Oxford Symposium on Food and Cookery 1988. The Cooking Pot: Proceedings,* Totnes, Prospect Books, pp. 55–68

Gordon, Bob (1984) *Early Electrical Appliances,* Aylesbury, Shire Publications

Gouffé, Jules (1874) *The Royal Book of Pastry and Confectionery,* translated from the French

Doerper, John, and Collins, Alf (1989) 'Pacific Northwest Indian Cooking Vessels', in Tom Jaine (ed.), *Oxford Symposium on Food and Cookery 1988. The Cooking Pot: Proceedings,* Totnes, Prospect Books, pp. 28–44

Dubois, Urbain (1870) *Artistic Cookery: A Practical System Suited for the Use of Nobility and Gentry and for Public Entertainments,* London

Dugdale, William (1666) *Origines Juridiciales, or Historical Memorials of the English Laws,* London, Thomas Warren

Dunlop, Fuchsia (2001) *Sichuan Cookery,* London, Penguin

—— (2004) 'Cutting It is More Than Cutting Edge', *Financial Times,* 7 August

Eaton, Mary (1823) *The Cook and Housekeeper's Complete and Universal Dictionary,* Bungay, J. and R. Childs

Ebeling, Jennie (2002) 'Why are Ground Stone Tools Found in Middle and Late Bronze Age Burials?', *Near Eastern Archaeology,* vol. 65, no. 2, pp. 149–51

Ebeling, Jennie R., and Rowan, Yorke M. (2004) 'The Archaeology of the Daily Grind: Ground Stone Tools and Food Production in the Southern Levant', *Near Eastern Archaeology,* vol. 67, no. 2, pp. 108–17

Edgerton, David (2008) *The Shock of the Old: Technology and global history since 1900,* London, Profile

Elias, Norbert (1994 [first published in 1939]) *The Civilizing Process,* translated by Edmund Jephcott, Oxford, Blackwell

Ellet, Elizabeth Fries (1857) *The Practical Housekeeper: A Cyclopedia of Domestic Economy,* New York, Stringer and Townsend

Emery, John (1976) *European Spoons Before 1700,* Edinburgh, John Donald Publishers Ltd

Ettlinger, Steve (1992) *The Kitchenware Book,* New York, Macmillan

Eveleigh, David J. (1986) *Old Cooking Utensils,* Aylesbury, Shire Publications

—— (1991) '"Put Down to a Clear Bright Fire": The English Tradition of Open-Fire Roasting', *Folk Life,* vol. 29, pp. 5–18

Falk, Dean, and Seguchi, Noriko (2006) 'Professor C. Loring Brace: Bringing Physical Anthropology ("Kicking and Screaming") into the 21st Century!' *Michigan Discussions in Anthropology,* vol. 16, pp. 175–211

Farb, Peter, and Armelagos, George (1980) *Consuming Passions: The Anthropology of Eating,* Boston, Houghton Mifflin

Farmer, Fannie (1896) *The Boston Cooking-School Cook Book,* Boston, Little Brown and Company

—— (1904) *Food and Cookery for the Sick and Convalescent,* Boston, Little Brown and Company

学出版局、2010年）
Cowen, Ruth (2006) *Relish: The extraordinary life of Alexis Soyer, Victorian Celebrity Chef,* London, Weidenfeld & Nicolson
Dalby, Andrew, and Grainger, Sally (1996) *The Classical Cookbook,* London, British Museum Press（『古代ギリシア・ローマの料理とレシピ』アンドリュー・ドルビー／サリー・グレインジャー著、今川香代子訳、丸善、2002年）
Darby, William, Ghalioungui, Paul, and Grivetti, Louis (1977) *Food: The gift of Osiris,* London, Academic Press
David, Elizabeth (1970) *Spices, Salt and Aromatics in the English Kitchen,* Harmondsworth, Penguin
—— (1994a) *Harvest of the Cold Months: The Social History of Ice and Ices,* London, Michael Joseph
—— (1994b), *English Bread and Yeast Cookery,* New American Edition, Newton, Mass., Biscuit Books Inc. (first published in 1977); London, Allen Lane
—— (1998) *French Provincial Cooking* (first published in 1960); London, Michael Joseph
Davidson, Caroline (1982) *A Woman's Work is Never Done: A History of Housework in the British Isles 1650–1950,* London, Chatto & Windus
Davidson, I., and McGrew, W. C. (2005) 'Stone Tools and the Uniqueness of Human Culture', *Journal of the Royal Anthropological Institute,* vol. 11, Issue 4, December, pp. 793–817
Day, Ivan (ed.) (2000) *Eat Drink and Be Merry: The British at Table 1600–2000,* London, Philip Wilson Publishers
—— (ed.) (2009) *Over a Red-Hot Stove: Essays in Early Cooking Technology,* Totnes, Prospect Books
De Groot, Roy Andries de (1977) *Cooking with the Cuisinart Food Processor,* New York, McGraw-Hill
De Haan, David (1977) *Antique Household Gadgets and Appliances, c.1860 to 1930,* Poole, Blandford Press
Deighton, Len (1979) *Basic French Cooking* (revised and enlarged from *Où est le garlic?*), London, Jonathan Cape
Dench, Emma (2010) 'When Rome Conquered Italy', *London Review of Books,* 25 February
Derry, T. K., and Williams, Trevor I. (1960) *A Short History of Technology: From the Earliest Times to A.D. 1900,* Oxford, Clarendon Press（『技術文化史』T・K・デリー／T・I・ウィリアムズ著、平田寛／田中実訳、筑摩書房、1971-1972年）

Present, London, Pearson Longman
Bury, Charlotte Campbell (1844) *The Lady's Own Cookery Book*, 3rd edn, London, Henry Colburn
Chang, K. C. (ed.) (1977) *Food in Chinese Culture: Anthropological and Historical Perspectives*, New Haven, Yale University Press
Child, Julia (2009) *Mastering the Art of French Cooking*, London, Penguin
Childe, V. Gordon (1936) *Man Makes Himself*, London, Watts（『文明の起源』ゴールドン・チャイルド著、ねずまさし訳、岩波新書、1957年）
Claflin, Kyri Watson (2008) 'Les Halles and the Moral Market: Frigophobia Strikes in the Belly of Paris', in Susan R. Friedland (ed.), *Food and Morality: Proceedings of the Oxford Symposium on Food and Cookery 2007*, Totnes, Prospect Books
Claiborne, Craig (1976) 'She Demonstrates How to Cook Best with New Cuisinart', *New York Times*, 7 January
—— (1981) 'Mastering the Mini Dumpling', *New York Times*, 21 June
Clarke, Samuel (1670) *A True and Faithful Account of the Four Chiefest Plantations of the English in America: to wit, of Virginia*, New-England, Bermudas, Barbados, London, Robert Clavel et al.
Codrington, F. I. (1929) *Chopsticks*, London, Society for Promoting Christian Knowledge
Coe, Andrew (2009) *Chop Suey: A Cultural History of Chinese Food in the United States*, Oxford, Oxford University Press
Coe, Sophie D. (1989) 'The Maya Chocolate Pot and its Descendants', in Tom Jaine (ed.), *Oxford Symposium on Food and Cookery 1988. The Cooking Pot: Proceedings*, Totnes, Prospect Books, pp. 15–22
Coffin, Sarah (ed.) (2006) *Feeding Desire: Design and the Tools of the Table*, New York, Assouline in collaboration with Smithsonian Cooper-Hewitt
Coles, Richard, McDowell, Derek, and Kirwan, Mark J. (eds) (2003) *Food Packaging Technology*, Oxford, Blackwell
Collins, Shirley (1989) 'Getting a Handle on Pots and Pans', in Tom Jaine (ed.), *Oxford Symposium on Food and Cookery 1988. The Cooking Pot: Proceedings*, Totnes, Prospect Books, pp. 22–8
Cooper, Joseph (1654) *The Art of Cookery Refined and Augmented*, London, R. Lowndes
Coryate, Thomas (1611) *Coryats Crudities hastily gobled up in five moneths travells in France, Savoy, Italy*, London, William Stansby
Cowan, Ruth Schwartz (1983) *More Work for Mother: The ironies of household technology from the open hearth to the microwave*, New York, Basic Books（『お母さんは忙しくなるばかり』ルース・シュウォーツ・コーワン著、高橋雄造訳、法政大

Booker, Susan M. (2000) 'Innovative Technologies. Chinese Fridges Keep Food and the Planet Cool', *Environmental Health Perspectives,* vol. 108, no. 4, p. A164

Bottero, Jean (2004) *The Oldest Cuisine in the World: Cooking in Mesopotamia,* Chicago, University of Chicago Press

Brace, C. Loring (1977) 'Occlusion to the Anthropological Eye', in James McNamara, (ed.) *The Biology of Occlusal Development,* Ann Arbor, Michigan, Center for Human Growth and Development, pp. 179–209

—— (1986) 'Egg on the Face, *f in* the Mouth, and the Overbite', *American Anthropologist,* New Series, vol. 88, no. 3, pp. 695–7

—— (2000) 'What Big Teeth You Had, Grandma!', in C. Loring Brace, *Evolution in an Anthropological View,* Walnut Creek, California, Altamira, pp. 165–99

—— (1984) with Shao, Xiang-Qing, and Zhang Z. B., 'Prehistoric and Modern Tooth Size in China', in F. H. Smith and F. Spencer (eds), *The Origins of Modern Humans: A World Survey of the Fossil Evidence,* New York, A. R. Liss

—— (1987) with Rosenberg, Karen R., and Hunt, Kevin D., 'Gradual Change in Human Tooth Size in the Late Pleistocene and Post-Pleistocene', *Evolution,* vol. 41, no. 4,; pp. 705–20

Brannon, N. F. (1984) 'An Examination of a Bronze Cauldron from Raffrey Bog, County Down', *Journal of Irish Archaeology,* vol. 2, pp. 51–7

Brears, Peter (1999) *All the King's Cooks,* London, Souvenir Press

—— (2008) *Cooking and Dining in Medieval England,* Totnes, Prospect Books

—— (2009) 'The Roast Beef of Windsor Castle', in Ivan Day (ed.), *Over a Red-Hot Stove: Essays in Early Cooking Technology,* Totnes, Prospect Books

Brears, Peter, and Sambrook, Pamela (eds) (1996) *The Country House Kitchen 1650–1900: Skills and Equipment for Food Provisioning,* Stroud, Alan Sutton (for the National Trust)

Brown, Alton (2008) *Alton Brown's Gear for Your Kitchen,* New York, London, Stewart, Tabori & Chang

Buchanan, Robertson (1815) *A Treatise on the Economy of Fuel,* Glasgow, Brash & Reid

Buffler, Charles R. (1993) *Microwave Cooking and Processing: Engineering Fundamentals for the Food Scientist,* New York, Van Nostrand Reinhold

Bull, J. P., Jackson, D. M., and Walton, Cynthia (1964) 'Causes and Prevention of Domestic Burning Accidents', *British Medical Journal,* vol. 2, no. 5422, pp. 1421–7

Burnett, John (1979) *Plenty and Want: A Social History of Diet in England from 1815 to the Present Day,* London, Scolar Press

—— (2004) *England Eats Out: A Social History of Eating Out in England from 1830 to the*

Barley, Nigel (1994) *Smashing Pots: Feats of Clay from Africa,* London, British Museum Press

Barnett, William K. and Hoopes, John W., (eds) (1995) *The Emergence of Pottery: Technology and Innovation in Ancient Societies,* Washington, DC, Smithsonian Institution Press

Barry, Michael (1983) *Food Processor Cookery,* Isleworth, ICTC Ltd

Barthes, Roland (1982) *Empire of Signs,* translated by Richard Howard, London, Jonathan Cape（『表徴の帝国』ロラン・バルト著、宗左近訳、ちくま学芸文庫、1996 年）

Bates, Henry Walter (1873) *The Naturalist on the River Amazon,* 3rd edn, London, John Murray（『アマゾン河の博物学者』ヘンリー・ウォルター・ベイツ著、長澤純夫／大曾根静香訳、新思索社、2002 年）

Beard, James (ed.) (1975) *The Cooks' Catalogue,* New York, Harper & Row

Beard, Mary (2008) *Pompeii: The Life of a Roman Town,* London, Profile

Beckmann, Johann (1817) *A History of Inventions and Discoveries,* 3rd edn, 4 vols, London, Longman, Hurst, Rees, Orme and Brown（『モノここに始まる』ヨハン・ベックマン著、今井幹晴訳、小学館、2000 年）

Beeton, Isabella (2000) *The Book of Household Management, A Facsimile of the 1861 edition,* London, Cassell

Beier, Georgina (1980) 'Yoruba Pottery', *African Arts,* vol. 13, pp. 48–52

Beveridge, Peter (1869) 'Aboriginal Ovens', *Journal of the Anthropological Society of London,* vol. 7, pp. clxxxvi–clxxxix

Bilger, Burkhard (2009) 'Hearth Surgery: The Quest for a Stove that Can Save the World', *New Yorker,* 21 December

Birmingham, Judy (1975) 'Traditional Potters of the Kathmandu Valley: An Ethnoarchaeological Study', *Man,* New Series, vol. 10, no. 3, pp. 370–86

Bittman, Mark (2010) 'The Food Processor: A Virtuoso One-Man Band', *New York Times,* 14 September

Blot, Pierre (1868) *Handbook of Practical Cookery for Ladies and Professional Cooks Containing the Whole Science and Art of Preparing Human Food,* New York, D. Appleton

Blumenthal, Heston (2009) *The Fat Duck Cookbook,* London, Bloomsbury

Boardman, Brenda, Lane, Kevin, et al. (1997) *Decade: Transforming the UK Cold Market,* University of Oxford, Energy and Environment Programme

Bon, Ottaviano (1650) *A Description of the Grand Signor's Seraglio, or Turkish Emperours Court,* translated by Robert Withers, London, Jo. Martin and Jo. Ridley

参考文献

Abend, Lisa (2011) *The Sorcerer's Apprentices: A Season in the Kitchen at Ferran Adrià's elBulli,* New York, Free Press

Aikens, Melvin (1995) 'First in the World: The Jomon Pottery of Early Japan', in William K. Barnett and John W. Hoopes (eds), *The Emergence of Pottery: Technology and Innovation in Ancient Societies,* Washington, DC, Smithsonian Institution Press, pp. 11–21

Akioka, Yoshio (1979) *Japanese Spoons and Ladles,* Tokyo, New York, Kodansha International

Anderson, Atholl, Green, Kaye, and Leach, Foss (eds) (2007) *Vastly Ingenious: The Archaeology of Pacific Material Culture,* Dunedin, New Zealand, Otago University Press

Anderson, Oscar Edward (1953) *Refrigeration in America: A History of a New Technology and Its Impact,* Princeton, Princeton University Press

Anonymous (1836) *The Laws of Etiquette by 'A Gentleman',* Philadelphia, Carey, Lea and Blanchard

Appert, Nicolas (1812) *The Art of Preserving all Kinds of Animal and Vegetable Substances for Several Years,* London, Black, Parry and Kingsbury

Arnold, Dean E. (1985) *Ceramic Theory and Cultural Process,* Cambridge, Cambridge University Press

Artus, Thomas (1996) *L'Isle des hermaphrodites* (first published in 1605), edited by Claude-Gilbert Dubois, Geneva, Droz

Artusi, Pellegrino (2004) *Science in the Kitchen and the Art of Eating Well,* foreword by Michele Scicolone, translated by Murtha Baca and Stephen Sartarelli, Toronto, University of Toronto Press

Bailey, Flora L. (1940) 'Nahavo Foods and Cooking Methods', *American Anthropologist,* vol. 42, pp. 270–90

Bang, Rameshwar L., Ebhrahim, Mohammed K., and Sharma, Prem N. (1997) 'Scalds Among Children in Kuwait', *European Journal of Epidemiology,* vol. 13, pp. 33–9

Barham, Peter (2001) *The Science of Cooking,* Berlin, London, Springer（『料理のわざを科学する』Peter Barham 著、渡辺正／久村典子訳、丸善、2003 年）

フォークに関しては、Sarah Coffin 編 *Feeding Desire* (2006) 所収の Darra Goldstein と Carolin Young の評論を参照のこと。

ヨーロッパ人の箸との出合い、中国料理との出合いについては、Andrew Coe 著 *Chop Suey* (2009) をお勧めする。日本の箸を論じたものでは、Richard Hosking 著 *A Dictionary of Japanese Food* (1996) および Naomichi Ishige（石毛直道）著 *The History and Culture of Japanese Food* (2001) がとくに示唆に富んでいた。

第7章　冷やす

アメリカと冷蔵庫に関する名著は Oscar Anderson 著 *Refrigeration in America* (1953) である。観察に基づき、学術的で、全貌をつかむことができる。

キッチン討論についてはこれまでに数多くの著作がある。例えば「参考文献」で示した Susan Reid の著作や Ruth Oldenziel, Karin Zachmann 共編 *Cold War Kitchen* の 2009 年の巻を参照されたい。

氷の歴史については、Elizabeth David 著 *Harvest of the Cold Months* (1994) および Thomas Masters 著 *The Ice Book* (1844) を参照のこと。マーシャル夫人とアイスクリームテクノロジーに関しては、Robin Weir 他編 *Mrs Marshall: The Greatest Victorian Ice Cream Maker with a Facsimile of the Book of Ices 1885,* (1998) を参照のこと。

アインシュタインが冷蔵庫の開発を手がけた話については、Gino Segre 著 *Einstein's Refrigerator* (2002) を参照されたい。

第8章　キッチン

エルヴェ・ティスのキッチンテクノロジーに関する考え方は、*The Science of the Oven* (2009) や 'Molecular Gastronomy' (2005) に述べられている。

真空調理法の略史や実際については、フードライター Amanda Hesser 著 'Under Pressure' (2005) や Thomas Keller 著 *Under Pressure* (2008) および Alex Renton 著 'Sous-vide cooking' (2010) を参照のこと。

ネイサン・ミアボルドとアリス・ウォータースの特集ラジオ番組は、Freakonomics Radio〔『ヤバい経済学』の著者がホストを務めるラジオ番組〕のポッドキャスト（タイトル 'Waiter, There's a Physicist in my Soup (Part 1)'、2011 年 1 月 27 日リリース）に収録されている。

第4章　計量する

そもそも本章は、刺激に満ちたアメリカのカップ計量論の秀作 Raymond Sokolov 著 'Measure for Measure' (1989) に想を得て誕生した。キッチンに限定せず、度量衡史全般に関しては、P. H. Sydenham 著 *Measuring Instruments* (1979)、Robert Tavernor 著 *Smoot's Ear: The Measure of Humanity* (2007)、Ian Whitelaw 著 *A Measure of All Things* (2007)（『単位の歴史』イアン・ホワイトロー著、冨永星訳、大月書店、2009年）を参照されたい。

ファニー・ファーマーについては、Laura Shapiro 著 *Perfection Salad* (1986)（『家政学の間違い』ローラ・シャピロ著、種田幸子訳、晶文社、1991年）、Andrew Smith 著 *Eating History* (2009)、それに *American National Biography Online* (2000) で Harvey Levenstein が執筆したファーマーの伝記、およびファーマー自身の手になる自伝を参照のこと。

モダニストによる計量については、Heston Blumenthal 著 *The Fat Duck Cookbook* (2009) および Nathan Myhrvold 他著 *Modernist Cuisine* (2011) を参照のこと。計量に関する Judy Rodgers の名言は、*The Zuni Cafe Cookbook* (2002) の 40 ～ 41 ページに載っている。因みにこの料理書は屈指の名著といえる。

第5章　挽く

初期の粉挽き器について参考にした著作の中でもとくに有益だったのは、Katherine Wright 著 'Ground-Stone Tools...' (1994) および Jennie Ebeling, Yorke M. Rowan 共著 'The Archaeology of the Daily Grind' (2004) である。

エリザベス朝に人気だった卵白の泡立てについては、Hilary Spurling 編 *Elinor Fettiplace's Receipt Book* (1986) および C. Anne Wilson 著 *Food and Drink in Britain from the Stone Age to Recent Times* (1973) を参照のこと。

19世紀後半のアメリカの泡立て器のコレクターズガイドとしては、Don Thornton 著 *Beat This: The Eggbeater Chronicles* (1994) がある。キッビの作り方は（フードプロセッサーを使う場合と使わない場合共に）、Anissa Helou 著 *Lebanese Cuisine* (2008) を参照のこと。

第6章　食べる

スプーンに関する数ある学術論文の中でも、John Emery 著 *European Spoons Before 1700* (1976) は実用的な知識と鑑定家の目きき的要素が融合した点で、際立っている。

第2章　ナイフ

刀（トウ）の歴史と中国料理への影響に関しては、K. C. Chang 著 *Food in Chinese Culture* (1977) を参照されたい。中華包丁の使い方と切り方（中華包丁で切った食材を使った豪華なレシピも合わせて）の実践ガイドは、Fuchsia Dunlop 著 *Sichuan Cookery* (2001)、および 2004 年の論文 'Cutting It is More than Cutting Edge' を参照のこと。

ヨーロッパの肉の切り分けについては、ピーター・ブリアズの著作に負うところが大きい。ナイフなどのテーブルウェアをヨーロッパ文化の一環として捉えた著作は、Margaret Visser 著 *The Rituals of Dinner* (1991) および Sarah Coffin 編 *Feeding Desire* (2006) のカトラリーについての評論が大変面白かった。

チャールズ・ローリング・ブレイスは数多くの研究論文を発表している。その論文のうちの、人類の歯の被《ひ》蓋《がい》咬《こう》合《ごう》などの特徴に関するテーマに取り組んだものについては、本書の「参考文献」に掲載している。

ナイフの使い方やどんな種類のナイフをそろえたらいいかといった実際のナイフの愉しみ方については、Sarah Jay 著 *Knives Cooks Love* (2008)、Peter Hertzmann 著 *Knife Skills Illustrated* (2007)、Allegra McEvedy 著 *Bought, Borrowed and Stolen* (2011) を参照されたい。今、私が個人的に気に入っているナイフは、刃が炭素鋼、柄が紫檀材の米国オレゴン州ワイルドファイア・カトラリーのものである。推薦してくれたマクエヴェディに感謝する。

第3章　火

アイヴァン・デイのセンスや業績については、http://historiccookery.com/ を参照されたい。本書でデイが引用されている箇所は、主に私との会話に基づいている。David Eveleigh 著 'Put Down to a Clear Bright Fire' (1991) は、覆いのない暖炉の火より古い時代のイギリス伝統のローストに関する第一級の資料である。同じ著者の著作 *Old Cooking Utensils* (1986) も参照されたい。

近現代以前の火の危険については、Barbara Hanawalt 著 *The Ties that Bound* (1986) と Rachael Feild 著 *Irons in the Fire* (1984) を参考にした。後者はイギリス料理が豊富な薪の産物であることも論じている。

発展途上国の煙の出ないコンロの反響に関する報告については、2009 年 12 月の *New Yorker* で発表された Burkhard Bilger の 'Hearth Surgery' を参照のこと。

電子レンジの料理については、Barbara Kafka 著 *Microwave Gourmet* (1987) および Nathan Myhrvold 他著 *Modernist Cuisine* (2011) を参照のこと。後者は家庭でやってはいけない電子レンジの実験も紹介している。

Brace らによる 1987 年の論文 'Gradual Change in Human Tooth Size in the Late Pleistocene and Post-Pleistocene' をはじめ、「参考文献」の Charles Loring Brace による複数の論文で論じられている。

料理道具の隠された情報という考え方を探求する書として、Robert Weber 著 *Forks, Phonographs and Hot Air Balloons* (1992) は示唆的だ。フランス、レ・アールでの冷蔵庫不安を分析したのは、Kyri Watson Claflin による 2008 年の論文 'Les Halles and the Moral Market' である。

イギリスの料理習慣に関する 2011 年の調査は、「5 by 25」キャンペーンが委託したものだ。このキャンペーンのねらいは、25 歳までに料理 5 品をすべての人に覚えてもらうことである。レンガの煙突が導入されたキッチン革命を論じたのは、Rachael Feild 著 *Irons in the Fire* (1984) で、この本は缶詰の発明後、長く缶切りが発明されなかった皮肉にも触れている。

第 1 章　鍋釜類

本章の執筆にあたり、もっとも重要な情報源となったのは、1988 年にオックスフォード大学で催された食と料理に関するシンポジウムの会報である。編集は Tom Jaine で、テーマは「料理鍋」である（*Oxford Symposium on Food and Cookery* 1988. *The Cooking Pot: Proceedings*）。この会報には、チャック・レミの 'The Ideal Pot'、バートラム・ゴードンとリサ・ジェイコブス・マッカスカーの一鍋料理、ソフィー・D・コーのマヤ人のチョコレート鍋をはじめ、数多くの優れた論文が収められている。

初期の陶器に関する人類学や考古学の文献は膨大だ。数ある中でも、陶器の起源に関しては、例えば John Hoopes, William Barnett 編 *The Emergence of Pottery* (1995) の当該章を参照されたい。人類学者や考古学者はピットオーブンの研究にも熱心で、その文献も膨大だ。とくに私が参考にしたのは LuAnn Wandsnider 著 'The Roasted and the Boiled' (1997) である。B. A. Sparkes 著 'The Greek Kitchen' (1962) はギリシャ陶器が料理に使われた事例を研究している。Karen D. Vitelli の論文（とくに 'Were Pots First Made for Food?' 1989）は、古代の陶器がいつも料理に使われるとは限らなかった理由に迫る。ヴィクトリア朝のバトリ・ド・キュイジーヌとペットワース・ハウスのコレクションの私の主な情報源は、Peter Brears, Pamela Sambrook 編 *The Country House Kitchen* (1996) である。

焦げ付き防止のフライパンの短所などに関する興味深い報告は、Gertrude Harris 著 *Pots and Pans* (1980) を参照されたい。

を重要視する点で際立っている。

料理テクノロジーをイギリスの家庭生活の一面として捉えた一般書の中で、名著として推薦するのは Caroline Davidson 著 *A Woman's Work is Never Done: A History of Housework in the British Isles 1650–1950* (1982) と Christina Hardyment 著 *From Mangle to Microwave: the Mechanization of Household Work* (1988) である。後者は近代から 1990 年代までを扱っている。この種の本のアメリカ版で、フェミニズムの立場から書かれたものが Ruth Schwartz Cowan 著 *More Work for Mother* (1983)（『お母さんは忙しくなるばかり』ルース・シュウォーツ・コーワン著、高橋雄造訳、法政大学出版局、2010 年）で、示唆に富む内容だ。この三書はどれも料理道具の歴史書としても社会史の著書としても素晴らしい。

現代のキッチン用品ガイドにはいいものが無数にある。私がもっとも頻繁にひもといたのが James Beard の百科全書的著作 *The Cooks' Catalogue* (1975) で、さすがアメリカ切ってのフードライターと目される著者の手になる作品である。豊富な知識とあふれる情熱の合作はいつもながら読みごたえがある。同じ百科全書の最新版に Burt Wolf 著 *The New Cooks' Catalogue* (2000) がある。ペストリーナイフからフードプロセッサーまであらゆる料理道具を扱った案内書だ。もっと最新版で私が好書と思うのは、Alton Brown 著 *Gear for Your Kitchen* (2008) やもっと未来的なキッチンを扱った Jeff Potter の *Cooking for Geeks: Real Science, Great Hacks and Good Food* (2010)（『Cooking for Geeks』Jeff Potter 著、水原文訳、オライリー・ジャパン、2011 年）である。後者は即席で自前の真空調理器を作る方法から、食器洗い機でサーモンを調理する方法までいろいろなことを教えてくれる。

はじめに

食物にほとんど注目していない従来のテクノロジーの歴史書には、例えば、以下のような三書がある。Egon Larson 著 *A History of Invention* (1961) は、食物も料理も扱っていない。T. K. Derry, Trevor I. Williams 著 *A Short History of Technology* (1960)（『技術文化史』T・K・デリー／T・I・ウィリアムズ著、平田寛／田中実訳、筑摩書房、1971-1972 年）は耕作用の鋤と脱穀機は扱っているが、料理道具には言及がない。R. J. Forbes 著 *Man the Maker* (1950)（『技術の歴史』R・J・フォーブス著、田中実訳、岩波書店、1956 年）は缶詰技術は取り上げているが、家庭の食のテクノロジーは扱っていない。

Linda C. Brewster の苦味除去の特許は、女性による発明として Autumn Stanley 著 *Mothers and Daughters of Invention* (1993) に掲載されている。

陶器の使用と歯の抜けた人間の生存との関連性については、Charles Loring

資料文献

全編を通じて

テーマが広範におよぶ本を書くには、どうしても多数の文献に拠るところが大きくなる。参考にした一次資料は歴史的に有名な料理書、テクノロジー関係の著作、当時の新聞、定期刊行物、キッチン用品のカタログ（米国のシアーズ・ローバック、フランスのジャコトなど）におよび、さらには、数多くの二次資料（専門誌論文、図書の一部、または全編）に依拠した。実際に見学した厨房はほとんどすべてナショナルトラストが管理する不動産である。「参考文献」で私が参考にした資料一覧を示したが、ここでは大いに助けとなった資料について特筆させていただく。

本書の構想を練り始めていた頃、友人から一冊の本を手渡された。Molly Harrison 著 *The Kitchen in History* (1972)（『台所の文化史』モリー・ハリスン著、小林祐子訳、法政大学出版局、1993 年）である。この本は全編が建設的な評価基準で貫かれていた。もう一書、私にとって大きな力となったのは、Rachael Feild 著 *Irons in the Fire: A History of Cooking Equipment* (1984) で、著者は古物研究の視点から料理道具というテーマにアプローチしている。

食物史に縁遠い向きには、Reay Tannahill の名著 *Food in History* (2002, updated edition) をお勧めする。料理人の歴史では、Michael Symons 著 *A History of Cooks and Cooking* (2001) が刺激的でなおかつ情報満載である。概論書としてもう一冊、Felipe Fernández-Armesto 著 *Food: A History* (2001) を挙げておく。

そして、オックスフォード大学の食と料理に関するシンポジウムには感謝している。アラン・デイヴィドソンとセオドア・ゼルディンが共同で創設した毎年恒例のこの集まりは、歴史上の食の研究と評価を知る絶好の機会となっている。数多くの貴重な知識が掲載されるシンポジウム会報は、例年プロスペクトブックスから出版される。この出版社は *Petits Propos Culinaires*（書名はフランス語だが、本文はフランス語ではない）という食物史家向けの貴重な専門誌も出版している。もう一冊、優れた食物史の定期刊行物に Darra Goldstein 編 *Gastronomica* がある。二人の著名な食物史家アイヴァン・デイとピーター・ブリアズにもとても感謝している。リーズ大学の食物史シンポジウムを通じて発表される両人の研究はいつもながら、歴史的に有名な料理のテクニックや道具

真田由美子（さなだ・ゆみこ）
慶應義塾大学文学部英米文学専攻卒業。訳書に『まっくらやみで見えたもの——光アレルギーのわたしの奇妙な人生』（アンナ・リンジー著、河出書房新社)、『聖書の成り立ちを語る都市——フェニキアからローマまで』（ロバート・R・カーギル著、白水社)、『小型哺乳類館』（トマス・ピアース著、早川書房）などがある。

キッチンの歴史《れきし》 新装版
——料理道具《りょうりどうぐ》が変《か》えた人類《じんるい》の食文化《しょくぶんか》

2014年1月30日 初版発行
2019年11月20日 新装版初版印刷
2019年11月30日 新装版初版発行

著 者 ビー・ウィルソン
挿 画 アナベル・リー
訳 者 真田由美子
装幀者 岩瀬聡
発行者 小野寺優
発行所 株式会社 河出書房新社
東京都渋谷区千駄ヶ谷2-32-2
電話（03）3404-1201［営業］（03）3404-8611［編集］
http://www.kawade.co.jp/
印刷所 株式会社亨有堂印刷所
製本所 小髙製本工業株式会社
Printed in Japan
ISBN978-4-309-22794-8

大英帝国は大食らい

イギリスとその帝国による植民地経営は、いかにして世界各地の食事をつくりあげたか

リジー・コリンガム
松本裕 訳

一六世紀から現代にいたる英国の帝国主義ネットワークが、英国本国と植民地の食習慣をいかに変え、近代化が果たされたかを描き出す。各章珍しい食事のレシピ付き。解説＝藤原辰史

料理の科学大図鑑

スチュアート・ファリモンド
熊谷玲美
渥美興子 訳

料理と食べ物についての「なぜ？」に科学で答える、画期的なヴィジュアル大図鑑。一六〇以上の質問・疑問を豊富な図版で科学的に回答！　料理の科学をやさしく解説し、入門書としても最適です。

お茶の歴史

ヴィクター・H・メア／アーリン・ホー
忠平美幸 訳

紅茶か日本茶か中国茶に偏りがちな「茶の世界史」を初めて詳細に網羅した待望の決定版。東南アジアの茶の起源から現代まで、日本茶を含めて、一〇〇以上の図版とともに茶の発達史を読む。

砂糖の歴史

エリザベス・アボット
樋口幸子 訳

奴隷貿易の象徴だったサトウキビ栽培を中心に、原産のポリネシアから米国の食文化、現代のエタノール燃料の原料となるまで、世界を大きく揺さぶり続けた砂糖産業と消費文化を克明に描く。